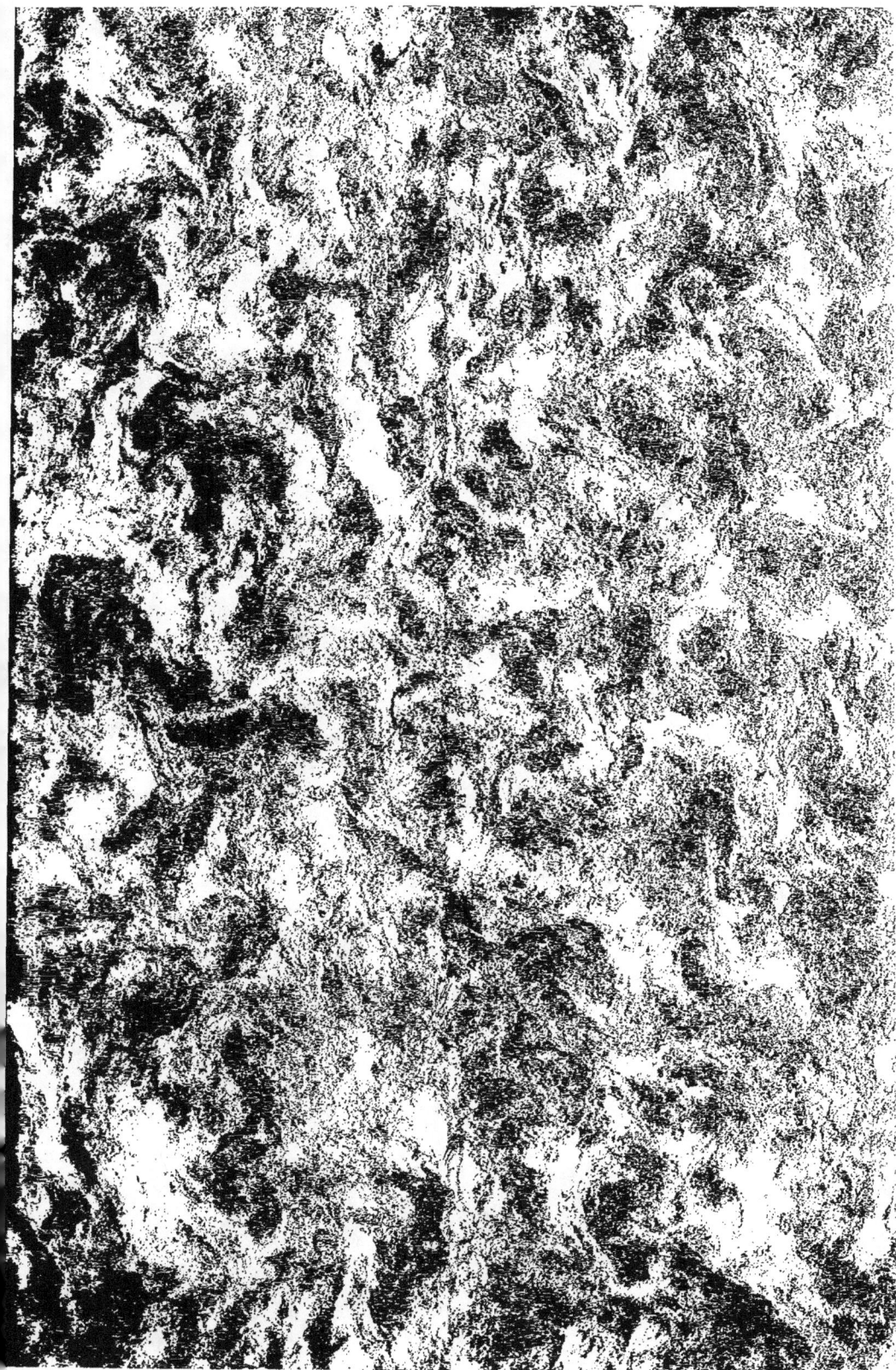

LES PEUPLADES

DE LA

SÉNÉGAMBIE

Histoire — Ethnographie — Mœurs et Coutumes
Légendes, etc.

PAR

L.-J.-B. BÉRENGER-FÉRAUD

MÉDECIN EN CHEF DE LA MARINE
MEMBRE CORRESPONDANT DE L'ACADÉMIE DE MÉDECINE

PARIS

ERNEST LEROUX, ÉDITEUR

LIBRAIRE DE LA SOCIÉTÉ ASIATIQUE
de l'École des Langues orientales vivantes, etc., etc.
28, RUE BONAPARTE, 28

1879

LES PEUPLADES

DE LA

SÉNÉGAMBIE

OUVRAGES PUBLIÉS PAR L'AUTEUR

Traité de l'immobilisation directe des fragments osseux dans les fractures et les resections. In-8°, 750 pages et 102 figures. Paris, Delahaye, 1869. Ouvrage récompensé par l'Institut (Académie des Sciences).

Traité des fractures non consolidées ou pseudarthroses. In-8°, 700 pages et 102 figures. Paris, Delahaye, 1871. Ouvrage récompensé par l'Académie de Médecine.

De la fièvre bilieuse mélanurique du Sénégal. In-8°, 460 pages. Paris, Delahaye, 1873. Récompensé par l'Institut (Académie des Sciences).

De la fièvre jaune au Sénégal. In-8°, 460 pages. Paris, Delahaye, 1874. Récompensé par l'Académie de Médecine.

Traité clinique des maladies des Européens au Sénégal. 2 vol. in-8° de 600 pages. Paris, Delahaye, 1875-1877. Récompensé par l'Institut (Académie des Sciences).

De la fièvre bilieuse inflammatoire aux Antilles. In-8°. Paris, Delahaye, 1878. Récompensé par l'Institut (Académie des Sciences). (Même récompense que le précédent ouvrage.)

De la fièvre jaune à la Martinique. In-8°, 460 pages. Paris, Delahaye, 1878.

Traité clinique des maladies des Européens à la Martinique. 2 vol. in-8° de 600 pages. Paris, Delahaye. (*En cours de publication.*)

EN PRÉPARATION

Le Sénégal. (Histoire, topographie, climat, productions naturelles, population, avenir.) In-8° de 600 pages.

987. — ABBEVILLE. — TYP. ET STÉR. GUSTAVE RETAUX.

LES PEUPLADES

DE LA

SÉNÉGAMBIE

**Histoire — Ethnographie — Mœurs et Coutumes
Légendes, etc.**

PAR

L.-J.-B. BÉRENGER-FÉRAUD

MÉDECIN EN CHEF DE LA MARINE,
MEMBRE CORRESPONDANT DE L'ACADÉMIE DE MÉDECINE.

PARIS

ERNEST LEROUX, ÉDITEUR

LIBRAIRE DE LA SOCIÉTÉ ASIATIQUE
de l'École des Langues orientales vivantes, etc., etc.

28, RUE BONAPARTE, 28

—

1879

Ce livre est dédié

A celle qui fut ma vaillante compagne pendant de longs voyages en Sénégambie et aux Antilles. A celle dont l'admirable dévouement, les encouragements bienveillants, les soins prévenants, m'ont fait supporter si facilement les mauvais jours et ont donné un double prix aux événements heureux de mon existence.

Hommage d'affection et de reconnaissance infinies.

BÉRENGER-FÉRAUD.

©

INTRODUCTION

Celui de nos compatriotes qui arrive, pour la première fois, au Sénégal est toujours très-frappé à l'aspect des nègres. En effet, quand on vient d'Europe, où l'on était habitué dès l'enfance, à voir l'universalité des habitants pourvue de vêtements qui couvrent très-complétement le corps, comment ne serait-on pas surpris en rencontrant des individus plus qu'aux trois quarts nus ?

Beaucoup d'hommes de ces vastes contrées qu'arrosent le Sénégal, la Casamance le Rio Nunez, n'ont souvent sur leur personne qu'une surface large comme les deux mains ouvertes, qui soit dissimulée, et cela très-incomplétement même, par un morceau d'étoffe peu épaisse. Nombre de femmes sont souvent aussi peu vêtues que leurs maris. Quant aux enfants des deux sexes, il est d'habitude que jusqu'à un âge relativement assez avancé : six, huit, dix ans même, ils négligent, au moins à certaines saisons, de couvrir leur nudité.

Les nègres qui sont à notre contact d'une manière permanente et étroite, dans les villes de Saint-Louis, Gorée, Dakar ou dans les divers postes de la colonie ; ceux qui appartiennent aux classes élevées de la société Mélanienne sont, il est vrai, surtout aux jours de cérémonie, ou pendant la saison fraîche, un peu plus vêtus que ce que je viens de dire. Mais leur accoutrement n'en est pas moins un sujet de curiosité pour l'étranger, car la forme, la coupe,

la couleur des diverses parties de la toilette des deux sexes, s'é-
loignent au plus haut degré de ce que nous avons l'habitude de
voir dans nos pays.

D'autre part, cette teinte noire de la peau du nègre, fait que
même alors qu'aucune autre particularité n'interviendrait, le
nouvel arrivé est pris d'un sentiment très-vif de curiosité et d'é-
tonnement. J'ai vu, pour ma part, nombre de voyageurs, qui
s'attendaient cependant à l'impression par ce qu'on leur avait dit
précédemment, rester comme stupéfaits, dans les premiers moments de leur contact avec les habitants de la Sénégambie.

L'aspect physique des nègres dans leur pays est vraiment très-
remarquable de prime abord. C'est au point qu'au commencement, le nouveau débarqué ne peut graver dans sa mémoire
les traits qui spécialisent chaque individu ; de sorte que parmi
ses domestiques, par exemple, il ne sait auquel il vient d'adresser
la parole, dès qu'il les a perdus de vue un seul instant. Il lui
semble impossible de pouvoir jamais différencier un noir d'un
autre noir. Bientôt cependant il ne se trompe plus, il ne confond
pas Osman avec Demba ; il distingue Samba de Dianko ; c'est-à-
dire que, se familiarisant avec cette couleur noire, si étrange, de
la peau, les traits de la figure de chacun sont peu à peu facilement
retenus par la mémoire.

Au bout de quelques semaines, il pousse ses catégorisations
plus loin ; il s'aperçoit sans peine que celui-ci est plus foncé de
teint ; que celui-là a le nez plus épaté, que tel autre a les cheveux
moins lanugineux. Bientôt il sait différencier le Maure du Ouolof ;
le Saracolais du Bambara, le Peul du Sérère. Il constate facilement alors que les nègres qu'il observe appartiennent à des races
distinctes, ayant des attributs parfaitement tranchés.

On peut dire qu'alors les nègres lui paraissent infiniment plus
intéressants, d'autant que pouvant plus facilement désormais reconnaître à quelle peuplade appartiennent ceux qu'il observe,
les diverses particularités de mœurs, de langage, de tournure,

d'esprit même se montrent à ses yeux d'une manière plus tan-
gible et par conséquent attachante.

Plus tard certaines pratiques de ces nègres, qui étaient restées
inaperçues dans les premiers mois de l'observation, se dévoilent,
lui montrant, à côté de puérilités étranges, les efforts faits par l'esprit Mélanien, dans le but de constituer une société suffisamment
organisée pour ses aspirations. Et, dans les coutumes louables,
comme dans les imperfections de l'organisation sociale de ces
peuplades nègres, celui de nous, qui aime à penser, voit les premiers pas de nos ancêtres à travers la barbarie des âges primitifs pour arriver à donner à chaque homme la somme de bien-
être et de liberté qui doit lui revenir.

Ne nous y trompons pas, l'étude des peuplades nègres de l'A-
frique a non-seulement un intérêt de curiosité exotique ; elle est
un moyen de nous faire comprendre bien des détails de notre
propre histoire. La société Européenne fut, à certaines époques
du passé, organisée comme la société nègre l'est aujourd'hui dans
l'Afrique centrale et la Sénégambie ; de sorte que l'historien de
nos jours peut voir se dérouler sous ses yeux, dans ces contrées,
des choses qui ne se voient plus depuis plusieurs siècles dans
notre pays.

Ces invasions successives des Peuls, des Mandingues, des Bambaras, ne nous rappellent-elles pas les hordes Romaines ou Barbares faisant irruption dans les Gaules ? Le Bagnoun vivant dans
des contrées où il ne lui est permis d'avoir que des villages ouverts, quand les Mandingues, qui ont envahi son pays, ont des
villages défendus par une ou deux enceintes, occupant des points
stratégiques, à proximité d'une forêt qu'ils ont eu soin de rendre
ou au moins de laisser impénétrable, ne nous donne-t-il pas
l'exemple de cette Gaule envahie par les Romains, et tenue en
respect par des gens qui suppléaient au nombre par certaines dispositions offensives et défensives qu'ils avaient su s'approprier ?

Dans certaines agglomérations tributaires ne voyons-nous pas quelque chose d'analogue aux serfs de la glèbe ? ne découvririons-nous pas, si nous voulions sonder les profondeurs de maintes aspirations, les revendications légitimes de nos ancêtres d'il y a quinze siècles ?

Dans l'esclavage avec ses nombreuses nuances ; dans ces classes d'hommes libres ; dans ces immunités de certaines familles ; dans toute l'organisation sociale des diverses peuplades du pays que nous étudions ne voyons-nous pas la peinture exacte de ce que fut la féodalité chez nous ? La vie des hommes, la vertu des femmes ne compte pas plus en Sénégambie aujourd'hui qu'en Europe il y a dix siècles. Tout individu qui ne recule pas à tuer son voisin, devient un chef qui, suivant les hasards du moment, est un brigand ou un roi légitime ! Le pouvoir n'est recherché que pour l'assouvissement d'une passion brutale, que pour la soif des jouissances matérielles ; et le chef est en butte perpétuellement aux conspirations des ambitieux, qui rêvent de lui prendre la vie dans un guet-à-pens pour hériter de sa richesse. Tout, je le répète, jusqu'au Griot, nous rappelle, d'une manière frappante, ce que faisaient les Européens à l'époque où notre pays était encore aux trois quarts barbare ; car le bouffon de bien de petits roitelets ne joua pas jadis dans notre Europe, un autre rôle que celui du Griot Sénégalais de nos jours.

Si nous voulions pousser la comparaison plus loin ne verrions-nous pas une analogie de plus dans la religion ? L'Islamisme ne fait-il pas ici ce que le Christianisme a fait précédemment ailleurs ? Et, si je n'étais retenu par telle considération, j'ajouterais : Y a-t-il, dans la pensée des intéressés, une bien grande différence entre le gri-gri des uns, et les médailles des autres ?

Aussi, je ne saurais trop le faire remarquer, la société nègre d'aujourd'hui est peut-être le théâtre où l'on peut le mieux étudier la société blanche d'il y a quelques siècles ; et si nous sourions intérieurement en voyant certaines formes des gouvernements Mélaniens, telles légendes, telles croyances populaires, des duperies pieuses, ou effrontées, des manifestations de force brutale ou de ruse malsaine ; celui qui réfléchit un peu à la nature humaine, et qui se souvient de ce qu'on nous a enseigné d'histoire sur les bancs du collège, se retrouve en plein au temps d'Attila ou de Clovis, de Jules César ou de Brennus, suivant la peuplade nègre qu'il voit, les pays Sénégambiens qu'il visite.

Mais ce n'est qu'après un temps plus ou moins long que le nouveau débarqué au Sénégal s'est suffisamment familiarisé avec les nègres, pour arriver à des notions assez précises sur les diverses peuplades qu'il rencontre, pour connaître leurs caractères physiques comme leurs aptitudes intellectuelles ; et c'est pour fixer ses idées un peu plus vite qu'il ne pourrait le faire avec le secours de sa seule observation, que j'ai entrepris d'écrire ce livre.

J'ai fait le travail que j'aurais voulu trouver sous ma main la première fois que j'ai touché terre sur les rives du Sénégal ; puissé-je avoir réussi dans ma tentative. Un de nos successeurs reprenant la question là où je la laisse, se servant de mes recherches, de mes appréciations comme d'une première indication étudiera plus en détail et avec plus de fruit les individus et leur manière de faire ; il fera connaître ainsi des choses qui m'ont échappé, et, renseignant plus utilement ceux qui le suivront, les aidera puissamment à élucider ce grand problème des peuplades nègres de nos possessions de la Sénégambie. Ce sera un travail important à tous les titres, car, à mesure que nous connaîtrons mieux ces nègres, nous pourrons, plus sûrement et avec moins de chances d'erreur que par le passé, exercer notre action sur ces vastes pays qui appellent notre commerce, notre civilisation, en nous offrant en revanche des richesses incalculables. C'est qu'en effet on peut dire, qu'à l'heure présente, l'Afrique est la partie du monde la moins explorée encore, la moins utilisée sous le rapport de ses produits, et par conséquent c'est celle qui peut fournir au commerce Européen les plus grands bénéfices.

J'ai besoin d'entrer dans quelques détails au sujet de mon

étude sur les peuplades de la Sénégambie, pour bien montrer au lecteur les conditions dans lesquelles je me trouvais placé ; pour indiquer le but que j'ai cherché à atteindre. Ce livre a été écrit sur les lieux mêmes ; c'est en regardant les individus, en écoutant leurs légendes, en observant leurs mœurs, leurs jeux, leurs passions, en visitant leurs habitations, que j'ai dépeint les diverses particularités qui leur sont propres.

J'ai cherché avant tout à être exact et rigoureusement vrai, me défendant le plus que j'ai pu, et avec le plus grand soin, de cette exagération qui vient se glisser si volontiers sous la plume du narrateur qui parle des pays éloignés.

Mon livre ne saurait avoir aucune prétention à l'érudition. On a peu écrit encore sur les peuplades de la Sénégambie ; je ne connais pour ma part aucun travail qui les ait étudiées d'une manière quelque peu synthétique ; et d'ailleurs pareil ouvrage existât-il, je n'aurais pu l'avoir à ma disposition dans les conditions où je me trouvais placé. Quand, comme moi, on est appelé par les exigences du service à aller successivement d'une colonie française dans une autre ; quand on habite tour à tour pendant de longues années dans les régions équatoriales, et quelques mois à peine dans les pays de la métropole, on ne peut, comme je l'ai dit ailleurs, avoir à peine, dans son bagage, que quelques livres classiques, que quelques notes recueillies à la hâte, de sorte que le travail que l'on fait manque de ce parfum agréable d'érudition que l'on peut donner à son livre, quand on l'écrit dans un des grands centres intellectuels de notre pays.

Pendant mon séjour au Sénégal, j'ai eu cependant entre les mains quelques ouvrages qui m'ont été grandement utiles, et que j'aurais tort de ne pas citer avec la distinction qu'ils méritent. Au premier rang, je veux parler du livre de MM. Carrère et Paul Holle : *La Sénégambie ;* travail consciencieux autant qu'intéressant, écrit avec élégance et donnant un aperçu parfaitement exact du pays au moment où il a été écrit. Dans les Annales ma-

ritimes et coloniales, dans les Annuaires du Sénégal j'ai trouvé
des mémoires fort intéressants : les voyages de Bourrel, — de
Braouzec, — de Lambert, — d'Alioum-Sal, — de Pascal ; les
notes de mon savant ami le capitaine de vaisseau Aube, celles
du capitaine de vaisseau Vallon, les études du général Faidherbe
qui est un des hommes de notre génération connaissant le mieux
le Sénégal. Disons en passant que M. Faidherbe, dont le nom
restera légendaire dans les pays Soudaniens, a donné pendant
quelques années, à nos possessions Sénégalaises, une impulsion
qui devrait être continuée et qui rapporterait bientôt des fruits
inestimables à notre commerce, comme à l'extension de notre
influence dans le Soudan occidental.

Citons encore le livre de Raffenel, le *Voyage de Mage et Quin-*
tin à Ségou-Sikoro qui m'ont été aussi d'une grande utilité pour
contrôler certains détails que je craignais d'avoir mal vus.

Une fois rentré en Europe, j'ai pu me procurer le *Voyage au*
Fouta-Djalon de Hecquart, lire le livre si curieux du père Labat
qui a écrit sur la Sénégambie sans y être jamais allé. J'ai pu étudier le voyage de René Caillé dans son livre même, et trouver
des comptes-rendus, des analyses ou des résumés des voyages de
ces nombreux explorateurs de l'Afrique centrale, Mollien, Lander, Laing, Barth, Livingstone, Stanley, Marche, de Compiègne,
Jacolliot, etc., etc... Et bien que ces livres divers ne s'occupassent
qu'incidemment souvent du sujet pour lesquels je les consultais,
ils n'en ont pas moins montré à mon esprit des particularités curieuses permettant d'établir d'intéressantes comparaisons entre
ce qui existe en Sénégambie et ce qui s'observe dans d'autres
pays de l'Afrique tropicale.

Quelques excellents camarades ont bien voulu m'aider de leur
savoir des choses du pays ; M. Borius le savant météorologiste
qui a fait sur le climat du Sénégal (Paris. Gauthier-Villars, 1874)
un livre couronné par l'institut. MM. Daniel, Corre, Hamon,
m'ont fourni de précieuses notes sur ce qu'ils avaient vu à

Dagana, Médine, Bakel, Sédhiou, Boké, etc., etc... j'ai ainsi ajouté à mon travail quelques détails intéressants que je n'aurais pas pu recueillir sans eux.

Tout cela ne constitue qu'un bagage scientifique fort minime, je suis le premier à en convenir. Mon travail est donc sujet à bien des critiques au point de vue de l'érudition ; mais, n'ayant eu en vue que de faire une peinture ressemblante des peuplades que j'avais étudiées, je n'ai pas la prétention, soit de produire une œuvre littéraire, soit d'entreprendre de dire le dernier mot de nos connaissances touchant les nègres de la Sénégambie.

D'ailleurs je dois me récuser, dès le début, au sujet de toute présomption qu'on pourrait me prêter en matière d'anthropologie. Il me suffira de dire, j'espère, quels sont les moments que j'ai consacrés à cette étude, pour bien fixer les idées du lecteur à ce sujet.

Appelé par les hasards de la vie à diriger le service de santé de la colonie du Sénégal, où j'avais servi longtemps déjà au début de ma carrière dans la médecine navale, et aimant passionément les études médicales, j'ai consacré tout le temps dont j'ai pu disposer à la description des maladies de cet intéressant pays. Quatre volumes que j'ai publiés déjà en sont la preuve. Un cinquième portant sur les maladies des nègres verra, j'espère, prochainement le jour.

Mais aux heures du repos, dans ces courts moments où j'allais pour respirer un peu d'air frais, m'asseoir sur un banc de la place publique de Gorée, de Dakar ou de Saint-Louis, je regardais naturellement autour de moi, et c'était une distraction pour mon esprit que de suivre les agissements, que d'observer les caractères distinctifs, les allures de ces nègres de races variées qui passaient devant mes yeux. C'est donc le produit de mes récréations, pourrais-je dire, que je présente ici ; un travail fait dans les sévères pays Sénégambiens pour me délasser d'autres études. On comprend alors que je n'ai pour ainsi dire fait qu'effleurer le sujet dans des points où il aurait fallu une étude approfondie, des recherches plus longtemps poursuivies.

Le Sénégal est un pays extrêmement intéressant au double titre du passé et de l'avenir ; personne ne le contestera, j'en suis sûr. Pour le passé cette colonie n'est-elle pas la plus ancienne de nos possessions ? malgré les dénégations de quelques nations jalouses qui dans leur haine impuissante autant qu'injuste, ont sciemment avancé des choses inexactes : il est bien prouvé que le cap Vert, la côte de Gambie, des Palmes, des Graines, de l'Or et même le golfe du Benin ont été découverts et exploités par les Dieppois en 1364, à une époque où Espagnols, Portugais et autres ne songeaient pas encore à l'existence des pays de la côte occidentale d'Afrique.

Pendant les quatre siècles qui nous séparent de cette découverte, le pavillon de notre nation a été non seulement le premier à flotter dans ces régions, mais encore avons-nous devancé nos voisins dans la voie de la civilisation des races intéressantes qui les peuplent.

Avant Mungo-Park, Lander, Laing, Livingstone, André Brue, Rouhaut, Durand, René-Caillé, Mollien, Hecquart et une infinité de hardis explorateurs français, avaient sondé les mystères de l'intérieur de l'Afrique. Aussi ,malgré, les inexactes autant que prétentieuses affirmations de ceux qui, au retour de leur voyage, proclament le triomphe du génie Germanique, Anglais ou Espagnol, la postérité, plus juste que nos jaloux contemporains, reconnaîtra que là comme ailleurs, les vaillants enfants de notre pays ont devancé les autres, et que, si trop souvent leurs découvertes ont été pillées comme leurs biens matériels, par des hommes sans conscience, comme sans justice, il n'en est pas moins vrai que les génies Anglais ou Germanique ont été là comme ailleurs devancés par le grand génie Français.

Pour ce qui est de l'avenir, on peut prédire que de même que nos pères ont porté dans tous les pays le premier flambeau de la civilisation ; de même nos enfants ne se laisseront devancer par personne pour le centre de l'Afrique, qui, attaqué par l'Algérie comme par la Sénégambie, ne restera probablement pas longtemps encore hors du cercle de la vie générale du monde. Si dans les jours de deuil de notre chère patrie, alors que nous étions attaqués par des ennemis sans merci, nos efforts de découverte vers ces mystérieux pays du Soudan se sont ralentis, il est à croire qu'avec la paix et la récupération de notre tranquillité d'esprit, de hardis pionniers reprendront la route de la vallée du Niger et le drapeau aimé de notre belle France ne tardera pas de flotter sur les crêtes du Fouta-Djalon comme dans les plaines qu'arrosent le haut Sénégal et la Falemé.

Voilà sous quels auspices, voilà avec quelles espérances j'ai entrepris d'écrire cette étude, modeste jalon destiné à renseigner en quelques mots mes compatriotes appelés à aller visiter la Sénégambie. J'ai eu pour objectif de leur épargner quelques tâtonnements, quelques indécisions dans les premiers temps de leur séjour. Et si, en attendant un travail plus complet, plus détaillé, plus utile, ils reconnaissent que j'ai retracé sans exagération ce qui se voit quand on étudie les nègres dans leur pays ; s'ils croient que j'ai fait des efforts pour peindre les peuplades de la Sénégambie, en restant dans le champ de l'exacte réalité, j'aurai atteint le but que je me suis proposé en prenant la plume.

Saint-Mandrier, près Toulon. Mars 1879.

LES
PEUPLADES

DE LA

SÉNÉGAMBIE

CHAPITRE PREMIER

Les Ouolofs.

Limites géographiques. — Les Ouolofs sont des noirs qui habitent la basse Sénégambie ; ils constituent la population fixe du Oualo et du Cayor, pays dans lesquels nous avons les deux centres importants de notre colonie du Sénégal : Saint-Louis et Gorée-Dakar. A ce titre ils sont plus intéressants pour nous que les autres peuples de l'Afrique tropicale.

Il est possible que les Ouolofs soient aborigènes de ces vastes plaines d'alluvion qui constituent la basse Sénégambie. En tous cas, s'ils sont venus d'ailleurs, la migration s'est faite depuis si longtemps que l'on peut sans inconvénients les regarder comme autochthones, étant au moins de beaucoup les plus anciens oc—cupants. Leur pays s'étend au nord jusqu'au fleuve Sénégal qui les sépare des Maures du Sahara. Au sud, il est limité par les populations riveraines de la Gambie : — Serères, Mandingues, etc. — A l'ouest, les Ouolofs touchent à l'océan Atlantique.

1

A l'est aussi ils sont limitrophes des Torodos (Toucoulors du Toro), du Fouta sénégalais et du Djiolof. Ils occupent donc un espace à peu près quadrilatère ayant environ deux cent-vingt kilomètres du nord au sud et centcinquante kilomètres de l'est à l'ouest.

Caractères physiques. — Les Ouolofs sont foncièrement distincts des autres peuplades sénégalaises, tant au point de vue physique que sous le rapport intellectuel. On a voulu les réunir aux noirs qui habitent les pays de Sine, du Saloum et du Baol, c'est-à-dire qui sont au sud du Cayor et du Oualo ; mais il faut alors partager le groupe en deux catégories bien distinctes : les Ouolofs proprement dits et les Serères ; il vaut mieux, à mon avis, laisser les Serères en dehors, car ils ont des caractères assez spéciaux pour mériter une place à part.

Leurs lèvres sont grosses et saillantes, d'une couleur noire plus mate que le restant de la peau du visage ; leur mâchoire est peu saillante et leur menton à peine fuyant, de sorte que leurs dents incisives sont presque verticales. Leur prognatisme quoique indiscutable, est pour ainsi dire au minimum de ce qui existe chez les Mélaniens.

La peau des Ouolofs est de couleur noir d'ébène ; elle est luisante, comme vernie ; c'est la plus foncée que je connaisse, elle est complétement dépourvue de poils, si ce n'est aux aisselles et au pubis où, même, le système pileux est assez rare.

Nous avons dit que les Ouolofs sont de haute stature ; un peu moins grands en général que les Serères, ils sont notablement plus beaux hommes que les Maures et les Peuls. Leurs membres supérieurs sont fortement musclés. Leurs mains plus longues que volumineuses ont le pouce moins opposable que chez les Peuls ; leurs doigts sont effilés, leurs ongles grands et plats, de couleur bistrée comme la paume de la main.

Chez eux tous, mais surtout chez leurs femmes, le bassin s'insère assez obliquement sur la colonne vertébrale pour que, dans

la station debout, leurs fesses fassent une saillie très-accusée.
On dirait que la station bipède est moins facile chez la femme que
chez l'homme dans cette race, et l'observateur qui les examine
pendant leurs divers travaux le remarque bientôt. En effet,
quand elles sont inclinées dans la position de quelqu'un qui ramasse un objet placé à terre, leur pose est si naturelle et si bien
balancée, qu'il vient à la pensée que pour un peu plus la marche
quadrumane leur eût été facile. Cette instabilité de l'équilibre de leur corps se traduit d'ailleurs aussi dans leur démarche,
car on les voit dans la progression rejeter fortement les épaules
en arrière. Si elles ont un objet plus lourd à porter, elles placent
volontiers leur main dans une position singulière: le bras appliqué le long du thorax, le coude fléchi à la dernière limite et la
paume de la main tournée horizontalement en haut au niveau
de l'épaule. — Si le fardeau est plus pesant, elles le mettent sur
la tête. Dans les deux cas, on le voit, elles placent la charge en
arrière de la ligne médiane antéro-postérieure pour contre-ba-
lancer la tendance de leur corps à incliner le haut en avant.

Les seins des femmes ouoloves sont piriformes, horizontaux
au début de la puberté, puis descendent avec l'âge sous forme
de cônes aplatis sur le devant du thorax. Quand elles ont des enfants, ces seins prennent un grand développement, et soit qu'elles
allaitent, soit qu'elles aient sevré leur nourrisson, ils n'ont bientôt plus rien de gracieux ni d'agréable à la vue.

Le membre inférieur est la partie défectueuse du corps des
Ouolofs, nous avons dit qu'il est grêle ; les fémurs sont relativement longs et peu entourés de muscles. La jambe ressemble à
un tronc de cône régulier, c'est-à-dire que la saillie du mollet n'est
presque pas accusée. — Le talon ne fait pas une notable saillie
en arrière ; — la voûte plantaire n'existe presque pas, de sorte
qu'ils appartiennent à la catégorie des *pieds plats*. Le gros orteil
est très-détaché des autres, plus mobile que chez le Caucasique ;
par conséquent, alors même que l'habitude de marcher pieds nus

n'aurait pas déformé l'organe, l'examen constaterait facilement
que la longueur, la mobilité et l'indépendance des orteils sont le
stigmate d'une infériorité de race.

On a dit que sans la grosseur de leurs lèvres, leur chevelure
laineuse et leur peau noire, les Ouolofs ne différeraient pas beaucoup des variétés inférieures de la race caucasique. Je ne puis
partager cette opinion, et, tout en admettant qu'ils sont supérieurs à beaucoup d'autres nègres, je ne leur reconnais que les
attributs du Mélanien, c'est-à-dire d'une race réellement inférieure. Je ne saurais les considérer comme une transition entre
le nègre et telle autre variété de l'espèce humaine.

Les Ouolofs sont intimement mêlés aux Européens dans les
villes de la Sénégambie que nous occupons, et nos habitudes ont
déteint là dans une certaine limite sur eux. Les centres de population de Saint-Louis et de Gorée sont cependant fort peu de
chose relativement à l'étendue du pays, de sorte qu'une grande
masse de ces nègres a conservé sa manière de vivre propre. Pour
faire la peinture exacte de leurs mœurs, nous aurons besoin de
les partager en plusieurs catégories : ainsi nous parlerons séparément : A. des Ouolofs des villes, hommes et femmes ; B. des
Ouolofs des campagnes.

A. *Ouolofs des villes*. Nous devons étudier à part 1° les hommes
catholiques, 2° les hommes musulmans, 3° les femmes, 4° les
enfants.

Ouolofs catholiques. Les Ouolofs catholiques habitent les centres de population européenne ; ce sont des ouvriers ou des
commerçants intimement liés à notre société. Ils n'ont pas de
costume spécial ; ils se servent des vieilles défroques des blancs,
marchent pieds nus et tête découverte quand leurs moyens ne

leur permettent pas d'acheter des vêtements plus confortables.
— Quand ils peuvent mettre un peu d'argent à leur habillement,
ils achètent les choses les plus excentriques comme les plus con-
venables, un peu au hasard du moment, obéissant à un sentiment enfantin de coquetterie. Nous n'avons pas besoin de parler
plus longuement ici de ce détail, et quand nous aurons consigné
que le nègre n'a absolument rien de ce qu'on appelle le bon
goût, qu'il ne se doute pas de ce qu'on appelle le sens commun,
ce qui fait qu'on le voit quelquefois couvert de vêtements de
toile légère en hiver, d'habits fourrés et en drap en été, sans
avoir d'autre objectif que celui de faire de l'effet sur l'esprit du
voisin, nous aurons donné sa caractéristique.

Quant à ce qui est du vêtement des femmes catholiques, il diffère si peu du costume des Ouoloves musulmanes que nous n'en
parlerons pas actuellement ; il nous suffira en faisant la description de la toilette de citer ce qui est plus spécial à telle ou
telle catégorie.

Ouolofs musulmans des villes. Le Ouolof musulman des villes,
appelé vulgairement *Marabout* au Sénégal, est, à proprement
parler, celui qui a conservé le costume national ; costume très-
spécial, ne manquant pas d'une certaine grâce quelquefois, mais
surtout très-original dans tous les cas. La partie principale du
vêtement de tout Ouolof musulman, homme ou femme, est le
boubou, sorte d'ample chemise sans manches et largement fendue
sur les côtés. Les hommes ont généralement le boubou blanc en
calicot ; — quelques élégants l'ont en drap de couleur éclatante
ou au moins voyante et il n'est pas rare d'en voir de jaune serin,
de violet, de vert, de bleu clair, etc. Ce boubou descend jusqu'à mi-hauteur du mollet chez l'homme, de sorte que c'est une
immense chemise se rapprochant assez de ce vêtement que les
Marocains appellent la *gandoura*, dont il ne diffère que par l'ampleur qui est beaucoup plus grande.

La coiffure du Ouolof mahométan varie suivant la saison, le

pays et le désir de faire bon effet : — en temps ordinaire c'est un bonnet cylindrique en calicot blanc ; on peut même considérer ce bonnet comme la coiffure fondamentale. — En été, les riches Ouolofs portent volontiers par-dessus ce bonnet un chapeau en paille tressée et cousue fait dans les pays du bas de la côte (Gambie et Casamance). Ce chapeau, qui a souvent tout simplement la forme d'un cône très-évasé, d'autres fois celle d'un tronc de cône terminé par de larges ailes, n'a rien de bien élégant et pèse relativement beaucoup.

Dans leur extrême désir d'avoir bon air, nombre d'Ouolofs substituent au bonnet de calicot blanc des calotes de drap de velours avec broderies de maintes arabesques. Ils portent aussi le chapeau de feutre gris à larges bords dont les traitants européens se couvrent. — Je ne serais pas étonné de voir porter quelque jour aux nègres le chapeau cylindrique noir des Européens ou le bonnet rouge. Il suffirait, je crois, pour cela qu'il en fût expédié une suffisante quantité dans la colonie. En 1872, j'ai vu tous les nègres de Gorée adopter, pendant un temps, le képi du garde mobile dont un capitaine marchand avait apporté une caisse de plusieurs douzaines.

Sous le boubou, le nègre a le plus souvent un pantalon ou un caleçon qu'il se fabrique lui-même quand il n'a pu l'acheter. — Il marche soit pieds nus, ou bien en garantissant ses pieds avec des sandales de diverses formes : tantôt c'est une simple plaque de cuir avec quelques lanières, — tantôt ce sont des balouches en cuir jaune, rouge ou marron. — Aux jours de fête, les élégants portent des bottes marocaines ou européennes ; l'important, c'est que leur tige soit de couleur voyante ; — le jaune, le bleu de ciel, le rouge, leur paraissent le beau idéal de la coquetterie. Quelques-unes sont même brodées en noir ou en fil métallique.

Le Ouolof des villes ne porte pas d'arme ordinairement, si ce n'est parfois un couteau ; il se sert d'une canne pour faire l'élégant, et s'il a une montre ou au moins une chaîne, il s'arrange de manière à ce qu'elle paraisse. — Il porte assez volontiers des boucles d'oreilles ; il se charge de bagues quand il le peut, — bref, il se préoccupe beaucoup de sa toilette, visant aux couleurs voyantes et aux vêtements excentriques, sans s'occuper ni de leur solidité ni de leur conservation.

A certaines fêtes de l'année, le Ouolof se met dans ses plus beaux habits. Ces époques sont des dates mémorables dans leur esprit ; ils cherchent à se couvrir alors des couleurs les plus extraordinaires, et celui qui a pu étonner ses voisins par l'exagération d'ampleur, de couleur ou de taille de ses vêtements, est assurément l'homme le plus heureux de toute la Sénégambie ce jour-là. Le désir de briller, joint à celui de ne pas travailler, fait que les Ouolofs observent avec ponctualité toutes les fêtes qu'ils peuvent célébrer. C'est ainsi qu'à Saint-Louis et à Gorée ils suivent avec la plus scrupuleuse exactitude non-seulement les solennités catholiques, mais aussi les fêtes musulmanes, patriotiques, et plus encore quand c'est possible.

Femmes Ouoloves. Les femmes ont moins souvent le boubou blanc que les hommes ; ce vêtement est plutôt en indienne de couleur en été, en étoffe de laine à raies, à carreaux ou à dessins en hiver. — Ce boubou est aussi plus court et ne descend pas tout à fait jusqu'au genou. Quand le temps est chaud les femmes portent souvent les boubous en mousseline transparente et même en gaze blanche ou colorée. — Quelques jeunes filles ainsi vêtues sont véritablement très-belles de formes, car leur torse à demi voilé a, sous ces plis, des contours séduisants plus élégants même que s'il était nu, et nu il est déjà très-beau.

Il n'est pas rare de voir pendant la saison chaude, les jeunes filles et les jeunes femmes dépourvues de boubou, montrant ainsi leur corps nu jusqu'à la ceinture. Cette habitude qui est générale dans les pays de l'intérieur tend à diminuer dans Saint-Louis et à Gorée à mesure que le christianisme fait des progrès, mais il faudra bien du temps pour qu'elle soit perdue même dans les points les plus civilisés de la colonie.

Quelle que soit la religion de la négresse, le costume qui couvre la partie inférieure de son corps, et qui peut être appelé le vêtement fondamental, est le pagne, large morceau d'étoffe de forme carrée, qui entoure les reins et se fixe par le simple chevauchement des extrémités supérieures, ce qui fait qu'à chaque instant la femme noire est menacée de perdre ce qui représente ses jupons. Maintes fois, dans la journée, elles sont exposées dans un faux mouvement, quand, par exemple, elles portent un fardeau qui occupe leurs mains ou qu'il fait du vent, à se trouver tout à coup nues.

Le nombre de fois où j'ai vu pour ma part ce petit accident arriver à des négresses en pleine rue et devant le monde, est si grand que j'en avais déjà perdu le chiffre trois mois après mon arrivée en Sénégambie. Le peu de solidité de l'arrangement du pagne fait que la femme ouolove passe une grande partie de son temps à rectifier cette partie de sa toilette. C'est même, il faut le dire, le travail auquel elle se livre machinalement dès qu'elle est inoccupée et surtout aussitôt qu'elle est un peu troublée ou confuse par la présence d'un étranger ou les plaisanteries d'un amoureux. Ce mouvement n'a rien de bien élégant, mais il donne parfois à l'œil l'occasion de sonder des régions qu'il ne lui est pas donné d'explorer dans nos pays.

Les jeunes filles ouoloves vont nu-tête quelle que soit leur religion ; elles ont les cheveux rasés comme les petits garçons jusqu'à la puberté, ne diffèrent d'eux à ce point de vue que parce que souvent la mère laisse pousser une ou plusieurs petites mèches auxquelles elle suspend un morceau de corail, un coquillage ou une petite pièce de monnaie, tandis que les petits garçons ont généralement la tête entièrement dénudée.

Quand la jeune fille est pubère elle laisse pousser sa chevelure et, bientôt après, elle possède des boucles qui ne manquent pas d'être arrangées avec une certaine élégance. Ces boucles sont longues de trois à cinq ou huit centimètres, épaisses d'un millimètre à peine, comme les petites torsades des épaulettes ; elles sont disposées en séries concentriques ayant au centre, en général, une tresse un peu plus épaisse à l'extrémité de laquelle est appendu un objet brillant : perle de verroterie, bijou de cuivre ou d'argent, pièce de monnaie, suivant le degré d'aisance ou de coquetterie de l'intéressée.

Les femmes ont la même disposition de la chevelure, leurs torsades sont seulement plus longues et un peu plus épaisses, mais on ne voit que celles qui sont autour de la tête, car un mouchoir plus ou moins élégamment tortillé en forme de turban surmonte leur chef. Le mouchoir de la tête est un des plus grands objets de coquetterie chez la négresse ; les chrétiennes n'en portent généralement qu'un à la fois, les musulmanes en mettent souvent deux de couleurs différentes pour avoir un turban à nuances variées.

Une négresse, quelque peu élégante, change plusieurs fois par jour de mouchoir de tête ainsi que de vêtements de corps. Ne posséder que deux douzaines de madras pour se coiffer, n'avoir que douze boubous et autant de pagnes est un mince trousseau. Le beau idéal de la Ouolove coquette serait de ne jamais mettre deux fois le même objet.

La coiffure et l'arrangement des cheveux est une très-grosse affaire dans la vie de la femme ouolove. La manière dont les cheveux sont disposés indique si elle est fille, mariée ou veuve, si elle a des enfants, si elle est nourrice, et bien d'autres choses encore, par la forme de certaines boucles et de certaines tresses.

On comprend facilement que, pour cette raison, le métier de coiffeuse est très-lucratif et très-exercé en Sénégambie. Pendant la belle saison, on voit, dans les rues de Saint-Louis et de Gorée, ou dans le voisinage des cases, dans les villages de l'intérieur, les coiffeuses faire leur travail en plein air. Assises sur un ou sur le sol, elles prennent la tête de la coquette entre leurs genoux et, à l'aide d'un morceau de bois aigu ou d'une arête de poisson, elles commencent à détortiller les boucles et les tresses, ce qui fait que la patiente a bientôt la tête hérissée d'un lainage qui en triple le volume. L'artiste enroule alors simplement, avec grand soin, une petite partie des cheveux sur une longue tige de bois flexible et très-mince, en l'enduisant de beurre pour bien l'engluer. Lorsqu'une femme est entièrement coiffée, ainsi en préparation, elle a derrière la tête comme un petit balai formé par ces tiges de bois qui sont généralement des pétioles de dattier.

Restant ainsi pendant quelques heures enroulés très-serré autour de ces baguettes, les cheveux prennent le pli, de sorte que quand on retire les tiges de bois, il suffit d'ajouter une petite quantité de beurre pour que les boucles conservent la forme désirée. Une femme use bien cent cinquante ou deux cents grammes de beurre pour se coiffer, et comme la chaleur du corps, jointe à celle de l'atmosphère, fait rancir très-rapidement cette substance grasse, il s'ensuit que l'élégante ouolove exhale une odeur reconnaissable à distance, et qui n'a rien de suave, je le jure, pour ceux qui n'y sont pas habitués depuis l'enfance. La coiffure, telle que je viens de la décrire, dure un mois, quelquefois plus, sans qu'on ait besoin d'y toucher ; je laisse à penser le nombre de parasites qui viennent l'habiter quelquefois.

Les filles et les femmes ouoloves portent autour des reins de nombreuses verroteries disposées en colliers : cinq, huit, dix colliers de perles grosses comme des pois ne sont pas une charge exagérée. Quelle peut être l'utilité de ces colliers? Je ne la vois guère. Est-ce simplement un ornement? Je suis assez disposé à le croire, ne pensant pas que des gens aussi insouciants que les nègres aient cherché bien longtemps le côté hygiénique d'une coutume pour l'adopter.

La fille ouolove chrétienne porte une grande blouse au lieu du boubou traditionnel, mais elle préfère, dans tous les cas, le pagne au jupon et, à mesure qu'elle avance en âge, elle revient au boubou qui est le costume véritablement national. Le pagne ceignant les reins a, au fond, un grand attrait pour le sexe féminin indigène de la Sénégambie, et j'ai vu bien souvent le matin des filles et des femmes mulâtresses n'avoir pas d'autre robe de chambre, quand le soir, à la promenade ou au bal, elles se chargeaient des exagérations de la mode parisienne la plus récente.

Les filles et les femmes coquettes portent, quelle que soit leur religion, un vaste morceau carré d'étoffe plus ou moins riche, appelé aussi pagne, et jeté sur une épaule par dessus le boubou. Une partie de ce pagne drape plus ou moins élégamment la taille, une autre est flottante. Ce pagne fait aussi partie du vêtement des mulâtresses appelées *Signarres*.

Les jambes de la négresse de toute condition sont toujours et invariablement nues. Pourquoi porterait-on des bas quand on est à peine couvert d'une chemise? Des bracelets en corail, en cuivre, en argent, en or ornent la cheville et le pied porte à nu sur le sol quand la femme est pauvre. Les riches, les élégantes portent des babouches dans lesquelles le suprême de la coquetterie veut que le pied entre très-incomplétement, ce qui rend la démarche traînante et difficile, c'est-à-dire d'autant plus séduisante à leurs yeux qu'elle est plus nonchalante et plus embarrassée. On peut aller voir les jeunes chrétiennes le dimanche matin à Saint-Louis et à Gorée ; elles portent en général leurs babouches à la main ou sous le bras tant qu'elles sont dans les rues isolées, pour ne pas mettre un temps trop long à se rendre de leur habitation à l'église. Dès que le désir de produire bon effet se manifeste elles se hâtent de les chausser, ce qui transforme aussitôt leur démarche d'une façon qui nous semble bien désavantageuse, à nous blancs, mais qui leur paraît charmante cependant.

Quelques négresses, et plus particulièrement à Saint-Louis, portent des sandales formées d'une simple semelle surmontée de deux lanières qui se placent entre le gros orteil et le suivant ; garantissant ainsi la plante du pied du sable tout en laissant l'organe entièrement à découvert.

Des femmes aussi coquettes que les Ouoloves devaient avoir force boucles d'oreilles, et, en effet, celle qui est riche ne connaît pour limites que la place pour suspendre des bijoux à ses oreilles, et comme ces bijoux, faits en or, sont d'autant plus lourds qu'ils ont plus de prix, ils leur déchirent le pavillon de l'oreille qui arrive à être frangé au grand désespoir de la coquette. Combien de fois n'ai-je pas été sollicité à faire un point de suture qui réunît deux parties du pavillon de l'oreille séparées par le poids d'un bijou, et si, pendant mon séjour à Gorée, j'ai passé pour un praticien habile aux yeux des nègres du pays, c'est plutôt parce que j'avais réussi dans quelques-unes de ces restaurations que parce que j'avais accouché telle ou telle malheureuse qui avait été abandonnée par les matrones, ou que j'avais pratiqué avec succès telle grande opération.

La négresse porte nombre de bracelets aux poignets, aux pieds et tous les colliers qu'elle peut avoir. Tout lui est bon, pourvu que ce soit voyant : les verroteries, l'or, le cuivre, la cornaline ; on se prend à sourire en voyant les objets les plus vulgaires pendus à côté des bijoux les plus chers et faisant également leur effet sur l'esprit des nègres plongés facilement dans l'admiration.

J'ai connu à Gorée une négresse très-riche pour le pays, qui avait un écrin de bijoux réellement très-beau ; elle me le montrait un jour et, à côté de fort belles pierreries, elle attachait un prix égal à des petits bijoux de cuivre qui ne coûtaient pas assurément deux francs.

ENFANTS.

Les enfants vont à peu près nus jusqu'à l'âge de sept ou huit ans. Dans les villes, on les voit courir dans les rues sans autre vêtement qu'une ficelle qui porte une perle grosse comme un pois autour des reins. Pendant la saison froide, ils ont quelquefois un petit boubou, mais c'est l'exception ; aussi je ne comprends pas qu'ils ne meurent pas dans une plus grande proportion encore. Quand ils arrivent à l'âge de sept ou huit ans ils ajoutent, à la ficelle qui leur sert de ceinture, un morceau d'étoffe : le *gemba* qui est large comme la main et qui placé perpendiculairement à cette ceinture couvre à peine le plus indispensable.

Les petites filles ont vagué nues jusqu'à six ou sept ans, moment où elles commencent à se ceindre les reins d'un petit pagne qui ne dépasse pas les genoux. Jusqu'à dix ou douze ans, elles ne restent guère sévèrement couvertes et, pour peu que l'occasion, la chaleur, la précipitation le justifient, on les voit bien fréquemment entièrement nues, n'ayant souvent même pas de *gemba* pour se protéger. L'Européen qui passe dans les rues de Saint-Louis et de Gorée voit à chaque instant des choses bien étranges dans cet ordre d'idées.

Les enfants des deux sexes ont la tête rasée. C'est avec des tessons de bouteille qu'on les dépouille de leurs cheveux, et le caprice de la mère laisse une touffe çà et là. Il n'est pas rare de voir les garçons avoir le tiers, le quart de la tête pourvu de cheveux assez longs, quand le restant est rasé de frais ; d'autres fois des dessins sont pratiqués ainsi. Nous avons dit que les fillettes ont souvent une petite mèche à laquelle est appendue une perle, un coquillage, une petite pièce de monnaie, etc.

Un complément obligé du costume des deux sexes chez les Ouolofs, de n'importe quel âge, est le *gri-gri*, amulette achetée plus ou moins cher et destinée à préserver de nombre de maux, de malheurs, de piéges, etc., etc. Les enfants n'ont souvent qu'un gri-gri pour tout vêtement ; pas un musulman, homme ou femme, n'en manque. Si nous cherchions bien, nous trouverions que les Ouolofs catholiques qui n'en portent pas sont en très-petit nombre.

Les gris-gris ont toutes les formes possibles ; c'est généralement un verset du Coran écrit sur un morceau de papier et
recouvert soit d'une enveloppe d'étoffe, soit d'un morceau de
cuir, soit enfin d'un morceau de métal. La forme et le volume
de ces gris-gris varient à l'infini ; l'un est sphérique comme une
noisette, l'autre est triangulaire, l'autre carré. Il y en a pour
mettre autour de la tête ; d'autres qui vont au doigt, au poignet,
à la cheville, en sautoir, en ceinture. Quelques nègres en ont
un véritable fardeau. Celui qui ne peut avoir une enveloppe
métallique pour son gri-gri, se sert de cuir, d'un bout de chif-
fon. — Une dent de requin, de chacal, un os, une coquille, un
simple morceau de bois constituent souvent des gris-gris très-
vénérés.

Ce gri-gri est destiné à prévenir mille maux. Il y en a contre
le mal de la tête, la douleur des dents, les coups de feu, la mor-
sure du caïman, du requin, du serpent ; j'en ai vu qui sont destinés à combattre l'astuce du marchand auquel on a affaire, les
maléfices des sorciers. Il y en a, en un mot, contre tout ce qui
peut nuire au bien-être physique ou moral d'un individu. La confiance du nègre dans son gri-gri est aveugle, et quand il a la
preuve matérielle de son inanité il n'attribue le malheur qu'à la
mauvaise confection du talisman ; il se hâte donc de s'en procurer un autre plus efficace, c'est-à-dire plus cher, au lieu d'être
guéri de sa superstition.

M. Pichard, consul de France à Sainte-Marie, rapporte à ce
sujet l'anecdote suivante que bien des gens ne croiront pas : « Un
boulanger de Bathurst, pour prouver l'efficacité de son *gri-gri*,
qui devait le rendre invulnérable aux coups portés par des armes
tranchantes, s'est ouvert le ventre d'un coup de couteau. Il a été
fort surpris de tomber sous l'effrayante douleur qu'il a éprouvée.
Mais sa confiance n'a pas été ébranlée, et, une fois guéri, il est
allé trouver le marabout vendeur du fameux gri-gri ; lui
recommandant de bien prononcer toutes les prières en en faisant

un autre ; car, disait-il, tu dois en avoir oublié une, puisque le couteau est entré (*sic*). »

Je connais au moins deux autres faits où un malheureux s'est ouvert le ventre, croyant être invulnérable par la vertu de son talisman. Nous pourrions citer mille autres choses aussi extraordinaires, pour montrer la crédulité inouïe des Ouolofs relativement aux gris-gris.

Ouolofs des campagnes. — Le Ouolof des campagnes possède un cachet spécial bien différent, au premier coup d'œil, de celui qui appartient au Ouolof de la ville ; mais il faut faire une distinction entre les diverses classes sociales pour bien faire saillir les particularités qui leur sont propres, car le Ouolof noble, aisé, guerrier, prince ou roi, n'est pas habillé comme celui de la plèbe ou le captif.

Les premiers sont vêtus comme les Ouolofs musulmans des villes, avec l'adjonction cependant d'une arme : fusil ou sabre. Cette arme est le complément si indispensable du nègre aisé de la campagne, qu'il ne saurait vraiment pas marcher s'il ne l'avait à la main, sur l'épaule ou à la ceinture. Un large chapeau, fait dans le pays, moins élégant et moins fin que celui que les habitants des villes font venir du bas de la côte, l'abrite du soleil pendant la saison chaude. Ce chapeau est quelquefois orné de plumes d'autruche.

Quant aux femmes aisées, elles sont semblables aux Ouoloves musulmanes des villes, avec cette différence que les objets de toilette, coûtant plus cher à mesure qu'on s'éloigne des centres de commerce, il faut une plus grande richesse pour avoir une certaine élégance.

Les Ouolofs hommes et femmes de la basse classe sont, dans les campagnes, très-sommairement vêtus : l'homme a un *gemba,* c'est-à-dire un vêtement réduit à sa plus simple expression ; la femme ne porte qu'un pagne très-court, ceint autour des reins. Dans la saison fraîche, la femme ajoute un second pagne porté

sur les épaules ; l'homme transforme en manteau le premier morceau d'étoffe qu'il rencontre, depuis la couverture de laine jusqu'au sac en toile, faute de mieux. Quand il n'a pas d'argent pour
acheter un vêtement, il grelotte, s'enrhume, mais ne prendra pas
désormais la bonne résolution d'appliquer une partie de son gain
de la saison chaude à l'achat d'une couverture ; il est bien trop
insouciant de l'avenir pour cela.

HABITATIONS.

Le logement des Ouolofs diffère suivant qu'on l'examine dans
les centres européens ou dans les campagnes. Dans les villes de
Saint-Louis et de Gorée, ils habitent le rez-de-chaussée des maisons européennes, dans des chambres basses, noires, mal aérées.
Dans les villages exclusivement nègres, ils se construisent des
cases qui ont toujours exactement la même forme et la même disposition : c'est un cylindre recouvert d'un cône plus ou moins
élancé. L'édifice n'est d'ailleurs ni compliqué, ni fait avec des ma-
tériaux bien variés. En effet, pour construire sa case, le Ouolof va
chercher une quantité suffisante de branches d'arbres rectilignes
de la grosseur du bras, les plante circulairement, les surmonte
d'un cône fait avec des branches analogues et qui a la forme d'un
énorme parasol. Le squelette de la case a ainsi l'air d'une très-
grande cage à perroquet. Une fois le dôme bien assujetti avec de
la corde, on le couvre de petits roseaux encore munis de leurs
feuilles et attachés à l'aide de ficelle, et la case est bientôt entourée
de ce revêtement en paillotte, n'ayant généralement qu'une ouverture pour la porte.

Autour de la case, et plus souvent autour de deux ou trois
cases appartenant à la même famille, on fait une haie avec des
pieux et des roseaux. Cette palissade est parfois recouverte d'une
sorte d'argile détrempée, elle s'appelle alors *tapade*. Ainsi entourée,
l'habitation du nègre a une cour dans laquelle bêtes et gens passent

leur journée, souvent la nuit. Dans cette cour sont les ustensiles de ménage, la cuisine, des poules, des canards, des moutons, la vache ; un chien, plusieurs chats complètent la population. Le poisson pêché la veille sèche sur la toiture, les animaux morts récemment pourrissent avec les intestins de mouton, de volaille et de poisson dans les environs. Tout cela, joint à la malpropreté sordide habituelle au nègre, fait que l'atmosphère des villages est toujours infectée.

L'ameublement du Ouolof est très-sommaire ; car, qu'il habite dans le rez-de-chaussée des maisons de Saint-Louis ou de Gorée, ou bien qu'il soit dans un village nègre, il n'y a dans la case qu'un lit et un ou deux coffres. Le lit est le plus souvent dans les villes un bois de lit ordinaire en sapin ou bien une sorte de table. Dans les villages de l'intérieur les nègres couchent sur *le tagal*, lit qui est fait en morceaux de bambous juxtaposés et placés par couches successives. Une ou plusieurs nattes rendent la couche suffisamment molle, et, chez les élégants, une moustiquaire complète le lieu du repos.

Il y a généralement deux lits par case : un pour le mari, l'autre pour le restant de la maison. Les nègres couchent vêtus, ne se couvrant au besoin qu'avec des pagnes ; les draps leur sont totalement inconnus.

Les coffres sont plus ou moins gros, plus ou moins nombreux, suivant la fortune du possesseur. Souvent ce sont des malles en bois plus ou moins enjolivées de grossières peintures. Ils servent à serrer les objets précieux de la maison, et, suivant leur état, servent d'ornement à la case ou sont placés sous les lits.

Au milieu de la case, il y a le plus souvent une petite excavation sur le sol, c'est la cuisine ou plus exactement le foyer, et comme l'édifice est en paille, on comprend que l'incendie est très-fréquent. Heureusement l'apathie naturelle du Ouolof, doublée du fatalisme musulman, fait qu'il ne se désole pas d'un pareil malheur ; il reconstruit sa case et vit aussi insoucieux que par le

2

passé, jusqu'à ce qu'elle brûle de nouveau, ce qui ne tarde jamais beaucoup.

Le Ouolof est, comme le Maure de la rive droite du Sénégal, extrêmement sobre quand il le faut, et même le plus souvent dans sa vie; mais il ne faut pas lui en faire une qualité, car il n'est réservé que par manque de nourriture. Quand un mets passe à sa portée, son appétit n'a pas de limites et son intempérance est infinie. Le plat fondamental de la vie ouolove est le *couscous :* farine de mil pilé, préparée à l'étuvée; ce couscous est assez analogue à celui des Arabes de l'Algérie; moins blanc, moins appétissant peut-être, mais lui ressemblant néanmoins.

Le couscous se fait à la viande de bœuf, de mouton, de volaille, de poisson, suivant les hasards de l'existence. Le poisson entre pour beaucoup dans l'alimentation du pays, à cause de son extraordinaire abondance; il est mangé frais ou séché au soleil, trop souvent dans un état de demi-putréfaction et toujours préparé d'une manière qui révolte notre goût, notre odorat et notre vue.

La cuisine est peu recherchée et peu compliquée; — il faut beaucoup au nègre; — n'importe la qualité quand la quantité ne laisse pas à désirer. — Les aliments sont préparés avec une malpropreté inouïe et ils sont mangés d'une manière véritablement bestiale. Les Ouolofs aiment les sucreries, les friandises grossières comme les enfants, et leurs pâtissières font des gâteaux dans lesquels le sucre, le lait, le beurre rance et les amandes d'arachides sont réunis à l'inverse de ce qui devrait être pour constituer quelque chose de savoureux.

Comme la plupart des noirs, ils sont adonnés à l'ivrognerie d'une façon déplorable : l'eau-de-vie de traite appelée *sangara* est le rêve de leur gourmandise et le mobile de leur existence entière. Dans la ville ils ne travaillent que pour s'enivrer quand ils pourront. Dans les campagnes, les chefs passent leur vie dans une ivresse crapuleuse qui commence le jour de leur entrée en fonctions pour cesser au moment de la mort.

On dit que ceux qui sont musulmans ne s'adonnent pas à l'ivrognerie et on s'est basé là-dessus pour prétendre que nous devons favoriser la propagation de l'islamisme au point de vue de la civilisation des nègres. — C'est une très-grande inexactitude, et si on regarde un peu de près, on voit bien vite que les musulmans noirs, qui ne s'enivrent pas, sont des gens du haut pays ; les Ouolofs sont intempérants sous n'importe quel rite religieux, s'ils ne boivent pas de *sangara* ouvertement, ils ne résistent pas à l'alcoolisme dans la vie cachée ; — s'ils n'usent pas d'eau-de-vie ou de vin de vigne, ils se grisent avec du vin de palme ou toute autre liqueur fermentée, qui ne vaut guère mieux.

La consommation des spiritueux est prodigieuse en Sénégambie ; d'après les renseignements de M. Pichard, consul de France en Gambie (*Revue maritime et coloniale* de juin 1865), il ne s'est pas consommé moins de dix-huit cent mille litres d'eau-de-vie detraite chez les noirs de la basse contrée en 1863. — La consommation en 1873 a dépassé deux millions cinq cent mille litres.

Dans le Oualo et le Cayor il n'est pas rare de voir les cultivateurs troquer leur récolte entière contre de l'eau-de-vie qu'ils boivent dans l'espace de quinze ou vingt jours ; — passant le restant de l'année dans la plus grande misère et les privations de toutes sortes. Dans le Baol, le Sine où la civilisation est moins avancée relativement l'ivrognerie est infiniment plus ignoble et plus répandue encore. — Ces populations sont d'ailleurs menacées dans leur existence même si elles ne changent pas d'habitudes ; les enfants à la mamelle sont enivrés déjà par leurs mères et on peut dire sans métaphore qu'aux jours de fête, tous, grands et petits, sont gris.

Le nègre ouolof, comme la plupart des autres Sénégalais, ne

rêve le pouvoir et la richesse que pour pouvoir s'adonner plus
complétement à l'ivrognerie ; aussi les chefs secon laires n'hési-
tent-ils pas à assassiner le chef supérieur pour prendre sa place,
— subissant à leur tour le même sort. Tout cela fait que le pays est
en somme livré à la plus déplorable anarchie la plupart du temps.

L'eau-de-vie de traite s'appelle, avons-nous dit, le *sangara*.
C'est la plus épouvantable boisson que l'on puisse imaginer, et la
preuve, c'est que la formule de sa composition est le plus souvent la suivante : — 1° quelques feuilles de tabac, — 2° une poignée de poivre en grains, — 3° quelques piments rouges ; le tout
infusé ou bouilli dans huit litres d'eau. On ajoute à cette affreuse
infusion deux litres d'alcool de qualité inférieure, et on a dix
litres de sangara. On comprend que les malheureux nègres qui
boivent cette ignoble préparation avec excès trouvent tout d'a-
bord une ivresse crapuleuse ; bientôt une sénilité précoce et
abrutie, — enfin la mort même à une courte échéance. Nos soldats qui, par désœuvrement ou gourmandise, se laissent entraîner à boire du sangara, sont une proie assurée aux plus terribles
endémies des pays tropicaux.

LANGAGE.

La langue ouolove est une langue monosyllabique à fort peu
d'exceptions près. On la dit voisine de la langue Diola que parlent
quelques peuplades du Gabon ; je ne saurais avoir une opinion
là-dessus. — Elle contient des sons gutturaux et quelques aspirations. — Elle exprime énergiquement, dit-on, la pensée au
temps présent et au mode direct, mais elle manque de précision
pour les temps passés ou futurs et les modes indirects. — A mon
avis, elle est tout simplement une manière grossière et imparfaite de traduire les idées.

Les Ouolofs ont la numération quinaire comme toutes les races mélaniennes. D'ailleurs, leur mode de compter et surtout de compter de l'argent est vicieux et difficile, car plusieurs éléments divers sont tour à tour indiqués : c'est ainsi que l'ancienne habitude de se servir des écus de six livres fait qu'ils appellent *six francs* les pièces de cinq francs ; il s'ensuit que souvent il faut dans leurs fixations de prix faire une réduction proportionnelle et que par exemple l'appellation : *trente sous* représente dans leur esprit : *un franc vingt-cinq centimes* seulement.

Les Ouolofs ont encore l'habitude de dire : *quarante sous moins deux* pour exprimer : *un franc quatre-vingt-dix centimes,* et nombre d'autres règles obscures autant que pleines d'exceptions font que leur numération est véritablement incompréhensible à chaque instant.

CARACTÈRES INTELLECTUELS.

Le caractère du Ouolof est, au fond, d'une grande apathie et d'une extrême paresse ; c'est un mélange peu réussi de quelques qualités et de beaucoup de défauts. Ces nègres sont doux mais imprévoyants et surtout inconstants au delà de toute expression ; ils sont en somme très-incomplets.

A propos de leur imprévoyance, croirait-on que chaque année ils vendent, au moment de la récolte, leurs arachides et leur mil à vil prix sans en conserver un seul grain, puis, ils vont, quatre ou six mois après, racheter aux mêmes traitants mulâtres ou blancs la semence qu'ils ont vendue ; la payant cette fois cinq ou dix fois le prix qu'ils en avaient obtenu au moment de la récolte.

Les domestiques ont toujours dépensé la moitié de leurs gages avant la fin du mois et les individus relativement riches sont souvent entraînés à acheter des objets pour plus d'argent qu'ils n'en possèdent dans le moment, de telle sorte, on peut dire, que dans la vie ordinaire il n'y a pas un seul noir en Sénégambie qui ne doive quelque chose à un créancier. Les mulâtres abusent étrangement de cette triste habitude et les prêts les plus monstrueux sont souvent effectués.

On comprend que leur grande imprévoyance jointe à une paresse native qui fait que le Ouolof ne cultive la terre ou ne travaille de ses mains que juste ce qu'il faut pour satisfaire aux besoins les plus pressants du moment, le tiennent dans un état perpétuellement très-précaire. — Aussi, pour peu que l'année soit mauvaise, la contrée est menacée de disette ; et il n'est pas rare que des populations entières souffrent et meurent même de misère dans de grandes proportions à certains moments.

Le Ouolof est puérilement vain, on pourrait dire même ridiculement orgueilleux ; il est souvent difficile de garder le sérieux devant leurs absurdes prétentions à se singulariser et à leur désir de se faire admirer.

Croirait-on que le Ouolof ne peut rester insensible aux louanges quelque grossières qu'elles soient? Ainsi par exemple, un malheureux manœuvre vient de toucher quelque argent ou d'acheter quelque objet indispensable, un griot se place devant lui et lui dit qu'il est beau comme le jour, que ses ancêtres étaient les plus braves guerriers de la contrée. Mille autres choses plus absurdes les unes que les autres arrivant comme un flot à la bouche du flatteur, l'argent convoité depuis longtemps par le manœuvre change de propriétaire et le malheureux noir s'est laissé bénévolement dépouiller en quelques instants du bénéfice de plusieurs jours de travail.

Rien n'est curieux, comme de voir à Saint-Louis, quelques jours après la descente des traitants du fleuve, à la fin de l'hivernage, les divertissements de certains d'entre eux. Ils entreprennent de faire les beaux et essayent de frapper l'esprit de la population ; pour cela, celui qui veut faire parler de lui se couvre d'habits magnifiques, il monte sur un cheval aussi superbement harnaché que possible, et se fait précéder de plusieurs griots qui font une musique infernale devant le nez de la pauvre bête, pendant que son cavalier la harcèle de coups de talon et lui met la bouche en sang en tirant sur le mors à tour de bras. Le sol sablonneux empêche le cheval de se défendre très-efficacement, de sorte que c'est une martyrisation ignoble sans danger pour le cavalier. Toutes les négresses, tous les quémandeurs des environs suivent l'amphitryon qui s'arrête devant chaque débit de boissons, abreuvant gratis la compagnie entière. On comprend qu'à ce jeu tout le monde est gris bientôt, et la foule va croissant d'heure en heure au bruit assourdissant du tam-tam et des cris des griots. Ceux qui sont fatigués se couchent çà et là; seul, le cheval aiguillonné incessamment se débat jusqu'à ce que le cavalier tombe ivre-mort; trop souvent il est fourbu avant.

J'ai toujours déploré pour ma part que la loi Grammont ne protégeât pas cette pauvre bête, mais les nègres de Saint-Louis n'y songent guère. Bien plus celui qui voit un camarade faire cette orgie de bruit et de boisson se promet bien d'en faire davantage aussitôt qu'il pourra.

Cet amusement coûte des sommes folles à celui qui veut faire parade de sa richesse devant ses compatriotes; le plus clair de ses bénéfices y passe le plus souvent sans compter que plus d'un impatient s'endette fréquemment vis-à-vis de sa maison de commerce qui l'emploie, et sera obligé de travailler une bonne partie de la saison prochaine pour combler le déficit entraîné par une promenade à travers les rues de Saint-Louis en compagnie de cent ou de deux cents ivrognes.

Le Ouolof aime les fêtes, les jeux, les représentations, il s'y amuse d'une joie enfantine; on le voit profiter de toutes les occasions pour se mettre en liesse; les jours fériés officiels, les solennités de la religion catholique, les dates annuelles de la religion musulmane, tout enfin est mis à profit par le désir immodéré de faire de la toilette, de passer un jour sans travailler, surtout d'avoir une occasion pour être intempérant.

Ils font à Gorée et à Saint-Louis mais surtout à Gorée une fête qui ne manque pas d'originalité : la fête des lanternes pendant la nuit de Noël. — Tout bon nègre se promène cette nuit-là avant et après la messe de minuit avec une lanterne à la main ; cette lanterne a les formes les plus originales et celui qui a pu se procurer ou fabriquer le modèle le plus étrange est assurément le plus heureux ce soir-là. — Les jeunes gens se réunissent un mois au moins à l'avance, se cotisent et se mettent à l'œuvre pour faire une lanterne monumentale qui est portée par huit hommes ou traînée sur un petit camion à bras ; l'effet de cette lanterne est assez joli quelquefois.

On comprend que tout ce qu'il y a de désœuvrés dans l'île, hommes, femmes et enfants, suit la lanterne monumentale pour l'admirer sans se lasser un seul instant ; — les promoteurs de la fête s'arrêtent devant chaque débit pour solliciter un don de sangara et toute la suite chante des refrains divers dans lesquels on entend revenir d'une manière assez monotone et surtout très-fréquente les paroles suivantes :

Réveillo bo maté,
Réveillo à mosé baillo.

(Réveillon bon matin, — réveillon à M. le bon.) Dès dix heures les gens ivres ne se comptent plus autour de la lanterne ; passé minuit c'est un charivari qui nécessite souvent l'intervention de la police et qui prend fin par l'envoi au violon d'une demi-douzaine de tapageurs.

Pendant l'hivernage les requins sont très-hardis dans ces parages et viennent rôder jusqu'au bord de la plage, il n'est pas rare d'en voir passer un entre les pieux les plus éloignés des appontements de Gorée ; les nègres qui travaillent au déchargement des navires se hâtent dans ce cas de leur présenter un émerillon caché dans un morceau de lard, et parfois le vorace squale se jette sur cette proie. C'est alors un moment de réjouissance publique pour toute la population noire de l'île, peut-on dire. — En effet, dès que la bête est crochée par l'hameçon, le cri de *diarrh-bé* : le requin, retentit. Tout le monde accourt, s'attelle à la corde de la ligne pour le hâler à terre et une fois là les plus hardis, armés de bâtons, de haches, de tout ce qu'ils ont pu trouver sous leur main, martyrisent le captif de toutes les manières. — Bientôt c'est une véritable fureur générale ; cinquante individus au moins se mettant à tirer sur la corde parcourent toutes les rues de l'île en courant, s'arrêtant à chaque instant pour pousser de frénétiques cris de *diarrh-bé* ; toutes les femmes, tous les enfants sortent de leurs cases et quand quelqu'un peut s'approcher de la bête il lui dit, en lui montrant le poing : Requin, tu as mangé mon père. — Tu as mangé mon frère. — Ils passent ainsi en revue tous leurs parents et leurs amis, accompagnant leurs gestes de contorsions vraiment amusantes à observer. Cette scène dure trois, quatre, six heures, tant que le commissaire de police fatigué par le bruit ne leur dit pas : Assez ; et pendant ce temps tout est suspendu, travail, prière, cuisine ; il n'est pas possible de tenir un nègre, une négresse ou un négrillon en place.

On court alors le risque d'être écrasé dans les rues de Gorée ; je conviens que cette affirmation est une des choses qui paraîtront les plus exagérées. Je maintiens pourtant mon dire, et ceux qui ont vu le spectacle me diront s'ils n'ont pas été effrayés parfois de voir une foule affolée de cent ou deux cents personnes se jeter au pas de course dans les étroites rues de l'île, en traînant au bout d'une corde un requin de cent cinquante ou deux cents kilogrammes de poids.

Les Ouolofs sont très-braves et très-entreprenants, généralement vains, aimant par-dessus tout la louange, il est facile de les entraîner et on obtient d'eux des efforts très-satisfaisants. Au temps où la voix des armes se faisait souvent entendre dans notre

colonie du Sénégal, nous avons eu pour chaque expédition de
nombreux volontaires auxquels il ne fallait pas demander la résistance opiniâtre et la discipline des troupes régulières, mais
qui ont montré à maintes reprises une vigueur d'attaque et un
éclat de bravoure que ne dédaignerait aucun soldat du monde.

Le Ouolof est susceptible de dévouement, c'est incontestable,
et si à toutes les heures de sa vie il est mendiant vis-à-vis du
blanc, s'il profite de toutes les occasions pour extorquer à l'Européen quelques petits objets ; s'il est souvent oublieux dans les
circonstances ordinaires du service qu'on lui a rendu, il est
néanmoins reconnaissant quelquefois. — Dans les grandes circonstances il est même capable d'un sacrifice, ce qui dénote une
bonne fibre au moins dans son cœur et qui peut faire espérer
qu'avec de la persévérance nous arriverons à faire quelque
chose de lui.

Habitués à nous depuis des siècles, les Ouolofs des villes et
ceux qui vivent dans les environs de nos établissements se considèrent comme entièrement liés vis-à-vis de nous. Jamais par
exemple il ne leur viendra à l'idée de faire une conspiration
comme on l'a vu dans l'Inde ou en Algérie, et si personnelle-
ment ils peuvent avoir quelque animosité, quelque colère, une
rancune contre un particulier, on peut dire que collectivement
ils n'ont pas dans nos comptoirs le sentiment d'une existence
différente de la nôtre.

Les Ouolofs des villes cherchent à imiter les Européens dans
leurs ouvrages, car au fond ils nous tiennent pour supérieurs sans
vouloir en convenir ouvertement. J'ai eu pour ma part l'occasion
de leur voir reconnaître notre priorité pour les faits de la médecine et de la chirurgie, par exemple. Ils sentent et avouent
même leur infériorité quand ils sont tout à coup mis en présence
d'une de nos inventions auxquelles leur esprit imparfait ne songeait pas ; car ils répètent alors à demi voix : *le blanc est bien fin.*
D'ailleurs, la meilleure preuve que je puisse donner de cette

reconnaissance implicite de notre suprématie, c'est la confiance avec laquelle ils s'abandonnent dans les moments graves de leur existence à nos conseils et à notre direction.

Ajoutons que d'un naturel très-discipliné, étant volontiers respectueux par éducation comme par nature, le Ouolof est un être facile à diriger pour ceux qui sont chargés de conduire les masses soit dans la vie civile, soit dans la vie militaire.

Le caractère du Ouolof est enjoué ; il ne saurait garder long-temps sa rancune ou sa mauvaise humeur ; — sensuel et enfantin, il aime plus à rire qu'à pleurer. Les idées tristes n'ont pas de prise sur lui et il supporte l'adversité, les privations, la douleur physique ou morale avec un stoïcisme que j'ai eu maintes fois l'occasion d'admirer. Si nous rappelons en outre qu'il est crédule au dernier point, on comprend que rien n'est facile comme de surprendre sa bonne foi et qu'il y a dans cette popu-lation plus de parasites griots, marabouts, etc., vivant aux dépens du prochain qu'on n'en voit chez les blancs restés à l'état de société primitive.

Les Ouolofs croient fermement aux sorciers, à leurs maléfices comme tous les ignorants, et, en raison de leur esprit enfantin très-facilement impressionnable, ils rattachent volontiers ce qu'ils ne comprennent pas à une influence surnaturelle. Pour peu qu'ils eussent le pouvoir, on les verrait faire de nos jours ce que la populace du moyen âge faisait dans ses affolements sur quelques malheureux.

Pendant que j'étais en Gorée, une femme de nos voisines était réputée comme sorcière, son embonpoint qui était d'ailleurs assez notable était attribué à ce qu'elle dévorait des enfants pendant la nuit, et nombre de négresses m'ont affirmé l'avoir vue se transformer en chat, en chèvre et en divers autres animaux. Mon incrédulité les choquait autant qu'elle les éton-nait.

Les Ouolofs croient comme les Arabes, les Corses, les Italiens, les gens du midi de la France, etc., etc., que des esprits méchants circulent pendant la nuit dans les rues et font un mal très-redoutable à ceux qui se laissent attarder. Ils sont très ennuyés quand on les appelle à haute voix et de loin, même pendant le jour, disant que leur nom, retenu par un esprit malin, peut lui servir à leur tendre des piéges pendant la nuit.

Toutes les fois qu'un nègre ouolof entend un bruit nocturne, il l'attribue à la présence d'un sorcier et s'écrie dans sa langue : « Nous mangeons du sel. » Les sorciers redoutent, paraît-il, cette substance. C'est avec le sel, dit-on dans le pays, qu'on découvre le sorcier ; il suffit d'aller dans sa case pendant la nuit, on voit sa peau qu'il a laissée sur son lit comme un vêtement inutile pour se transformer en animal. Si on saupoudre alors la face interne de cette peau avec du sel, le sorcier est piqué dans mille endroits le lendemain matin quand il veut rentrer dans elle, ce qui l'oblige à venir supplier celui qui lui a joué cette mauvaise plaisanterie de lui enlever les grains qui le blessent cruellement.

La plupart des nègres sénégambiens croient à la légende suivante qui explique l'origine des sorciers : Au moment de la confusion des langues dans la tour de Babel, le jour tombait et chacun était fatigué, comme il fallait gagner au plus vite son campement. Les hommes se mirent à marcher dans divers sens et commencèrent inopinément un voyage pénible, ayant pour la plupart une grande soif. Après avoir souffert longtemps du besoin de boire, chacun d'eux se trouva devant un ruisseau de sang ; beaucoup ne s'arrêtèrent pas et continuèrent jusqu'à un ruisseau d'eau pure où ils se désaltérèrent, et ceux-là, qui étaient le plus grand nombre, ont été la souche des hommes ordinaires. Quelques-uns, trop pressés, s'abreuvèrent au ruisseau de sang et ont fourni les sorciers qui peuvent quitter leur corps, voler comme des oiseaux ou se transformer de mille manières ; ils font toutes sortes de niches et de mal à l'espèce humaine et ne peuvent être tenus en respect que par les *gris-gris*.

Nous pourrions dire mille choses dans cet ordre d'idées sans grande utilité, car on peut se rendre compte de la crédulité et de l'imperfection intellectuelle des gens qui nous occupent en disant qu'ils ont toutes les faiblesses qu'avaient les gens du moyen âge. D'ailleurs remarquons que, tant au point de vue de l'industrie, du commerce que de l'organisation sociale, politique, de l'instruction et du développement intellectuel, les Ouolofs, de même que les nègres de la Sénégambie, me semblent identiques à ce qu'étaient nos ancêtres, il y a dix ou douze siècles.

Les Ouolofs, comme tous les autres nègres, comme tous les peuples même, ont des légendes ; des traditions dans lesquelles le merveilleux joue un grand rôle en général. Nous allons rapporter quelques-unes de ces légendes pour faire connaître la tournure d'esprit de cette catégorie de Sénégambiens.

LÉGENDE DE LA CRÉATION DE L'EMPIRE DE DJOLOF.

Au temps jadis, le Cayor, le Oualo, le Djiolof, le Baol, le Sine et le Saloum formaient une sorte de république sans chef suprême et dans laquelle chaque village était absolument indépendant des voisins. Il y avait souvent, on le comprend, des altercations et des batailles de village à village, de sorte que la tranquillité du pays était perpétuellement troublée.

Un jour une dispute naquit au sujet d'un tas de bois recueilli en commun par des habitants de plusieurs villages et que chacun convoitait au détriment de son voisin. — Quelques conteurs disent qu'au lieu de bois il s'agissait du produit de la pêche qui se faisait dans un marigot des environs de Saint-Louis par les gens des villages voisins. — Quoi qu'il en soit, sous le prétexte du bois ou du poisson inégalement partagé, le sang allait couler comme cela arrivait tous les jours, quand un vieillard vénérable sortit tout à coup des eaux d'un marigot voisin, et sans dire mot partagea instantanément la chose en lots si égaux que toute dispute cessa. Cette apparition mystérieuse frappa tout le monde, chacun se sentit saisi de respect et désira obéir désormais à cet homme surnaturel, mais le vieillard avait déjà disparu.

Les habitants employèrent alors la ruse pour se saisir de ce chef tant désiré et le mettre à leur tête, ils simulèrent une autre querelle pendant laquelle le vieillard se montra de nouveau pour apaiser la dispute par un partage équitable, et il tomba ainsi entre leurs mains.

Le vieillard ne se souciait pas de l'honneur qui lui était réservé, il resta même plusieurs jours sans manger. Les habitants craignant qu'il ne se laissât mourir d'ennui entreprirent de le divertir. Pour cela faire, les filles et les femmes de la contrée se mirent à jouer, à danser, à fumer devant lui en prenant les poses les plus lascives, pensant bien que le vieux Djaian ou Sam-Sam, comme on l'appelle, finirait par en distinguer une entre toutes, voudrait la posséder et arriverait une fois de plus à vérifier le proverbe de tous les temps et de tous les pays : — *ubi amor, ibi patria.*

Ce qui avait été prévu arriva. — Bay Sam-Sam jeta son dévolu sur une charmante jeune fille qui fumait et qui, voyant qu'elle était regardée avec persistance par lui, lui offrit la pipe. — Le génie commençait à s'humaniser ; en effet, au lieu de rester indifférent à tout, il avait des regards bienveillants pour la jeune fille ; bientôt il se montra sensible à l'odeur d'un succulent couscous qui cuisait devant la porte de la case, le nègre reprenait décidément le dessus chez lui. — Or il faut savoir qu'à cette époque les Européens n'apportaient pas encore ces marmites de fonte munies de trois pieds qui servent actuellement à la cuisson des aliments, la cuisine se faisait dans des canaris en terre qu'on plaçait sur des boules d'argile, et par une étrange coutume on n'employait que deux boules, de sorte que le canaris étant en état d'équilibre instable, le dîner était exposé à de fréquents accidents ; deux fois déjà la marmite s'était renversée, le couscous était tombé en partie dans la cendre. — Sam-Sam était menacé de se passer de dîner, — aussi regardant la cuisinière il lui dit : *boss gnet* (boule trois.) — Ce fut un trait de lumière, désormais les femmes ouoloves mirent trois boules au lieu de deux, sous leur marmite, un grand progrès était consacré. — Ce ne fut pas le seul ; Sam-Sam était décidément vaincu par la belle enfant à la pipe et par l'excellent couscous non renversé ; il épousa les deux négresses auxquelles il avait eu affaire ainsi, et il régna pendant un grand nombre d'années, sous le nom de Bay Sam-Sam : — père Sam-Sam. — Son fils Mam Palé lui succéda, étendit son pouvoir de plus en plus, soutint des guerres heureuses contre les Maures et ses descendants finirent par avoir une autorité extrêmement étendue. Ils avaient constitué le grand empire en une série de petits États comme le Cayor, le Sine, le Oualo, etc., etc., commandés chacun par un chef.

Un descendant de Bay Sam-Sam oublia les saines traditions qui avaient valu à ses ancêtres le titre de Bour-Ba-Djiolof (empereur du Djiolof) ; il était altier, cruel, etc., etc., il fit appeler un jour le chef du Cayor auprès de lui et lui fit subir plusieurs avanies qui exaspérèrent les chefs secondaires du pays et provoquèrent une révolte. Amadi-N'goné, le même qui avait passé huit jours exposé au soleil et au serein de la nuit pour attendre le bon plaisir de Bour-Ba-Djiolof, se rendit indépendant d'abord et prit le nom de Damel, puis les autres se délivrèrent peu à peu de leur vasselage, et l'empire du Djiolof fut ainsi démembré.

Si nous comparons cette légende avec bien d'autres, si nous songeons surtout à ce qui se passe dans la pratique, chez les noirs, nous y voyons le récit imagé d'une série d'événements habituels en Sénégambie, où le pouvoir naît, s'éteint et se perd toujours pour la même raison et d'une manière semblable. Le vieux Sam-Sam, que la légende fait sortir miraculeusement du marigot, était un ambitieux qui comme tant d'autres eut le désir de régner sur ses semblables ; pour cela il s'attacha à avoir une réputation de sainteté, d'équité, de sagesse, qui finit par lui conquérir l'affection d'un certain nombre de petits villages qui se placèrent spontanément sous sa direction morale d'abord, puis effective, militaire, politique, etc., etc.

Son fils qui n'était pas encore un grand chef chercha à s'étendre, se fortifier. Puis, dans les générations futures l'orgueil mélanien, les habitudes d'intempérance que le nègre prend si volontiers, et le désir d'en imposer à ses subordonnés, firent qu'un roi prit plaisir à humilier les chefs secondaires qui, de leur côté, manœuvraient, complotaient pour se rendre indépendants, dans le but d'opprimer à leur tour les faibles et d'avoir assez de richesses pour assouvir leurs nombreux et méchants besoins. C'est toujours la même chose en Sénégambie. Ne pourrait-on pas ajouter que bien des nations, bien des prétendants sont analogues aux Ouolofs dont je parle ?

LÉGENDE DES TROIS FILS DE NOÉ.

Noé qui est après Adam le père de tous les hommes avait trois fils : le premier qui s'appelait Toubab, était blanc de figure comme le sont les Européens ; il avait une santé faible, mais son esprit était très-subtil et très-rusé ; grâce aux ressources de son imagination il avait toujours raison sur ses frères soit par la parole soit par les actes. Il excellait dans l'art de se procurer les objets dont les autres avaient besoin et il savait en les vendant en retirer une rétribution qui était toujours supérieure à leur prix réel.

Le second dont le nom était Hassan était si brun qu'on ne savait au juste s'il était blanc ou noir ; il était maigre aussi, mais bien mieux portant que Toubab, ne craignant ni le soleil ni la chaleur comme lui, n'ayant pas la fièvre à chaque instant ; au contraire, agile et aimant la chasse, il montait volontiers à cheval, gardait les troupeaux de son père et les soignait avec beaucoup d'habileté. Il était d'humeur batailleuse, d'un caractère irascible, et surtout il avait le très-vilain défaut de dérober au voisin tout ce qu'il pouvait prendre et tout ce qui lui paraissait bon à quelque chose. Maintes fois il avait volé Toubab, mais en définitive il était toujours sa dupe, car ce dernier se rattrapait bien vite en échangeant quelque chose avec Hassan.

Le troisième, Samba, avait la couleur des Ouolofs. Plus grand et plus fort que ses frères, il traversait impunément les saisons fraîches et chaudes sans être malade, il savait mieux cultiver la terre et faisait produire au sol des graines, du coton et des herbages savoureux, mais ayant infiniment moins d'astuce que son frère Toubab, trop peu de méfiance vis-à-vis de son frère Hassan, sa récolte était toujours dépensée, avant qu'elle ne fût arrivée au grenier ; ou bien quand il était parvenu après mille dangers de rapt à la mettre en sacs, il était obligé de la donner tout entière à Toubab pour avoir un des menus objets de luxe ou de gourmandise que son tempérament lui faisait désirer avec une avidité irréfléchie. Samba menait donc en somme une vie besogneuse, ayant plus de convoitise que d'aisance, condamné à beaucoup travailler pour avoir le moindre des plaisirs.

Le père Noé qui était très-riche, puisqu'il s'était trouvé seul possesseur du monde entier, avait obligé pendant de longues années ses fils à vivre en bonne intelligence, en les mettant dans des conditions d'une juste égalité ; il donnait souvent en cachette à Samba ce que le pauvre noir n'avait pas su se procurer et que ses frères avaient bien su acquérir, il lui répétait chaque jour qu'il ferait bien d'oublier sa paresse et de mettre à ses occupations l'assiduité qui caractérisait Hassan ; qu'il devrait être économe comme son frère Toubab. Mais autant en emportait le vent. Samba se hâtait d'assouvir sa gourmandise et son orgueil, les dons de son père n'étaient utiles qu'à sa paresse.

Noé, arrivé à la fin de ses jours, réunit ses trois fils, il leur recommanda de s'aimer, de vivre en bonne intelligence et il leur légua tous les biens de la terre qui étaient en sa possession ; leur disant qu'ils devaient se les partager bien également en trois portions. Puis, il mourut, et le premier sentiment de douleur passé, ses fils se mirent en devoir de l'inhumer.

Quand les enfants eurent rendu les derniers devoirs à leur père, ils parlèrent du partage de l'héritage. Chacun d'eux fit sonner bien fort le désir qu'il avait de ne posséder qu'un tiers de la fortune paternelle, et pour que le partage fût bien équitable ils firent un inventaire très-minutieux. Toubab fit remarquer qu'il fallait mettre d'un côté les troupeaux, de l'autre les objets précieux, les tissus, les armes. la poudre, de peur que les animaux en se détachant ne vinssent à gâter ces objets d'un grand prix ; et il commença sans affection à empiler les caisses du côté de la case qui regardait la mer.

Pendant que Toubab s'occupait à cette besogne, Hassan, lui, plaçait les troupeaux, les chevaux, les dromadaires, du côté de la case qui regardait le désert et il les éloignait peu à peu de l'habitation sous le prétexte de les mettre à portée d'un meilleur pâturage, de même que Toubab rapprochait de plus en plus de la mer où l'arche était mouillée et flottait comme un navire, les caisses de provisions, de tissus, d'armes et de poudre, prétendant que le vent du désert était contraire à leur bonne conservation.

Pendant que les deux frères travaillaient ainsi sans relâche, Samba fit la sieste ; il joua un air de tam-tam, aida un peu par-ci, par-là, à chacun des deux autres et surtout ne perdait pas de vue la cuisine où un plantureux couscous se préparait, promettant à son odorat sensuel des jouissances de gourmandise qu'il savourait à l'avance.

Le travail d'inventaire et de classement finit avec le jour. Toubab l'avait évidemment prolongé à plaisir et grâce à des excuses dont ses frères n'avaient pas soupçonné la véracité, Hassan avait bien quelquefois jeté un coup d'œil de méfiance sur son aîné, mais comme il avait eu soin de mettre dans le lot des bestiaux qu'il comptait avoir à sa part les meilleures têtes du troupeau, il laissait faire Toubab en se disant : Il ne faut pas l'indisposer contre moi, car je pourrai mieux ainsi m'entendre avec lui pour laisser à Samba le lot des bêtes maigres.

Lorsque la nuit fut près d'arriver, Toubab dit à ses frères : soupons, puis hâtons-nous de dormir et demain matin au jour nous commencerons le partage ; de cette manière, nous pourrons faire les lots bien égaux, et s'il y avait par hasard des contestations, nous aurions le temps de modifier ces lots et de tout finir avant la chute du jour. D'ailleurs, leur dit-il, je suis souffrant, vous le savez, et je suis trop fatigué à cette heure pour faire quoi que ce soit.

La proposition de Toubab fut appuyée fortement par Samba qui, à plusieurs reprises, avait dit à la cantonade : on devrait bien souper ; le couscous se brûlera si on tarde de le manger ! J'ai grand faim, je voudrais bien souper. Et comme Hassan avait deux ou trois fois dans l'après-midi senti avec plaisir les émanations de la cuisine, on décida à l'unanimité qu'on dînerait sans plus de retard. Toubab toucha à peine au couscous, il avait toujours eu peu de sympathie pour ce mets; il lui fallait de la viande grillée, des sortes de petites graines, des choses qui n'étaient ni de la viande, ni du poisson, et qu'il conservait dans des boîtes en fer blanc, il ne mangeait habituellement que du pain de farine de blé, au lieu de farine de mil, de sorte qu'il laissa beaucoup de sa part d'aliments. Hassan mangea comme deux, mais Samba dévora comme quatre, et bien plus il laissa Hassan s'abreuver avec du lait, Toubab avec du vin de France, et il ingurgita pour sa part toute l'eau-de-vie et le vin de palme qu'il trouva à sa portée.

Après le dîner même, il bourra sa pipe et fuma avec délices jusqu'à ce que le sommeil le surprit.

Bientôt on se coucha ; Toubab qui se plaignait toujours de la chaleur se plaça du côté de la mer qui était aussi le côté de l'arche et des caisses d'objets précieux.

Hassan sous le prétexte qu'il veillerait mieux sur les troupeaux se mit du côté du désert. Quant à Samba, lui, bien repu et un peu ivre, ayant fini de fumer sa pipe, il se coucha carrément au milieu de la natte, et il ne tarda pas à ronfler comme un bienheureux. Hassan s'était promis de surveiller les mouvements de Toubab, mais comme il avait très-bien dîné le travail de la digestion le poussa irrésistiblement au sommeil.

Quant à Toubab, il n'avait pas fermé l'œil comme on le comprend bien ; aussi, dès que ses frères furent endormis il se leva sans bruit, chargea les caisses d'objets précieux sur l'arche, et partit vers le nord dans des pays où la chaleur est moins forte qu'au Sénégal et ou il se trouva infiniment plus à l'aise, avec la fortune et les provisions qu'il possédait.

Aussitôt que la lune se fut levée, Hassan s'éveilla, son premier regard fut pour voir ce que faisait Toubab et il s'aperçut aussitôt de sa disparition. Il se leva précipitamment, et courut à la plage où il arriva juste à temps pour voir l'arche disparaître à l'horizon.

Il revint à la case assez dépité et voulant se concerter avec Samba mais voyant celui ci ronfler sans soucis et ne pas s'éveiller quand il l'appelait, il se dit : après tout pourquoi ne ferais-je pas de mon côté comme a fait Toubab. Incontinent il monte à cheval et pousse devant lui les troupeaux jusqu'au fond du désert.

Le soleil était déjà haut quand Samba s'éveilla ; les fumées de l'eau-de-vie et du vin de palmes avaient un peu obscurci ses idées de sorte qu'il fut un long moment avant de rien comprendre à ce qui était arrivé. Quand il entrevit la réalité, néanmoins, il eut un moment de désespoir, mais en jetant les yeux sur les restes du repas de la veille il trouva encore une bouteille d'eau-de-vie, un peu de tabac et une pipe. Il fut consolé aussitôt à moitié, il but encore, fuma de nouveau et toutes les pertes qu'il avait subies furent oubliées.

Voilà pourquoi depuis de longues années les blancs naviguent sur la mer avec l'arche et des objets précieux, en leur qualité d'enfants de Toubab, gagnant beaucoup d'argent à faire du commerce. Voilà pourquoi les Maures ont de beaux troupeaux et s'enfoncent volontiers dans les profondeurs du désert. Voilà pourquoi enfin les noirs qui sont les descendants de Samba sont toujours dupés par les blancs et par les Maures, ne trouvant de consolation à leur triste condition que dans le tabac et l'eau-de-vie.

Cette légende dont j'ai trouvé la trace dans le livre du père Labat et qui par conséquent date d'au moins deux cents ans me paraît plutôt être la création de quelque religieux européen que l'invention du nègre ouolof : bien plus, j'y vois pour ma part une tentative pour opposer aux histoires inventées pour la plus grande gloire de la croyance musulmane, quelque chose d'analogue pour la religion chrétienne. Aussi bien qu'elle soit originale, et peigne bien jusqu'à un certain point l'état de la situation de la Sénégambie où le nègre est exploité par le Maure d'une part, par l'Européen d'autre part, je ne puis croire que son essence soit mélanienne. En revanche la légende de Cothi Barma a un parfum que je crois incomparablement plus indigène.

LÉGENDE DE COTHI BARMA.

Cothi Barma, le philosophe ouolof qui vivait à une époque que personne ne peut déterminer, dans un pays qu'on ne désigne pas d'une manière précise, et qui par conséquent est probablement un être de raison comme la plupart des héros des légendes, disait souvent : Suivez les conseils de trois personnes, le père, la mère, le fils aîné. Ne suivez pas les conseils de trois autres, la femme, l'esclave, le griot.

Cothi disait : on a parfois un ami, on n'en a jamais plusieurs ; et il donnait pour exemple la légende de Mafal qui passait pour avoir d'innombrables amis et qui pour les éprouver alla un soir frapper successivement à la porte de chacun d'eux et leur dit : je viens de tuer le fils du roi. Chacun le repoussa avec horreur et l'abandonna excepté un qui lui répondit : fuyons ensemble, je t'aiderai à te sauver, et qui abandonna sa jeune femme pour se mettre en route aussitôt.

Cothi ayant eu un enfant, lui laissa croître quatre touffes de cheveux, au lieu de lui raser la tête comme cela se fait d'habitude chez les Ouolofs, et il disait à qui voulait l'entendre : Chacune de ces touffes représente une vérité connue de moi seul et de ma femme. Le Damel, son ami, avec qui il était au mieux, et auquel il avait rendu de grands services, lui demandait souvent quelles étaient ces vérités, mais Cothi restait muet. Il eut alors recours à un subterfuge ; il fit venir la femme du philosophe et parvint à force de présents à lui faire dévoiler son secret.

En effet cette femme lui dit : mon mari prétend que la première touffe signifie : Un roi n'est ni un protecteur ni un ami.

La seconde signifie : Un enfant du premier lit n'est pas un fils, c'est une guerre intestine.

La troisième : Il faut aimer sa femme, mais ne pas lui dire son secret.

La quatrième : Un vieillard est nécessaire dans un pays.

Le Damel fut très-irrité contre Cothi de la première citation et ordonna qu'il fût arrêté et conduit au supplice. Mais quand les gens du pays virent le philosophe prisonnier, un des vieillards des plus influents alla trouver le Damel et fit tant qu'il obtint sa grâce en souvenir de ses longs et bons services. Cette grâce n'arriva cependant pas assez tôt pour empêcher Cothi d'arriver au lieu où il devait être décapité, et déjà un fils que sa femme avait eu d'un premier lit avait obtenu de l'exécuteur l'autorisation de le dépouiller de ses vêtements, disant qu'ils devaient lui revenir en héritage, et qu'il ne voulait pas les avoir tachés de sang.

La grâce accordée, le Damel voulut faire des reproches publics à Cothi qui apprenant ses griefs lui dit : Eh ! bien c'est moi qui ai raison en tous points et la preuve qu'un roi n'est ni un ami ni un protecteur, c'est que sur un simple moment d'humeur vous m'avez condamné à mort.

La preuve qu'un mari ne doit pas confier son secret à sa femme c'est que la mienne m'a trahi auprès de vous.

La preuve qu'un enfant du premier lit n'est pas un fils mais une guerre intestine, c'est qu'au lieu de me pleurer, mon fils m'a fait dépouiller de mes habits pour les avoir sans taches.

Enfin la preuve qu'un vieillard est nécessaire dans un pays, c'est que vous avez accordé ma grâce à un vieillard quand vous l'aviez refusée à tant d'autres solliciteurs.

Les Ouolofs comme beaucoup de nègres et d'ailleurs comme les Maures et les Peuls, qui n'ont fait en ceci qu'imiter les peuples du nord de l'Afrique et de tout l'Orient, ont l'habitude dans les réunions où l'on cherche à se distraire pour passer le temps, de se poser mutuellement des questions énigmatiques qui exercent la sagacité de celui qui est sur la sellette. En voici quelques-unes que j'emprunte au livre de l'abbé Boilat.

Qu'est-ce qui enseigne sans parler ? Un livre.

Qu'est-ce qui vole sans jamais se poser ? Le vent.

Qu'est-ce qui a une queue et ne la remue pas ? La cuiller.

Qu'est—ce qui bat des ailes et ne vole pas ? le Tamis.

Quelles sont les trois choses qui donnent la fortune et n'ont pas de poils ? Le pied, le talon, la langue.

Quelles sont les trois choses irrésistibles quand elles se mettent d'accord ? La femme, le roi, le diable.

Les gens âgés aiment aussi dans ce pays comme partout à

faire montre d'instruction et de bon sens en répétant senten-
cieusement maints proverbes dont voici quelques échantillons :

Celui qui est fier de sa nudité sera insolent une fois habillé.

Celui qui prend tous les chemins manque celui de la maison.

Une langue insolente est une mauvaise arme.

Le pauvre qui craint le soleil craint un protecteur.

Le général Faidherbe qui a été longtemps gouverneur du
Sénégal et qui donna une impulsion très-heureuse à la colonie
est resté légendaire chez les Ouolofs ; c'est au point que l'on
raconte de lui des choses où le merveilleux tient une grande
place, et pour ma part j'ai entendu maintes fois les nègres de
Saint-Louis et des environs lui attribuer ces faits qui sont prêtés
à Haroun-al-Raschid, à Saladin, à Salomon et à tant d'autres
héros dans les pays d'Orient.

FAMILLE.

La famille, quoique peu puissante dans ses liens, est cependant
organisée chez les Ouolofs d'après les errements de la vie pa-
triarcale. Le père est le chef souverain auquel les enfants mâles
doivent respect en tous temps, obéissance tant qu'ils ne sont pas
mariés eux-mêmes. Quant aux femmes, elles sont sous la domination effective du père tant qu'elles ne sont pas en possession
du mari, retombant sous cette domination quand elles divorcent.

La polygamie est admise en principe et existe de fait chez les
Ouolofs comme chez tous les mahométans. Le mari peut prendre
jusqu'à trois femmes légitimes et autant de concubines que sa
fortune le permet. La première épouse légitime, qui porte le
titre d'awho, a des prérogatives étendues dans le ménage, possède
la plus belle case et a le droit de priorité dans le choix des cadeaux qui sont faits à la maison.

Le mariage légitime est une cérémonie assez complexe et très-importante dans la société ouolove ; l'homme qui veut le contracter a besoin d'avoir une certaine aisance, devant fournir une dot à sa femme. Il charge des amis communs aux deux familles de négocier la partie pécuniaire de l'union, puis, au jour fixé, on accomplit avec une pompe qui se mesure à l'exemple du fiancé, la cérémonie du tak qui unit les époux. Ce Tak, dont l'expression exacte : Lien, est le symbole du pouvoir très-grand qu'a le mari sur sa femme, qui devient sa propriété. Le mariage est l'occasion et l'excuse des fêtes dans lesquelles le Ouolof dépense toujours plus que la raison ne le conseillerait.

Le mariage légitime se rompt par le divorce avec une grande facilité, et suivant qu'il est prononcé ou non contre le mari, la femme conserve ou perd sa dot. Il n'est pas rare que les époux se remettent ensemble après avoir divorcé, mais la loi, pour empêcher la fréquence du divorce, veut que la femme ait été mariée à un autre, dans l'intervalle. Cette condition est facilement éludée dans la pratique par un mariage fictif contracté pendant quelques instants avec un ami du mari.

Les naissances légitimes sont l'occasion de fêtes quand le père a les moyens de les payer ; les prescriptions de l'hygiène et les coutumes des matrones se heurtent avec les superstitions religieuses, à ce moment comme toujours, dans la vie des Ouolofs et d'ailleurs de tous les nègres de la Sénégambie.

Lorsqu'une femme a perdu plusieurs enfants, elle espère conserver la vie de celui qu'elle a en lui rasant alternativement un des côtés de la tête de manière à ce que les cheveux n'aient jamais la même longueur des deux côtés. Cette coutume explique cette particularité qui frappe souvent l'étranger arrivant pour la première fois en Sénégambie.

Le décès est accompagné de cérémonies très-importantes dans la société ouolove. Si c'est le chef de la famille qui est mort, les amis viennent laver le corps à plusieurs reprises, tandis que les femmes et les enfants se livrent à la douleur. A défaut d'affliction réelle, les gens riches ont des pleurs et des cris moyennant redevance de la part de certaines femmes.

Il existe une coutume assez curieuse et dont la pensée morale est fort élevée pour des gens aussi primitifs et aussi grossiers que les nègres. Dans les courts moments qui séparent la mort de l'ensevelissement, chacun peut venir dire à haute voix ce qu'il pense au défunt. Lorsqu'il a été bon, brave, généreux, ses vertus sont exaltées; mais le fameux principe : *On doit des égards aux vivants tandis qu'on ne doit que la vérité aux morts*, est ici parfaitement appliqué, et certainement cette coutume de parler du mort à haute voix a une importance très-notable sur la conduite des vivants.

Quand le corps est prêt pour l'ensevelissement, il est porté au cimetière, accompagné de toute la foule des parents et des amis qu'il possède ; là, il est enterré, et, sur sa fosse recouverte, on immole un bœuf si la famille est assez riche pour faire cette gracieuseté aux amis et cette aumône aux pauvres. Cette coutume tend à se perdre dans les villes de Saint-Louis et de Gorée où nos habitudes déteignent sur les nègres.

Au retour du cimetière, les amis vont faire visite à la veuve ou aux veuves; puis ils ont soin, en sortant de la case du mort, de faire mille tours et détours avant de rentrer chez eux, pour dépister l'esprit malin qui ne manquerait pas de leur porter malheur s'ils rentraient directement dans leur maison.

Les veuves sont obligées de rester accroupies et sans mouvements dans la case où était le défunt jusqu'à ce que la *sœur* du mari vienne leur dénouer les cheveux et faire leur toilette de deuil. Sous le nom de sœur le Ouolof comprend, à défaut de la fille de la même mère, la plus proche parente du mort. Inutile de dire que si cette femme a vécu en mauvaise intelligence avec les épouses, elle tarde le plus longtemps qu'elle peut, tandis qu'elle accourt dans le cas contraire. — Petite vengeance féminine commune à la négresse comme à toutes les filles d'Ève.

La femme enceinte dont le mari meurt ne prend le deuil qu'après son accouchement. Les enfants ne portent le deuil ni du père ni de la mère. Le mari, de son côté, porte le deuil de sa femme pendant huit jours seulement, restant enfermé, la tête ceinte d'un des mouchoirs de la défunte.

La *sœur*, en arrivant chez les veuves, les décoiffe et les habille avec les boubous du défunt, en commençant par l'*awho*. Elles gardent en guise de deuil un pagne roulé en turban autour de la tête pendant quatre mois, puis rentrent dans les habitudes communes et peuvent convoler désormais à de nouvelles noces; elles sont de droit épouses du frère de leur mari si celui-ci le veut, sinon elles redeviennent libres. Les biens des défunts reviennent à leurs descendants; il n'y a pas de droits des collatéraux chez les Ouolofs: la fortune appartient dans ce cas au Damel, dans les pays de l'intérieur. A Saint-Louis et à Gorée les collatéraux se sont empressés de réclamer les droits que notre législation accorde, mais au fond il reste si peu de chose à partager après la mort d'un Ouolof que la succession n'est jamais bien importante.

ORGANISATION SOCIALE DES OUOLOFS.

La société est très-hiérarchisée chez les Ouolofs de l'intérieur; elle se compose de diverses classes très-distinctes, vivant côte à côte sans se mélanger, et régies par des coutumes qui imposent à chacun des droits dont il est jaloux et des devoirs auxquels il ne songe pas jusqu'ici à se soustraire. Dans Saint-Louis et Gorée l'égalité tend grandement à se faire.

Le premier rang est occupé par la famille royale, dans laquelle les souverains de la contrée sont choisis. Au second plan sont les hommes libres, partagés en nobles et en roturiers. En troisième ligne viennent les esclaves.

La royauté est l'apanage d'une famille dans le Cayor comme dans le Oualo ; c'est dans elle que le roi, qui a le titre de *Damel* dans le premier pays, de *Brak* dans le second, est choisi d'après une sorte d'élection à laquelle ne prennent part que des chefs issus de la noblesse, ayant le droit d'élire un roi sans pouvoir devenir rois eux-mêmes. Il y a plusieurs branches dans chaque famille royale ; il n'est pas rare que les divers compétiteurs emploient des moyens violents ou occultes pour conquérir la place ambitionnée, et, chez les Ouolofs comme chez les autres, le sang est souvent répandu au profit de telle ou telle ambition.

Le roi du pays est le chef de la justice, mais n'exerce ces fonctions que dans des circonstances exceptionnelles, chaque chef secondaire ayant la mission de justicier de son cercle, et chaque chef de village réglant les affaires de son agglomération de cases. Il ne faut pas croire que le droit soit toujours le plus fort dans les conflits : le bon vouloir du juge fait souvent pencher la balance dans le sens désiré, et l'homme le plus redouté est généralement celui qui a raison.

On se tromperait étrangement si l'on pensait que le titre de Noble répond à des qualités élevées du cœur ou de l'esprit, à une richesse enviable, en un mot aux attributs que nous sommes habitués à donner à la noblesse des pays civilisés. Les plus élevés sont des chefs de districts ou de villages ; ils sont relativement plus fortunés, il est vrai, mais plus quémandeurs vis-à-vis des étrangers, plus adonnés à l'ivrognerie, si c'est possible, que les classes inférieures, et n'ayant comme elles pour objectif que la satisfaction brutale de leurs passions, en même temps que la plus triste tendance à la paresse. Il y a bien, dans la hiérarchie sociale des Ouolofs, telles prérogatives attachées à tel ou

tel degré de noblesse. Ainsi, tel degré a le droit de commander
à un district plutôt qu'à un autre, a une voix plus prépondérante dans l'élection du roi, etc., etc.; mais à chaque instant des
infractions à la règle sont produites par le fait des circonstances
de sorte qu'au lieu de rechercher les prérogatives des divers
échelons, nous pouvons dire plus exactement, que, dans la pratique, la force, le pouvoir, la persuasion appartiennent à celui
qui fournit le plus largement aux intéressés le tabac, la poudre
et surtout l'eau-de-vie.

Nous avons dit tantôt que le chef du Cayor s'appelle le Damel
tandis que celui de Oualo porte le titre de Brak. Nous allons entrer sur le compte de ces deux souverains dans quelques détails
qui intéresseront, je pense, le lecteur.

DAMEL

Le Damel qui a l'autorité souveraine dans le Cayor est nommé
à l'élection ; mais tous les habitants ne sont pas éligibles ; en effet,
il faut tout d'abord que le candidat soit né dans le pays et en
second lieu qu'il soit fils d'un père et d'une mère appartenant à
une famille ayant la prérogative royale ; de sorte que le choix
porte toujours sur un nombre assez restreint de prétendants.

Les électeurs ne sont pas les premiers venus ; on se tromperait beaucoup si on croyait que les Ouolofs nous ont devancés dans la pratique du suffrage universel, car, il n'y a que
quatre électeurs pour le Damel : c'est 1° le Diawdine-Boul, chef
héréditaire des hommes libres de naissance (Diambour) ; 2° le
Tchialaw, qui commande au canton de Dianbagnane ; 3° le Bô-
tale, chef du canton de N'diop ; 4° le Badgié, chef du village de
Gatègne.

Ces quatre électeurs qui ne peuvent pas aspirer eux-mêmes au
pouvoir suprême s'occupent de choisir celui qui sera leur souve-

rain et je ferais injure au lecteur si je cherchais à lui laisser croire qu'ils s'inspirent d'autres sentiments que du désir d'en tirer chacun le plus grand profit.

Lorsqu'un individu est nommé Damel, il doit faire de grandes largesses aux quatre chefs qui l'ont élu et quand il a obéi à cette coutume de manière à satisfaire ceux dont il est l'obligé, on s'occupe de la cérémonie du sacre sans laquelle le pouvoir du Damel pourrait être contesté par les autres prétendants.

La cérémonie du sacre se fait à Ngniguis ou à M'boul, elle est un grand événement pour le pays et attire tout le monde de la contrée, peut-on dire, car du premier au dernier, du grand au petit, les Ouolofs aiment surtout le bruit, les fêtes et tout ce qui est un spectacle différent de la vie de tous les jours.

Dans une vaste plaine inculte on élève un monticule de terre à côté de monticules pareils élevés lors du sacre des divers prédécesseurs et le Damel va s'y asseoir en grande pompe. Le Diawdine arrive, suivi de ses collègues et d'une foule imposante revêtue de ses plus beaux habits, les griots font pendant ce temps une musique enragée avec leur tam-tam ; des cris, des chants éclatent de tous côtés. Ici le Diawdine offre au nouveau Damel un vase dans lequel on dit qu'il y a les graines de toutes les plantes qui poussent dans le Cayor. Il place ensuite sur sa tête un turban rouge orné de gris-gris de toutes sortes qui sert de Damel en Damel depuis longues années, et quand la foule a pu contempler à son aise le nouveau souverain, on l'emporte sur une sorte de pavois en branchages, jusqu'au bois sacré dans lequel il reste une semaine éloigné de tous les regards profanes. Au bout de ce temps, il commence à régner et a le droit d'exiger la fidélité et le dévouement de ses sujets, sans cependant obtenir que des prétendants impatients n'essayent des menées souterraines ou des insurrections avérées pour le renverser et lui succéder.

Le Damel de Cayor est pris dans une des deux familles, les

Gueïdghe ou les Maïor. Pendant longtemps, la dernière avait eu
le privilége de fournir les chefs, mais il y a environ cent cinquante ans, un nommé Lapsoukabé, appartenant aux Gueïdghe,
fut élu et a conservé le pouvoir dans sa descendance. La manière dont il s'éleva au commandement mérite d'être rapportée,
car elle est le texte d'une légende qui est répétée volontiers dans
le pays. Cette légende peut fixer les idées sur la manière dont
les choses se passent au Cayor. Voici les faits tels qu'ils sont
racontés dans le livre de Carrère (p. 42) : Le Damel en exercice au moment qui nous occupe s'appelait Thyéacine ; il avait
comme tous les Ouolofs plusieurs femmes ; une, de race Maïor,
lui avait donné deux fils qu'il aimait beaucoup. Une autre femme
de race Gueïdghe, vue d'un œil indifférent, et comptant à peine
comme nombre dans la maison, avait eu un fils appelé Lapsoukabé, dont le Damel ne pouvait nier la paternité, mais qui était
vu avec aversion et méprisé dans la maison.

Lapsoukabé, possédant un bon caractère ou mieux une
grande dissimulation, supportait sans se plaindre les mille
petites avanies que son père et ses frères ne manquaient pas de
lui infliger à chaque instant ; il obéissait sans murmurer et tra-
vaillait véritablement comme un captif, donnant malgré le soin
qu'il mettait à ne pas être distingué des preuves irrécusables de
savoir, d'intelligence, de courage et de grande opiniâtreté.

Thyéacine le comparant à ses deux fils chéris, ne pouvait
s'empêcher d'avoir des appréhensions pour l'avenir, car ils
étaient aussi indolents que Lapsoukabé était travailleur, aussi
orgueilleux qu'il était modeste, aussi niais et suffisants qu'il était
intelligent. Pour calmer ses soucis, il voulut savoir d'avance ce
qui devait arriver après sa mort, et pour cela demanda à son
grand marabout de consulter les présages. Celui-ci fit naturellement force prières et maintes cérémonies grassement payées sur
le budget du Damel et lui dit enfin d'un ton sentencieux qui convenait à la gravité de la circonstance : Fais tuer un mouton,

envoie le coupé en morceaux aux trois frères sur une seule calebasse de couscous, un jour où ils seront tous trois réunis. Celui
qui mangera la chair de la tête sera Damel après toi.

La saison de la récolte des pistaches étant précisément arrivée, il fallait faire sécher les plantes arrachées pour que les
femmes en retirassent les gousses, et qu'on empilât les portions
qui devaient servir de fourrage aux chevaux pendant la saison
sèche ; le moment était donc propice pour l'épreuve. Dès le soir
même, Thyéacine dit à ses trois fils : Vous irez demain faire
sécher les pistaches dans tel lougan qu'il leur désigna. Lapsoukabé répondit aussitôt qu'il n'y manquerait pas. Les deux autres
fils au contraire firent beaucoup d'objections, trouvèrent mille
bonnes excuses pour tâcher de s'exempter de cette corvée ; la
volonté du père persistant, force leur fut de s'incliner.

Le lendemain, dès la première heure, Lapsoukabé était dans
le lougan ; il s'était mis à l'ouvrage depuis longtemps, lorsque
ses frères le rejoignirent. Ceux-ci le firent monter sur un arbre
pour qu'il étendît le fourrage sur les branches comme le font
habituellement les esclaves ; et ils se plaisaient à plaisanter le
pauvre humilié qui, sans avoir l'air de prêter attention à leurs
quolibets, s'attachait à faire son travail avec soin. Peu après, une
captive arrive portant une calebasse de couscous au-dessus duquel s'étalaient d'appétissants morceaux de mouton ; au milieu
était la tête qui, au Cayor, est la partie la moins estimée.
Lapsoukabé voulait, en bon Ouolof, se hâter de descendre pour
s'atabler avec ses frères, mais ceux-ci lui dirent : Achève ton
ouvrage, nous laisserons ta part de couscous. Faire manger
quelqu'un avec ce qui reste du repas des autres est une marque
de mépris au Cayor comme ailleurs. Lapsoukabé en fut donc
blessé au fond, mais il ne fit pas d'objection et continua à travailler. On devine que les deux frères avaient laissé la tête en
disant : Voilà sa part, c'est assez bon pour lui.

Quand en rentrant le soir au village ils racontèrent à leur

père qui les questionnait comment Lapsoukabé avait mangé la
tête du mouton faute de mieux, ils mirent le Damel dans un cruel
embarras. C'est au point qu'il fit appeler aussitôt le grand marabout pour lui conter le résultat de l'expérience, le priant de voir
par des prières si l'arrêt du Destin ne pouvait pas être modifié ; il
voulait à tout prix que la couronne vînt à un de ceux qu'il aimait.
Le marabout réfléchit, pria, consulta d'autres augures et finale-
ment signifia au Damel que bien réellement son successeur serait
Lapsoukabé et non un autre.

Thyéacine profondément triste se mit en mesure d'empoison-
ner Lapsoukabé pour faire mentir les présages ; mais les gens du
Baol qui avaient une vieille rancune contre le Cayor lui décla-
rèrent la guerre juste à ce moment, de sorte qu'il fallut remettre
ce projet à plus tard. — Les trois fils du Damel partirent naturellement aux premiers rangs pour combattre les ennemis ; les
deux maïors n'écoutant que le désir de se montrer braves furent
blessés dès le début. — Lapsoukabé qui était plus rusé avait eu
soin de s'exposer beaucoup moins tout en dirigeant les guerriers
d'une manière infiniment plus habile. — Le vieux Thyéacine
étant venu à mourir subitement sur ces entrefaites, il fallut songer à élire un nouveau Damel. Or une loi du pays dit que pour
être éligible il faut être sain de corps et d'esprit, par conséquent
les deux concurrents de Lapsoukabé étaient mis hors de cause
en ce moment.

Ceux qui savent comment se déroulent les événements dans le
Cayor penseront peut-être que dans tout ceci le hasard est pour
moins que ce qu'on serait porté à le croire de prime abord ; il
n'est pas impossible que Lapsoukabé fût de longue main assez bien
avec le grand marabout pour n'avoir pas été entièrement étranger aux divers détails dont nous venons de parler. Pour ma part
je ne jurerais pas que Thyéacine fût mort de maladie naturelle
ou bien que ses enfants avaient été blessés par des guerriers du
Baol ; mais la légende restant muette sur ce point nous nous

4

abstiendrons de commentaires. Nous dirons cependant que Thyéacine, poursuivi par l'idée d'empêcher Lapsoukabé de lui succéder, avait pris certaines précautions qui firent que lorsqu'il fallut
élire son successeur, les principaux chefs de la contrée ne vo-
tèrent pas d'une manière définitive. Ils confièrent le pouvoir temporairement à celui qui était seul dans les conditions de régner
pour le moment, remettant à plus tard la décision définitive.

Un des deux blessés mourut, l'autre parvint à guérir, mais
assez lentement cependant pour que Lapsoukabé eût eu le temps
de prendre quelques mesures de bonne politique; c'est ainsi
qu'au lieu de réclamer pour sa part les deux tiers du butin pris
à l'ennemi, il l'abandonna généreusement à ses guerriers; qu'il
poursuivit les malfaiteurs avec une grande sévérité, qu'il déclara que les faibles trouveraient désormais un appui solide en
lui.

On comprend que le jour où le frère survivant voulut réclamer le pouvoir, ses chances étaient singulièrement amoindries.
— Le pays était partagé en deux partis opposés; il s'agissait de
régler la situation d'une manière définitive. Lapsoukabé déclara
que pour éviter une effusion de sang entre gens du même pays,
entre parents, il fallait faire régler le différend par un conseil
choisi parmi les notables et les chefs de la religion. — L'assemblée lui conféra complaisamment le pouvoir au détriment de son
frère qui, très-amoindri de cette manière dans son prestige, ne
fut plus qu'un insurgé qu'on poursuivit les armes à la main jusqu'à la frontière du Baol. C'est ainsi que la branche Maïor fut
évincée du pouvoir dans le Cayor, et Lapsoukabé ayant été assez
habile pour devenir puissant ne fut pas inquiété par son compétiteur dont les descendants n'ont plus ni richesses ni partisans

Le lecteur ne se prend-il pas à réfléchir en arrivant à la fin de
cette légende? — Quant à moi, le jour où elle est venue à ma
connaissance, j'ai trouvé que c'est l'histoire de bien des pays où
les nègres ne sont pas en majorité. On se dirait en Europe au

temps du moyen âge, tant il est vrai que toutes les races, à certains degrés de leur civilisation, voient les mêmes événements, les mêmes hommes et les mêmes résultats !

BRAK.

Le Brak du Oualo est nommé à l'élection. Comme le Damel du Cayor, il est choisi parmi les hommes qui portent le titre de Diourourbel, mais c'est très-généralement celui qui possédait la dignité de Brio (héritier présomptif) qui obtint la majorité des voix, de sorte que sa nomination de Brak n'est en quelque sorte que la ratification d'un choix fait précédemment.

Lorsque la place de Brak est vacante, le Diawdine du Oualo, comme celui du Cayor, est chargé de convoquer d'autres chefs qui ne sont ici qu'au nombre de deux, le Digomaye et le Mâlo. — A eux trois ils procèdent à l'élection, et informent aussitôt les chefs secondaires appelés Sébébiors qui ratifient à leur tour le choix par acclamation. — Comme au Cayor l'élection s'est faite sur la base des avantages que chaque chef a pu obtenir, et le Brak prodigue avant et après son élection de nombreux cadeaux qui chargent d'autant le budget.— La famille régnante du Oualo comprend deux branches : les Gdioss et le Tedgiegne ; c'est la seconde qui régnait au moment où le pays a été mis sous notre autorité directe.

Le couronnement du Brak se faisait avec des cérémonies plus originales encore que celles qui consacrent le pouvoir du Damel. Le peuple s'assemblait dans les environs du village de Djiangué qui est sur la rive gauche du fleuve, assez voisin du lieu où sur la rive droite s'élevait jadis le village de Diourourbel, capitale du Oualo.

Le chef du village de Bagame qui avait la prérogative de faire passer le fleuve au Brak venait offrir sa pirogue qu'il dirigeait

lui—même, quand le souverain était à bord. En quelques instants une foule immense avait traversé le fleuve à la suite du
Brak, se répandant dans la plaine où fut Diourourbel et où s'é-
lèvent des monticules analogues à ceux dont nous avons parlé
pour le Damel. Le nouveau roi s'asseyait sur celui qui avait été
préparé pour lui, et la cérémonie symbolique des semences pré-
sentées était faite comme au Cayor. Puis le roi était porté en
triomphe par quatre captifs jusqu'au marigot de Kamm où le
chef du village de Bagnam aidé de certains hommes désignés le
plongeait dans le marigot jusqu'à ce qu'il eût saisi un poisson.
— Il va sans dire qu'un courtisan avait soin de glisser bientôt
dans la main du souverain un poisson qu'il avait pêché déjà antérieurement, car si réellement le nouveau couronné avait dû faire
la pêche en ce moment, la cérémonie aurait pu traîner en longueur, présenter quelque imprévu que le peuple n'eût pas
manqué d'interpréter fâcheusement, et qui eût fait naître des
préventions à l'égard du Brak. Quelle confiance aurait-on pu
accorder à un roi revenant bredouille, ou n'ayant attrapé qu'un
minime goujon ? Quoi qu'il en soit, le poisson apparaissait au
peuple émerveillé et il était accueilli avec d'immenses clameurs
de joie.

Le Brak était reporté alors sur son tertre, le Diawdine le revê-
tait d'habits secs, lui mettait sur la tête un bonnet orné de gris-
gris, signe du commandement, et le peuple venait contempler
son souverain en défilant devant lui. Bientôt le nouveau couronné repassait le fleuve avec le même cérémonial, et il était
conduit dans une case isolée construite exprès pour lui et où il
devait passer huit jours loin des yeux des profanes. — Toutes
les femmes et filles des Ouolofs étaient réunies près de cette case,
le Brak les passait en revue et choisissait parmi elles celle qui
devait passer une semaine en tête-à-tête avec lui. Cette fille ou
femme était dès ce moment même affranchie de tout lien de père
ou de mari ; après la semaine écoulée elle se retirait dans son

village, nourrie, logée et entretenue par la liste civile, mais ne devant pas se marier tant que le Brak avec lequel elle avait cohabité vivait, ou au moins régnait.

A part cette coutume de la femme choisie entre ses compagnes, on voit que le couronnement du Damel ressemblait beaucoup à celui du Brak et *vice versa*. Il y a seulement quelques différences de mise en scène dépendantes de la localité : l'esprit de la cérémonie est le même, et il devait en être ainsi, le Cayor et le Oualo étant, malgré leur séparation politique, peuplés par les mêmes hommes.

Inutile de dire que lorsque le Oualo a été annexé à nos possessions sénégalaises, le Brak a disparu, le couronnement ne s'est plus fait, mais chacun a conservé si bien le souvenir des prérogatives de ses ancêtres que si demain notre pouvoir déclinait, après-demain le couronnement d'un Brak se ferait et tous les acteurs principaux seraient absolument prêts à jouer leur rôle en conscience.

Les Ouolofs des campagnes sont mahométans, aussi ont-ils nombre de marabouts qui cumulent les fonctions de prêtre, de maître d'école, de médecin, fonctions qui ne réclament pas une bien grande instruction en Sénégambie où les cérémonies religieuses sont fort simples, où l'instruction la plus élevée consiste à savoir épeler, sans souvent le comprendre, le Coran ; enfin où la médecine se borne à écrire quelques mots sur un carré de papier qui sera porté par le malade en forme d'amulette.

Les marabouts ont une influence extraordinaire sur la population ; on se figure difficilement chez nous la crédulité absurde avec laquelle leurs paroles sont acceptées, de sorte que ces saints gredins achèvent d'enlever aux pauvres diables, par persuasion, ce que le chef ou le puissant n'a pu leur extorquer par la force. Chargeant leur prône d'autant plus de fêtes qu'il y a davantage de récoltes en prévision, ils arrivent toujours à voir chez leurs paroissiens, avant la maturité prochaine, la fin des provisions de l'année d'avant. En tenant compte de ce qui est dû au roi, aux notables, aux soldats ; et surtout en faisant la part de l'insouciance et de la paresse des producteurs, on voit que si l'année est mauvaise, la basse classe est sérieusement menacée de disette. Rien n'est fréquent comme de voir en Sénégambie des peuplades entières exposées à mourir de faim faute d'un peu de prévoyance et d'épargne de la part des pauvres, de modération de la part des puissants.

Le menu peuple ouolof appartient à la classe des badolos, il amasse à la sueur de son front quelques maigres biens, dont la meilleure part revient de gré ou de force au noble, au Kiédo, au roi, ainsi que je viens de le dire. — Ce bas peuple est partagé en corporations qui se perpétuent par la force d'habitude et sans qu'il y ait aucune loi bien positive pour obliger chacun à rester dans la place que sa naissance lui a assignée.

Il est tout à fait extraordinaire que le fils du tisserand, du teinturier, du corroyeur, etc., ne suive pas la profession qu'exerçait son père. D'ailleurs ces professions sont en bien petit nombre, limitées qu'elles sont aux besoins de la société ouolove qui est, peut-on dire au minimum de son développement et qui est habituée depuis des siècles à tirer des traitants européens les objets dont elle use.

Pendant longtemps l'argent nécessaire aux besoins du pays fut fourni par la vente des esclaves. L'abolition de la traite a donné une extension inusitée jusque-là à l'agriculture, et le jour où nos efforts auront abouti à diminuer, et faire disparaître même, le militarisme pillard qui brûle à chaque instant les récoltes, dévaste le pays, tue les inoffensifs, cette agriculture se développera dans des proportions vraiment extraordinaires. Nous y trouverons un très-grand bénéfice, car elle produit surtout des graines oléagineuses dont nous tirons un excellent parti dans notre commerce et notre industrie.

La condition des individus de la classe inférieure est infiniment moins précaire et moins pénible dans les localités où notre autorité se fait sentir directement. — A Gorée, à Dakar, à Saint–Louis et à Guet N'Dar le pauvre diable qui travaille n'a pas à craindre de voir ses minces bénéfices extorqués par le roi, le prêtre ou le soldat.

Les gens de la basse classe de Gorée trouvent largement à gagner leur vie en travaillant comme déchargeurs des navires ou hommes de peine dans les maisons de commerce ; beaucoup sont marins et embarquent sur les nombreux bâtiments qui font le cabotage de la côte. Les professions qui se rattachent à la navigation ou à la bâtisse, charpentiers, menuisiers, forgerons, voiliers, maçons, etc., etc., leur offrent de leur côté quelques bénéfices, aussi ne voit-on pas de malheureux dans le pays ; les hommes du peuple de Saint-Louis trouvent largement de quoi vivre dans la traite du fleuve qui emploie l'activité de tous, depuis le négociant en gros jusqu'à l'homme de peine, en passant par cent degrés de traitants et de sous-traitants, de commis, bateliers, etc., etc.

Les habitants de Guet N'Dar sont surtout pêcheurs et trouvent des bénéfices très-notables dans la profession de piroguier, franchissant la barre des brisants pour faire communiquer les navires qui viennent mouiller sur rade avec la terre.

Le passage de la barre des brisants de Guet N'Dar dans une pirogue est à certains moments plein de péripéties émouvantes ; les amateurs d'émotions vives y sont servis à souhait. Je me souviendrai toujours, pour ma part, de ma première arrivée à Saint-Louis par cette voie ; ce fut pour moi un des spectacles les plus étranges et les plus saisissants que j'aie vus de ma vie. Il était sept heures du matin, nous venions de mouiller à environ deux milles de la plage avec un aviso à vapeur sur lequel j'étais embarqué, quand nous vîmes venir à nous une pirogue montée par quatre solides Ouolofs qui apportaient à notre commandant des plis de service émanés du gouverneur. J'avais obtenu l'autorisa-

tion de faire le voyage dans cette pirogue, et au moment de
partir le patron me dit d'enfermer ma redingote, mes souliers,
ma montre, en un mot tout ce qui pourrait souffrir de l'humidité, dans une caisse à poudre vide qui était fixée au fond de la
pirogue et qui fermait hermétiquement. — Me voilà donc parti,
vêtu seulement d'un pantalon de toile et d'une chemise, les
pieds nus, la tête couverte d'un chapeau de paille. Nous franchîmes
sans événements la distance qui séparait le navire du premier
brisant ; j'étais assis dans le fond de la pirogue près de l'avant, et
les quatre nègres restés debout pagayaient en cadence, sans
efforts, plongeant leurs quatre pagayes du même côté de l'embarcation.

Arrivés près du brisant, le patron, se servant de sa pagaye
comme d'un gouvernail, nous mit en travers, comme disent les
marins, et pendant un temps assez long je pus contempler les
énormes volutes qui se formaient près de nous et se brisaient
plus ou moins loin en faisant un bruit considérable, quelque
chose de bruyamment monotone qui assourdit bientôt et finit par
fatiguer celui qui n'en a pas l'habitude. Autour de nous la mer
clapoteuse, jaunâtre et trouble, laissant de temps en temps
passer un aileron de requin qui glissait silencieux çà et là comme
s'il flairait quelque aubaine. — Tout à coup le patron, voyant
que le moment propice était arrivé, pousse un cri ; la pirogue
revient en un clin d'œil dans sa direction première, et les quatre
piroguiers se mettent à pagayer avec une ardeur et une rapidité
extrêmes, scandant leurs mouvements par des cris que je traduis
très-exactement par les lettres suivantes : qs, qs, qs.

Notre pirogue filait véritablement comme une flèche sur le
dos d'une volute qui se formait, et je voyais le moment où notre
vitesse étant plus grande que celle de la vague, nous allions
arriver à l'endroit où elle crève en bouillonnant. Il y avait
là une dénivellation de deux ou trois mètres, peut-être plus, de
sorte qu'il me semblait impossible que nous ne fussions pas

lancés dans l'espace. — Assez inquiet malgré tout ce que je
savais de l'innocuité de ce passage de brisants, je tournai un peu
la tête pour voir ce qui se passait derrière nous, et j'avoue que
mon cœur battit violemment. En effet, une volute énorme s'était
formée, nous suivait menaçante, nous gagnant manifestement
de vitesse ; bientôt nous fûmes arrivés à l'endroit où la vague
qui nous avait portés s'arrêtait en bouillonnant, et la lame qui
venait de briser sur la plage, revenant vers le large, faisait
un contre-courant plus fort que l'impulsion que pouvaient
donner nos mariniers, de sorte que la pirogue allait dans
un instant être engloutie sous la volute énorme qui venait
derrière nous. — Tout ceci se passait en moins de temps que
je ne mets à le raconter, j'attendais avec une terreur indi-
cible la collision quand je me sentis saisi par deux mains vigou-
reuses à la ceinture et sous l'aisselle droite. — Je perdis l'équilibre ; le nègre qui était le plus proche de moi jetant sa pagaye
m'entraînait avec lui au fond de l'eau assez loin sur le côté de la
pirogue pour que l'embarcation ne me blessât pas dans son
évolution. — J'arrivai littéralement au fond, sentant avec mes
pieds nus et mes mains le sable fin sur lequel la mer en furie
roule ses lames incessamment, mais aussitôt mon nègre, me
ramenant à la surface de la mer, faisait émerger mon buste jusqu'à la ceinture afin que le plongeon que je venais de faire ne se
traduisît pas par un coup forcé d'eau de mer à avaler. Un calme
relatif était revenu ; nous étions au milieu d'une eau bouillon-
nante et agitée, de nouvelles volutes se préparaient, mais n'avaient
pas pris encore un volume inquiétant, je pus voir à quelque
distance de nous la pirogue pleine, saisie par deux piroguiers
qui se plaçant en face l'un de l'autre la vidèrent en deux mouvements de va-et-vient brusquement imprimés pendant que le quatrième piroguier ramassait en nageant les pagayes qui s'en allaient
en dérive. — Aussitôt la pirogue vidée, mon nègre me poussa
vers une de ses extrémités et m'aida si bien à embarquer que

l'opération se fit presque instantanément ; les nègres montèrent successivement à cheval sur la queue que la pirogue porte à son arrière et embarquèrent ainsi dans cette embarcation si volage qu'elle chavirerait si on essayait d'embarquer par le côté. Nous repartîmes aussitôt pour ne pas être atteints par une volute qui arrivait à grands pas pour nous engloutir encore. Cette fois la vague nous apporta sur la plage, et arrivés au point où il n'y avait plus que quelques centimètres d'eau sous la pirogue, les quatre nègres sautèrent à terre et se mirent à courir en poussant l'embarcation avec une vitesse telle que nous atteignîmes rapidement le point où la lame s'arrête. Je pus aussitôt débarquer à pied sec, expression tout à fait impropre après le bain que je venais de prendre si complétement.

Le patron de la pirogue ouvrit alors la caisse à poudre et me donna mes vêtements de drap, mais j'étais assez embarrassé, n'osant les passer sur une chemise et un pantalon mouillés. Voyant ma préoccupation, le nègre me dit de me dépouiller de ces objets, et avec ses camarades il se mit en devoir de les sécher de la manière la plus étrange qu'on puisse imaginer. En effet, ils prirent des poignées de sable brûlant que la mer n'atteignait pas et ils en remplirent mon pantalon à deux reprises, à la troisième la toile était sèche d'une manière irréprochable et roide comme si elle avait été empesée. Même chose fut faite à ma chemise, et en moins d'un quart d'heure je fus assez présentable pour traverser le village de Guet N'Dar et aller demander l'hospitalité à des camarades qui habitaient Saint-Louis.

Les esclaves sont nombreux dans les pays ouolofs, mais leur condition est assez douce pour qu'ils vivent côte à côte avec les hommes libres sans envier beaucoup leur sort et qu'ils ne cherchent pas ordinairement à recouvrer leur liberté.

L'esclavage est si profondément entré dans les coutumes du pays, qu'à l'heure présente il y a encore à Gorée et à Saint-Louis des noirs qui croient être les esclaves d'autres noirs ou de mulâtres et auxquels il ne vient pas à la pensée d'user de la liberté qui leur a été donnée depuis 1848.

Il y a chez les Ouolofs, comme d'ailleurs chez tous les peuples de la Sénégambie et même chez les Maures de la rive droite, une étrange coutume bien faite pour étonner de prime abord : l'esclave qui veut échapper à un maître qui lui déplaît, choisit dans son esprit celui dont il veut devenir le captif et lui coupe un morceau d'oreille. S'il ne peut atteindre ce maître désiré, il se contente de l'oreille de son enfant, de son cheval même, et dès lors l'ancien propriétaire n'a plus le moindre droit sur lui ; l'esclave devient la propriété de celui dont il a versé le sang.

La pensée morale de cette coutume se comprend facilement ; le captif semble dire ainsi qu'il préfère s'exposer au juste courroux de quelqu'un qu'il a offensé plutôt que de rester à la merci des caprices d'un mauvais maître, et comme le propriétaire nouveau a le droit de revendre l'esclave à son ancien patron pour un prix variable, appelé le *prix du sang*, on comprend que le captif est tenu à se bien conduire pour ne pas retomber sous la coupe de celui qu'il a voulu fuir.

Les esclaves du roi sont ses soldats et ses gardes en même temps que ses collecteurs d'impôts. On comprend que nombre d'entre eux doivent s'estimer fort heureux de leur sort et le préfèrent au sort de l'homme libre, mais pauvre, auquel ils vont extorquer de l'argent ou des produits à chaque instant et sous le moindre prétexte.

A mesure que nous exercerons une influence pacificatrice sur le pays et que nous amoindrirons les tendances militaires de chaque petit souverain, le nombre de ces esclaves ira en diminuant, car il est fourni actuellement surtout par les guerres et les pillages dont les diverses contrées sont à chaque instant le théâtre. Ce qui restera de ces enclaves rentrera peu à peu dans la classe des Badolos et se livrera au travail de la

terre ou aux industries que nous avons tant intérêt à voir se dé‐
velopper.

Le tiédo ou kiédo est un homme fort peu intéressant au point
de vue moral et que nous devons grandement désirer de voir
disparaître ; il se recrute parmi les esclaves du roi et parmi les
hommes libres qui sont dans la force de l'âge, déterminés à ne
pas travailler, trouvant plus commode de piller le voisin, de le
tuer même, au risque de recevoir parfois un mauvais coup, que
de gagner honnêtement sa vie. Le tiédo issu de ces origines, et
ayant un tel objectif, est naturellement un mauvais coquin qui a
tous les défauts et aucune qualité ; vantard, orgueilleux, que‐
relleur, ivrogne, voleur et assassin ; voilà ses moindres défauts.
D'ailleurs, pour avoir une opinion exacte sur ces hommes, nous
n'avons qu'à réfléchir un moment qu'ils sont en tout semblables
à ces routiers du moyen âge qui étaient toujours au service des
mauvaises causes et qui ont si souvent pesé de la manière la
plus fâcheuse sur les destinées d'un pays. Aussi, le seul vœu
qu'il y ait à formuler à leur endroit, c'est leur extermination
aussi prochaine que possible.

J'ai prononcé à plusieurs reprises le nom de griot ; il nous
faut parler un instant de cette caste étrange que l'on rencontre
dans les pays ouolofs comme d'ailleurs dans toute la Sénégambie
et qui joue un rôle si important dans la vie de ces pays. Le Griot
est un musicien, un bouffon et par-dessus tout un malhonnête
homme qui de père en fils va s'imposant aux grands comme aux
petits, chantant des louanges et de viles flatteries ; disant quel‐
quefois de dures vérités au milieu des gambades et des contor‐
sions les plus grotesques ; épiant tout, faisant le magicien,
espionnant les riches et les puissants, enfin, tenant, avec le Ma‐
rabout, la place importante dans la vie du pays.

Tristes coquins sans foi ni pudeur, ils s'imposent aux uns par
la persistance, aux autres par la crainte, à quelques-uns par une
flatterie constante ou par des bouffonneries grossières ; rece‐

vant de tous, se mêlant de tout, ils sont influents par excellence avec des gens aussi faibles et aussi irréfléchis que les nègres.

Très-craints et très-respectés pour cette raison, ils sont en même temps profondément haïs au fond, mais la haine que leurs compatriotes ont pour eux est stérile, de sorte qu'ils donnent tous les jours le spectacle de Tartufe extorquant la grosse part partout et sur tout, — il y a cette différence pourtant que Tartufe finit dans la comédie par être bafoué, tandis que chez les Ouolofs c'est le griot qui bafoue toujours les autres.

CONCLUSIONS.

La description que nous venons de faire des Ouolofs nous a montré, je pense, qu'ils constituent une race humaine réellement inférieure ; l'instruction pourra améliorer leur intelligence sans cependant en faire jamais des hommes supérieurs, la chose semble démontrée par les résultats qu'obtiennent nos missionnaires depuis nombre d'années ; en effet, ils ont pu faire de bons élèves, des ouvriers habiles, des comptables très-exacts, des commerçants très-rusés et très-entendus. Mais, malgré telle ou telle aptitude développée ainsi artificiellement, le fond est resté au niveau du nègre proprement dit, et pour peu que la culture de l'esprit se ralentisse, on voit les instincts du mélanien prendre plus d'importance et révéler ainsi l'infériorité native du sujet.

Leur état social est en tout semblable à celui des habitants de l'Europe, il y a un millier d'années. C'est la période féodale avec toutes ses guerres, ses cruautés, son ignorance et sa menace perpétuelle pour la vie ou la liberté de chacun. Un observateur a de nos jours une excellente occasion de se représenter ce que furent nos ancêtres, il y a une dizaine de siècles, en regardant les

Ouolofs et même, disons-le, tous les nègres de la Sénégambie. De même, nous connaissons implicitement les caractères généraux de la société ouolove actuelle en nous remémorant les faits que l'Histoire nous a appris de l'époque féodale de notre pays.

Avec leurs qualités et leurs défauts, les Ouolofs constituent, quoi qu'il en soit, une race qui peut nous servir beaucoup dans notre œuvre de colonisation de la Sénégambie. Il faut nous en servir avec habileté pour mettre le pays en rapport, et en créant des besoins à ce peuple d'une part, tandis que nous les dirigerons dans le sens propice à notre intérêt de civilisation, il constituera une classe inférieure de travailleurs et de producteurs qui aura certainement son utilité, parce qu'il peut vivre dans un milieu qui nous est éminemment nuisible et par conséquent qu'il peut nous suppléer dans quelques occupations.

CHAPITRE DEUXIÈME

Maures de la rive droite du Sénégal.

La rive droite du Sénégal est habitée depuis Bakel jusqu'à la mer par des hommes blancs ou mulâtres appartenant à trois groupes ou tribus qui sont en allant de la mer vers l'intérieur, c'est-à-dire de l'ouest à l'est : 1° les Trarza, 2° les Brakna, 3° les Douaïch.

1° *Trarza.* — La tribu des Trarza occupe le littoral de l'Océan au nord du Sénégal, et descend jusqu'au poste Ndiago sur la pointe de Barbarie à une quinzaine de kilomètres de Saint-Louis ; elle s'étend à l'est sur la rive droite du Sénégal jusqu'au delà de Dagana, étant séparée de la tribu des Brakna par le marigot de Morghen dans les environs du fleuve et n'ayant que des limites tout à fait fictives avec cette tribu dans l'intérieur du Sahara.

Cette tribu des Trarza occupe une vaste étendue qui est partagée en diverses contrées : le Hamama, le long du Sénégal ; le Afthout, le Nouellen, le Dahar, sur le littoral océanien ; l'Iguidi dans l'intérieur. Elle comprend plusieurs fractions plus ou moins importantes parmi lesquelles : les Idoul el Hadj, les Endagha, les Ouled Ahmed-ben-Daman ; les Ouled Daman sont les principales.

2° *Brakna.* — La tribu des Brakna a son territoire situé à l'est de la précédente ; elle s'étend depuis le marigot de Morghen jusqu'au point où celui de Kacaédi se jette dans le fleuve en face le village de Sillanabé. Cette tribu des Brakna compte, surtout dans les plaines d'Afthout, plusieurs fractions qui sont : les

Arabine, les Tessageurt, les Helip-Amadou, Seïné ou Helip-Ana-
ghin, les Touabis, etc.

Douaïch. — La tribu des Douaïch qui a sa limite occidentale
au marigot de Kacaédi s'étend jusqu'à Bakel et Médine, limitée
à l'est par le pays de Kaarta et au nord par le Tagant. Les principales fractions sont : les Chrattites, les Abakak, les Gangari,
les Oulad-el-Rouisi, les Oulad-Asser.

A l'est du Douaïch sont d'autres tribus de même nature et de
mêmes mœurs se prolongeant au delà de la sphère de nos explorations et ayant évidemment de proche en proche avec les
tribus Sahariennes du sud de l'Algérie les relations que les
Trarza et les Brakna ont avec les peuplades du sud du Maroc.

Nous ne parlerons ici que des particularités spéciales aux Trarza,
Brakna et Douaïch, qui avoisinant nos possessions Sénégambiennes, offrent un intérêt plus direct à notre curiosité. Pour l'étude
de ces peuplades maures nous ferons de nombreux emprunts au
livre de René Caillié ; à un travail remarquable que le général
Faidherbe a publié dans la *Revue maritime et coloniale* et au récit émouvant d'un hardi pionnier de la Sénégambie, l'enseigne
de vaisseau Bourrel, qui a inséré dans ce recueil les détails de
son voyage dans le désert voisin de Podor.

Les Trarza, les Brakna et les Douaïch sont composés de quelques blancs, mais surtout de mulâtres et de noirs. Ils seraient,
d'après M. Faidherbe, dans les proportions suivantes : noirs,
50 %, mulâtres arabes, 25 %, mulâtres berbères, 25 %. Pour
plus de précision nous enlèverons 2 % à chacune de ces proportions pour y ajouter 5 % de blancs purs, arabes et berbères.

En jetant un coup d'œil sur l'histoire de ces Maures, qui nous
montre les Arabes et les Berbères de race caucasique envahis-
sant successivement le pays, réduisant les populations en esclavage et s'alliant aux femmes qu'ils acquièrent comme fruit de
leurs conquêtes territoriales, nous comprenons très-bien la raison de ces proportions. Une fois de plus, il est arrivé ici que là

race victorieuse a subi l'influence de la race vaincue et la chose
est d'ailleurs très-naturelle : le vainqueur possédant plus de
femmes et abusant volontiers de son autorité ou de sa force sur
la captive, il s'est formé ici, comme dans les autres pays, une
race métisse qui est allée en augmentant au détriment de la race
pure.

HISTOIRE

L'histoire des diverses peuplades de la Sénégambie présente
des lacunes à chaque pas et même souvent ne peut être tracée
avec quelque certitude dans ses plus vagues linéaments, parce
que dans un pays où l'instruction est nulle, où la tradition est la
seule chose qui nous rappelle les faits qui se sont passés précédemment, il y a à tout instant des inexactitudes, des oublis et, disons plus, des interprétations erronées des événements. Cependant, nous devons reconnaître que l'histoire des Maures, quelque
imparfaite qu'elle soit, est relativement plus précise que celle de
la plupart des Mélaniens de la contrée.

Il est probable que primitivement ou au moins aussi haut que
nous pouvons remonter dans le passé, la rive droite du Sénégal
fut habitée par les Zénaga, tribu berbère qui, longtemps avant
l'apparition de l'Islamisme, occupait le pays. Ces Zénaga servaient
d'intermédiaires entre les nègres qui leur vendaient des captifs,
de la poudre d'or, et les Berbères du nord de l'Afrique qui leur
donnaient en échange des chevaux, du sel gemme, probablement
des objets de métal et particulièrement des armes blanches, des
couteaux, des haches, etc.

Par le fait de leurs migrations périodiques, ils étaient les premiers à connaître les nouveautés et pour cette raison ils durent
être les premiers sectateurs de l'Islam qu'ait vus le pays. Cette
qualité de commerçant leur donna à une certaine époque de leur
histoire (dans le cinquième siècle de l'Hégire — le onzième de

notre ère) une importance notable. Si nous en croyons quelques auteurs, la secte des Morabetins, des Marabouts, des Almoravides prit naissance chez eux et ils furent la souche du grand empire des Almoravides qui s'étendit peu à peu au delà du Sahara jusqu'aux Baléares, l'Espagne et même la Sicile.

Au treizième siècle, quand la puissance de cet empire almoravide déclina, les Zénaga rentrèrent dans un état de civilisation de moins en moins prospère, et à mesure qu'ils s'affaiblissaient, les invasions arabes gagnaient du terrain. C'est ainsi qu'à la fin de ce treizième siècle les arabes béni Hassans les subjuguèrent complétement dans le bas Sénégal, laissant quelques Zénaga primitifs, les Douaïch, à l'état de puissance assez solide dans le haut pays.

Ces renseignements nous font comprendre bien des particularités afférentes aux Maures sénégalais: en effet, d'une part les Douaïch, et les tributaires des Trarza et Brackna, sont les descendants plus ou moins métissés des premiers occupants. D'autre part, les guerriers qui, comme nous le verrons, portent le nom de Hassans dans le pays, sont les descendants plus ou moins mêlés, il est vrai, des Arabes arrivant dans le pays au treizième et au quatorzième siècle.

On devine sans peine qu'il soit resté entre les tributaires et les Hassans un vieux levain d'antagonisme qui, pour ne pas être apprécié aujourd'hui dans tous les détails par les intéressés, n'en est pas moins vivace et prononcé. On comprend aussi facilement que dans un pays, où le fils vit comme a vécu le père, où les mœurs ne se modifient pas, où rien de nouveau ne se produit et rien des habitudes du temps passé ne tombe en désuétude, des coutumes datant de la conquête, des relations basées sur la situation respective des groupes d'habitants, soient restées sans changements, bien qu'elles ne paraissent avoir aucune raison d'être actuellement.

CARACTÈRES PHYSIQUES.

Les Maures ont des caractères physiques spéciaux qui les distinguent très-bien de leurs voisins. Ces caractères sont tellement évidents qu'ils sautent aux yeux du premier coup à l'étranger qui arrive au Sénégal. Ceux de race restée pure ont le nez droit et fin, même légèrement busqué et quelquefois leur front est large ; leurs yeux sont très-vifs et très-expressifs, noirs, bien fendus ; leur bouche est petite, à lèvres fines, portant des dents blanches et solides ; leur visage ovale allongé, ayant son diamètre transverse le plus étendu au niveau des sourcils, ne manque pas de noblesse et de bon air.

Ils portent généralement toute la barbe, qui n'est pas très-fournie et n'atteint pas de grandes proportions ; elle est généralement clair-semée, plus laineuse chez les individus de sang mêlé, mais au contraire assez lisse chez les autres. Les Maures laissent aussi pousser leurs cheveux, qui ont les mêmes caractères et qui varient du châtain au noir absolu en passant par toutes les teintes du marron.

Leur teint est bistré, plus brun que celui des Arabes de l'Algérie, mais encore très-clair et incomparablement plus blanc que celui des noirs les plus élevés dans la hiérarchie ethnographique. Ce teint est, on le comprend, en rapport direct avec le mélange des sangs et les croisements des ancêtres. La sordide saleté de ces hommes qui ne se lavent que par accident les rend plus foncés au premier aspect. Mais quand des lavages répétés ont enlevé la couche de crasse qui recouvre habituellement les téguments de tout Maure, leur peau paraît sensiblement plus claire.

Quelle que soit d'ailleurs leur origine, tous les Maures ont cette attitude fière et ce regard décidé qui n'appartiennent qu'aux enfants du désert. Brûlés et comme parcheminés par un soleil

ardent dans leurs plaines arides, ils ont un port très-noble. Ils
sont d'une sobriété incroyable, commandée, disons-le, par leur
misère ; car leur gloutonnerie est proverbiale le jour où ils ont
des aliments à discrétion. Ils sont toujours secs et maigres, leur
corps est à peu près complétement dépourvu de tissu graisseux.
On comprend que dans ces conditions ils soient à l'épreuve des
plus longues fatigues corporelles ; et comme ils sont d'une agilité
vraiment extraordinaire, ils fournissent des marches et des
courses inouïes.

Leurs membres, qui semblent grêles de prime-abord, ont une
souplesse et une force considérables ; aussi comprend-on, en les
étudiant en détail, qu'ils soient capables des efforts les plus vigoureux et les plus soutenus, qualité qui, jointe à leur sobriété
absolue, en fait des peuplades parfaitement aptes au métier de
pasteur et de guerrier coureur d'aventures.

ORGANISATION SOCIALE.

Tous les Maures de la rive droite du Sénégal, à quelque tribu
qu'ils appartiennent, ont la même organisation politique ; ils sont
partagés en quatre groupes ou castes : 1° les guerriers ou
Hassans ; 2° les Marabouts ; 3° les tributaires ; 4° les captifs.

Il n'est pas difficile de comprendre que les distances doivent
être très-grandes entre ces diverses castes, en songeant à la
manière dont les choses se sont passées dans les divers moments
de la conquête ; en effet, les Hassans et les Marabouts, qui sont
les descendants des derniers envahisseurs du pays, se considèrent au triple titre : A d'individus de race plus noble ; B de
vainqueurs ; C de mahométans de vieille souche, comme très-
supérieurs aux autres qui subissent leur domination et qui ne
doivent le bien-être, n'ayant dû la vie même à une certaine
époque de leur histoire, qu'au bon plaisir ou à la générosité des
conquérants.

Guerriers ou Hassans. — Les guerriers ou Hassans sont naturellement la classe privilégiée et aristocratique du pays ; nous n'avons pas besoin d'entrer dans de longues explications pour fixer les idées du lecteur sur leur compte, car, dans un pays plus qu'aux trois quarts sauvage, on comprend que la loi du plus fort étant la meilleure, il est naturel que celui qui porte les armes impose à tout venant, et à chaque instant, non-seulement sa volonté, mais encore ses caprices. D'autre part, si nous songeons que dans le pays l'homme reste de père en fils dans une ignorance absolue qui n'a d'ailleurs de comparable que sa superstition, nous admettrons sans peine que le joug que les Hassans imposent aux faibles est aussi dur qu'injuste, aussi féroce parfois que stupidement exercé.

Marabouts. — Après les guerriers, les Marabouts sont les plus heureux parmi les Maures, et même souvent les Marabouts sont-ils les plus favorisés, car dans une région où la superstition règne en maîtresse absolue, ceux qui sont réputés avoir des relations avec la divinité sont souvent les plus forts en général, et sont toujours les plus habiles. Les Marabouts achèvent d'enlever au nom de la vie future, ce que le guerrier n'a pu extorquer par la force brutale aux malheureux tributaires et captifs ; aussi ont-ils eu soin de cumuler les fonctions religieuses avec celles de médecin, de vétérinaire et souvent même de sorcier. D'ailleurs, le métier est commode, car toute leur théologie se réduit au Coran, dont certains passages sont sus de mémoire par tous et dont les versets n'ont même pas besoin d'être compris par ceux qui sont chargés de les interpréter ou de les appliquer.

La médecine n'est guère plus difficile, et, en effet, elle consiste à faire avaler au patient un morceau de papier sur lequel quelques lignes d'écriture sont tracées. D'autres fois le médecin se contente d'écrire quelques mots sur une planchette qui est ensuite lavée et dont l'encre ainsi délayée a les plus heureuses vertus médicinales. Enfin, dans les grandes circonstances, les

Marabouts usent d'une médication encore plus simple : ils font asseoir le patient par terre, lui font ouvrir la bouche toute grande, et, après avoir eu l'air de se recueillir et de marmotter quelques paroles inintelligibles, ils crachent dans cette bouche qui croit fermement recevoir ainsi un remède absolument efficace.

Quelques Marabouts ont la spécialité des pratiques chirurgicales ; leur savoir est des plus minces, leur habileté plus que contestable ; aussi les résultats de leur pratique sont-ils déplorables.

Les Marabouts ont l'habitude de recevoir toute espèce de cadeaux et d'aumônes ; mais ils ne donnent jamais rien. Caillé raconte que lorsqu'il était chez les Maures sous le prétexte de se convertir à l'islamisme, il donna un jour un pagne à une jeune esclave, pour reconnaître quelques attentions qu'elle avait eues pour lui. Son précepteur, marabout dans l'âme, se hâta d'arracher le pagne des mains de la pauvre fille et lui dit très-sévèrement : « Souviens-toi qu'un marabout doit toujours recevoir et ne jamais donner, car tu viens de commettre une des plus grandes infractions aux habitudes et aux lois de notre caste en te montrant généreux. La reconnaissance est une vertu des tributaires et des captifs, elle est indigne des hommes supérieurs tels que nous. »

Tributaires. — Les tributaires sont des anciennes fractions de tribus que des défaites, des dissensions intestines dont le souvenir est plus ou moins effacé de leur esprit ont placées à la disposition des conquérants à une époque antérieure, parce qu'ils se sont trouvés affaiblis par une raison quelconque. Ces tributaires sont, on peut le dire, des conquérants de première souche qui sont venus avant les autres dans le pays, et qui, après avoir été au premier rang, ont passé au second lors de l'arrivée de la génération dominatrice actuelle.

Nous n'avons pas besoin non plus d'entrer dans de longs développements pour faire comprendre la situation de ces pauvres diables; ils sont obligés à des redevances souvent lourdes vis-à-vis des Hassans qui les tiennent sous leur protection ; en même temps qu'il sont l'objet des convoitises des guerriers ennemis de leurs patrons, de sorte que leurs maigres récoltes, leurs troupeaux, leurs captifs, leurs personnes même sont le butin que nombre d'aspirations malsaines rêvent de s'approprier. — Leur existence est donc précaire, soumise à bien des aléas ; aussi leur vie se passe dans des combinaisons, des agissements, des voyages qui ont pour but de rendre leur charge un peu moins lourde à porter. Si l'islamisme ne les éloignait pas de nous d'une manière invincible, nous devrions avoir chez les tributaires des sympathies, et cette classe de Maures pourrait venir constituer autour de nos postes fortifiés une population laborieuse qui trouverait dans nos soldats une protection efficace contre mille exactions aussi injustes que sans cesse renaissantes ; mais le tributaire maure préfère mille fois le joug absurde et dur de ses correligionnaires; aussi ne pouvons-nous pas espérer de les voir jamais se rapprocher de ceux qu'ils appellent : les chiens d'infidèles. — Quoi qu'il en soit, obligés aux travaux les plus pénibles et bénéficiant fort peu des événements, des gains dont les autres font leur profit, les tributaires sont les premiers et les plus grands ennemis des deux castes dominatrices. Cette condition est une précieuse arme que le gouvernement du Sénégal pourra quelque jour employer tant pour réduire les tribus hostiles à l'impuissance que pour forcer peut-être les Maures à entrer dans le grand courant de la civilisation et du progrès, auquel ils seront réfractaires comme leurs frères d'Algérie tant qu'ils seront riches ou puissants dans la moindre limite.

Les tributaires sont dans la stratification des races du désert sénégalais l'avant-dernière couche. Remarquons qu'au point de vue aristocratique tel que nous le comprenons dans la vieille Europe, ce seraient les plus nobles, représentant les dominateurs primitifs relativement aux derniers conquérants.

Captifs. — Quant aux captifs, ce sont des noirs acquis par la force ou par l'argent, sur place ou au loin, et leur origine variable suivant les hasards du commerce des esclaves, nous explique que les types les plus divers se rencontrent parmi eux.

L'existence du captif est dure chez les Maures : condamné à travailler toujours, ne tenant les choses nécessaires à l'existence, la vie même, que du bon plaisir de son maître, c'est la bête de somme de la maison. Le labeur est pour lui, les joies pour les autres ; ses enfants sont la propriété du chef de la maison ; sa fille sert aux voluptés du jeune maître. C'est l'esclavage, en un mot, esclavage d'autant plus dur que dans ces pays sahariens les hommes les plus riches manquent du bien-être le plus élémentaire et que la misère est plus souvent qu'ailleurs la privation d'aliments et la mort même à courte échéance.

Les enfants issus de Maure et de négresse se nomment Laratines ; ils sont esclaves comme leur mère, mais ne sont jamais vendus par leur propriétaire qui est en même temps un de leurs ascendants ; ils constituent donc une caste intermédiaire aux hommes libres et aux esclaves.

On comprendra facilement par ces détails sommaires qu'il est naturel que les deux premières castes aient tous les priviléges dans la société maure et fassent cause commune contre les deux autres, car qu'ils soient les tributaires, c'est-à-dire vassaux, qu'ils soient captifs, c'est-à-dire esclaves, ils n'en sont pas moins les parias de la nation, comme le dit très-bien M. Bourrel.

MŒURS ET COUTUMES.

Les mœurs et les coutumes des Maures sont intéressantes à plus d'un titre ; elles ont été l'objet de l'étude de nombreux travailleurs sénégalais : Carrère, Bourrel, Faidherbe, Azan. Pour avoir une idée arrêtée sur ces populations qui sont en contact si immédiat avec notre colonie, faisons-en un tableau sommaire tiré de leurs recherches et de ce que nous avons vu nous même.

Disons d'abord comment ils sont vêtus ; car c'est là un point curieux de leur civilisation et un caractère qui les distingue très-sensiblement déjà des peuplades noires de la rive gauche du Sénégal, qui cherchent bien à les imiter, mais qui conservent cependant un cachet assez tranché pour qu'une observation même peu attentive puisse les différencier à première vue.

Le vêtement national des Maures, on pourrait dire celui au moins qui leur est le plus usuel, est le coussaba, ample sorte de chemise ou de soutane en étoffe de coton bleu appelée guinée. Les hommes libres pauvres, les captifs, n'ont presque que ce seul vêtement dont la couleur est peu solide et qui déteint sur leur peau au point que, grâce à une sordide malpropreté, on voit des hommes dont une coloration bleue a remplacé la teinte bistre originelle.

Le seroualla, qui n'est autre chose que le pantalon turc très-ample serré aux genoux et à la ceinture, parfaitement semblable d'ailleurs au pantalon arabe que portent les Algériens et les troupes connues sous le nom de zouaves et de turcos, est porté aussi par le plus grand nombre.

Les chefs et les riches ou les grands marabouts portent en outre le drah ou chebé, chemise à manches, assez analogue à ce que les Algériens appellent la gandoura et qui est faite en tissu plus fin, brodée quelquefois de plusieurs couleurs ou de plusieurs dessins.

Ajoutons que le plus souvent les Maures garantissent leurs pieds du sable et des aspérités du sol avec un morceau de cuir de bœuf taillé en ovale, et qu'une lanière qui passe entre les deux premiers orteils pour se bifurquer en se dirigeant vers la

cheville, où elle se réunit à une autre lanière formant talon-
nière, fixe le pied d'une manière assez solide pour permettre à
la marche sans comprimer soit le cou de pied, soit les métatar-
siens ou les orteils.

Quelques chefs portent des bottes molles en maroquin
rouge, semblables à celles des Algériens et des Marocains.
D'ailleurs, on comprendra qu'elles doivent leur être identiques,
puisque les Maures ne les fabriquent pas, mais les achètent aux
caravanes qui viennent du sud de l'Algérie ou du Maroc pour
commercer avec le Soudan.

Les Maures vont habituellement tête nue ; une forêt de cheveux incultes et hérissés les garantit des rayons du soleil. Ce n'est
que quand ils sont en expédition, en hiver ou encore dans les
grandes fêtes, qu'ils se couvrent d'un pagne d'indienne blanche
ou bleue enroulée en turban. Une ceinture rouge empêche quelquefois le coussaba de flotter, mais c'est la grande exception, et
dans le cours habituel de la vie, l'ampleur du vêtement n'est pas
contrariée.

Pendant les mois froids, décembre, janvier, février, c'est-à-
dire pendant la période où les vents du nord soufflent, les
Maures jettent sur leurs épaules soit un manteau en poil de
chameau (kissa) venant du Tagant, soit un manteau en laine
grossière, avec un capuchon, qui n'est autre chose que le bur-
nous des Arabes. Les pauvres ont assez fréquemment un manteau
constitué par des peaux de mouton qui conservent encore leur
pelage.

Bourrel dit qu'il a vu, dans son voyage, les grands marabouts
porter sur la tête un pagne qui s'enroulait par de petits plis autour
d'un bonnet blanc comme le ferait un turban, puis revenait faire
quelques tours au cou en masquant la moitié du visage, de sorte
qu'on ne voyait que leurs yeux et le nez ; c'est la copie de ce
qu'on a observé en Algérie chez les Touaregs. On voit souvent
à Saint-Louis même des Maures de toutes les conditions être

coiffés de la sorte, et il ne faut pas croire que cette coutume se soit propagée par le fait d'une imitation irréfléchie ; elle a sa grande utilité dans les pays soudaniens où la température brûlante et l'air chargé souvent de particules sablonneuses sont une offense perpétuelle pour la respiration.

Les femmes se couvrent volontiers le visage de la même manière quand elles appartiennent à la classe aisée ou qu'elles sont un peu coquettes, imitant entièrement ainsi les femmes des tribus de toute l'Afrique et généralement de tous les pays mahométans.

Superstitieux comme tous les sectateurs de l'islamisme depuis le Maroc jusqu'à la Perse, les Maures portent suspendus au cou par des cordons de cuir, très finement tressés parfois, des amulettes dont l'intérieur est formé d'un verset du Coran et dont l'extérieur est en cuir, en argent ou en cuivre, ayant la forme la plus variée et la plus élégante à leur point de vue. Les femmes portent le sac à tabac, la pipe en fer de la même manière.

Autour de leurs poignets s'enroulent des chapelets en graines noires. Les marabouts portent ces chapelets autour du cou et en ont souvent un à la main, l'égrenant presque perpétuellement en marmottant des prières plus ou moins intelligibles. En ceci comme en beaucoup de choses, nous voyons qu'ils sont les fidèles imitateurs des Arabes marocains, algériens, tunisiens, auxquels ils cherchent d'ailleurs à ressembler autant qu'ils peuvent, ayant pour eux le respect et la déférence que nous avons vu en Algérie les Maures avoir pour les Turcs qu'ils considéraient non-seulement comme des dominateurs, mais encore comme des êtres plus parfaits et plus élevés.

Complétons l'examen du costume du Maure sénégalais en disant que les guerriers portent généralement suspendu à la ceinture un poignard fabriqué dans le pays ; ces poignards, dont la poignée est en filigrane et la lame plus ou moins grossièrement damasquinée sur une partie de sa longueur, sont quelquefois assez élégants ; ils sont contenus dans une gaîne de cuir rouge ou noir, plus ou moins riche suivant les moyens du possesseur. Les Brakna en ont de très-curieux et ils savent s'en servir, dit-on, dans les mêlées, avec une adresse et un courage très-remarquables. Les guerriers ont, en outre, un fusil à silex à un, mais plus souvent à deux coups. Ces fusils sont fabriqués en Europe, leur crosse est enjolivée dans le pays avec des plaques d'argent ou de cuivre.

A l'instar des Arabes, les Maures sénégambiens mettent leur amour-propre dans les armes brillantes et riches ; aussi le fusil des chefs est-il souvent incrusté d'argent d'une manière assez fine pour ne pas manquer d'une originalité de bon goût.

Le Maure sénégalais, ainsi que tous les Arabes, met aussi son orgueil dans son cheval ; et comme il sait qu'à une heure donnée de sa vie, son existence dépendra de l'excellence de sa monture, il n'est pas de sacrifices qu'il ne fasse pour avoir un excellent coursier. S'il est assez riche, il montera une bête du Tagant, sinon il aura un des petits chevaux du Fouta ; mais on peut être bien sûr en voyant un cavalier, dit M. Bourrel, et tous les voyageurs le savent bien, on peut être sûr, dis-je, qu'il a fait tout son possible pour être bien monté : de sorte que le cheval est l'indice le plus probant de la limite des moyens du propriétaire.

Aimant à ce point le cheval et l'équitation, ils mettent naturellement toute leur coquetterie dans le harnachement, et leur selle, en tout semblable à la selle algérienne, dont elle porte même le nom : 'Serdj, est quelquefois très-richement garnie.

« Monté sur son cheval, le fusil à la main, dit M. Bourrel, le Hassan est dans son élément; ses facultés se réveillent ; c'est bien le roi du Désert, de ses jambes nerveuses il presse le flanc de son coursier et le fait bondir dans tous les sens ; il lance son fusil en avant, le rattrape au galop et fait feu immédiatement ; il est transformé, en un mot. » Ne voyons-nous pas là sur les bords du Sénégal ce que nous avons vu partout au Maroc, en Algérie, en Égypte ? L'Arabe est vraiment partout le même. le Coran et le cheval : voilà pour lui le but de l'existence et les plus douces félicités de la vie.

Il est à craindre qu'avec de pareilles mœurs la race ne puisse jamais être pliée au travail persistant et utile que réclament la civilisation et le progrès de l'espèce humaine ; aussi l'observateur se dit en voyant les Maures du Sénégal comme les autres Arabes, que cette race de transition, éminemment mobile et conquérante, est chargée par la Providence de porter une première étincelle de la civilisation dans les pays sauvages, mais reste stérile en dehors de cette mission limitée ; elle est destinée à disparaître quand la guerre, la conquête et l'esclavage ne seront plus les armes habituelles des migrations de peuples. En attendant, l'enfant maure qui voit son père jouer avec son cheval est transporté d'enthousiasme ; il ne sait rien de plus beau, sollicite la permission de monter en croupe, et là ne connaît plus de limite à son bonheur. On n'a plus besoin dès lors de s'occuper de lui, le voilà cavalier et cavalier il sera toute sa vie, ne travaillant, n'économisant son argent que pour avoir un cheval et des armes, ne rêvant plus que guerre, vol et pillage. Avoir un beau cheval, de belles armes et briller dans la fantasia de la tribu et des tribus voisines : voilà l'ambition du Hassan ; le restant de la vie n'est rien pour lui.

Les Maures ont très-peu de jeux. M. Bourrel dit avoir vu deux de leurs griots jouer par terre, ils avaient fait des trous dans le sable, planté des fiches dans les trous et puis, par une combinaison qu'il ne comprenait pas, ils se prenaient des pions jusqu'à ce que l'un des joueurs fût entré dans le camp de l'autre. Ils prétendaient, dit-il, que ce jeu était très-difficile ; je crains bien que M. Bourrel n'ait vu là que le jeu que l'on voit jouer aux noirs à Saint-Louis, à Gorée et d'ailleurs dans toute la Sénégambie, sorte de jeu de dames qui est plus en rapport avec la nonchalance du noir qu'avec la pétulance de l'enfant du Désert.

Un jeu auquel les jeunes gens jouent assez volontiers chez les Maures consiste à faire une pile d'osselets qu'on cherche à faire tomber à coups de pierre. Chaque joueur a quatre coups à tirer avant de céder la place au suivant et celui qui a été le plus adroit donne autant de chiquenaudes sur le nez des camarades qu'il a renversé d'osselets avec ses pierres.

Les Maures se livrent de préférence à une sorte de jeu de barre, qui est un spectacle curieux à observer et dont voici la principale règle : un individu se place droit dans un endroit donné, ses voisins s'en approchent avec précaution pour tâcher de le toucher inopinément avec la main ; dès que l'adversaire fait un mouvement pour toucher le premier, celui-ci, qui a dû esquiver l'atteinte, a le droit de courir sur l'autre et c'est alors que l'on voit des feintes habiles, des courses effrénées, des bonds prodigieux. Pour ma part, j'ai été plus d'une fois émerveillé de leur souplesse et de leur agilité. Nos clowns les plus alertes ne sont rien à côté du plus modeste Maure pour les bonds, les sauts et la course en ligne directe ou brisée, avec feintes et arrêts. Ajoutons que la lutte est un des passe-temps favoris des Maures. Mais c'est la fantasia à cheval qui est et sera toujours le *nec plus ultra* de son plaisir.

Comme tous les habitants du désert, les pasteurs, et en un mot les individus qui sont oisifs le plus souvent, les Maures dorment au milieu du jour et pendant une grande partie de leur temps au grand air. D'ailleurs, dans les climats torrides les nuits sont belles, plus agréables même que les journées ; aussi aiment-ils à se réunir le soir autour de leur tente et là on devise fréquemment de guerre ou de rapine, mais le plus souvent on écoute quelque vieillard, quelque marabout, quelque étranger qui raconte une légende, accueillie toujours avec le plus grand recueillement et la plus complète crédulité.

Dans la légende musulmane le sujet quelque varié qu'il soit a toujours pour objectif de montrer que le vrai croyant est récompensé par des événements surnaturels, tandis que celui qui ne pratique pas la religion de l'Islam subit tous les malheurs possibles.

Je viens de dire que les légendes sont écoutées avec une crédulité et un recueillement extraordinaires par les Maures, il en est ainsi de la plupart des noirs. J'ajouterai que c'est même un des plus puissants moyens du prosélytisme musulman après le sabre ; c'est celui qui est employé par les Marabouts isolés qui arrivent dans un pays, nourris par la charité publique et y faisant toutes leurs volontés sans rencontrer aucune résistance. Voici deux de ces légendes qui montrent bien clairement le but que veut atteindre le narrateur dans son récit.

LÉGENDE DU CROYANT QUI PRIAIT SOUVENT ET NE DÉSESPÉRAIT JAMAIS DE LA BONTÉ DIVINE.

Il y avait jadis dans les plaines qui bordent le Sénégal aux environs de Matam un homme du nom de Osman qui vivait simplement, craignant Dieu et accomplissant depuis son enfance tous les devoirs de la religion sans jamais y avoir manqué ni même s'être ralenti un seul instant dans son zèle fervent. Il avait acquis quelques biens par un travail incessant ; il avait eu de nombreux enfants qu'il avait élevés dans la crainte du Tout-Puissant et la sévère observation des lois du Coran ; et par une grâce spéciale il était arrivé à un âge avancé sans avoir jamais éprouvé un malheur quel qu'il fût.

Dans maintes circonstances ses voisins frappés de ce que tout lui réussissait l'avaient félicité de son heureuse chance, mais lui, qui ne s'était pas laissé aveugler par le bonheur, leur répondait que tout cela n'arrivait que par la permission de Celui qui commande à toutes choses et que ceux qui ne sont pas heureux en ce monde sont souvent plus coupables qu'ils ne croient, car c'est à leur impiété qu'ils doivent leurs malheurs. Il disait aussi que même lorsque les épreuves les plus dures sont imposées à un homme par les décrets de la Providence, il y a bénéfice à prier et s'incliner sans murmurer, car le croyant finit toujours par être récompensé de sa vertu.

Un de ses voisins, d'ailleurs aisé et heureux, presque autant que lui, bien qu'il n'eût jamais prié avec ferveur, qu'il ne se fût pas privé de liqueurs fortes quand il allait à l'escale et qu'il eût plus d'une fois rompu le jeûne imposé par la religion à certaines époques, plaisantait souvent la pusillanimité du croyant; lui disant que toutes les prières ne servaient à rien en définitive ; que Dieu n'existait peut-être pas et que s'il vivait réellement, il était dans tous les cas si loin et si occupé d'autres affaires qu'il ne songeait assurément pas à tenir compte de quelque chose d'aussi peu important qu'une prière dite à l'heure, qu'un jeûne ou telle autre pratique religieuse.

Une nuit tout le monde était couché tranquillement, jouissant d'un repos gagné par une chaude, journée quand un bruit insolite, des coups de fusil, des cris, viennent brusquement jeter la terreur dans toutes les habitations ; une bande de pillards armés était tombée inopinément sur la tribu pour s'emparer des troupeaux, des provisions et en réduire les habitants en esclavage. Osman saute hors de l'habitation armé de son fusil pour défendre son bien contre les malfaiteurs ; mais avant d'avoir eu le temps de se mettre en défense, il est terrassé, saisi, garrotté et entraîné au loin. Il marcha ainsi pendant plusieurs jours, conduit par ses ravisseurs, manquant de tout et souffrant toutes les douleurs physiques et morales, car il ne savait pas ce qu'étaient devenus ceux qu'il aimait tant. Il était assurément le plus malheureux des hommes; mais néanmoins, malgré les privations, les mauvais traitements il ne murmurait pas contre les décrets de la Providence et répétait à chaque instant : que la volonté de Dieu se fasse !

Osman fut mené à un marché éloigné, vendu comme captif et

chose étrange son nouveau maître venait d'acheter son voisin l'irréligieux qui comme lui avait été pris, garrotté et enlevé par les pillards. Ils furent attachés à une même chaîne pour faire le chemin qui les séparait du pays de leur acquéreur et c'était vraiment chose curieuse que d'entendre les deux captifs; à chaque pas Osman disait une parole de résignation ou de prière, tandis que son camarade proférait une plainte, un blasphème ou une malédiction.

Un soir qu'ils s'étaient arrêtés dans un endroit assez couvert de broussailles, la surveillance des maîtres se relâche un peu ; une occasion de fuite se présente aux deux malheureux captifs. Sans qu'ils eussent besoin de se consulter longtemps ils s'échappent, s'enfoncent dans les fourrés et sont bientôt à l'abri de toute poursuite. Le pays était désert, de sorte qu'après quelques heures de marche ils purent se considérer comme entièrement délivrés ; mais leur condition n'était guère brillante, et en effet ils étaient au milieu des champs n'ayant plus à craindre les hommes, il est vrai, mais ils étaient attachés aux deux bouts d'une même chaîne rivée à leurs pieds et n'avaient aucun instrument capable de rompre ces anneaux de malheur qui les meurtrissaient, en leur enlevant la meilleure partie de leur force et de leur agilité. Ils cherchèrent par mille moyens à briser cette chaîne, et n'y parvenant pas chacun des deux hommes exhala son chagrin à sa manière ; Osman par une prière fervente et résignée, l'autre par des jurons et des malédictions capables de faire trembler les plus hardis et de provoquer les plus grands malheurs.

La punition d'une pareille impiété ne se fit pas longtemps attendre; un lion attiré par les éclats de voix du blasphémateur arrive sur les lieux en deux bonds, et trouvant la proie à son gré il brise la poitrine du prisonnier d'un coup de griffe tandis que d'un coup de dent il fait deux morceaux de son corps.

Osman terrifié, comme on le pense bien, crut que sa dernière

6

heure était sonnée, d'autant plus que le lion en dévorant son camarade lui jetait des regards qui signifiaient clairement que son
tour arriverait bientôt. Tout à coup un second lion accourt pour
prendre part à la curée, et la jalousie aidant, au lieu de se saisir
d'Osman il veut disputer au premier les lambeaux de chair qu'il
dévorait. Voilà les deux bêtes féroces qui se battent avec une
ardeur inouïe, poussant des rugissements épouvantables, oubliant
tout ce qui se passait autour d'eux, de sorte que le malheureux
Osman qui n'avait pas cessé de recommander son âme à Dieu
peut s'éloigner de ces affreux animaux, et traînant une jambe de
son malheureux compagnon au bout de la chaîne fixée à son
pied, il se glisse dans les herbes et arrive bientôt sur la berge du
fleuve. Les lions voyant tout à coup que leur proie leur échappait bondirent jusqu'à lui, mais pas assez tôt cependant pour
l'empêcher de se jeter à l'eau, de sorte qu'il put se dérober à
leur voracité, et se croyant sauvé, il se hâta d'adresser une prière
de remerciement au Tout-Puissant avant même d'avoir atteint
l'autre rive de la rivière.

Il n'était pas au bout de ses peines ; en effet, un énorme
caïman survient, saisit la jambe du blasphémateur restée attachée à la chaîne d'Osman et gagne le fond se dirigeant vers sa
tanière. Le malheureux croyant se sentant entraîné crut que
cette fois sa dernière heure était bien arrivée, et il adressa encore
une fervente prière au Tout-Puissant, puis avec la rapidité de la
pensée et mille fois plus vite qu'il ne faut pour le dire, il passa
sa vie en revue pour se souvenir du nom de tel ennemi qu'il
avait pu avoir, car on sait sur le bord du Sénégal, de la Gambie
et de la Casamance que le caïman qui vous saisit n'est que l'âme
d'un ennemi dont on a désiré la mort. On sait surtout qu'en
l'appelant par son nom et en lui disant sévèrement, au nom de
Dieu Tout-Puissant, de s'en aller sans plus vous inquiéter, l'ennemi confus de se voir ainsi découvert vous abandonne.

Mais Osman avait toujours vécu saintement, il ne connaissait personne qui lui voulût du mal, il n'avait jamais désiré le malheur de son semblable ; aussi ne put-il pas donner un nom au caïman et il se laissa entraîner, ne pouvant d'ailleurs résister en aucune manière.

Le monstre emporta sa proie vivante et morte dans son trou qui, comme on le sait, est au fond du fleuve disposé de telle sorte qu'il forme une vaste chambre dont une partie est à sec. Comme il était à la saison de ses amours il se hâta de croquer la jambe du blasphémateur, brisant la chaîne d'un coup de dent, et poussa Osman dans le trou sans lui faire le moindre mal, pensant le garder en provision pour le partager avec sa femelle quand elle viendrait au gîte ; il se mit même en campagne pour aller la chercher.

Osman à peine jeté hors de l'eau à demi mort se mit à genoux pour remercier Dieu tout-puissant de l'avoir préservé cette fois encore ; mais comment sortir du trou ? Sa situation était, on le comprend, terriblement précaire. Sans se décourager il fait la prière de midi pensant qu'il devait être cette heure-là sur la sur-face de la terre. O prodige, en frappant du front sur le sol, il voit à travers le monceau d'os demi-rongés qui jonchaient la caverne ; une mince lueur ; c'était une fissure du sol qui communiquait avec le fond de la grotte. Il s'avance aussitôt et peu d'instants après il pouvait sans beaucoup d'efforts sortir de cet antre terrible où tous avant lui avaient trouvé la mort.

Par le fait d'un hasard prodigieux il se trouva que la grotte du caïman était voisine du lieu où il habitait lorsqu'il avait été enlevé par les pillards, et même il faut dire que ces pillards dé-rangés par une résistance énergique n'avaient pu faire aucun mal à la tribu, avaient été repoussés n'emportant pour tout butin que le blasphémateur et Osman, de sorte qu'il se retrouva au milieu des siens qui se portaient bien, n'avaient rien perdu de leurs richesses et dont le bonheur fut sans mélange dès qu'ils virent revenir sain et sauf le saint homme dont chacun déplorait la perte et que tous croyaient mort.

On comprend sans peine qu'il dut rendre des actions de grâce au souverain maître de toutes choses, et pendant de longues années encore il vécut heureux, exemple vivant du proverbe : « *Qui compte sur Dieu sans désespérer jamais ne craint aucun malheur.* »

LÉGENDE DU BRACELET RAPPORTÉ PAR LE POISSON.

Il y avait au temps jadis un marabout du nom de Hadj-Omar qui était un saint homme répétant chaque jour : Il n'y a de Dieu que Dieu et celui qui ne craint pas de le proclamer même au péril de sa vie reçoit toujours sa récompense. Il vivait dans les plaines du Tagant au milieu des Musulmans les plus fervents, qui, lorsqu'ils sont attaqués à l'heure du Salam se laissent massacrer plutôt que d'interrompre leur prière ; disant qu'il vaut mieux mourir que de ne pas rendre grâce à Dieu de tous les biens dont il comble les vrais croyants. Sentant en lui le besoin de convertir les infidèles il partit un jour marchant droit devant lui avec le projet de s'arrêter là seulement où il aurait fait reconnaître par tous d'une manière éclatante la Majesté divine. Hadj-Omar n'était pas riche, il possédait à peine de quoi vivre et encore était-il obligé de subvenir aux besoins de sa vieille mère; mais cependant il ne s'inquiétait jamais du lendemain, chaque jour jusque-là avait suffi à sa peine.

Le voilà donc allant à travers le pays de village en village ; quand il avait prêché pendant quelques jours, ramené au devoir et à la religion quelques indifférents, il reprenait sa route pour atteindre le pays où il convertirait les infidèles. Il arriva ainsi sur les bords du Niger et s'arrêta quelque temps dans la ville de Ségou qui était commandée à cette époque par un roi puissant, Modi-Mamadi, homme violent, orgueilleux, ne craignant pas la justice divine parce qu'il se croyait fort devant les hommes et

que jusque—là il avait terrassé tous ceux qui lui avaient résisté.

Hadj-Omar allait quitter encore ce pays pour poursuivre son
voyage quand un jour Modi-Mamadi qui venait de remporter de
brillantes victoires dans le Bouré, et qui avait trouvé chez les
vaincus des richesses si immenses qu'il en était entièrement
aveuglé, écouta complaisamment la voix de griots mal inspirés et
irréligieux. Affolé par son orgueil et sa puissance, il s'était dit: Je
suis le plus puissant, plus puissant que Dieu même, et réunissant
dans une plaine aux portes de la ville toute la population de la
ville il lui tint ce langage : Habitants, sachez que je suis le plus
puissant; personne ne peut résister à ma volonté. Ainsi désormais, je ne veux plus qu'il soit parlé de puissance comparable à
la mienne; je serai le Dieu du pays, par conséquent au lieu de
jurer par Allah et par Mahomet vous ne jurerez plus que par
Modi-Mamadi ; au lieu de vous tourner vers l'orient pour faire
votre prière, vous vous tournerez désormais vers mon palais et
vous m'invoquerez à toute heure du jour. Celui qui n'obéira
pas à cet ordre sera mis immédiatement à mort.

La population de Ségou composée de timides Saracolais, craignant surtout la mort et la souffrance, écouta cette étrange pro-
clamation en silence ; elle était musulmane, il est vrai, bien plus
elle était foncièrement religieuse, mais ayant l'habitude d'obéir à
la voix du commandement elle n'osait faire résistance à la volonté de Modi-Mamadi. Quelques vieillards, quelques sérims,
quelques talibas étaient bien révoltés au fond du cœur contre
une pareille prétention inique autant qu'absurde, mais chacun
craignait pour sa vie, et tous courbaient la tête sans oser dire au
roi qu'il avait tort.

Seul Hadj-Omar eut plus de courage que tous les autres habitants réunis ; il fend la foule et arrive d'un pas délibéré jusqu'au
pied du trône royal. Là d'une voix ferme et digne il dit à celui
qui voulait recevoir désormais les honneurs divins : Il n'y a de

Dieu que Dieu et Mahomet est son prophète ; le roi d'un pays est
le premier serviteur du Tout–Puissant, son autorité, quelque
grande qu'elle soit,ne peut empêcher les croyants de reconnaître
le souverain Maître de toutes choses comme supérieur à tous.—
Tu veux que je t'adore comme mon Dieu, eh bien ! tiens, voilà
du sable que je ramasse par terre, fais, en de toutes pièces du
semblable du haut de ton trône. Voilà un bâton de bois mort, fais-
le reverdir et couvrir de feuilles, comme Dieu le fait tous les
printemps. Regarde, le ciel est sans nuages, commande au soleil
de se cacher et à la pluie de tomber. Je te promets si tu me
donnes de pareils gages de ta puissance d'être désormais ton
plus fidèle adorateur, il ne se passera pas de jour sans que j'invoque ton nom à chaque heure. Mais au contraire, si tu ne peux
faire tout cela je dirai que quelque puissant que tu sois tu
n'es qu'un homme ; si tu es fort, si tu es heureux, c'est à Dieu,
à Dieu seul que tu le dois, car je le répète : il n'y a de Dieu que
Dieu et Mahomet est son prophète.

En entendant ces paroles, Modi-Mamadi, qui était aussi dissimulé que cruel,aussi habile qu'orgueilleux,vit qu'il ne fallait pas
persister pour le moment dans sa prétention ; la foule avait écouté
avec un silence recueilli les paroles si dignes d'Hadj-Omar et un
murmure d'approbation s'élevait, grossissant, pouvant même devenir le point de départ d'une émeute, qui sait ? d'une révolu-
tion.

Sa figure qui était sévère prend tout à coup un air souriant, et
se tournant vers la population, il dit aux habitants de Ségou:
Personne n'est plus humble que moi, le plus fort des hommes,
devant Dieu qui est le Tout-Puissant : jamais je n'ai eu la pensée
de vouloir être autant que lui, et ce que je viens de dire tantôt
était une ruse pour savoir lequel d'entre vous est le meilleur
croyant, le plus sage et le plus fervent serviteur de Dieu. Approche,
Hadj-Omar : c'est toi qui as le premier rang, aussi désormais tu
seras mon premier ministre. C'est toi qui transmettras mes ordres,

qui veilleras à la sécurité de l'État et qui prendras soin que tous mes sujets vivent selon les préceptes de la religion. Ta puissance sera égale à la mienne, et pour que personne n'hésite à exécuter tes ordres, voici un bracelet que je te donne, il est semblable absolument à cet autre que je porte au poignet ; tous deux sont d'un travail si admirable et si compliqué qu'ils ne sauraient être contrefaits, par conséquent en le montrant, ton autorité sera incontestable comme la mienne propre. Veille pour la grande gloire de Dieu à ne pas le perdre, car il t'arriverait malheur dans ce cas.

Hadj-Omar s'inclina respectueusement et prit le bracelet ; il aurait bien voulu refuser les honneurs que lui octroyait Modi-Mamadi, mais il sentait qu'il manquerait à sa promesse de faire tout pour la propagation de la religion s'il n'acceptait pas la charge de veiller à l'exacte observation de la loi, dans un pays où elle était observée tout juste et où la foi était chancelante autant que souvent menacée.

Il ne pouvait croire cependant que Modi-Mamadi fût de bonne foi vis-à-vis de lui : la dernière recommandation du monarque lui parut suspecte, aussi rentra-t-il chez lui et donna-t-il ce précieux bracelet à sa mère en lui disant : Garde-le à l'abri de tout larcin, car notre vie dépend désormais de sa possession.

La vieille mère qui était une femme de prudence pensa que les voleurs fouilleraient partout, et pour les dérouter le cas échéant, elle fit un trou dans le sable de la case, et y enterra le bracelet qu'elle avait eu soin d'entourer de linges pour qu'il ne se ternît pas. Elle remit tout en place après avoir comblé le trou, si bien que personne au monde ne pouvait savoir où se trouverait le talisman royal.

Modi-Mamadi à peine rentré chez lui fit venir son griot et lui dit : Il faut à tout prix que tu dérobes le bracelet de Hadj-Omar ; ta fortune est assurée à jamais si tu réussis. Ce griot était si habile que toute la case d'Hadj-Omar fut visitée, fouillée mille fois en quelques semaines ; ne sachant plus comment faire pour dé–

couvrir le bijou, il eut l'idée de creuser une galerie sous terre, espérant entendre quelque jour le fils et la mère parler de l'endroit où on l'avait caché ; et chacun juge de sa joie quand il trouva ainsi sur la route le bracelet tant désiré.

Il le porta aussitôt à Modi qui ne tenant plus de joie le jeta lui-même au fond du fleuve ; on était au mois de juillet et la crue des eaux commençant, il se dit avec satisfaction : il n'y a pas de puissance au monde capable de le retrouver avant le mois de décembre, et d'ici là Hadj-Omar sera mort depuis longtemps.

Le lendemain Modi fait rassembler le peuple comme la première fois à la porte de la ville et il envoie chercher Hadj-Omar qui n'eut garde de manquer au rendez-vous. Alors le roi fit un long discours ; il dit aux anciens du pays : Que mérite celui qui ayant reçu mission de sauvegarder la religion et qui ayant en sa possession un talisman capable de lui obtenir toute obéissance méprise assez les ordres du roi et les intérêts de Dieu pour perdre ce talisman ? Unanimement l'assemblée répondit : la mort.

Eh bien ! répliqua Modi-Mamadi : Hadj-Omar, où est le bracelet que je t'ai confié ?

Tout le monde trembla, pressentant une terrible catastrophe, car on devinait bien que le roi ne jouait cette partie qu'à coup sûr. Seul Hadj-Omar sans perdre contenance s'avança du trône, et sortant de la poche de son boubou le bracelet demandé, répondit : Roi, le voilà. Modi ne revenait pas de son étonnement, quand Hadj-Omar ajouta : Roi, incline-toi enfin devant la souveraine puissance de Dieu ; tu as cru que tu allais me perdre et te venger ainsi de ce que j'ai dit que tu es moins fort que Dieu ? Eh ! bien ! une fois encore, tu es vaincu. Ce bracelet que tu m'as fait dérober et que tu as jeté dans la rivière a été avalé par un poisson, or, tantôt quand ton émissaire est venu me commander de venir de suite auprès de toi, c'était l'heure de la prière et je me suis dit : Prions d'abord, nous obéirons au roi ensuite. J'étais au bord de la rivière, et pendant que j'achevais ma prière un poisson a sauté sur la berge, je l'ai saisi pour le donner à ma mère afin qu'elle le préparât pour notre dîner de ce soir ; en l'ouvrant elle a trouvé dans son estomac ce bracelet que Dieu m'envoyait ainsi pour confondre les méchants et faire proclamer sa puissance.

Modi constata que le bracelet était bien celui qu'il demandait, croyant l'avoir jeté dans un endroit où nulle puissance humaine ne pouvait le reprendre. Frappé enfin de crainte par cette manifestation de la volonté divine, il se prosterna, adora Dieu sans arrière-pensée et fut dès ce même jour un croyant accompli ; faisant le bien et ne vivant que pour le bonheur de ses sujets, avec Hadj-Omar pour chef de la religion et de la justice.

On le voit, ces légendes quelque variées qu'elles soient dans leurs détails n'ont jamais qu'un but : la glorification de la religion de Mahomet ; elles ne sont pas particulières à une contrée ou à une race d'hommes ; elles sont répétées d'un bout à l'autre du continent africain par toutes les races qui pratiquent l'Islamisme et sont un moyen de maintenir les individus dans l'observation de la loi du Coran en lui montrant les récompenses et les peines que la dévotion ou l'impiété peuvent valoir aux intéressés.

. En 1859, en faisant son voyage, M. Bourrel rencontra peu de vieillards chez les Maures, et comme il en faisait, dit-il, l'observation, on lui répondit que vingt ans avant, le pays était en guerre et que tous les vieillards étaient morts par la fatigue ; c'est qu'en effet, les Maures dans leurs guerres n'épargnent que les femmes et les enfants libres ; les vieillards n'ont pas de quartier, aussi aiment-ils mieux prendre le fusil et se battre jusqu'à l'épuisement que de tomber vivants entre les mains de l'ennemi.

CRUAUTÉ DES MAURES.

La cruauté des Maures est proverbiale dans toute la Sénégambie ; c'est qu'en effet il n'y a rien d'horrible comme les
moyens mis en pratique par ces hommes quand ils veulent arriver
à un résultat qui leur soit profitable. Ainsi par exemple l'histoire
des chefs du pays n'est qu'une longue énumération de crimes ;
le fils tue le père, le frère fait assassiner le frère, l'oncle empoi-
sonne les neveux. C'est à chaque instant la même chose sous
mille traits différents : la suppression violente du compétiteur.
De leur côté, les sujets ne sont pas plus avares du sang du prochain ; on se souvient encore en effet à Saint-Louis de ce fait
inouï qui a eu mille précédents et qui peut se reproduire encore
demain. En 1845, un Maure Trarza venait à Saint-Louis pour
faire quelques achats ; arrivé à Bop-N'quior dans l'île de Thiong
qui est séparée de Saint-Louis par un bras du fleuve seulement,
il sollicite de passer dans une embarcation que deux enfants de
dix à douze ans conduisaient chargée de bois de chauffage ; les
pauvres gamins accueillent sans défiance l'étranger, et comme la
traversée était assez lente la conversation s'engage sur n'importe
quel sujet. A un moment donné le Maure préoccupé par leurs
paroles leur demande à quelle famille ils appartiennent ; les
enfants disent sans défiance leur nom, donnent des renseignements sur leur famille et apprennent sans s'en douter au passager
qu'ils sont les fils d'un de ses ennemis. Sans plus tarder le misérable se saisit d'un des deux et lui coupe le cou, il en fait
autant de l'autre après, et sans même perdre la peine de jeter
leurs corps hors du canot il aborde à Saint-Louis, laissant aller la
barque en dérive. Quelques heures après il était arrêté, car il
n'avait pas pris la peine de se cacher avec soin, et quand le ma-
gistrat lui demanda pourquoi il avait commis un pareil crime, il

lui répondit sans hésitation, avec une simplicité effrayante même :
J'ai appris par hasard que ces gamins étaient les enfants de mon
mortel ennemi, et comme plus tard ils auraient pu me tuer, j'ai
voulu les exterminer pour ma sécurité ultérieure.

FEMMES ET ENFANTS.

Nous venons de parler des hommes ; disons un mot des femmes
maures et des enfants. Les femmes ne manquent pas d'une certaine beauté, mais elles semblent se complaire dans une malpropreté sordide. Nous avons dit qu'on les voit peintes en bleu
par la décoloration de leurs pagnes sans que la moindre ablution
ait jamais nettoyé leur épiderme ; on sent leur approche à plus
de vingt pas souvent par une odeur fade et aigre en même temps
de crasse, de sueur et de sécrétions de toute nature. Il m'est
arrivé maintes fois d'avoir besoin de surmonter le plus extrême
dégoût pour les examiner quand elles venaient à Saint-Louis réclamer des soins de médecine ou de chirurgie. Ces femmes n'ont
aucun sentiment moral, se livrent à un libertinage précoce et sont
flétries de bonne heure par les excès et souvent par la syphilis.
Nous voyons que, sous ce rapport aussi, les habitants de la
rive droite du Sénégal ne diffèrent pas des autres arabes. Triste
conséquence du Coran qui, en oubliant pour ainsi dire de compter avec la femme pour ne promettre que des jouissances matérielles à l'homme, affaiblit la famille et frappe la société musulmane de mort.
Quelques femmes ont de beaux cheveux ; mais, par l'habitude de les tresser en les oignant de beurre mêlé de girofle pilé,
elles se rendent plus repoussantes que jolies ; elles placent à
l'extrémité de leurs tresses des anneaux de corail ou de faïence,
des pierres de couleur, des pièces de monnaie, ce qui leur
donne un air original de prime-abord. Les jeunes filles ne se

coiffent pas comme les femmes mariées ; celles qui ont eu des enfants sont reconnaissables à la manière dont la chevelure est disposée ; elles mettent une grande coquetterie dans ces divers arrangements.

La femme maure est d'autant plus prisée qu'elle est plus grasse, aussi cherche-t-on dans les tribus à engraisser les jeunes filles en leur ingurgitant du lait outre mesure à chaque instant. Nous voyons là un reflet grossier de ce qui a cours dans tout l'orient et mieux dans toutes les populations musulmaues.

Les femmes se drapent dans une pièce d'étoffe de guinée de 5 à 6 mètres de longueur et dont une partie sert à faire une ample chemise sans manches qui s'agrafe sur l'épaule droite, tandis que le restant de l'étoffe fait un tour sur les épaules, passe à l'agrafe et remonte sur la tête en forme de mante, et se rejetant sur les épaules, masque la bouche, en ne laissant voir que le nez et les yeux. Nous voyons là encore, comme nous le disions précédemment, un trait frappant de ressemblance avec le costume des femmes algériennes et marocaines voisines du Sahara.

Les jeunes filles maures portent beaucoup de bijoux et de colliers en verroterie, en ambre, en corail, en or, suivant leur fortune ; de plus, elles ont aux pieds et aux mains des bracelets qui sont pour le nombre, le volume et la matière en raison directe avec leur aisance et leur position sociale. Les jeunes filles s'habillent avec l'aoulé, vêtement serré autour de la taille et remontant sur les épaules pour y faire un seul tour. Les captives qui ont besoin de travailler sont vêtues de la *guédouara*, qui n'est peut-être que la corruption du mot gandoura ; cette guédouara est une sorte de coussaba serrée autour du corps et garnie sur le devant d'une bande de toile qui relève les seins.

Les enfants, garçons ou filles, vont nus jusqu'à l'âge de douze ou treize ans, ou bien se couvrent d'un morceau d'étoffe sans forme particulière pendant la saison froide. Le jour où ils endossent un vêtement (*coussaba* ou *aoulé*) est un jour de fête, d'où datent leur sortie de l'enfance et leur entrée dans la société. A l'âge de quinze ans ils sont déclarés Moukalel, c'est-à-dire instruits des principes de la religion ; c'est un marabout qui les leur a enseignés et le jeune homme est tenu de s'y conformer sous des peines très-sévères.

Les obligations de la religion consistent à faire le salam aux heures réglementaires, surtout le matin et le soir, à observer le jeûne du Ramadan et payer la dîme. En outre, tout bon musulman est tenu de faire la guerre sainte à l'injonction des marabouts, et celui qui veut remplir aussi largement que possible ses devoirs religieux doit aller en pèlerinage à la Mecque, voyage extraordinairement pénible et que bien peu mènent à bonne fin, mais qui donne pour toute la vie, ici plus encore que dans les autres pays arabes, un titre incontesté de noblesse et de respect à celui qui en a affronté les périls.

Les femmes font le salam comme les hommes, observent le jeûne et payent la dîme ; elles font aussi de très—adondantes aumônes ; et on peut dire que les pauvres qui se réclament d'elles en récitant quelques versets du Coran, ne s'en vont jamais les mains vides. D'ailleurs, il faut reconnaître que d'une manière très-générale les Maures observent non-seulement la coutume de l'aumône très-louablement, mais encore, ils pratiquent comme une sorte d'extension de celle-ci l'hospitalité la plus large. Ainsi, dit Carrère dans son estimable livre sur la Sénégambie, « Quand un voyageur se présente devant un camp, chacun attend avec une impatiente curiosité quelle sera la tente choisie par l'étranger. A peine a-t-il manifesté ses intentions qu'il est accueilli avec joie ; on s'empresse autour de lui, tous les habitants lui offrent leurs services, il ne lui est fait aucune question. Il est le bienvenu, car il apporte la faveur de Dieu. » Les voisins félicitent le maître de la tente de celui qui a été choisi par l'étranger ; ils offrent leurs services, et, si l'hôte n'est pas riche, ils lui apportent des provisions. Au départ, le voyageur est comblé de remercîments. Un maure qui a la réputation d'être très-hospitalier est tenu en grand honneur dans la nation. Les mœurs de la race arabe sont, on le voit, les mêmes partout.

Dans la relation extrêmement intéressante de son voyage, M. Bourrel nous donne des détails sur les jeux des enfants maures en même temps qu'il décrit avec soin toutes les coutumes de ces peuplades qu'il a observées. Voici comment s'amusent les jeunes maures dans les tribus. Ils mettent, dit-il, des bracelets en paille tressée sur le sable, et se plaçant à une certaine distance, ils tâchent de lancer une pierre à travers un des bracelets; s'ils y réussissent, le bracelet est à eux. Tantôt ils se réunissent en cercle et jouent au colin-maillard; celui qui est au milieu n'a pas les yeux bandés, mais il doit atteindre avec le pied un des assaillants, qui le tirent par le boubou, ou lui appliquent des plats de main sur le dos. D'autres fois, enfin, ils se rangent en deux camps et tirent deux lignes pour leurs limites. Une boule en pierre est lancée, et tous, armés de bâtons, tâchent de passer la pierre dans leur camp, celui qui y parvient a gagné. On le voit, ce sont des amusements où l'adresse corporelle joue un grand rôle; et on comprend, en effet, que chez un peuple chasseur et guerrier, puisqu'il est nomade et entouré d'ennemis, les exercices du corps capables de donner force et agilité soient en honneur et pour ainsi dire exclusifs comme passe-temps.

OUADATS.

Il y a chez les Maures des vagabonds appelés Ouadats qui vont mendier de tente en tente et qui sont aussi obséquieux devant le fort qu'insolents et rapaces devant le faible. Ce sont en général des Hassans, c'est-à-dire des guerriers qui n'ont aucun bétail et qui trouvent plus commode de mendier que de se rendre utiles;

ils prennent bonne note des refus qu'ils rencontrent et cherchent à les faire prévaloir au retour dans leur tribu comme un grief contre les marabouts et les tributaires, si bien que souvent ils parviennent à organiser une expédition qui vient les armes à la main extorquer ce que le mendiant n'a pu obtenir de bonne grâce.

GRIOTS.

Pour compléter la description des habitudes des Maures, nous avons besoin de parler d'une catégorie d'hommes appelées Griots, qui a le monopole de la poésie, de la musique et qui sait frapper avec une grande habileté un impôt considérable sur l'orgueil enfantin de la population. Ces griots, vêtus souvent d'une manière burlesque et visant à l'excentricité, s'en vont armés de guitares ou d'une sorte de tambour très-analogue à l'instrument que les Algériens appellent le derbouka. Ils chantent les louanges de tout venant qui paie et sont le cortége obligé de tout chef influent, de tout homme qui se marie, qui hérite, qui a de l'argent à dépenser, en un mot.

Leur musique n'a rien d'harmonieux ni de compliqué, c'est un bruit discordant et voilà tout ; mais leur imagination, extrêmement vive, leur fait débiter parfois des choses très-curieuses ou très-poétiques. Hâtons-nous de dire que c'est l'extrême exception, le plus souvent ce sont des banalités grossières, de viles flatteries qui vont cependant droit au but. En effet, on ne saurait croire combien les Maures, quels qu'ils soient, sont accessibles à la louange des griots ; et trop souvent les captifs sont pressurés jusqu'à la misère et à la mort pour payer quelques lourdes flatteries adressées par un habile griot à un chef influent.

La personne du griot est en quelque sorte sacrée chez les

Maures, comme d'ailleurs chez tous les Sénégambiens : on le déteste quelquefois, mais on le craint, et on ne lui fait jamais de mal. En temps de guerre, il va d'un parti à l'autre sans être inquiété ; bien au contraire, chacun tient à cœur de lui montrer qu'il est plus généreux que l'ennemi ; aussi puise-t-il largement des deux côtés.

Il arrive souvent que le griot espionne un camp, quitte à en faire autant le lendemain pour l'autre ; et le chef qui a su s'attirer l'amitié du griot est souvent le vainqueur. Le griot a cela de commun avec le marabout, personnage qui exploite tout le monde, auquel tout est permis, et qui est toujours comblé de présents quoi qu'il fasse et quoi qu'il arrive ; triste conséquence d'une société mal établie et frappée de stérilité dans son esssence même.

MARIAGES.

En leur qualité de musulmans, les Maures ont le droit de prendre plusieurs femmes ; ils usent rarement de cette prérogative, non par esprit de chasteté, mais parce que, n'étant pas riches, deux ou plusieurs épouses les auraient bientôt ruinés. Des jeunes femmes étrangères les unes aux autres ne sauraient vivre en bonne intelligence sous la même tente, et pour avoir plusieurs ménages, il faut des revenus qu'un Maure possède rarement, même quand il est prince ou roi. Heureusement pour leur luxure, ils ont trouvé un moyen pour tourner la difficulté ; ils changent souvent de femmes ; de sorte que ne pouvant en avoir plusieurs à la fois, ils en ont plusieurs dans la succession des temps. Sous le prétexte le plus futile et souvent par caprice et uniquement pour le plaisir de changer, les époux divorcent ; et d'ailleurs, rien de plus simple que la séparation. Si c'est la femme qui veut dissoudre le mariage, c'est elle qui rend la dot et s'éloigne ; si, au contraire, le désir vient du mari, il annonce ses intentions à la femme, qui s'en va en emportant la dot qu'elle a reçue, et comme la dot d'une femme est toujours très-minime, il arrive que, quelque avare que soit un Maure, il n'est pas retenu par la question de sa valeur.

Grâce à ces monstrueuses habitudes, facilitées par la loi musulmane, on voit à chaque instant des unions et des désunions s'accomplir dans une tribu ; de sorte qu'en somme, le mot de mariage est presque un non-sens chez les Maures sénégalais, à cause de la facilité du divorce ; l'existence est une sorte de promiscuité ignoble de la plupart des hommes avec toutes les femmes.

La famille ne peut, à vrai dire, être qu'un vain mot dans de pareilles conditions, et on ne sera pas étonné, après ce que je viens rapporter, que les Maures attachent un certain amour-propre à se marier et à divorcer. Un proverbe en vogue chez eux dit : « Un homme peut user cent femmes ; » et on comprend que beaucoup cherchent par goût ou par jactance à ne pas faire mentir le proverbe.

Les femmes, de leur côté, sont heureuses et flattées dans leur amour-propre quand elles peuvent se vanter d'avoir successivement contracté plusieurs mariages ; car c'est la preuve qu'elles ont été séduisantes pour beaucoup d'hommes et elles énumèrent avec une complaisance scandaleuse le nombre de maris qu'elles ont eu, considérant comme un déshonneur d'être restées fidèles à un seul ou d'être restées filles.

On a dit que la facilité que les Maures ont de divorcer, que leur vie en plein air à la vue de tout le camp, rendent chez eux l'adultère à peu près inconnu ; c'est vrai. On ne songe pas à détourner la femme du voisin pendant les courts instants qu'elle passe avec lui, on peut attendre qu'elle soit libre et on ne languit pas longtemps. Mais la rareté de l'adultère dans ces conditions nous permet-elle d'inférer que les Maures sont vertueux, quand

7

on songe que lorsqu'un mari s'aperçoit qu'un homme est
amoureux de sa femme, il va au-devant de ses désirs et qu'il est
le premier à la lui offrir, à la lui céder contre restitution de la
dot et quelque mince cadeau?

Des gens capables d'un aussi ignoble trafic constituent une
race condamnée à disparaître du monde civilisé : en effet, une
telle société, basée qu'elle est sur des principes qui ne sauraient
s'allier avec l'intelligence, la moralité et le travail, est destinée à
s'éteindre. Quel homme de bonne foi osera admettre que les
Maures, avec de pareils principes, soient capables d'être utilisés
par la société européenne? Or, qu'on ne s'y trompe pas, tous les
coureurs du désert depuis Mogador jusqu'à Tomboctou sont
comme les Maures que nous voyons à nos escales, quel que soit
le pays qu'ils habitent; et c'est en vain qu'on chercherait à détourner les choses de leur vrai sens : avec de pareils hommes,
avec de pareilles mœurs, il n'y a aucune alliance durable à espérer et quoi que nous fassions, il y aura toujours un antagonisme
absolu entre eux et nous.

L'amiral Bouët avait bien et sagement vu la vérité quand il
disait qu'il fallait refouler les Maures sur la rive droite du fleuve;
et ceux qui, comme moi, ont eu l'heureuse chance d'entendre
cet homme éminent parler de la Sénégambie, se souviennent
qu'il était plus explicite encore en paroles : car il répétait volontiers dans la conversation confidentielle qu'il y a nécessité absolue pour nous à rejeter cette peuplade aussi loin que possible
dans les sables du Désert.

Fatalistes comme tous les sectateurs de Mahomet, les Maures
redoutent peu la mort et ne regrettent que médiocrement les
parents qu'ils perdent; le mort n'est-il pas au paradis? N'est-il
pas mille fois plus heureux que sur la terre? Pourquoi donc le
pleurerait-on? Voilà les sentiments qui sont si profondément
entrés dans les mœurs de ces peuplades qu'on ne peut songer à
les déraciner. Avec de pareilles idées au sujet de la mort, on

comprend qu'il est facile de fanatiser des tribus entières et de
leur faire faire ou supporter sans faiblesse une guerre d'extermination.

SENTIMENTS DES MAURES POUR LES BLANCS ET LES NÈGRES.

Les Maures ont pour le chrétien la répulsion, je dirai plus, la
haine qu'on trouve occulte ou apparente partout chez les musulmans. Même alors qu'ils nous adulent le plus, on pourrait entendre entre leurs dents le mot de Kaffez (infidèle) et l'épithète de:
chien, *fils de chien*, qu'ils ne se privent pas de nous donner toutes
les fois qu'ils le peuvent.

En 1855, les Maures prirent un de nos matelots pendant la
guerre contre les Trarza, nous dit le général Faidherbe ; les
femmes commencèrent à l'assommer à demi à coups de pilon
et puis on lui coupa successivement les poignets et les pieds,
les genoux et les coudes, les épaules et les cuisses sans compter
maintes autres mutilations.

Quant au nègre, le Maure le méprise souverainement, même
alors que le pauvre diable de Mélanien est un sévère sectateur
de l'Islam ; il n'est pas de mauvais tour qu'il ne cherche à lui
jouer sans aucune pudeur comme aussi sans aucun remords. Il
le tient pour une bête de somme, pour un captif et rien de plus.
On raconte à Dagana qu'un jour deux Maures Trarza revenant
d'une expédition dans laquelle ils avaient réduit en captivité un
grand nombre de nègres, se prirent de querelle à propos d'un
petit enfant noir que chacun d'eux prétendait être sa propriété.
La dispute prenait une aigreur qui allait devenir dangereuse
quand un ami commun saisit le malheureux enfant par un pied
et, le faisant tournoyer à longueur de bras, lui brisa la tête contre
un tronc d'arbre. Les deux Maures s'arrêtent spontanément
pendant cette hideuse sauvagerie et voyant la malheureuse vic-

time privée de vie se prirent à rire avec toute l'assemblée et oublièrent leur ressentiment absolument comme si le sujet de la dispute avait été insignifiant.

Nous avons dit tantôt que les Maures, comme d'ailleurs tous les habitants des pays pauvres de l'Afrique, sont extraordinairement sobres ; on dit qu'ils restent plusieurs jours souvent sans boire ni manger. Il est de fait qu'ils voyagent presque sans provisions, se serrant la taille avec une lanière de cuir pour tromper la faim pendant un certain temps ; mais il ne faut pas leur faire un mérite de cette sobriété obligée ; car, au contraire, rien n'est comparable, comme nous l'avons dit, à la voracité du Maure sénégalais quand il tombe sur une pitance qui ne lui coûte rien. Ce qu'il mange alors est vraiment effrayant, un blanc mourrait dix fois d'indigestion s'il avalait le quart de ce que peut absorber un Maure qui fait bombance. Ce qu'il y a de plus étrange c'est qu'il a les facultés digestives d'une activité étonnante ; en effet, après un intervalle d'une heure à peine, il peut faire un nouveau repas. « Leur voracité ne peut se comparer qu'à la sobriété dont ils donnent forcément des preuves dans certaines circonstances », dit M. Carrère, et c'est en effet la juste peinture de leurs aptitudes.

Les jeunes Maures qui ont quelque aisance ont l'habitude de se réunir à quatre, cinq ou six pour aller dans un endroit très-retiré et éloigné de tout voisin, égorger un mouton qui est rôti et dévoré sur place. Il est rare que dans ces parties de bombance le mouton ne soit pas dévoré en entier, n'y eût-il que quatre convives qui ont employé ce moyen d'isolement pour ne pas être importunés par les quémandeurs qui seraient aussi nombreux que la tribu entière s'ils faisaient cuire leur mouton à la portée des voisins.

HABITATIONS.

Les Maures sont des peuples nomades ; ils vont de place en place, suivant la saison sur un espace déterminé, toujours considérable relativement à la population ; et c'est qu'en effet ne vivant que de chasse et du produit de leurs troupeaux étendus sur des pâturages, ils ont besoin d'un vaste pays pour vivre sinon à l'aise, au moin à l'abri de la famine perpétuelle. Cette vie vagabonde se reflète dans toute leur existence, et le premier besoin de ces migrations incessantes est d'habiter sous la tente au lieu d'avoir des cases fixes sur le sol comme les peuplades travailleuses et agricoles.

Il y a dans cette existence sous la tente et dans la disposition du campement des Maures d'assez curieux détails à observer pour que nous nous arrêtions un moment sur cette question ; et on va voir, en effet, qu'au sud du Sahara comme au nord, les habitudes sont les mêmes, la vie n'est pas sensiblement différente. Les tentes des Maures sont faites d'un tissus épais parfaitement capable de garantir les habitants des ardeurs du soleil comme la pluie ; elles sont confectionnées avec du poil de chèvre ou de chameau, différant donc très-peu des tentes que l'on voit dans le sud de l'Algérie.

Le tissu de la tente est fabriqué par les Maures eux-mêmes ; ce sont les femmes ou les tributaires qui y travaillent en général. Les léz ont 30 à 40 centimètres de largeur, et la réunion de plusieurs bandes fournit une surface plus ou moins grande, qui formera avec quelques pieux tout le dessus de l'habitation, édifice éphémère, car, exposé aux intempéries de l'atmosphère, le tissu de la tente ne dure pas plus de cinq à six ans.

Les tentes ont la forme d'un cône dont la partie centrale est la plus élevée ; ce sont les captifs qui les dressent lorsque leur emplacement a été déterminé par le chef de la famille. Voici comment ils s'y prennent d'après M. Bourrel, qui a vécu au milieu des Maures assez longtemps pour étudier leurs mœurs en détail. On commence par étendre la tente sur le sol ; on plante des piquets, puis on assemble les deux montants en arc-boutant l'un sur l'autre, leur bout entrant dans une traverse qui les rend plus solides, on élève ainsi le tout et on ménage une ou deux portières en relevant les piquets. Quand on veut avoir de la fraîcheur, on enlève les piquets et on relève les côtés de la tente sur des morceaux de bois plus longs ; si au contraire, il fait du vent ou s'il pleut, on rapproche les piquets au ras de terre, de manière que la tente ne laisse aucune prise en dessous au vent.

Autour de la tente, on creuse une rigole pour l'écoulement des eaux. Ces tentes ainsi disposées sont aussi fraîches que possible pendant la chaleur ; et pendant les pluies, le tissu venant à se serrer, il ne passe pas une goutte d'eau. La face extérieure de la tente est, avons-nous dit, faite en poil de chèvre et de chameau; elle est recouverte en dedans d'une autre surface faite en peau de mouton colorée en jaune, qui est comme sa doublure, et dont un rideau intérieur sert à faire deux compartiments : le premier, l'habitation des captifs, le second, la partie réservée à l'habitation de la famille. Quand la richesse du maître le permet, il y a dans la tente d'autres compartiments faits toujours par des cloisons en peaux ou en nattes, tandis que le Maure qui est moins riche se contente d'une seule chambre où tout le monde habitera.

Une grande natte en roseaux épais jetée sur une couche de paille couvre le sol de la tente et sert de lit à toute la famille maure. Les riches ont un tagal, sorte de lit de camp formé de menues tiges de bambou, liées avec du cuir; mais ce tagal qui repose sur trois traverses en bois placées sur le sol et servant à l'élever pour le préserver de l'eau des pluies est une couche beaucoup plus aristocratique et par conséquent réservée à des races élevées, c'est-à-dire à un petit nombre.

L'ameublement d'une tente n'est guère compliqué, on le comprend chez des peuplades comme les Maures qui ont besoin de transporter perpétuellement leur mobilier à dos de bêtes dans des pays déserts et trop souvent visités par les maraudeurs et les ennemis ; le moindre objet encombrant ou lourd est un luxe extrême que peu de riches peuvent se passer. Les objets à usage sont contenus dans des sacs de cuir plus ou moins nombreux, suivant les porteurs dont la famille dispose. Les Maures n'ont guère, en outre des sacs en peaux, que des coffrets historiés où ils mettent les bijoux, les chapelets, les grigris, etc., etc.

Les gens riches étendent des tapis de peaux d'agneaux ou en laine sur la natte qui sert de sol à l'appartement ; les pauvres se contentent de la natte en paille. Dans un coin de la tente on place les selles, les harnais, les sacs, en un mot tout ce qui ne sert pas à chaque instant : et c'est là, en y joignant les vêtements en guinée et quelquefois un manteau en poil de chameau (kissa), tout le luxe des habitations des Maures, dit M. Bourrel ; ajoutons aux bagages les ustensiles de ménage, deux ou trois calebasses, une marmite en fer, quelques provisions de mil et de beurre, un mortier et un pilon pour piler le mil : voilà l'inventaire complet. On peut dire que le Maure qui possède tous ces objets se croit le mortel le plus fortuné de la terre.

MIGRATIONS DES TRIBUS.

La vie des Maures se passe dans une perpétuelle migration qui ne se fait pas à la volonté des individus, mais selon les besoins généraux de la tribu ; en effet, chassés tantôt par l'épuisement des pâturages, tantôt par le manque d'eau, tantôt au contraire par l'inondation du sol, ils vont alternativement des plateaux les plus élevés aux bords du fleuve, suivant la saison. Aux premières pluies, c'est-à-dire en juin, ils commencent à aban-

donner les bords du fleuve, où ils avaient habité pendant la saison fraîche ; ils s'établissent d'abord provisoirement sur les
dunes voisines du cours du Sénégal, mais bientôt ils seront
obligés d'aller plus loin ; car les pluies, doublées de l'action du
soleil, font éclore les innombrables germes animaux et végétaux
restés à l'état latent pendant les mois de fraîcheur et des myriades
de mouches et de moustiques, nuisibles aux hommes, comme
aux animaux, les obligent à s'éloigner au plus vite.

Pendant toute la saison sèche, dit Bourrel, les Maures, toujours pillards et toujours déshonnêtes, avaient vécu, ou à peu
près, aux dépens des noirs riverains du Sénégal, engraissés de
viande et de mil achetés, mais plus souvent volés ; il ne faut
rien moins que la crue du fleuve et les atteintes des maringoins
pour les chasser. Vers la fin de juillet, ils s'occupent donc de
faire des provisions pour l'hivernage avec une partie de l'argent
qu'ils ont retiré de la vente de leurs gommes. D'ailleurs, comme
le plus souvent ils ont été payés avec du mil, des tissus imprimés, de la toile bleue dite guinée, du tabac, du sucre, du papier,
des fusils, de la poudre, des balles, du riz et des biscuits, ils
ont, à l'avance, tout ce qu'il leur faut, et ils peuvent par conséquent partir.

C'est le moment que les malheureuses populations noires
riveraines redoutent le plus ; car, dit avec raison Carrère, ces
bandits font main basse sur tout ce qu'ils rencontrent sur leur
route : tout leur est bon. Quand le dépossédé se plaint, le Maure
répond d'un ton railleur qu'il payera à son retour ; s'il résiste,
ce sont les coups, la mort même qu'il y a à craindre pour lui,
aussi comprend-on que le noir déteste profondément les peuplades de la rive droite et ne sommes-nous pas étonnés d'apprendre que les noirs qui, dans tous les temps, ont vu dans les
Maures les tyrans de leur race, disent en parlant de ces Maures :
« Une tente n'abrite rien d'honnête, si ce n'est le cheval qui est
à la porte. »

Le spectacle d'une tribu qui se déplace est, d'après ce que M. Bourrel nous apprend, une chose assez curieuse pour mériter de nous arrêter un instant. Le Salam du matin étant fait, et la tribu ayant déjeuné avec le lait des vaches que l'on vient de traire, les tentes sont abattues en un clin d'œil; elles sont pliées, placées sur les chameaux, qui portent un véritable édifice: au-dessus de la tente sont les bagages et, par-dessus le tout, se juche un Maure qui, avec une corde munie d'un crochet passant dans les naseaux du chameau et un baton, le conduit à la suite des autres. Les femmes riches montent aussi sur les chameaux, munis d'une selle à cet effet; elles placent à côté d'elles les jeunes enfants et conduisent elles-mêmes l'animal. Les bœufs porteurs font aussi l'office de bêtes de somme chez les Maures. Ils sont en plus grande quantité dans le pays des Brakana ; mais le bœuf est très-inférieur au chameau, car s'il marche assez bien pendant un certain temps, en portant des fardeaux assez lourds, il se renverse de côté, trop souvent sans raison et subitement, jetant à bas le cavalier et les bagages. Or, c'est une grosse affaire que de le recharger et le remettre en route, car il faut d'abord le décharger complètement, puis le faire lever, le recharger encore, bien heureux s'il ne faut pas recommencer le même manége à quelques pas plus loin.

La marche d'une tribu maure est un spectacle très-curieux : les bestiaux partent en avant, conduits par les captifs ; et, comme tout le monde est obligé de passer par le même sentier, ces troupeaux font un immense ruban sinueux dans la campagne. Ils sont escortés devant, derrière et sur les flancs par quelques guerriers à cheval, ayant le fusil sur l'épaule ; car les maraudeurs, les bêtes féroces sont à craindre partout et un animal a bien vite disparu, soit qu'il se soit égaré de lui-même, soit qu'il ait été dérobé par une main coupable ou une dent rapace. Derrière les bestiaux vient le camp ; les chefs et les guerriers vont en tête à cheval, armés et fiers tant de leur personne que de leur monture, faisant de temps en temps un peu de fantasia pour plaire aux femmes et faire ressortir les qualités d'un bon cheval aux camarades jaloux. Puis viennent les bagages et, péniblement chargés, les malheureux qui constituent la plèbe de la tribu.

Lorsque les Maures sont surpris par une tornade ils emploient pour ne pas mouiller leurs vêtements un moyen assez original ; ils se hâtent de se dépouiller avant l'arrivée de la pluie, font un paquet aussi serré que possible de leur coussaba et de leur culotte et le placent à l'abri, soit dans une peau de bœuf, soit dans un vase de terre ou de fer suivant qu'ils ont sous la main un de ces moyens de les garantir de la pluie. Ils reçoivent l'ondée sur leur corps nu, en ayant soin quand ils le peuvent de faire un grand feu auprès duquel ils se tiennent. De cette manière lorsque la pluie a cessé ils se revêtissent de linge sec au lieu de conserver sur la peau une toile mouillée qui leur provoquerait des rhumes ou des douleurs.

Quand on est arrivé à l'endroit fixé par le chef pour l'établissement du camp, on désigne à chaque famille la place qu'elle doit occuper ; un espace est réservé et entouré d'épines pour remiser les troupeaux pendant la nuit, et chacun fait dresser sa tente, comme nous l'avons dit. Ce sont les captifs qui sont occupés de ce soin. Pendant que les uns dressent les tentes, d'autres vont, avec un âne ou un bœuf porteur, remplir les peaux de bouc au marais, au puits voisin, suivant le pays ; ceux qui sont chargés des troupeaux les conduisent aussi pour les faire boire.

On comprend que quand l'eau potable est en nappe, les troupeaux l'ont vite troublée, et la tribu ne boit bientôt que de la vase liquide, ce qui est un inconvénient de fort peu d'importance pour les Maures.

Les troupeaux ayant besoin de beaucoup d'eau relativement, et le pays étant extrêmement aride pendant six mois de l'année, il est facile de deviner que l'aiguade est la grande préoccupation du Maure qui veut changer de place ; la nécessité leur a donné l'habitude de ne pas être difficiles sur la qualité, de sorte que très-souvent un Européen ne pourrait se résigner à boire le liquide que les Maures consomment sans répugnance aucune.

Quand il n'y a pas nécessité de changer de camp, les Maures restent longtemps dans l'oisiveté ; ils dorment ou restent étendus à l'ombre pendant les heures de la journée, ne mangeant que fort peu ; mais la nuit venue, ils font un repas aussi copieux que l'état de leurs provisions le permet. Trop souvent la pitance est maigre et c'est surtout pendant qu'ils sont au désert qu'ils méritent, par nécessité, l'épithète de gens très-sobres, trompant même souvent la faim d'une manière que nous ne pourrions pas imiter sans danger immédiat. On comprend donc facilement, d'après ce que nous venons de dire, qu'ils voient arriver, avec une grande joie, chaque année, le moment du retour sur les bords du fleuve ; car là ils vivent au milieu d'une abondance peu coûteuse, oubliant leurs privations antérieures ou futures et cherchant à rapiner tout ce qui se trouve à leur portée.

Pendant leur séjour dans le désert, les Maures récoltent la gomme, objet principal de leur commerce ; ils se livrent aussi à la chasse ; c'est surtout l'autruche qui est leur objectif, et ils procurent ainsi de belles plumes qu'ils viennent vendre ensuite à l'escale et qui atteignent des prix très-élevés.

RÉCOLTE DE LA GOMME.

La principale source du commerce des Maures sénégalais est dans la gomme, qui est, on le sait, l'exsudation naturelle de quelques arbres du genre Acacia. Cette gomme joue un rôle considérable dans leur existence car pour posséder une forêt où elle se récolte les diverses fractions de tribus se battent souvent avec acharnement. Pour avoir les bras nécessaires à son exploitation ces tribus font des incursions sur le territoire nègre et se procurent à main armée des captifs. Enfin c'est avec la gomme que le Maure obtient à l'escale les divers objets que fabriquent les peuples civilisés et qu'il serait incapable de produire lui-même.

L'importance de cette gomme justifie donc les quelques détails dans lesquels nous allons entrer à son sujet.

La gomme du Sénégal est fournie par plusieurs arbres de la même famille : *acacias*, arabica, seyal, verek, adansonnia et nous ne pouvons encore avoir la prétention d'en connaître toutes les variétés. Ces gommiers qui poussent dans la région saharienne de la Sénégambie poussent aussi très-bien dans les immenses plaines de la rive gauche du Sénégal, question très-importante pour l'avenir de la traite de la gomme. Mais jusqu'à présent c'est seulement sur la rive droite que se trouvent les lieux de production.

Il n'est pas sans intérêt de rechercher comment se fait la gomme sur les acacias. Or on dit, et tous les livres classiques de botanique le répètent, que quand l'année a été pluvieuse, les acacias gommifères, dont le bois, lorsque les pluies se sont prolongées, était resté gonflé de sève et d'humidité jusqu'en octobre subissent inopinément l'action desséchante du vent d'est et ont leur écorce fendillée en plus d'endroits et d'une manière plus profonde, de sorte que l'écoulement de la gomme est plus abondant cette année-là.

Sans contester que les années où le vent d'est prédomine soient les années les plus productives pour la gomme, j'ai lieu de penser que ce n'est pas uniquement par le mécanisme indiqué ci-dessus que se forme la gomme ; car, ayant reçu à Saint-Louis à plusieurs reprises, des échantillons de gomme, j'ai pu me convaincre que sur beaucoup d'entre eux, la gomme était produite par l'action qu'une plante parasite exerce sur l'acacia verek.

Voici comment les choses se passeraient, si je m'en rapporte à ce que j'ai vu, et ce qui m'a l'air d'être l'état assez habituel.

Une graine de plante parasite que les indigènes appellent *tobb* et assez analogue au gui que l'on voit sur les grands arbres de nos forêts des pays tempérés, vient, emportée par le vent, se fixer sur une branche d'acacia ; elle se développe bientôt, et produit un petit arbuste dont les racines s'enfoncent entre l'écorce et l'aubier de la branche d'acacia verek, et vont chercher là les sucs nécessaires à la végétation. L'acacia souffrant de la présence de ce parasite forme autour de l'arbuste un gonflement verruqueux hypertrophique, sorte d'ulcère, d'où s'écoule la gomme en larmes plus ou moins grosses, suivant le diamètre de la branche d'acacia. Cette branche souffre assez de la situation qui lui est faite pour qu'elle s'atrophie au-dessus du parasite ; si bien qu'il y a quelquefois une différence considérable entre le diamètre qui est immédiatement au-dessous et celui qui est immédiatement au-dessus.

Le fendillement de l'écorce de l'acacia verek ne serait donc pas la seule source de la gomme, qui serait autant le résultat de l'action du vent d'est que d'une maladie de l'arbre, occasionnée par le parasite, si ce que j'ai vu sur un grand nombre d'échantillons est bien réellement l'expression de ce qui se passe habituellement.

Il n'est pas impossible que l'action du vent d'est ait une influence sur la production de la gomme, comme la croyance publique porte à le penser, car si le mécanisme du fendillement multiple qu'on admettait jusqu'ici n'existe pas exclusivement il n'est pas moins possible que le vent d'est agissant soit sur l'acacia soit sur son parasite réagisse directement ainsi sur la quantité de gomme secrétée.

L'importance de la connaissance de ce fait que je viens de signaler n'est pas douteuse ; et, en effet, s'il est avéré par des observations ultérieures que la production de la gomme est le résultat de l'action du parasite, les conséquences pour la production gommière de la Sénégambie seront considérables, car il est indubitable que par des efforts intelligents on arrivera alors quelque jour à déterminer expérimentalement dans quelles conditions les acacias produisent la plus grande quantité de bonne gomme. Quand on saura combien il faut laisser de parasites sur un arbre pour ne pas l'épuiser, qu'on aura, en un mot, trouvé la formule de la meilleure utilisation des acacias verek, il est possible qu'on puisse le faire comprendre aux Maures et aux noirs qui possèdent des forêts de gommiers ; résultat énorme à coup sûr pour le pays, car la production de la gomme, régularisée dès lors, et sortant de cette voie routinière et empirique dans laquelle elle est restée jusqu'ici, serait notablement accrue.

Ce serait un premier pas vers l'exploitation intelligente de ces produits de la nature. De là à la création de forêts de gommiers par une véritable culture il n'y a pas extrêmement loin, et une fois les forêts créées et exploitées avec soin et intelligence, la propriété territoriale serait instituée d'une manière autrement plus sérieuse qu'elle ne l'a été jusqu'ici. L'esprit ne voit-il pas dès lors tout l'horizon : fixation du propriétaire sur le sol, transformation des mœurs par le changement d'occupations ; création d'une société nouvelle basée sur l'agriculture, à la place de l'existence nomade, pastorale et guerrière que mènent les Maures de la rive droite ; et comme conséquence ultime : introduction dans la grande vie de la civilisation, de tous ces pays qui jusqu'ici sont restés absolument sauvages et stériles pour l'intelligence humaine et le progrès de la société.

En revenant du Sénégal à la fin de l'année 1873 je rapportai à M. le professeur Martins de Montpellier des branches d'acacia verek avec leurs exsudations de gomme et le parasite appelé tobb. Mon savant ami les a étudiées et en a fait l'objet d'un intéressant mémoire à l'Institut, d'où il ressort que le *tobb* est un Lorantus qu'il a appelé le *Lorantus Senegalensis*.

Les forêts de gommiers qui envoient leurs produits en Sénégambie sont au nombre de trois : 1° celle d'Alfatak ou Afatac, qui est située à quinze lieues environ du fleuve, en face Podor, et s'étend jusqu'au lac Cayar, occupant une grande partie du pays des Brakna : c'est celle qui était traitée surtout à l'escale du Coq ; 2° celle de Liebar ou El Ebiar (les puits), qui est située à trente ou quarante lieues du fleuve, près du marigot des Maringouins, chez les Maures Darmankour : cette forêt contient beaucoup de petits gommiers rouges (*acacia nilotica*) ; 3° celle de Sahel, qui est sur le territoire des Maures Trarza et dont le produit est apporté à l'escale de Gahé, près Dagana : cette forêt est presque exclusivement composée de gommiers blancs (Leprieur et Perrotet) ; c'est cette gomme que les Maures devaient porter à Portendick lorsque les Anglais cherchaient à faire concurrence au commerce sénégalais.

Voici quelques détails que nous empruntons à M. Carrère : une forêt de gommiers s'appelle *kraba* ; c'est un lieu sacré où aucun étranger n'oserait briser une branche ou en enlever la gomme sous peine des punitions célestes en surplus des punitions humaines. Chacun des membres d'une tribu qui possède une forêt de gommiers a le droit de récolter la gomme, et la part de chacun dépend de son activité ; car chacun ne possède que ce qu'il a recueilli ou fait recueillir par ses captifs. La première récolte de la gomme commence en octobre ; à cette époque, la tribu entière ou ceux de la tribu qui veulent exploiter la forêt viennent s'établir dans des huttes, sur la lisière, à un endroit où se trouvent des puits et où ils entreposeront leurs récoltes à mesure.

C'est un rude labeur que de recueillir la gomme ; car la forêt n'étant pas nettoyée des lianes et des arbrisseaux épineux qui abondent, ceux qui veulent atteindre les arbres ont des peines infinies des piqûres et des écorchures douloureuses : mais l'appât du gain fait passer partout. Le maître est stimulé par les besoins de sa famille ou de son orgueil ; le captif est poussé par la faim et par la crainte de châtiments : aussi tous travaillent avec une ardeur soutenue, et la gomme est amassée peu à peu.

Pour enlever la gomme des branches d'acacia où elle a pris
naissance, les Maures s'arment d'un long bâton à bout recourbé
à l'aide duquel ils détachent les larmes gommes colligées en
boules plus ou moins volumineuses. M. Carrère, qui nous donne
de si intéressants détails dans son livre sur les habitudes des
divers habitants de la Sénégambie, nous apprend des choses très-
curieuses touchant cette récolte de la gomme. Quand, dit-il, le
travail se fait dans un rayon peu étendu et qu'au milieu du jour
on peut, sans perdre trop de temps, revenir au puits, le travailleur n'apporte qu'un petit sac de cuir dans lequel les boules
sont renfermées ; mais si, au contraire, la lisière de la forêt a
été exploitée, s'il faut que les explorateurs s'enfoncent au loin,
alors ils emportent, enfermée dans un autre sac, une petite provision d'eau ; mais jamais le maître ne souffre que son captif soit
muni d'aliments. Il le stimule par ce moyen à faire d'actives recherches, à récolter le plus possible, en l'alléchant par l'espoir,
souvent trompeur, d'un bon repas au retour.

Si le malheureux captif, exténué par la faim et par une chaleur
bien plus brûlante sous le couvert qu'en plaine, n'a pas rempli le
soir la mesure exigée ; si la faim qui le dévore l'a poussé à
manger la gomme trouvée, il est frappé à outrance. On le tient
ainsi courbé sous les coups, la terreur et la faim, jusqu'à ce qu'un
hasard heureux ou la charité de ses frères, plus favorisés, lui ait
permis de satisfaire à l'avidité d'un maître impitoyable.

Nous voyons là la peinture exacte de l'esclavage dans les pays
soudaniens ; et la pensée que des millions d'individus subissent
chaque jour les traitements les plus cruels dans l'Afrique centrale doit être un stimulant de plus pour nous de porter dans ces
pays neufs et barbares le flambeau de la civilisation avec les
bienfaits d'une organisation sociale plus miséricordieuse pour le
prolétaire.

La première récolte finit en décembre, une seconde se fait en
mars ; cette dernière est d'autant plus abondante que les vents

d'est ont été plus forts et plus prolongés cette année, c'est-à-dire que les branches, distendues par l'humidité des pluies, ont été séchées plus fortement et se sont fendillées plus profondément et en plus d'endroits différents.

C'est du mois de janvier au mois de mars que la traite de la gomme s'effectue ; lorsque la récolte est finie, la tribu abandonne la forêt et se rend au marché.

Du temps d'Adanson, c'est-à-dire en 1760, la quantité de gomme exportée du Sénégal était environ de 30,000 quintaux (ancien poids), soit 900,000 kilogrammes ; en 1827, année très-mauvaise pour la récolte, l'exportation n'a été que de 613,504 kilogrammes ; mais la production a été en augmentant depuis que les Maures prennent plus de soin à garantir leurs forêts de l'incendie, et en 1868, il a été exporté du Sénégal 2 millions 763,618 kilogrammes de gomme. Cette année peut être considérée comme une des peu productives : car le chiffre de 3 millions de kilogrammes a été souvent dépassé.

En 1715, le millier de livres de gomme se traitait à l'escale du Désert (escale des Trarza) et à celle du Terrier rouge (escale du Coq), au prix moyen de 28 livres de notre monnaie, payé en marchandises sur lesquelles le commerce faisait déjà un bé-néfice de plus de 100 pour 00, ainsi que l'indiquent les chiffres suivants : une pataque d'Allemagne valait en France 48 sols, au Sénégal 4 livres. Cadis-serge, en France une livre 10 sols, au Sénégal 4 livres. Corail, la livre en France 45 livres, au Sénégal 160 livres.

De 1740 à 1758, le millier traité aux escales revenait à la Compagnie des Indes, frais de traite déduits, à la somme de 36 livres de notre monnaie, payée en marchandises, ainsi qu'il suit : 27 coudées de guinée, 4 peignes en bois, 2 mains de papier, plus quelques petits miroirs et petits bassins en cuivre, qu'on donnait comme cadeaux aux chefs.

De 1784 jusqu'à 1791, les prix furent encore avantageux au

commerce ; mais à partir de 1791 jusqu'en 1809, et de 1818 jusqu'en 1857, nous voyons monter le millier de gomme au prix énorme de 45 francs *Journal du Sénégal*, 7 juillet 1857).

Disons en passant et par anticipation qu'il serait très-probablement possible de faire faire aux noirs des plantations de gommiers dans cette vaste étendue de pays_qui est au centre du grand triangle sénégambien. On doterait ainsi le pays qui nous appartient et sur lequel nous avons une action directe d'un fonds de production qui influerait très-sensiblement sur les prix du marché de chaque année, régularisant et abaissant la valeur de la gomme de manière à diminuer ces oscillations brusques et inattendues qui ont si souvent eu pour résultat soit la ruine des traitants, soit le mécontentement des producteurs, et qui ont engendré souvent'des actes de violence et d'hostilité contre les Européens.

LES MAURES A L'ESCALE.

Après avoir parlé en détail de la récolte de la gomme suivons le Maure à l'escale où il va l'échanger avec les traitants contre de l'argent, des armes, de la poudre, des subsistances et ces mille objets qui excitent sa convoitise.

Nous savons que jadis les escales étaient un lieu où ils régnaient pour ainsi dire en maîtres et que trop souvent ils extorquaient aux traitants mille choses sous le plus futile prétexte. La situation est changée aujourd'hui, et quoique ce qui se passe en ces endroits soit encore capable de faire dresser les cheveux à des commerçants honnêtes d'Europe, on peut dire qu'une certaine tranquillité matérielle est assurée actuellement.Rien n'égale la rapacité du Maure si ce n'est celle du traitant ; personne n'a de plus mauvaises intentions que l'acheteur, si ce n'est le vendeur, et c'est pendant une lutte de ruse et d'astuce que les marchés se font et s'accomplissent.

Avant 1848, les maures amenaient dans les escales des captifs qu'ils vendaient aux traitants d'une manière plus ou moins ouverte. Aujourd'hui ils n'apportent plus cette marchandise dont ils ne trouvent plus le débit sur nos marchés mais ils n'ont pas pour cela perdu leur habitude de priver les victimes de leur liberté. En effet, les Maures Zénéga, Dowich et autres sont toujours disposés de dérober les femmes et les enfants des habitants du pays de Galam. Sur tout le cours du Sénégal même ils ont cette profession et mènent leur capture à des marchés du Désert où le prix de la chair humaine subit les fluctuations d'un commerce régulier et licite.

Mais faut-il jeter tout le blâme aux Maures pour ce qui regarde ce honteux trafic du captif? Non assurément et je dirai que tous les principaux chefs nègres autonomes sont au moins aussi coupables qu'eux, sinon plus. En effet, à chaque instant vous entendez répéter cette histoire ou cette légende qui vraie ou non, ne donne pas moins la mesure de la moralité de tous : Un jour un Maure de telle tribu (c'est un Trarza, un Brakna ou un Dowich suivant le lieu où se conte l'aventure) vint trouver le chef d'un pays (qui est encore le Cayor, le Dimar, le Oualo, le Foutâ, etc., etc.) sur un cheval magnifique. Le chef noir frappé d'admiration devant une aussi admirable monture lui dit : Grand marabout, donne-moi ton cheval; le Maure répondit: Je veux bien si tu me donnes, en revanche cent jeunes filles vierges et sans tare de maladie. Aussitôt le nègre met ses soldats en campagne, détruit deux ou trois villages inoffensifs et réunissant après mille meurtres les cent captives, se hâte de les offrir au Maure qui les emmène dans son pays pour les revendre ou les faire servir aux plus infâmes plaisirs. Il va sans dire que le chiffre est exagéré, mais mettons dix captives et nous serons je crois scrupuleusement dans le vrai d'un fait qui se passe très-fréquemment. Or je le répète, Maure et chef nègre sont d'indignes coquins en cette affaire, mais quel est le plus coupable. Pour ma part je n'hésite pas à jeter la pierre au nègre qui abuse ainsi ignoblement de son autorité pour assouvir un désir de ridicule orgueil.

Quand un Maure est à l'escale, disait Carrère, en 1853, il quémande à tout le monde et le fait avec une persistance insolente qui tient à ce qu'il est bien persuadé que nous sommes des tributaires de la nation, et que la coutume payée, soit par le Gouverneur, soit par les traitants, est une reconnaissance annuelle d'un état de sujétion. Les choses sont un peu changées depuis cette époque ; le Gouvernement du Sénégal leur a livré assez de combats, leur a tué assez d'hommes, leur a enlevé assez de troupeaux et frappé assez d'impôts pour leur faire perdre la croyance de leur suprématie ; mais le Maure est encore bien loin d'être souple et de relations agréables aujourd'hui ; c'est au point que chaque année des conflits partiels se présentent dans toutes les escales.

Rien n'est intéressant comme d'observer la manière dont le Maure est traité à l'escale par le marchand avant ou après la vente de sa gomme et en effet au début le traitant envoie au loin un ou plusieurs émissaires appelés *Maîtres de langue* qui tachent de décider le Maure à venir chez son patron. Le Maure interpellé par le Maître de langue est hautain, fier, grossier même, mais ses boutades ne parviennent pas à éloigner l'intéressé qui est généralement vêtu d'un beau coussabe et porte divers objets voyants sur lui. Le Maure regarde-t-il le coussabe, le maître de langue le lui offre ; manifeste-t-il un désir, le maître de langue s'empresse de le satisfaire et ils arrivent ainsi jusque chez le traitant qui a mille amabilités pour l'étranger. C'est de la mélasse qui est à profusion dans l'eau de sa boisson, c'est un énorme plat de couscous qui lui est offert ; bref, on va au-devant de ses désirs de la manière la plus empressée. Pendant ce temps, le marché se conclut, les toulons de gomme pesés et enfin en-

fermés dans l'arrière-magasin. Alors la scène change tout à coup:
le Maure veut-il une pierre à fusil, on la lui refuse brutalement;
demande-t-il à boire, on lui répond d'aller à la rivière et s'il se
hâte pas de vider les lieux il est violemment expulsé de la demeure où il avait été reçu primitivement avec tant de démons-
trations d'amitié.

On s'est souvent demandé, avec étonnement, pourquoi les
Maures se figurent obstinément que la gomme nous est indispensable en France pour l'existence même des populations et
que si nous en manquions, des villes entières mourraient de
faim ; il n'est pas impossible qu'une erreur d'interprétation, d'expression, qu'un malentendu, en un mot, ait été l'origine de
cette croyance. En effet, nous trouvons dans les traités de
mai 1785, entre Durand, directeur général de la compagnie du
Sénégal et les marabouts Darmankour, que le titre de pension—
naire du roi était traduit par un mot qui signifie plus exactement
fournisseur des vivres de la maison du roi (Sylvestre de Sacy).

Or, pourquoi ce fournisseur vient-il au Sénégal en personne,
se dirent les Maures si ce n'est pour un objet tenant directement
à l'alimentation ? Ils durent croire que Durand était le restaurateur du roi comme quelque individu qu'ils connaissaient bien à
Saint-Louis était le restaurateur des employés de la compagnie,
et, par une série de raisonnements dont on comprend aisément
la filière, ils arrivèrent à penser que c'était réellement pour
nourrir des hommes et non pour des besoins industriels que
nous mettions cette extrême insistance à acheter de la gomme,
que nous leur recommandions bien de ne pas vendre aux Anglais, nos ennemis.

Quand le Maure ne peut obtenir de haute main ce qu'il désire
disait Carrère, en 1853, il devient souple, offre ses services, ac-
cable d'éloges, espérant obtenir par la ruse ce qui a été refusé ;
il cherche à contracter un marché de gommes à livrer après la
future récolte ; s'il obtient ainsi quelque crédit sur les produits

de la campagne prochaine, le prêteur ne le voit plus, car il s'arrangera pour faire vendre alors par un ami la gomme qu'il aura pu ramasser.

Jusqu'à 1854 les Maures avaient l'habitude de terminer leur séjour à l'escale par une razzia sur la rive nègre. Pour cela ils empruntaient les embarcations mêmes des traitants pour traverser le fleuve et ils tombaient inopinément sur des malheureux villages qu'ils mettaient à feu et à sang. Ils faisaient ainsi leur provision de captifs pour l'année, n'hésitant pas une minute à mettre à mort le malheureux qui ne pouvait pas suivre les vainqueurs ou qui se lamentait trop. Depuis les nombreuses expéditions que nous avons dirigées contre eux et à la suite des sévères corrections que nous leur avons infligées à maintes reprises, ils prennent le chemin du désert en commettant seulement des vols de détail; mais le jour où notre main de fer faiblirait quelque peu ils recommenceraient bien vite leurs déprédations et leur mise en coupe réglée des nègres de la rive gauche du Sénégal.

INDUSTRIE DES MAURES.

Les Maures sont peu industrieux, naturellement, trouvant plus commode de voler un instrument que de le faire. Les ouvriers sont rares chez eux ; il y a cependant quelques individus qui travaillent de leurs mains, mais ce sont des industries tout à fait embryonnaires et se réduisant au strict besoin de la tribu. Ainsi ce sont à peine quelques forgerons, quelques teinturiers, quelques tanneurs, rien de plus. Les forgerons maures, dit M. Bourrel, savent traiter le minerai de fer, qui abonde dans certains points du pays qu'ils habitent, sous la forme de poudingue mêlé d'argile, de cailloux et de fer. Ce minerai se rencontre surtout sur les bords des cours d'eau. Pour le fondre ils se servent de grands canaris du Fouta, dans lesquels ils mettent ensemble le charbon et le minerai, des soufflets activent la combustion et, quand le minerai est fondu, un trou, pratiqué dans le bas et qu'ils débouchent, laisse couler la fonte dans les moules. Ils battent cette fonte à la forge pour lui donner le fil à la ténacité et en font ainsi un assez bon fer. Ils savent aussi faire l'acier de cémentation-nous dit le même voyageur : ils mettent dans des vases, recou, verts de terre glaise, plusieurs couches de charbon pulvérisé et des tiges de fer par-dessus ; quand la température est élevée, ils retirent les tiges et les plongent dans l'eau. Ils font ainsi leurs outils, haches, marteaux, herminettes, ciseaux, limes, poinçons, tarières. Leurs soufflets de forge sont aussi simples qu'ingénieux. C'est, comme en Algérie, une peau de bouc fendue, dont les deux bords de la fente s'ouvrent et se referment pour introduire l'air ; le reste marche comme un soufflet ordinaire.

Les serrures qu'ils fabriquent sont très-ingénieuses : la clef est en forme de croix ou de cœur, puis, suivant une rainure, elle vient presser le ressort ; les Maures s'en servent pour fermer les entraves des chameaux. Le forgeron (*Mahleum*) est à peu près le plus laborieux d'entre les Maures ; dans sa tente règne l'activité, tandis que dans les tentes voisines règne la paresse. Il y a deux ou trois tentes de forgerons par camp, et c'est tout ce qu'il faut pour forger les ustensiles nécessaires à la tribu.

Nous avons dit qu'il y a des tanneurs parmi les Maures. M. Bourrel, qui les a vus travailler, nous donne les renseignements suivants sur eux. Pour tanner les peaux, les Maures se servent du fruit de l'acacia gonakié, qu'ils pilent ; ils déposent la peau à la trempe dans une calebasse pleine de cendres et d'eau ; le poil tombe quelques jours après ; ensuite ils plongent la peau dans un mélange d'eau et de choumba pilé. Au bout de huit jours elle est préparée. Les peaux de boucs, destinées à porter l'eau, ne sont préparées qu'en dedans ; ces peaux conservent l'eau très-fraîche et, au bout de quelques jours, ne lui donnent aucun goût. C'est, on le voit, l'enfance de l'art ; et, en songeant que le peu qu'ils savent leur vient des relations qu'ils ont conservées avec le Maroc et le sud de l'Algérie, on comprend de prime-abord que leurs connaissances ne doivent être qu'une atténuation du savoir déjà si borné des tribus sahariennes du nord.

Les Maures savent aussi teindre les peaux de chèvre en rouge ou en jaune ; ils préparent les peaux de veau très-fines pour mettre sur les selles et produisent ainsi des cuirs qui, sans avoir un grand prix, sont cependant originaux et remplissent convenablement leur office. Si nous ajoutons qu'il y a des tisserands, tant pour faire des pagnes que pour faire les tentes, nous avons l'énumération complète de toutes les industries des Maures.

CONCLUSIONS.

Tout ce que nous avons dit de la manière de faire et de vivre, de leur organisation sociale et de leurs principes religieux, nous montre que ces enfants du désert sont nos ennemis et les ennemis de toute la civilisation. C'est tout à fait s'abuser que de compter qu'on pourra jamais les entraîner dans le courant de notre société et du travail que nous essayons d'introduire dans la Sénégambie. Ils sont absolument incompatibles avec notre organisation et il ne faut pas se dissimuler que, déclarée ou latente, la lutte n'existe pas moins éternelle et acharnée entre eux et nous. Ils disparaîtront si la Sénégambie prospère ; le pays restera et retombera dans la barbarie s'ils sont forts et puissants. Aussi c'est en songeant à cette alternative que l'on apprécie combien les vues du gouverneur Bouët-Villaumez étaient justes et sages sur leur compte. Les refouler dans le désert, les diviser afin qu'ils s'épuisent dans des guerres intestines : voilà le but que nous devons poursuivre sans trêve ni repos.

Les Maures ont su par des cruautés inouïes, par des habitudes de rapine révoltantes, par une mauvaise foi séculaire inspirer une terreur profonde aux noirs qui répètent à l'envi des dictons tels que celui-ci : *Si tu rencontres sur ton chemin un Maure et une vipère, tue d'abord le Maure qui est plus mauvais que le reptile.* Mais comme ces dictons ne sont pas une arme bien puissante, ils tâchent dans la pratique de se tenir à l'écart des habitants du désert le plus qu'ils peuvent, sachant par expérience qu'ils n'ont jamais rien à gagner avec eux.

D'après ce que nous avons dit, et il y aurait encore beaucoup de choses à dire contre eux, les Maures sont en somme de tristes gens. Nous les voyons superstitieux, immoraux, fourbes, cruels autant que paresseux. Quel espoir peut-on fonder sur de pareils hommes pour une civilisation du pays sénégalais ? Donc, nous le répétons après l'éminent amiral que nous venons de citer. Il faut les tenir aussi écartés que possible de notre sphère d'action et n'avoir avec eux que des relations indispensables pour le commerce sans leur laisser jamais prendre nulle part une prépondérance qui serait aussitôt dirigée contre nous.

CHAPITRE TROISIÈME

Peuls de la Sénégambie

On rencontre dans divers points de la Sénégambie, soit à l'état d'individus isolés, soit réunis en groupes plus ou moins nombreux, des hommes très-intéressants pour le voyageur comme pour l'ethnographe ; je veux parler des Peuls. Ces Peuls, bien que vivant au milieu des peuplades entièrement noires, ont des caractères physiques et un degré d'intelligence qui, à première vue comme par une étude plus approfondie, les placent au-dessus des Mélaniens proprement dits.

Synonymie. La synonymie de ces Peuls est assez variée. Suivant les auteurs, ils sont désignés sous le nom de Peuls–Pouls-Poulars–Fouls–Foulahs–Foulans-Fellals-Fellatahs-Fellans–Fellatins. On pressent déjà, à ces appellations diverses, qu'ils doivent être l'objet d'opinions très-différentes de la part de ceux qui ont voulu étudier soit leur origine historique, soit leur place dans l'échelle des races humaines. Nous allons voir, en effet, que le dernier mot est loin encore d'être dit sur eux.

GÉOGRAPHIE.

Les Peuls habitent surtout une zone de pays qui va de Bakel jusqu'aux tribus maures des Askeurs et des Oulad–Rhouisi vers le nord ; c'est-à-dire entre le 15e et le 16e degré de latitude septentrionale, qui s'étend au sud jusqu'aux sources du Niger, c'est-à-dire vers le 10ᵉ degré de latitude nord. Leur limite occidentale varie du 14ᵉ au 17ᵉ degré de longitude ouest. Quant à leur limite orientale nous ne savons pas au juste où elle est, mais Barth dans son voyage à travers l'Afrique centrale, les ayant rencontrés tout-puissants à Yola qui est par 9 degrés de latitude N. et 11 de longitude E., nous pouvons en inférer qu'ils occupent cet immense pays de l'Afrique centrale qui va du haut Sénégal jusqu'aux environs du pays de Bergou ou Wadaï (15° longitude E). Ils ne s'étendent probablement pas plus loin. car Burton et Speke ne les ont pas rencontrés dans leurs pérégrinations à travers l'Afrique orientale par 25° de longitude E. Mais il est fort possible que dans peu d'années on les y voie arriver pour les raisons que nous dirons tantôt.

Notre objectif étant l'étude des peuplades de la Sénégambie, nous ne devons nous occuper que des agglomérations Peules qui sont dans le Soudan occidental c'est-à-dire du 10ᵉ au 16ᵉ degré de latitude nord du 17ᵉ au 5ᵉ degré de longitude ouest ; et nous dirons que cette indication des limites du pays des Peuls dans les environs de notre colonie du Sénégal, toute précise qu'elle paraisse être de prime-abord, ne nous fournit pas de renseignements bien utiles; il vaut mieux dire que ces hommes habitent surtout le pâté montagneux du Fouta-Djalon, descendant au nord, jusqu'au pays plat qu'habitent les tribus sahariennes ; à l'ouest, jusqu'aux régions alluvionnaires qui constituent la basse Sénégambie ; au sud, jusqu'aux environs du Rio Nunez, de la Mellacorée, etc. Ils s'arrêtent généralement, en un mot, aux derniers contre-forts montagneux de la côte occidentale d'Afrique, sans s'avancer dans les plaines basses et marécageuses qùe nombre de peuplades nègres habitent de prédilection.

Il y a une raison qui explique très-bien, je crois, que les Peuls habitent de préférence les portions montagneuses de la Sénégambie ; ils sont surtout pasteurs, moins nomades que les Maures, se livrant plus volontiers qu'eux à un peu d'agriculture et réduisant parfois leur bétail sans s'en priver cependant autant que les autres cultivateurs nègres, de sorte qu'ils se trouvent mieux dans les pays un peu élevés et relativement découverts, où il y a place pour les bestiaux et la culture, plutôt que dans les plaines basses, humides et très-boisées, où les pâturages sont moins étendus, où les insectes nuisibles abondent pendant toute l'année et où enfin les bêtes féroces sont plus nombreuses et peuvent s'approcher sans être vues des troupeaux qui sont une grande partie de la richesse de l'agglomération Peule.

Il ne faut pas croire que les Peuls constituent l'unique population de la région dont nous venons de donner les limites ; d'abord souvenons-nous que leur qualité de pasteurs les oblige à vivre en groupes très-clair-semés. De plus on voit dans le Fouta-Djalon vivre côte à côte et assez rapprochés, des noirs du nom de Mandingues, de Bambaras, de Soninkés, qui paraissent appartenir à des races relativement primordiales dans la grande famille nègre. Autour d'eux sont des Djalonkés, qui sont, je crois, des métis de ces premières, des Toucoulors, etc. Toutes ces conditions font que les Peuls, tout en occupant un espace de pays fort étendu et se trouvant dans des points très-divers du Fouta-Djalon, ne sont cependant pas très-nombreux.

ORIGINE.

Il est assez difficile de déterminer l'origine des Peuls, car nous ne nous arrêterons pas à cette idée étrange qu'ils sont les descendants d'une légion romaine égarée dans le désert et s'étant transformée par l'habitation dans un pays nouveau. Tant de raisons péremptoires luttent contre cette manière de voir qu'il est inutile de la discuter longuement.

On s'est demandé si les Peuls ou Fellahs ne seraient pas des descendants d'une race qui habitait l'Égypte aux temps anciens ;

la ressemblance des traits extérieurs, du nom même, prête un certain appui à l'hypothèse. Peut-être approcherait-on davantage de la vérité en admettant seulement qu'il y a similitude de caractères physiques sans vouloir établir des relations de descendance. Il n'est pas impossible en effet que toute la zone de l'Afrique, qui s'étend de l'est à l'ouest, depuis la mer Rouge jusqu'à l'Océan et du 28° degré de latitude nord au 15°, fut habitée jadis par une race humaine ayant les caractères propres aux gens qui nous occupent actuellement.

Un médecin distingué de la marine, le docteur Thaly, qui a habité le haut Sénégal et qui a étudié à Bakel même les Peuls dans leur pays propre, a été très-frappé de la différence qu'ils présentent avec les autres habitants de la Sénégambie. Il leur assigne une origine commune avec les Bohémiens que l'on rencontre disséminés dans certains pays d'Europe, notamment en Hongrie et en Turquie. Voici d'ailleurs le texte même de ce qu'il dit là-dessus ; je le donne *in extenso*, pour bien faire comprendre la pensée que l'auteur a voulu exprimer.

« Je n'ai certes pas la prétention de limiter avec précision le berceau de cette race ; mais en jetant un coup d'œil sur l'histoire des grandes migrations humaines, on retrouve au commencement du quatorzième siècle, au moment où Tamerlan, parti de Samarkand, venant à la tête de ses hordes de Mongols jusque sur les rivages de l'Asie Mineure et de la Syrie, livrer au pillage les trésors de Smyrne, à l'incendie l'opulente cité de Balbek et mettre aux fers le sultan des Turcs de Magnésie, menaçant déjà l'empire de la Péologue; on retrouve, dis-je, à cette époque, des multitudes fuyant du centre de l'Asie devant des vainqueurs sans pitié, se dispersant d'abord sur les rives de la mer Noire, de la mer de Marmara et de l'Archipel, pour passer ensuite en Europe, en Syrie, en Égypte, etc., etc. La Turquie, l'Autriche, l'Allemagne, la France, l'Italie, l'Espagne, l'Angleterre, etc., servent d'asile encore aujourd'hui aux derniers débris épars de ces Asiatiques.

Chose singulière, partout ces *Bohémiens, Zigani, Gitanos, Gipsy,*
etc., ont conservé leur type et leurs mœurs. Leur langage, même
modifié par celui des peuples au milieu desquels ils vivent, possède partout encore des mots qui dénotent son unité première.
Quant à leur religion, elle est à peu près inconnue. C'est ce
mystère et aussi l'étrangeté de leurs habitudes qui ont attiré a ces
Bohémiens la réputation de sorcellerie dans les légendes populaires. Je pense, d'après mes recherches, que les Foulahs ont une
origine commune avec ces Bohémiens d'Europe et qu'ils n'en
diffèrent un peu que par suite de leur *indigénisation* dans la Sénégambie. En effet, si j'étudie les mœurs, la religion, la langue,
etc. de ces co-indigènes, je les vois arriver en conquérants chez
les peuplades timides qui habitaient la rive gauche du haut Sénégal, vivre au milieu de leurs troupeaux, sous la tente ou dans les
gourbis, sans construire des villages comme les noirs, dédaignant
l'agriculture et se nourrissant presque exclusivement de laitage.
Leur langage n'a aucune analogie ni avec les idiomes des noirs
ni avec la langue des Maures. Leur religion est une énigme
comme celle de leurs frères d'Europe. Sans vouloir tirer des
considérations précédentes, des conclusions absolues, je crois en
résumé : 1° Que les Foulahs sont de race indo-européenne ;
2° Qu'ils ont la même origine que les Bohémiens, les Gipsy, les
Gitanos, les Zigani, etc. Chassés de leur pays par les Mongols,
au quinzième siècle, ils auraient pris la route de l'Égypte par la
Syrie, pour s'enfoncer plus tard dans le centre de l'Afrique ;
d'étapes en étapes ils seraient arrivés dans la Sénégambie à une
époque que je ne puis déterminer, mais qui doit être déjà assez
éloignée de nous, si l'on prend en considération les puissants
États de Toucouleurs déjà constitués. »

Je ne suis pas disposé à partager l'opinion de M. Thaly ; j'ai
vu en Europe et en Asie des hordes de ces Bohémiens. Pendant
un voyage en Hongrie spécialement, je les ai considérés, quoique
superficiellement, avec assez d'intérêt pour que les ressemblances

m'eussent frappé davantage si elles avaient été aussi saillantes que semble le penser mon savant collègue. J'aurai toujours grande peine à voir entre les Bohémiens et les Peuls une communauté d'origine.

Un de mes bons amis, que la mort a enlevé trop tôt à la médecine navale et à la science, le docteur Roubaud, qui a étudié avec succès les races humaines et les migrations des divers peuples, qui a notamment fait un remarquable mémoire sur les races de l'Inde, m'a fourni quelques notes très-curieuses touchant les Peuls qu'il a étudiés dans le haut Sénégal et sur les rives de la Falèmé. Voici le résumé de son opinion : Le grand pâté de montagnes du Fouta Djalon qui fournit deux énormes cours d'eau le Sénégal et le Niger coupant l'Afrique tropicale en deux portions très-distinctes, semble être le point de séparation et de contact des races caucasique et mélanienne, car au nord on trouve des peuplades à peu près sinon tout à fait blanches, les Maures, les Touaregs ; tandis qu'au sud sont des peuplades nègres proprement dites, Ouolofs, Mandingues, Saracolais, Bambaras, etc., etc.

Il est assez rationnel de penser, à priori, qu'à ce point de contact devait se produire une race métisse, résultat du croisement des deux éléments différents, et quand on a vu qu'il y avait à cet endroit une peuplade plus blanche que les nègres, plus noire que les blancs, qu'il y avait les Peuls en un mot, il est venu d'abord à l'idée que ces Peuls étaient nés sur les lieux mêmes et constituaient une race aborigène, résultat, avons-nous dit, de la juxtaposition des deux espèces d'hommes précitées.

Mais un examen plus attentif fait penser que pendant de longs siècles les races noirs qui s'étaient trouvées suffisamment à l'aise dans les plantureux pays qui sont au Sud du Sénégal et du Niger n'avaient pas dépassé le Fouta Djalon en latitude, arrêtées qu'elles étaient par le désert. Par ailleurs les peuplades blanches de l'Afrique septentrionale, sollicitées à rester dans les régions du

Tell et du Sahara algérien, n'avaient pas eu besoin de venir peupler le Sahara soudanien, de sorte que d'immenses espaces de terre étaient restés incultes et inhabités par l'homme.

Les Peuls qui ont les attributs de la race libyque, pouvaient bien à cette époque habiter les versants méridionaux des montagnes de l'Algérie et de la Tunisie : l'Aurès, l'Atlas. Ils étaient pasteurs et idolâtres, vivant jusque-là en assez bonne harmonie avec leurs voisins, Carthaginois, Romains, dont l'esprit de conquête, tout actif qu'il était, pouvait être combattu efficacement par eux, parce que, ne reposant pas sur une idée religieuse, il n'était pas poussé à l'excès. Lorsque l'islamisme apparut, imposant le Coran avec le sabre, détruisant tout ce qui lui résistait, les Peuls, vaincus dans les premières rencontres, mirent du pays entre leurs agresseurs et eux, chose d'autant plus facile qu'ils étaient pasteurs nomades, et par conséquent très-mobiles. Ils commencèrent leur migration vers le sud qui était inhabité.

Les gens qui vivaient dans les plis de terrain du sud de l'Algérie ou de la Tunisie ne pouvaient se complaire dans les plaines sablonneuses et arides du désert qui limite l'Afrique à l'ouest ; leurs troupeaux n'y auraient pas trouvé leur pâture habituelle. Aussi sachant, par le récit des voyageurs, par la tradition, qu'il y avait dans le sud un pays assez analogue à leur contrée natale sous le rapport de l'altitude, de la végétation, etc., etc., ils traversèrent résolûment, et peut être en très-peu de temps, la bande de 200 à 300 lieues de pays aride qui sépare le Fouta-Djalon de l'Aurès et de l'Atlas, et ils tombèrent inopinément au milieu des peuplades noires qui s'étaient établies dans le pays où le Sénégal et le Niger prennent leur source.

D'envahis qu'ils étaient, les Peuls étaient devenus ainsi envahisseurs ; de vaincus ils devenaient conquérants, et, chose bien extraordinaire, mais qui n'est pas sans exemple dans la vie des peuples, l'islamisme devant lequel ils fuyaient avaient pénétré dans leurs rangs ; de sorte que peu à peu, et sans s'en rendre compte assurément, ils firent vis-à-vis des noirs ce que les autres mahométans avaient fait vis-à-vis d'eux quelques siècles auparavant.

Plus intelligents, mieux armés, sinon plus braves que les peuplades mélaniennes qui les gênaient, les Peuls s'établirent définitivement dans le Fouta-Djalon et y eurent d'abord une période assez brillante. Mais leur nombre étant très-minime relativement aux noirs qu'ils déplaçaient, il leur est arrivé en maints endroits d'être fractionnés et séparés du noyau envahisseur ; de sorte, qu'en même temps que leurs descendants étaient de race moins pure, ils se trouvaient noyés dans cet océan de nègres. C'est pour cela que leur caractère de blanc s'entame et finit pas disparaître en maints endroits, faute d'apport suffisant de sang primitif.

Cette manière d'apprécier l'origine et la place ethnographique des Peuls est ingénieuse, on le voit ; elle nous explique, non-seulement l'existence des types élevés et restés presque entièrement caucasiques que l'on rencontre dans la haute Sénégambie, mais aussi elle nous fait comprendre les gradations insensibles de coloration que nous voyons dans le pays entre les divers groupes d'individus. En effet, nous comprenons alors pourquoi, sur la rive droite du Sénégal, les Maures Dowich sont plus blancs que les Brackna lesquels sont plus blancs que les Trarza ; tandis que sur la rive gauche, les Soninkés, les Khassonkés, les Toucoulours, etc., sont moins foncés que les Ouolofs proprement dits.

La tradition des Peuls eux-mêmes porte vers cette opinion, et, bien que les marabouts de ce peuple avancent des impossibilités, créées pour donner aux moins intelligents une idée claire sur la généalogie de la race; qu'ils disent, par exemple, qu'ils descendent d'un certain Fellah, ben Hymier (Fellah fils du rouge), ainsi nommé, parce qu'il avait la peau très-colorée et assez claire ; on peut penser que, tout en faisant la part de la légende créée complaisamment *a posteriori* pour les besoins de la cause, il y a au fond quelque chose de vrai dans cette opinion sur l'origine des Peuls.

Les marabouts de cette peuplade qui ne visent pas à donner une précision absurde à leur généalogie, se contentent d'une tradition qui est plus simple et plus vraisemblable. Ils disent que leurs ancêtres habitaient, jadis, une région de l'Afrique située dans le N.-E. du Fouta-Djalon, appelée par les uns *faz* par les autres *sam* ou *zan*, et qu'ils furent chassés de leurs pays par de grandes guerres. Ils ajoutent qu'ils arrivèrent dans le Fouta-Djalon, où ils trouvèrent des peuplades noires, hostiles, qu'ils dominèrent facilement par leur bravoure plus grande et leur intelligence plus développée. La tradition dit encore que, lorsqu'ils eurent réduit en esclavage les ennemis qui leur résistaient, les hommes de la basse classe s'unirent souvent avec des négresses et eurent des descendants métis qui finirent par devenir beaucoup plus foncés de couleur que leurs ancêtres paternels. Les chefs aimant mieux les femmes blanches, se marièrent de préférence avec des filles de sang pur ; et c'est la raison qui fait qu'ils ont conservé une supériorité de traits et de couleur, indice de l'aristocratie de race.

Si on jette les yeux sur une carte de l'Afrique, et particulièrement sur l'itinéraire du voyageur Barth, on voit qu'au sud de la Tunisie et de la province de Tripoli, se trouve le pays de *Faz* ou *Fezzan* (10 à 15 longitude E., 30 à 25 latitude N. qui est bien au N.-E. du Fouta-Djalon.) C'est de là que les caravanes d'Arabes de l'Afrique septentrionale partent aujourd'hui encore pour venir dans les régions tropicales du Soudan central et occidental échanger des objets de notre production contre des esclaves nègres. Or il est certain que des communications de cette nature existent depuis des milliers d'années, de sorte que l'on peut admettre que, lorsque les Peuls furent obligés de fuir devant l'invasion mahométane, ils savaient parfaitement qu'au delà du désert qui les avoisinait il y avait des pays, dans lesquels ils pourraient très-bien vivre et prospérer. Leur migration fut donc une chose assez naturelle et qui ne présente d'ailleurs, à l'esprit, aucune impossibilité matérielle, puisque nous savons par Barth, qui a parcouru cette route que les oasis sont assez rapprochées pour que le trajet de Morzouk (26 latitude N.) au lac de Tchad (14 latitude N.) ne soit pas pénible outre mesure, pour les caravanes.

Quant aux appellations différentes sous lesquelles les Peuls sont désignés, on peut y voir peut-être les intonations spéciales à chacune des races mélaniennes qui entourent ces étrangers au pays. C'est ainsi que le nom primitif de Peul, par exemple, s'est transformé en Poul-Poulo, Poulay, Poule, Peully, Peullah, Foullah, Fellan, Fellain, Fouillé, Foulbé ; mots qui ont tous pour racine le nom Poul ou Foul qui veut dire berger dans les divers idiomes sénégambiens.

CARACTÈRES PHYSIQUES.

Quelle que soit l'origine probable ou réelle des Peuls, étudions leurs caractères physique, plus intéressants pour nous dans le moment présent que leur histoire et les hypothèses faites sur leur généalogie, parce qu'ils sont tangibles à nos sens et plus facilement appréciables. Nous allons naturellement décrire le type le plus pur et il sera facile, quand nous parlerons des autres peuplades de la Sénégambie, de comprendre les caractères que le mélange en diverses proportions avec les noirs a donné aux nombreux métis de cette origine.

Les traits généraux des Peuls se rapprochent beaucoup du type caucasique. Les chefs dont le sang n'a pas été, ou a été très-peu mêlé, ressemblent même presque à certains Européens. Les classes inférieures sont de plus en plus noires ; mais cependant elles restent encore supérieures aux mélaniens au milieu desquels les

Peuls sont venus s'établir. Leur visage est ovale, encadré de cheveux lisses ou simplement bouclés, à peine crépus chez la plupart. Ils ont la taille svelte et élancée, le port beaucoup plus élégant que celui des noirs qui les environnent. Ils sont d'un embonpoint médiocre, et sont musclés très-convenablement. Leur corps respire dans le jeune âge un air de force et de santé propre aux races montagnardes et énergiques. En avançant en âge, ils présentent rapidement les attributs de la vieillesse parce qu'ils abusent de la vie et commettent presque toujours des excès génésiques.

Leurs traits sont d'une grande régularité, ayant parfois même de la finesse ; leur nez est bien formé, moins busqué que celui des Maures et souvent même un peu relevé ; dans tous les cas différant essentiellement du nez épaté du nègre proprement dit. On comprend très-bien que les femmes Peules aient paru être physiquement bien, sinon jolies, et même quelquefois séduisantes aux voyageurs. J'en ai connu, pour ma part, qui n'auraient pas passé pour laides, même en Europe.

Les hommes et les femmes ont souvent une habitude de coquetterie qui les rend moins agréables cependant à la vue ; — ils se frottent les lèvres et les gencives avec du tabac pilé et des substances alcalines qu'ils produisent par l'incinération de certains végétaux ; — et, comme ils ont eu soin au préalable de pratiquer un grand nombre de piqûres sur ces parties pour les faire saigner, il en résulte un tatouage bleuâtre ou violet qui n'a rien de séduisant pour nous ; d'autant que l'opération dépolit souvent leurs dents et les prédispose à la carie.

D'après ce que nous avons dit du mélange plus ou moins complet de sang entre les Peuls et leurs captives suivant la position sociale, et en songeant que ces Peuls sont par groupes isolés, entourés de toutes parts par des nègres, on comprend qu'ils n'ont pas une teinte uniforme partout. Ils ont généralement la peau claire ; tournant aux teintes blanc bronzé ou cuivré lorsqu'ils sont purs; passant au brun olivâtre, marron très-clair, brun basané, à mesure qu'ils ont davantage de sang mélanien. Notons une particularité curieuse, c'est que les parties habituellement nues sont beaucoup plus foncées que celles que les vêtements recouvrent.

Les Peuls du Bondou sont plus purs de race que ceux du Fouta—Djalon; leurs cheveux sont plus lisses, leur peau cuivrée seulement; ils sont plus propres que les Mandigues et les Saracolais. Les Métis de Peul et de Maure sont souvent de très-beaux types d'homme à front haut, nez quelquefois aquilin comme certains nez européens; leurs lèvres sont à peine un peu épaisses; leur teint d'un bronzé très-clair; leur musculature bien proportionnée aux membres inférieurs. Barth a fait la remarque que les Peuls enlaidissent considérablement à mesure qu'ils vieillissent c'est une particularité commune non—seulement à eux, mais encore à la plupart des peuplades de la Sénégambie, qui ne présentent pas les beaux vieillards que l'on voit chez certaines autres agglomérations humaines. Faut—il rattacher cette particularité à la nature seule ou bien à la décrépitude précoce qui frappe généralement ces hommes qui se livrent sans restriction à leurs passions? Je suis très-disposé à m'arrêter à cette dernière hypothèse.

Les Peuls n'ont pas l'odeur spéciale des nègres, même alors qn'ils sont assez foncés, ce qui porte à penser *à priori* qu'ils ne sont pas de race mélanienne. Dans les classes inférieures, le manque de propreté donne parfois un fumet spécial, mais qui est plus dû à la fermentation de la crasse des vêtements qu'aux sécrétions cutanées.

Dans les pays où ils ont conservé probablement leur caractère spécial et primordial, les Peuls se coiffent d'une manière assez originale ; ils tressent leurs cheveux en petites lanières, réunissant celles du sommet de la tête en une sorte de pelote qui ressemble assez grossièrement à un cimier de casque. Cette pelote supporte parfois une plume qui leur sert de parure, en même temps qu'elle leur permet de se gratter d'une manière efficace dans un point limité sans se décoiffer ; détail que l'abondance des parasites de leur tête rend important. Les cheveux du pourtour de leur crâne sont roulés en petites tresses ou en petites boucles au bout desquelles sont souvent des petites perles de verre ou d'ambre qui pendent librement et s'agitant à tous les mouvements.

La barbe des Peuls est noire, beaucoup plus fournie que chez les nègres ; elle est seulement ondulée et peut prendre d'assez grandes proportions. Nous venons de parler de leurs cheveux ; j'ajouterai que je les ai vus atteindre les épaules chez certaines femmes de cette race, et fournir des tresses que les négresses ne pourraient pas obtenir malgré tous les soins.

Leurs yeux sont grands, à fleur de tête, moins volumineux peut-être que ceux des noirs. Ils ont l'iris de nuance foncée, marron ou noir. Quelques-uns ont cet iris de couleur assez atténuée pour paraître, sinon cendrée, au moins gris foncé ; autre indice de différence très-notable entre ces individus et les races mélaniennes.

Les lèvres des Peuls sont droites, fines et assez minces ; elles ne font pas la saillie qui est caractéristique du type nègre. Les dents sont bien plantées, petites et d'une blancheur éclatante, quand l'habitude dont je parlais précédemment ne les a pas détériorées. Les incisives sont verticales et la saillie du menton est plus accusée que chez les Mélaniens.

Les femmes des Peuls ont les seins piriformes, mais beaucoup moins pendants que les négresses. Leur bassin est moins obliquement soudé à la colonne vertébrale, de sorte que, chez elles, les fesses font moins de saillie, et la démarche est moins lourde, plus assurée.

Leurs membres sont bien proportionnés, et quoiqu'ils n'aient pas l'aspect aussi leste et aussi mobile que les Maures, les Peuls ont un balancement harmonique de leurs proportions très-convenablement réussi. Leurs extrémités sont déliées. Quelques femmes ont les pieds et les mains d'une délicatesse vraiment remarquable ; dans tous les cas, ces extrémités sont mieux conformées que celles des nègres. En effet, leur pouce est plus opposable, leurs doigts plus agiles, la voute plantaire plus accusée ; la saillie du talon est assez faible. Ils n'ont pas de plis de la peau au coup-de-pied. Leurs jambes sont grêles et nerveuses ; ils ont des mollets quelquefois aussi accusés que chez les Maures, dans tous les cas infiniment plus marqués que chez les Ouolofs ; aussi, comprend-on que la station verticale paraisse plus facile et que leur démarche soit plus élégante que celle des Mélaniens.

Tous ces caractères font qu'il est impossible de refuser aux Peuls une place plus élevée qu'aux noirs dans l'échelle ethnographique ; et s'ils étaient restés purs de mélange nègre, on n'aurait aucune peine à les considérer comme appartenant à la race blanche proprement dite. Mais n'oublions pas de répéter que les caractères de la race pure se trouvent surtout dans les centres de leur pays d'habitation actuelle ; car, à mesure qu'on s'approche de la périphérie de leurs possessions, on les voit se dégrader insensiblement, au point de prendre des caractères spéciaux très-différents de ceux de la race primitive.

VÊTEMENTS.

Les hommes portent des boucles d'oreilles en or ou en grains d'ambre, des colliers de verroteries, des coquillages et des bijoux de cuivre ou d'or, presque autant que les femmes. Il paraît qu'il y a des lois somptuaires dans leur pays qui interdisent tel et tel bijou à certaines classes d'individus. Dans tous les cas, on peut dire qu'ils aiment beaucoup les choses voyantes et ont une coquetterie relative bien accusée. Le vêtement fondamental des hommes est un pantalon qui s'arrête au-dessus du genou, et qui est beaucoup moins ample que le *seroual* du Maure. Les pauvres ont le haut du corps nu ; ceux qui sont plus aisés ont une simple pièce de coton bleu ou jaune en forme de pagne ou de boubou sur les épaules.

Les femmes ceignent leurs reins d'un pagne généralement bleu ; un autre pagne flottant leur couvre plus ou moins bien le haut du corps, de sorte que les deux sexes sont vêtus d'une manière peu différente. L'abondance des perles et des bijoux seule les différencie le plus souvent ; les cheveux des femmes Peules sont souvent relevés sur le sommet de la tête en longues tresses entremêlées de corail, d'ambre et de pièces d'argent ; elles portent autour du cou de gros colliers d'ambres et de verroterie. Leurs bracelets sont en argent et sont souvent si larges qu'ils forment une espèce de fourreau à l'avant-bras. Les Peuls portent des bagues en argent dont le chaton est demésurément grand et figure des objets les plus divers ; j'en ai vus qui avaient la forme de petites cassolettes dans lesquelles on aurait introduit un gros pois. Un de mes infirmiers, à l'hôpital de Gorée, avait un véritable petit canon semblable à ceux qu'on donne aux enfants, soudé à son anneau. Il est impossible de travailler avec un pareil bijou au doigt.

La femme occupe une place assez élevée chez les Peuls, elle est consultée et ses avis sont suivis volontiers. Dans la classe riche il n'est pas rare de voir une femme devenue veuve, divorcée ou sans mari, avoir sa liberté, sa maison, ses captifs, et mener ses affaires parfois relativement considérables. Les femmes se soustraient ou font semblant de se soustraire au regard des étrangers, mais leur vertu est loin d'être farouche ; leurs mœurs ne sont rien moins que pures quand on y regarde d'un peu près.

ORGANISATION SOCIALE.

Les Peuls ont des esclaves, et leurs captifs sont de deux sortes : Les uns, nés dans la maison, sont bien vus et traités comme des serviteurs aimés, possèdent la confiance des maîtres et font partie pour ainsi dire de la famille. Les autres, achetés aux caravanes, ou pris dans les guerres, sont une marchandise banale, véritables bêtes de somme que l'on fait travailler autant qu'on peut, et qu'on ne soigne que dans la limite des services qu'ils peuvent rendre.

Tous les hommes libres portent des armes et sont guerriers tant qu'ils sont dans la force de l'âge. Ils arment même les esclaves de confiance ; mais les captifs de la seconde catégorie n'ont jamais entre leurs mains les moyens de faire la guerre, car, étant très-nombreux relativement aux autres, ils essaieraient bientôt d'user de leur armement pour recouvrer la liberté.

L'organisation de chaque grande agglomération des Peuls est une espèce de république théocratique ; le chef, qui porte le nom d'Almamy, est en même temps le souverain temporel et le chef de la religion. Il s'inspire quand il le juge utile, et très-souvent nous devons le dire, de l'opinion d'un conseil composé des anciens de la nation et de certains individus appelés là par leur rang dans la hiérarchie sociale du pays. C'est ce conseil qui lui accorde les hommes et les subsides dont il a besoin pour gouverner et surtout pour faire la guerre. Lorsque ce conseil est hostile à ses projets, l'Almamy a le droit de dissoudre et de faire une sorte de plébiscite qui lui fournit les moyens que l'assemblée lui refusait.

L'État est partagé en districts plus ou moins nombreux suivant son importance. Chaque district a un chef militaire le *Lambdo*, et un chef religieux le *Tamsir*, nommés par l'Almamy.

Chaque district est composé d'un plus ou moins grand nombre de villages dans lesquels il y a aussi un chef militaire et un chef religieux subalternes élus par le peuple et agréés par l'autorité.

Les revenus de l'Almamy consistent dans la dîme prélevée sur les récoltes et sur une partie des impôts fournis par les caravanes. Il est d'usage de ne jamais approcher du chef sans lui offrir quelque chose en rapport avec son rang, de sorte qu'uà tous les échelons de la hiérarchie il y a des revenus plus ou moins fructueux, sans compter les exactions, les détournements, les abus de pouvoir qui, dans une société aussi primitive, font partie de la vie ordinaire. Mais nous devons faire remarquer qu'on aurait tort de croire que l'organisation gouvernementale des divers pays qu'habitent les Peuls est spéciale à leur race.

Les Peuls sont mahométans, chose très-étrange, et cette religion mahométane aura joué un rôle capital dans l'histoire de ce peuple. Elle aura été un de ses malheurs on peut le dire. En effet, l'islamisme, qui les a chassés de leur pays primitif, s'est infiltré dans leurs rangs, et les pousse à envahir les populations fétichistes qui les entourent ; de sorte que le Peul aura été une fois contraint de fuir son pays pour lui échapper, une autre, fois il aura été sollicité par elle à conquérir les pays nègres voisins, ce qui dans les deux cas aura hâté son mélange avec la race mélanienne et fait perdre progressivement sa pureté de sang.

Les Peuls se marient très-jeunes, aussi les femmes sont vieilles de très-bonne heure, mais en revanche les enfants sont nombreux. Lorsqu'un jeune homme veut se marier, il va trouver, avec son père ou son oncle le plus rapproché. A défaut il s'adresse à deux anciens du village auxquels il expose son désir, et qui sont chargés de discuter auprès des parents de la jeune fille la valeur de la dot que le mari apportera. Lorsque les conditions sont arrêtées, on procède à la cérémonie du mariage qui se fait avec plus ou moins d'apparat suivant la richesse des familles. Le fiancé, accompagné d'amis qui tirent des coups de fusil, arrive chez la future et fait semblant de forcer l'entrée de la case. Quant tout le monde l'a suivi, le père dit à sa fille : *Un tel te demande en mariage, si tu acceptes tu peux garder le silence ; si tu refuses, dis-le devant tout le monde.* La jeune fille étant restée un moment sans parler, le père lui attache les mains avec une corde et avant d'en remettre le bout au mari, il fait semblant de la frapper ; le mari fait à son tour le même simulacre, puis la femme est déliée, et les époux vont à la mosquée où le Marabout prononce les prières, ainsi que les formules du mariage. Au sortir de la mosquée, la mariée est conduite dans la case de sa nouvelle famille ; la mère de l'époux lui remet avec ostentation un balai, un pot de terre et une quenouille chargée de coton, ce qui veut dire que, désormais, la jeune femme sera chargée des soins du ménage. — La fête se termine par un repas, des chants, des danses, proportionnés à la libéralité des familles intéressées.

Le Peul peut comme l'Arabe et le Turc, avoir quatre femmes légitimes et autant d'esclaves concubines qu'il a les moyens d'en nourrir. — Ces esclaves sont libres du jour où elles ont un enfant du maître.

Le divorce est en vigueur chez les Peuls comme chez tous les musulmans, et le moindre prétexte peut le provoquer. S'il est prononcé contre le mari, la famille de la femme ne rend pas la dot. Dans le cas contraire le mari reçoit en restitution ce qu'il a donné lors de son mariage.

Les cérémonies des funérailles se font, comme chez les mahométans, avec des ablutions, des prières et en plaçant la tombe dans la direction de l'est. Elles sont comme chez les noirs, l'excuse de repas, et quelquefois, quand on n'est pas très-sévère dans le pays sur la question d'intempérance, de libations que le Coran n'approuve ni ne conseille.

Placés entre les mahométans et les nègres, les Peuls ne pouvaient être que très-superstitieux, aussi se couvrent-ils de gris-gris qu'ils puisent à toutes les provenances et à toutes les religions.

sans aucune distinction. Les croix et les médailles des chrétiens, les versets du Coran enfermés dans un sac de cuir ou de tissu, les petits objets quels qu'ils soient, constituent d'excellents gris-gris, et par-dessus tout, il paraît qu'une mèche de cheveux d'un blanc a dans la Fouta-Djalon un prix inestimable. — Hecquart raconte qu'il a vu une de ces montres en plomb qu'on vend aux enfants être considérée comme un talisman merveilleux.

HABITUDES.

Les Peuls ont des mœurs très-douces en général, et il est facile de constater qu'ils n'ont ni la rudesse ni la férocité de la plupart des peuplades nègres qui les entourent. Au contraire de beaucoup de Toucoulors par exemple, ils ne sont ni vicieux, ni foncièrement méchants. Ceux qui sont pasteurs, et c'est le plus grand nombre, vivent au milieu de leurs troupeaux, se nourrissant de laitage dans une grande proportion, cultivant un peu la terre, et sont beaucoup moins nômades et mobiles que les Maures qui les avoisinent au nord.

A mesure que les Peuls ont rencontré des pays exceptionnellement fertiles et, aussi à mesure qu'une plus grande proportion de sang mélanien les a transformés, ils se sont mis à cultiver la terre. Aussi dans le haut Sénégal, la Gambie, la Casamance, n'est-il pas rare de trouver des villages de Peuls entièrement sédentaires et se livrant à l'agriculture. Ils produisent du riz, du maïs, du mil, des haricots, des oignons, des patates douces, et même du tabac ; ils ont nombre d'arbres fruitiers : orangers, papayers, bananiers, figuiers, etc, etc. Même alors qu'ils se livrent à l'agriculture, ils possèdent généralement plus de bétail que les autres cultivateurs, et le soignent avec une grande attention.

C'est ainsi que les Peuls du pays de Kangaïe et de Payougou

se trouvant assez isolés du restant des leurs et en relations intimes avec les Mandingues se sont croisés avec eux surtout dans les classes inférieures, perdant ainsi les attributs de supériorité qu'ils ont quand ils sont de race pure. Leur islamisme s'est relâché et ils ne résistent guère à la tentation de l'ivrognerie. Remarquons que même alors qu'ils sont ainsi au bas de l'échelle, les Peuls restent encore supérieurs aux nègres proprement dits ; ainsi dans les Roumbdés, c'est-à-dire, dans les villages de cultivateurs, les grains sont conservés dans des gourbis de paille séparés du sol par un vide d'environ cinquante centimètres pour éviter les dégâts de l'humidité et des insectes; chose que les nègres proprement dits ne songent pas à faire.

On peut dire que ce n'est que par accident que le Peul est devenu simplement cultivateur; on en a la preuve précisément dans les pays voisins des contrées que nous venons de citer et en effet, à mesure qu'on s'élève sur les contre-forts ouest du Fouta-Djalon le nombre des Peuls pasteurs augmente un peu relativement aux cultivateurs, ils prennent même bientôt la prépondérance sur les autres peuplades noires, touchant le gouvernement du pays. Ils se sont tout d'abord placés sous la protection de l'almamy du Fouta–Djalon dès qu'ils ont constitué des agglomérations suffisantes, et les Sarakolais ne sont plus parmi eux qu'à l'état de groupes inoffensifs, sinon tributaires alors qu'ils étaient en somme les premiers occupants et possesseurs de la contrée.

Disons en passant que les *foulacounda*, villages des Peuls du pays de Toumané dans la haute Gambie ; sont très-propres ils sont en général formés par une grande rue centrale large et bien tenue sur les côtés de laquelle s'ouvrent des cases convenablement allignées assez distantes les unes des autres pour que l'incendie puisse être facilement combattu au besoin.

HABITATIONS.

Suivant le pays, les Peuls habitent dans des maisons de pierre, des cases en paille ou des tentes, comme les Berbères du désert. La chose se comprend si bien qu'il est inutile de distinguer les cas. Quoiqu'il en soit, nous devons reconnaître que le Peul a un sentiment de propreté pour son habitation, son village, ou son campement, que les peuplades noires et les Maures de la rive droite du Sénégal ne possèdent absolument pas. Dans le Fouta-Djalon où il y a des villes de trois et quatre mille habitants, les maisons sont propres et bien tenues.

Les Peuls riches sont très-amateurs de chevaux qu'ils montent d'ailleurs avec dextérité ; ils les harnachent comme les Arabes, et mettent souvent une grande partie de leur fortune à ces harnachements et à leur monture. Quelques-uns se livrent au commerce et vont en caravane dans les comptoirs des Rio-Geba, Cassini, Nunez à Sierra-Léone, à Grand-Bassam et jusqu'au golfe de Benin ; mais c'est la grande exception, le trafic est surtout pratiqué dans ces pays par les Mandingues et les Sarakolais.

Les Peuls sont généralement peu hospitaliers et n'aiment pas les étrangers. Leurs relations avec les Maures et avec les noirs qui les considèrent volontiers et généralement comme des ennemis, les ont rendus astucieux et défiants. Vivant au milieu de gens qui ont eu contre eux une hostilité séculaire, ils sont prudents et réservés dans leurs relations. Il faut ajouter à cela que, comme les nomades, c'est-à-dire les gens perpétuellement besogneux ; le Peul ne donne pas volontiers ; et quand, par hasard, il se laisse aller à une libéralité qui est le plus souvent imposée par la nécessité, il a l'espoir de recevoir en échange beaucoup plus que ce qu'il a offert.

NOURRITURE.

Le riz joue un rôle considérable dans la nourriture des Peuls cultivateurs ; ils mangent aussi du couscous de mil comme les nègres, mais beaucoup plus rarement, réservant le mil qu'ils récoltent pour la nourriture de leurs chevaux et de leurs troupeaux dont ils ont un grand soin, avons-nous dit.

Ils mangent souvent une sorte de Karrik faite avec du riz bouilli et des poules coupées en morceaux, le tout assaisonné de tomates aigres — ou avec une sauce d'huile d'arachides fraîches. C'est la femme qui s'occupe de la cuisine, comme d'ailleurs, de tous les détails du ménage, tandis que le mari cultive la terre ou soigne le bétail.

INDUSTRIE.

L'industrie des Peuls est peu étendue ; un homme libre croit qu'il est au-dessous de sa dignité de faire autre chose que l'agriculture ou la guerre. Il y a à peine quelques tisserands, des cordonniers, des potiers, des corroyeurs dont le savoir est extrêmement limité. Ces professions, comme celles du charpentier, du forgeron, sont, le plus souvent, exercées par des étrangers ou des individus qui n'ont pas une grande considération dans le pays.

Les Peuls savent extraire le fer des pierres très-riches en minerai qu'ils possèdent dans leur pays ; ils font des outils et des armes. Leurs forgerons sont en général, comme nous venons de le dire, des captifs. Ces ouvriers constituent une classe à part dans la contrée ; ils forment souvent des agglomérations nomades qui parcourent le pays, ne se mêlant guère avec la

population qui a recours à leur savoir, sans avoir ni affection, ni
respect pour ces hommes qu'elle regarde un peu comme des
demi-sorciers. Ces forgerons sont très-habiles relativement, ils
sont en même temps orfèvres, comme chez les Maures, et travaillent assez finement l'or et l'argent.

DÉTAILS DIVERS.

Les Peuls ont emprunté aux nègres qui les entourent les Griots
dont nous avons parlé à propos des Ouolofs et des Maures. Ces
Griots jouent dans leur Société comme dans toutes les agglomérations sénégambiennes un rôle considérable.

Le Peul n'est pas bruyant ; il danse peu, ne fait pas beaucoup
de musique ; il joue modérément à une sorte de jeu de dames ou
de marelle, ou bien encore au Houri, qui consiste à placer successivement des graines ou des billes dans des trous creusés en
nombre pair dans un morceau de bois. Ces jeux sont répandus,
d'ailleurs, dans toutes les peuplades de la côte d'Afrique, et
moins chez eux que chez les autres.

Les Peuls pasteurs ont quelques instruments de musique, entre
autres une sorte de clarinette à six trous, formée d'un simple ro-
seau terminé par une moitié de petite calebasse en guise de pavillon. Le son de cette clarinette est assez analogue à celui du
biniou. Ajoutons à cela des sortes de guitares et le tamtam dont
jouent le plus souvent les griots ou les captifs nègres qu'ils ont
avec eux.

Ils se livrent quelquefois à la danse au son de ces instruments,
formant un cercle de danseurs et de danseuses qui battent la mesure avec leurs mains, tandis qu'un d'eux, homme ou femme, s'a-
gite, salue, et fait maintes contorsions au milieu du rond. Cette
danse, qui exige de la souplesse et qui n'est guère gracieuse,
n'est pas obscène comme la danse de la plupart des nègres.

La langue des Peuls est agréable ; elle n'a pas, dit le docteur Thaly, le *kha* arabe, son dur et guttural que tous les dialectes du nord de l'Afrique, y compris le Ouolof, possèdent. Ils comptent, d'après le système quinaire, mode de numération spéciale, on le sait, aux races mélaniennes, mais il est possible qu'ils l'aient emprunté aux noirs avec lesquels ils sont en relations depuis des siècles. Certains idiomes sont, dit-on, très-doux à l'oreille. Ils ont quelques notions d'une poésie plus élevée et plus sentimentale que celle des nègres qui ne savent guère que célébrer les appétits charnels ou les actes de brutalité qui prédominent dans la vie des Mélaniens.

La médecine est surtout exercée par les marabouts, ce qui est un emprunt fait à la société arabe. Elle consiste le plus souvent à faire avaler au patient un verset du Coran écrit sur un morceau de papier ou sur une planchette de bois dont on gratte la surface au dessus d'une calebasse pleine d'eau. Leur chirurgie n'est guère plus avancée quoiqu'ils connaissent l'usage de la saignée, de la ventouse et de la sangsue.

Le croisement des Peuls et des nègres de diverses catégories a formé des races métisses qu'on pourrait appeler Toucoulors du mot anglais Two-coulors, mais ces nouveaux individus ont des caractères trop différents pour pouvoir nous occuper ici. Nous aurons à en parler ultérieurement.

LAOBÉS.

On rencontre dans maints endroits du Soudan occidental, des petites fractions de populations réduites à deux ou trois familles le plus souvent, quelquefois à une seule, et qu'on considère comme venues dans le pays à la suite des Peuls. Ces individus désignés sous le nom de Laobés constituent une classe de gens très-spéciale vivant à l'état nomade sans organisation politique bien évidente : tolérés à peine par les populations qui ont besoin de leur industrie mais qui méprisent grandement leurs personnes. On croit généralement, avons-nous dit, dans le pays, que les Laobés sont venus dans le pays avec les Peuls. Le fait est qu'ils leur ressemblent assez pour qu'on ne puisse nier leur parenté. — Ces Laobés ont en général la spécialité de travailler le bois dur ; ce sont eux qui fabriquent les baganes, sortes de vastes plats creusés dans un tronc d'arbre ; ils font les mortiers et les pilons à l'aide desquels les ménagères écrasent le mil qui sert de base à leur couscous. Il y a quelques Laobés forgerons ou cordonniers, mais c'est la grande exception.

Le village de Sonkouïa dans le Pakao est composé de Laobés qui, contrairement aux habitudes de cette classe d'hommes, cultivent la terre et possèdent des troupeaux ; mais tout le monde s'accorde à dire que c'est là une grande anomalie car le plus souvent ils trouvent plus de bénéfices à fournir aux divers villages qu'ils visitent les objets de ménage en bois dur, qu'ils ont la spécialité de fabriquer, plutôt que de se livrer au travail des champs qui les retiendraient sédentaires dans le même endroit. Les Laobés ne sont pas musulmans, ils croient à une divinité; mais nous n'en connaissons pas davantage de leur religion. Nous n'avons, à vrai dire, que des renseignements fort incomplets sur leur compte. Ce que nous savons, c'est que dans maintes populations et à peu près partout dans la Sénégambie, la répulsion pour les Laobés est telle qu'un captif musulman se croirait deshonoré, s'il épousait une de leurs filles. Par contre les jeunes gens nègres, recherchent avec grande ardeur les filles des Laobés, qui viennent s'établir temporairement dans les environs de leur village, croyant que celui qui a des rapports passagers avec elles, sera désormais favorisé par la fortune. Il y a dans cette croyance un peu de la superstition qui s'attachait en Italie au moyen âge, à certains actes de bestialité ignobles dans telle ou telle circonstance déterminée, peut-être l'attrait irrésistible de l'inconnu. Ajoutons que le pauvre crédule qui rêve dans ses rapports avec les filles Laobés des jouissances ineffables et une protection du sort n'y trouve malheureusement trop souvent j'en suis certain, que les amères déceptions de l'infection syphilitique.

CARACTÈRES INTELLECTUELS.

Les Peuls sont incontestablement plus élevés que les noirs dans l'ordre intellectuel et moral. La légende suivante, que Hecquart rapporte dans son *Voyage en Afrique* et qu'on peut facilement entendre de la bouche des marabouts peuls dans leurs villages, en est une preuve.

LÉGENDE DES DEUX AMIS.

Deux garçons Peuls du Fouta-Djalon, nés dans le même village et habitant deux cases voisines, étaient unis par la plus grande amitié ; ils jouaient ensemble dans leur enfance, ils chassèrent côte à côte, gardèrent le même troupeau une fois devenus adolescents : en un mot, donnèrent le spectacle de la plus étroite liaison.

Un jour, un des deux s'éprit d'amour pour une jeune fille du village, la rechercha en mariage et l'épousa.

Cet événement, bien fait pour rompre l'intimité des deux amis, ou du moins pour la relâcher sensiblement, n'eut cependant pas ce fâcheux résultat. Les deux jeunes hommes restèrent aussi étroitement unis ; le célibataire se bâtit une case qui touchait à celle du jeune ménage, et où ils étaient trois au lieu de deux à passer la plupart des heures de leur vie ensemble.

L'ami avait toujours respecté la femme de son camarade ; il n'avait jamais eu, dit la légende, une pensée inavouable à son égard, quand un jour par hasard et sans qu'il l'eût cherchée, il eut l'occasion de voir à travers une fente de la tapade qui séparait les deux cases, la jeune femme faire les ablutions, dans un état de nudité qu'elle ne cherchait pas à dissimuler, se croyant absolument seule et à l'abri de tout regard indiscret.

Ce spectacle alluma dans les sens du jeune homme une flamme irrésistible ; des désirs coupables assaillirent son esprit et son cœur, mais la force de son amitié les comprima et la jeune femme ne sut jamais qu'elle avait inspiré une telle passion. Mais malgré l'énergie de l'amitié qui combattait la convoitise, l'amour qu'éprouvait le jeune homme ne put être vaincu ; il tomba bientôt dans un état de tristesse maladive, dépérit et finit par être si malade que tout le monde, surtout son ami, en fut très-inquiet.

Tous les marabouts, toutes les matrones, tous les étrangers furent consultés pour ramener la santé du pauvre amoureux. Personne ne connaissant son secret ne put conseiller le remède efficace et la mort menaçait de survenir prochainement. Désolé de voir son ami dépérir ainsi de jour en jour, le jeune marié se confondait en conjectures, demandait au malade ce qu'il pourrait faire pour lui rendre sa santé, protestant qu'il se tuerait si la mort lui ravissait sa plus chère affection. Il fut si pressant un jour que l'amoureux lui confia son douloureux secret.

Ce fut pour le mari un coup terrible, car il aimait passionnément sa femme ; il lutta péniblement contre deux sentiments également vifs. Enfin l'amitié l'emporta, et, après un combat et des résistances dont le conteur peut à son gré détailler plus ou moins les péripéties quand il tient son auditoire sous le charme de la parole, mais que nous pouvons abréger ici, il fut convenu que la nuit d'après, le mari se lèverait sous le prétexte d'aller entretenir le feu qui brûlait dans la cour et qui avait servi au repas du soir. L'ami devait entrer alors dans la case tandis que le mari resterait au dehors, et la jeune femme, ignorant le subterfuge, devait servir à assouvir la passion matérielle de l'amant sans se douter de la substitution.

Ce qui fut dit fut fait, en partie au moins. Le mari céda la place à l'amoureux qui vint se coucher auprès de la jeune femme. Mais au moment de commettre un crime d'autant plus facile que l'obscurité avait trompé la victime, que le principal intéressé était de connivence avec le malfaiteur, et aussi, ajoutons-le, que la jeune femme éveillée par le bruit faisait plus que se prêter passivement à l'aventure, bien au contraire, sollicitait les désirs de celui qu'elle croyait être son mari, l'amitié redevint plus forte que la passion déshonnête. L'amoureux s'échappa donc en toute hâte au grand étonnement de la femme qui, ignorant la fraude, était à bon droit étonnée de cette retraite inopinée et ne connut pas le forfait que sa conscience se serait reprochée toute la vie.

Quand l'amoureux fut sorti, le mari rentra, dit l'histoire, et comme il avait grandement souffert à laisser prendre sa place temporairement à son ami, il se mit en devoir de jouir au plus tôt de ses prérogatives maritales, mais la jeune femme qui s'était blessée de ce que ses avances venaient d'être repoussées résista cette fois en lui disant: A chacun son tour; il y a un instant c'est moi qui demandais et vous refusiez, laissez-moi tranquille maintenant. L'infortuné mari entendit cela avec un suave bonheur, ayant ainsi la preuve absolue que la continence de son ami avait été à la hauteur de l'immense sacrifice qu'il avait fait lui-même à l'amitié.

L'épreuve tentée eut un résultat favorable sur le jeune amoureux qui guéri incontinent de la passion inavouable qu'il avait ressentie pour la femme de son ami se hâta d'épouser une autre jeune fille; et, au lieu d'une liaison intime à trois, on vit désormais dans le village deux ménages extrêmement unis par les liens de l'amitié, sans que la vertu eût à souffrir de part et d'autre.

Cette légende où l'amour est médecin et où l'amitié fut si invraisemblablement généreuse des deux côtés, rappelle celle de Stratonice, fille de Démétrius Poliocerte qui avait été épousée vers 290 ans avant Jésus-Christ par Séleucus Nicanor un des généraux d'Alexandre devenu roi de Syrie. On sait que les attraits charmants de Stratonice inspirèrent au fils de ce prince une vive passion, qui étant comprimée au fond du cœur de l'amoureux et cachée à tout le monde, mit celui qui fut plus tard roi de Syrie, sous le nom d'Antiochus Soter à la porte du tombeau.

On raconte qu'Érasistrate, son médecin, devina la cause d'une maladie que tout le monde cherchait en vain et que Séleucus Nicanor, aimant plus son fils que sa nouvelle femme, renonça en sa faveur à ses droits de mari. Je ferai remarquer cependant qu'il y a de grandes divergences entre les deux légendes, puisque le jeune Antiochus Soter fut plus égoïste que l'ami de notre Peul. On peut même dire que le sentiment qui a inspiré le récit africain est plus élevé que celui de l'anecdote Syrienne, de sorte, qu'entre les deux, c'est à l'imagination Foulane qu'échoit la meilleure place. Cette légende des Peuls est-elle un reflet, une réminiscence, une variante de l'autre, il ne m'est pas possible de le décider ; il serait même tout à fait téméraire, je crois, de se prononcer pour ou contre leur parenté. Néanmoins dérivé d'elle ou parallèle, elle n'en prouve pas moins la supériorité intellectuelle des individus que nous étudions actuellement. Elle est bien faite, à mon avis, pour montrer la distance intellectuelle considérable qui sépare le Peul du Nègre proprement dit. Car le Ouolof lui-même qui est un des plus élevés parmi les mélaniens, ne la comprend pas, trouvant que le sacrifice du mari est aussi léger que le scrupule de l'amoureux ridicule. Dans toute l'Afrique tropicale, où l'homme satisfait bestialement son appétit charnel sans attacher à l'amour la délicatesse et l'élévation que nous lui prêtons dans la race caucasique, on ne trouve rien qui approché de cette ordre d'idées que nous voyons dans l'imagination du Peul.

CONCLUSIONS.

Peut-on inférer de la supériorité intellectuelle des Peuls que dans l'avenir, ils prendront une suprématie plus marquée que dans le moment présent en Sénégambie et sur la côte occidentale d'Afrique? Non, à mon avis; trop peu nombreux, comme nous l'avons dit tantôt, pour imposer aux races mélaniennes, au milieu desquelles ils sont venus s'implanter, leur caractère d'une manière prépondérante, ils tendent au contraire à se modifier et à perdre leur type spécial, à disparaître en se transformant. Ils n'auront servi, dans l'histoire du pays où on les rencontre, qu'à élever un peu le niveau intellectuel du nègre proprement dit en lui infusant une petite proportion de sang supérieur.

Les Peuls sont un peu comme un rocher jeté dans une mer profonde, et qui est l'origine d'une jetée capable de refouler l'onde au loin si d'autres rochers semblables le suivent dans sa migration mais qui, au contraire, s'enfonce et disparaît peu à peu entièrement s'il reste isolé et infime vis-à-vis de l'immensité du liquide qui est autour de lui.

A ce titre, ce sont des précurseurs de la grande civilisation que les Français ont entrepris d'apporter dans la Sénégambie, mais leur petit nombre relatif les fera disparaître peu à peu d'une manière complète. — Dans l'histoire de l'humanité, ils auront joué le rôle de ces corps spéciaux qu'on appelle en chimie les *ferments* et qui pénétrant dans une substance, s'y détruisent et disparaissent en produisant une modification profonde qui a pour résultat de la transformer très-énergiquement.

Dans son voyage au centre de l'Afrique, le docteur Barth a rencontré les Peuls puissants et envahisseurs dans un grand nombre de contrées. C'est au point que sur sa carte il a désigné sous le nom de royaumes Peuls, les pays du Macina, Gando, Aoussa, Sokoto etc., etc.; c'est-à-dire une bande de terre allant du 12° degré de longitude O., au 15° de longitude E. et du 17° de latitude N. au 7°. Mais il a reconnu aussi qu'à mesure qu'ils s'étendent, les Peuls perdent leurs caractères primitifs ; ce seront bientôt des métis seulement qui constitueront la plus grande partie des peuplades considérées sous le nom de Foulahs. L'observation de l'explorateur du gouvernement anglais corrobore donc mon opinion.

CHAPITRE QUATRIÈME

Les Soninkés.

Les Soninkés sont des noirs qu'on trouve répandus dans plusieurs contrées du Soudan occidental, vivant généralement à l'état de groupes peu nombreux, conservant le plus souvent vis-à-vis de leurs voisins une indépendance et une démarcation qui, sans être belliqueuse, n'en est pas moins profonde au point d'être appréciable, presque au premier coup d'œil, pour l'observateur.

Le nom de cette catégorie de nègres a été écrit et prononcé de plusieurs manières. Les uns les appellent Saracolais, Sarakolais, Sarracolets, Sarracoulés ; les autres les désignent par le nom de Séraouli, Séracouli, Sérawouli. Ces diverses dénominations ne nous paraissent pas également bonnes : ainsi nous rejetons tout d'abord les trois dernières parce qu'elles leur ont été données par ceux du siècle dernier qui les croyaient aborigènes du pays de Ouli, sur la rive droite de la Gambie, à l'est du Niani, à l'ouest du Dentilia. Quant au choix à faire entre les noms de Soninké et de Saracolais, je suis d'avis qu'il faut ne pas hésiter en faveur du premier, qui peut être considéré comme le nom générique de toute la peuplade. Je crois que nous devons réserver le nom de Saracolais à une sous-division qui présente des caractères importants, il est vrai, mais qui n'étant qu'une partie du tout ne doit pas imposer son nom à la catégorie entière. Le classement des divers Soninkés que nous présenterons tantôt justifiera, j'espère, cette manière de voir.

GÉOGRAPHIE.

Un fait qui frappe dès le début quand on étudie les Soninkés, c'est leur position géographique relativement aux autres peuplades qui habitent le Soudan occidental : ainsi, quand on jette les yeux sur la carte de Mage, par exemple, on voit qu'ils occupent assez régulièrement certains points déterminés du pays : Nous les trouvons d'abord dans le pays de Galam, dans les environs de Bakel et de Médine, dans les pays de Goy, Kamera, Guidimaka, Guidiaga.

Nous pouvons suivre leurs agglomérations dans la direction du N. E. dans les contrées du Kaniarène, du Bakounou, puis ils descendent dans l'est au pays de Fadougou, ils sont assez nombreux dans le pays de Kaarta, de Sègou, sur les bords du Niger; ils se rencontrent dans le S. E. jusqu'aux limites extrêmes du Yorodadougou.

Au sud il y en a de nombreuses agglomérations ; enfin au S. O. nous les voyons aussi former un élément important de la population du Kabou, des contre-forts ouest du Fouta Djalon, des bords de la haute Casamance, de la Gambie, tandis que sur les contre-forts septentrionaux du Fouta Djalon ils vont jusqu'au Bambouk et au Bondou, contrées qui touchent le pays de Galam, où nous venons de dire en commençant qu'ils sont en assez grand nombre.

On pourrait penser de prime abord qu'ils constituent une sorte de ceinture entre les populations habitant le Fouta Djalon, montagneux, et celles des pays plats du N., E., S. et O., mais comme dans les contre-forts centraux du haut pays, près des sources de la Falémé, du Sénégal et du Niger, on les retrouve également, il est plus exact d'admettre qu'ils sont éparpillés dans toute la haute Sénégambie ou pour mieux dire dans tous

es pays du Soudan occidental. Formant des groupes peu nombreux, çà et là au milieu des autres peuplades, ils sont un peu
comme un tout qui aurait été dispersé sans être entièrement
désagrégé par les empiétements des nombreuses variétés de
nègres qui couvrent le sol de la région dont nous parlons actuel-
ement.

ORIGINE ET PLACE ETHNOGRAPHIQUE.

Si nous cherchons à déterminer la place que doivent occuper
es Soninkés dans les peuplades de l'Afrique occidentale, nous
nous trouvons en présence de deux hypothèses principales que
nous allons énumérer et dont nous discuterons ensuite la probabilité.

La tradition prétend qu'ils occupaient primitivement le Fouta
Djalon d'où ils furent chassés par les Peuls, les Mandingues, les
Bambaras, à diverses époques de leur histoire ; n'opposant à ces
envahisseurs guerriers que des mœurs douces, une répulsion
marquée pour la guerre et les armes ; payant sans hésitation les
impôts demandés ; obéissant sans murmurer aux lois qui
eur étaient imposées par les gens qui arrivaient en force dans
eur pays ; enfin prenant même la religion des races belli-
queuses qui les soumettaient, sans se plaindre et sans aucune
résistance.

La seconde hypothèse, touchant les Soninkés, est qu'ils seraient des métis issus de l'union des Peuls et des Mandingues ou
des Bambaras : ce seraient alors des Toucoulors rouges comme
es Torodos sont des Toucoulors noirs.

Je ne puis admettre cette seconde hypothèse, et en voici la
raison : Si tous les Soninkés étaient des peuplades métisses, par
conséquent créées postérieurement à l'arrivée des envahisseurs
et par le fait du contact des voisins, nous ne leur trouverions

pas cette grande uniformité de type et de mœurs qui les caractérise. Il serait naturel que ceux du Guadimaka, par exemple, qui séparent les Peuls des Maures, ne ressemblassent pas aux Soninkés du Kabou, qui séparent les Peuls des Mandingues. Comment admettre aussi qu'une catégorie d'hommes, issue des relations entre voisins, eût cessé après sa création d'avoir les habitudes de mélange de ses ascendants et se fût constituée en une nation désormais bien tranchée et bien isolée de ses voisins, tant sous le rapport du type anthropologique que sous celui des occupations, des tendances et des habitudes, tout en restant à l'état de petits groupes éparpillés dans les pays très-divers ?

Au contraire, sans parler de la tradition avec laquelle il faut cependant un peu compter, nous avons nombre de raisons pour admettre la première hypothèse. Ainsi, par exemple :

Nous trouvons, dans l'histoire des Bambaras, un fait relativement récent qui vient plaider en faveur de cette première hypothèse touchant l'origine et la place ethnographique des Soninkés. En effet, d'après les renseignements de Mage et Quintin, nous savons que dans le cours du dix-septième siècle les Bambaras chassés du Thorong par les Mandingues, descendirent sur les bords du Niger, occupés alors par les Saracolais ; ils y furent admis non-seulement sans contestation, mais encore avec un empressement qui fit émigrer souvent les anciens occupants pour faire place aux arrivants ; de telle sorte que les Bambaras furent bientôt les maîtres et les possesseurs de la contrée.

Il pourrait donc bien se faire que les Soninkés fussent les premiers occupants du Fouta Djalon et des divers contre-forts de ce grand pâté de montagnes ; que lors des envahissements du pays par les Peuls vers le N.-E. et l'E., par les Bambaras et les Mandingues vers le sud, leurs mœurs douces, leur peu de densité qui les rendaient incapables d'une résistance sérieuse et par conséquent inoffensifs, les aient sauvés de la destruction en les éparpillant dans les portions du pays qui n'étaient pas convoitées par les nouveaux venus.

A ce titre les Soninkés seraient, sinon des autochthones du haut pays qui donne naissance aux grandes rivières de la côte occidentale d'Afrique, du 3° au 15° de latitude N., au moins seraient antérieurs, dans la contrée, aux Peuls, aux Bambaras, aux Mandingues. On peut remonter, par la pensée, à un temps peut-être assez rapproché de nous où, depuis le Sahara jusqu'à Sierra Léone, les Soninkés habitaient les hauts plateaux, les Ouolofs, les Bagnouns, les Féloupes, les Papels, les Nalous, les Bagas, les Sousous, vivaient dans les basses contrées, au bord de la mer.

DIVISIONS.

Pour pouvoir comprendre dans une description générale toutes les particularités qui touchent aux Soninkés sans avoir besoin de faire à chaque instant des restrictions qui obscurciraient notre exposition, nous allons essayer de tracer quelques divisions et quelques subdivisions dans cette catégorie de nègres, tâchant de respecter le plus possible les affinités naturelles pour rester dans l'exactitude et la réalité. Or, nous dirons tout d'abord que les Soninkés nous semblent susceptibles d'être partagés en trois grandes portions ;

A. Les Saracolais ;

B. Les Kassonkés ;

C. Les Djalonkés ;

A. *Les Saracolais.* — Les Saracolais sont ceux auxquels se rapportent plus spécialement les caractères que nous citerons dans le cours de ce travail, de sorte que nous n'avons pas à nous étendre sur leur compte actuellement. On pourrait les appeler les Soninkés proprement dits et les considérer comme de race pure, tandis que les autres ne seraient que des métis de Soninkés et d'une autre peuplade voisine.

B. *Kassonkés*. — Les Kassonkés, ainsi 'appelés parce qu'on les trouve surtout dans la province de Kasso, pays où nous avons notre comptoir de Médine, sont le résultat du croisement des Saracolais avec les Maures, les Peuls, les Bambaras et les Mandingues. Nous verrons qu'à part les Maures, les autres races ont produit aussi les Djalonkés par leur croisement, et comme les Djalonkés ne sont pas semblables en tout aux Kassonkés, nous sommes porté à penser que l'intrusion du sang Maure a été pour beaucoup dans la production de la catégorie d'hommes qui nous occupe. On peut même considérer que ces Kassonkés sont le résultat du mélange des Saracolais soit avec les maures, soit avec les Peuls comme règle générale ; l'intervention du sang Mandingue et Bambara nous semble avoir été tout éventuelle et infiniment plus restreinte d'une manière absolue, aussi restreinte peut-être que celle du sang Torodo et Ouolof.

Quoi qu'il en soit, disons que les Kassonkés se partagent en deux grandes portions, les Guadiagas qui habitent la rive gauche du Sénégal et les Guidimakas qui vivent sur la rive droite. Les premiers sont divisés à leur tour en deux catégories : 1° les Bakiris ou guerriers dominants ; 2° les Saybobés ou cultivateurs, portion dominée.

La région dans laquelle on trouve les Kassonkés comme fond de population est assez vaste, elle occupe la partie du haut pays dans laquelle sont les provinces de Goy, Kaméra, Kasso, Natiaga, Guidimaka, et on les voit se continuer en perdant peu à peu leurs caractères de Kassonkés pour prendre ceux de Saracolais de plus en plus pur du côté du Karamène. Le long du Sénégal ils vont du confluent de la Falémé à Boufalabé. Du côté du Boudou, du Bambouk, ils perdent aussi leurs caractères spéciaux et ne constituent plus là qu'une minime partie de la population. La raison en est que ces États ont été peuplés par des races

très–diverses, ayant été pendant longtemps des lieux de re‑
fuge où les fuyards de tout le haut pays venaient échapper
à l'animadversion de leurs compatriotes ou à la justice de leur
nation.

Djalonkés. — Comme les Kassonkés. les Djalonkés tirent
leur nom du pays qu'ils habitent ; ce sont des métis de Saracolais avec les Peuls, les Mandingues et les Bambaras. Suivant
qu'il y a plus ou moins de tel ou tel sang dans le mélange, ils
ont un type qui les rapproche plus ou moins de ceux-ci ou de
ceux-là, et, par conséquent, on trouve une assez grande variété
de caractères suivant tel point du pays où on observe les Dja‑
lonkés, ou bien encore suivant les diverses familles de la même
contrée.

Si nous avons bien fait comprendre notre pensée, les Saraco-
colais seraient les représentants purs des Soninkés ; c'est eux
qui en auraient, comme nous l'avons dit, les caractères spéciaux
et d'une manière entière. Au contraire, les Djalonkés et les
Kassonkés seraient des métis de ces Saracolais avec les autres
races du Soudan occidental. A ce titre, nous pouvons dire que
les Djalonkés et les Kassonkés sont des Toucoulors dans le sens
générique du mot. Mais il faut éviter de les appeler ainsi, de
peur de jeter de la confusion dans la description des peuplades
de la Sénégambie. Réservons la dénomination de Toucoulors
aux Torodos du Fouta sénégalais ; car, comme le vulgaire a
adopté cette appellation, nous ne nous élèverions pas sans in‑
convénient contre une désignation consacrée par l'habitude.

HISTOIRE.

L'histoire des Soninkés est obscure, comme celle de tous les
peuples du Soudan occidental, chez lesquels l'écriture a été
jusqu'ici exclusivement réservée à la transcription du Coran dans

une langue que personne ou à peu près ne connaît dans le pays ; de sorte qu'elle ne peut en aucune manière servir à fixer le souvenir ou à redresser les écarts de la tradition. C'est donc cette tradition que nous sommes obligés d'accepter, jusqu'à nouvel ordre, comme l'expression du passé du pays, et nous avons dit déjà qu'elle prétend que les Saracolais, c'est-à-dire la portion pure de la classe d'hommes que nous étudions, a habité le haut pays antérieurement aux Peuls, aux Mandingues et aux Bambaras.

Si nous interrogeons la tradition du pays de Kasso, du Fouta Djalon, des bords de la Casamance et des rivières du sud, nous voyons toujours la même pensée se reproduire de diverses manières : les Saracolais étaient les premiers possesseurs du sol lorsque des peuplades étrangères sont venues les déposséder en tout ou en partie de leurs propriétés et de leur prépondérance. Remarquons que cette tradition est d'autant plus précise dans les détails de son récit que l'événement remonte à une époque moins éloignée. Ce que nous avons dit tantôt touchant la venue des Bambaras dans le Soudan occidental en est la preuve.

Hecquart a entendu formellement soutenir dans son voyage que les Saracolais furent les premiers habitants du Pakao, Balmadou et Souna. Les Mandingues mulsumans, lui dit-on, vinrent, par petits groupes, se répandre dans le pays, constituant çà et là de petits villages d'abord inoffensifs et qu'il leur était défendu de fortifier ; mais peu à peu ils prirent une prépondérance et une autorité qui était due autant à leur nombre qu'à leur qualité de musulmans établis au milieu d'idolâtres, ce qui donnait l'appui moral et matériel de l'Almami du Fouta Djalon. Ils chassèrent un beau jour, vers l'intérieur, les Saracolais, qui résistèrent, soumirent les autres qui restèrent dans le pays à l'état de villages isolés et sans chefs supérieurs. Les Mandingues prirent alors la coutume de palissader leurs centres d'habitations pour rendre toute révolte stérile, tandis qu'ils interdirent aux paisibles cultivateurs qu'ils entreprenaient d'opprimer de fermer leurs villages, afin de pouvoir plus facilement les attaquer ou les poursuivre.

Si nous recherchons ce qui se passa dans le Fouta Djalon, nous voyons quelque chose d'analogue ; et remarquons que le premier mélange des Peuls, Bambaras ou Mandingues, avec les Saracolais, a fait une race moins batailleuse, moins turbulente que les envahisseurs : aussi les Djalonkés se sont trouvés avoir un caractère relativement doux, ce qui a permis une seconde invasion étrangère : celle des Peuls.

Ces Peuls sont allés en augmentant de nombre au point qu'aujourd'hui ils sont à peu près en égale force, sinon de nombre, au moins de prépondérance, de sorte que le chef du pays , l'Almami, qui avait été depuis un temps immémorial Djalonké proprement dit, a été obligé de compter avec les Peuls. C'est ce qui fait que l'Almami Omar qui a si bien reçu Hecquart, en 1852, et dont la mère et la grand'mère étaient Djalonkés, c'est-à-dire qui représente le parti des autochthones, a été obligé de partager le pouvoir avec l'Almami Ibrahim Seuris, son cousin, qui, ayant plus de sang Peul, représente le parti des envahisseurs.

Que l'on étudie les Saracolais purs, les Kassonkés ou les Djalonkés, on voit au fond que, constituant une race douce et assez peu irascible pour subir sans révolte brutale la volonté des peuplades plus guerrières; ils ont cependant une répulsion incontestable pour les autres nègres.

La preuve, c'est que, s'ils ont été obligés de se mélanger un peu avec les autres peuplades dans les points comme le Fouta Djalon, où ils étaient assaillis de toutes parts à la fois ; comme le haut Sénégal, où ils ont été acculés dans une impasse, ayant, d'une part les Maures, gens implacables vis-à-vis des noirs, et ne voulant pas les tolérer à l'état d'État dans l'État; d'autre part,

11

les Toucoulors du Fouta Toro, engeance ennemie par instinct de ses voisins ; en revanche, toutes les fois qu'ils ont pu fuir pour échapper au mélange, ils l'ont fait. Toutes les fois qu'ils ont pu résister à ce mélange par l'abandon d'une prérogative de pouvoir, par un impôt, ils l'ont fait aussi. Bien plus, lorsqu'ils ont été obligés de subir le mélange, les métis eux-mêmes Kassonkés et Djalonkés ont cherché aussitôt à ne pas perpétuer les croisements en s'unissant entre eux, ayant la même répulsion pour les étrangers proprement dits : Maures, Peuls, Mandingues, Bambaras ; ne possédant de sympathie que pour les Saracolais, avec lesquels ils ont, dirait—on, conservé une plus grande affinité originelle et dont ils ont conservé la majeure partie des goûts.

Cette répulsion tacite et peu bruyante, mais profonde, pour le mélange de sang, ne pourrait être contestée chez les Soninkés ; en effet, dans leurs légendes, leurs contes, leurs récits, on la voit percer toujours, quelle que soit la contrée dans laquelle on l'observe. La légende du serpent qui prélevait un impôt de jeunes filles du Kasso, dans le haut Sénégal, celle de Kolibentan sur les bords de la Casamance et mille autres qu'on peut entendre dans les diverses agglomérations sénégalaises, en sont une preuve, il me semble.

CARACTÈRES PHYSIQUES.

Les caractères physiques sont assez spéciaux chez les Soninkés pour justifier à eux seuls une place distincte dans l'ensemble des populations soudaniennes ; aussi le langage, les mœurs ne les sépareraient-ils pas d'une manière bien tranchée, que déjà l'aspect physique empêcherait toute confusion. Chez les Saracolais de race pure, ces caractères sont au maximum naturellement, néanmoins chez les métis qui constituent les Kassonkés et les Djalonkés ces caractères sont encore assez évidents pour justifier la séparation d'avec les autres.

Disons d'abord que les Saracolais sont moins robustes, de taille moins élevée, de complexion moins athlétique que les Ouolofs, mais, en revanche, ils semblent moins gauches dans la démarche, tandis que plus grands, plus vigoureux que les Peuls, ils sont moins gracieux et moins agiles que ces derniers. Lorsque le sang Maure est entré comme chez quelques Kassonkés pour une certaine part dans leur génération, ils arrivent à être secs et nerveux d'une manière qui rappelle l'aspect des enfants du Sahara. Au contraire, du côté du Fouta Djalon l'apport du sang Bambara et Mandingue fait que les métis participent d'une manière générale de ces deux races génératrices, ayant telle ou telle prépondérance de caractères suivant que le mélange est dans telle ou telle proportion.

Les Saracolais ont le teint marron foncé tirant un peu sur le rouge dans la race qui me semble la plus pure, virant au contraire davantage au noir quand ils ont été mélangés un peu plus de Ouolof, de Mandingue ou de Bambara. Dans tous les cas, leur teinte est uniforme, c'est-à-dire que les parties couvertes et les parties découvertes de leur corps ont exactement la même nuance.

Le prognatisme de la face est très-accentué chez les Saracolais, leur front est fuyant en arrière, leur crâne paraît comme comprimé latéralement; la face est d'un ovale moins large que dans les autres peuplades noires, disposition qui tient à ce que leurs pommettes sont peu saillantes.

Le nez est épaté et écrasé à sa racine, les narines se présentent séparées et obliques comme chez les Bambaras, tout l'organe est donc moins bien fait que chez les Ouolofs.

Les lèvres des Saracolais sont renversées, volumineuses, noires et poussées en dehors par l'obliquité très marquée des incisives, ce qui fait que le menton est fuyant et à peine accusé chez eux.

La barbe est plus longue, plus fournie chez le Saracolais que chez le Ouolof, et le système pileux, quoique très-rudimentaire, est notablement plus fourni chez lui que chez les indigènes de la basse Sénégambie.

Les cheveux des Saracolais sont plutôt laineux que crépus, et on a fait la remarque très-juste que leur manière de pousser n'est pas la même chez eux que chez les Ouolofs ; en effet, tandis que chez le Ouolof, les cheveux, lors qu'ils ont été rasés, repoussent sous forme de petites boucles noires qui donnent à la tête l'aspect d'un sphéroïde parsemé de grains de poivre, chez les Saracolais au contraire les cheveux poussent en brosse (Thaly).

Chez les hommes, les cheveux deviennent assez longs pour former de longues tresses qui ne le cèdent en rien à celles que portent les Bambaras et qui viennent souvent s'attacher sous le menton.

Chez les femmes, elle est assez longue pour pouvoir être tressée et même se natter par petites portions, ce qui leur per-met de se coiffer d'une manière assez compliquée et quelquefois assez coquette. Disons d'abord que dans tous les cas la coiffure des Saracolaises diffère essentiellement de celle des Ouoloves. Dans le Kasso, le Fouta Djalon et dans les agglomérations de Saracolais purs, on voit la coiffure des femmes être disposée de manière à former une sorte de casque par la position des tresses et des nattes.

Cette coiffure rappelle très-bien celle des femmes du Gabon et en a une parenté incontestable avec elle ; elle varie, chose cu-rieuse, dans d'assez grandes limites suivant les localités, mais cette variation ne dépend pas du caprice de la femme en par-ticulier, elle est sanctionnée par l'habitude ; de sorte que l'on peut reconnaître par l'arrangement des cheveux la contrée à la-quelle appartient celle qui les porte, comme dans nombre de pays des Charentes, du Languedoc, de la Bretagne, de la Normandie, etc., etc., on reconnaît à première vue le pays d'habitation d'une paysanne à la forme de son bonnet.

Quelle que soit la forme de la coiffure, les femmes Saracolaises aiment à entremêler des morceaux d'ambre, de verroteries, de cuivre, d'argent ou d'or, dans leurs cheveux, et ici encore telle fraction met de préférence telle ou telle substance. Ces enjolivements sont plus nombreux, les morceaux sont plus gros plus petits, etc., etc,, suivant les pays

Cette coiffure ne manque pas le plus souvent d'une certaine grâce, et s'il ne faut pas y regarder de trop près sous peine d'y découvrir quelque chose de révoltant pour notre délicatesse de sens ou nos habitudes, il n'en est pas moins vrai que d'un peu loin l'aspect est assez joli le plus souvent.

Dans le Bondou, les femmes Kassonkés mariées portent non-seulement leurs cheveux tressés en forme de casque et entremêlés de morceaux d'ambre gros quelquefois comme des œufs de pigeon et de poule même ou de verroteries, mais encore elles ont la tête entourée plus ou moins élégamment suivant les villages par une gaze légère qui parfois constitue un voile assez coquet. Dans d'autres pays le casque est traversé par de longues épingles métalliques ou en bois et dont la tête est plus ou moins richement sculptée.

Enfin, ajoutons que les Saracolaises aiment en général les odeurs, de sorte que, plus que les autres négresses, peut-être, elles se chargent de colliers à grains odorants, de clous de girofle. Elles portent des morceaux de peau musquée pendus à leurs colliers, à leurs grisgris, et abusent de toutes les substances odorantes, indigènes ou apportées par les traitants.

Les Saracolais ont les membres bien proportionnés à la taille de leur corps et, sans présenter la musculature athlétique du Bambara et du Ouolof, ils ne sont pas d'un aspect disgracieux. Leurs mains sont très grandes, le pouce long et détaché, moins efficacement opposable que dans les races blanches. Leurs pieds

sont grands aussi, faisant suite à des mollets grêles et moins dé-
velopés que ceux des Bambaras.

CARACTÈRES INTELLECTUELS.

Les Soninkés occupent une place élevée pour l'intelligence
dans les populations Soudaniennes. J'en donnerai pour preuve
que, quoique les plus faibles, ils ont résisté mieux que les autres
au mélange, ce qui est, il me semble, un indice qu'ils ne trouvaient pas dans le commerce de leurs voisins la satisfaction de
leur esprit plus doux et plus accessible aux sentiments affectueux. D'autre part, ils ont le sentiment de la curiosité plus développé que dans les autres peuplades, ce qui, joint à des habitudes
d'ordre, d'économie, de désir d'amasser sagement et laborieuse-
ment un peu de bien-être pour leurs vieux jours, a fait naître
chez eux cette coutume d'aller en caravanes se livrer au commerce d'échanges entre un point et un autre.

Un autre indice de supériorité de leur esprit, c'est que les
les jeunes gens des agglomérations Saracolaises s'en vont faire
des voyages parfois très étendus dans les pays habités par d'autres
races. Ils viennent dans nos centres de population, à Saint-Louis,
à Gorée, mus surtout par le désir de voir des choses nouvelles,
et quand on les interroge, on sent qu'ils ont observé infiniment
mieux que ne l'eussent fait des Ouolofs, des Mandingues et des
Bambaras.

Quand dans nos comptoirs, sur les places de Saint-Louis ou
de Gorée, on voit des groupes de nègres, on est sûr que celui dans
lequel il y a plus de gaieté douce appartient à la race Saracolaise
comme le plus bruyant appartient aux Ouolofs ou aux Bambaras.
Le groupe des Saracolais est assurément celui dans lequel on
entend le récit le plus intéressant, où on saisit la pointe de
critique la plus exacte, la plus spirituelle, qu'on me passe le mot

sans qu'il soit nécessaire que le conteur fasse intervenir les plaisanteries au très-gros sel qui caractérisent les causeries des autres nègres Sénégambiens. Enfin, ajoutons que, quand on étudie avec un certain soin ces hommes et qu'on les questionne sur certains sujets, on ne tarde pas à reconnaître que, bien qu'aussi ignorants à bien des points de vue que les plus ignorants, ils sont cependant très-supérieurs aux Ouolofs ; ils ne manquent pas de certaines idées abstraites et élevées que le noir inférieur ne comprend pas.

Les Saracolais n'ont pas de sympathie pour les autres Soudaniens ; ils sentent qu'ils sont les plus faibles et les moins violents surtout, de sorte qu'ils ne cherchent pas à lutter contre eux par la force, mais leur opposition et leur répulsion, pour ne pas être bruyante, n'en est pas moins très-accusée. L'observateur en trouve à chaque pas des indices certains : ainsi, dans leurs agglomérations qui sont généralement pacifiques et dans lesquelles les moyens d'attaques sont moins vigoureux que chez les autres peuplades, ils reçoivent les étrangers voyageurs avec plus de charité peut-être que les autres, mais il ne faut pas croire qu'ils soient plus bienveillants parce qu'ils pratiquent plus largement l'hospitalité. Non, ils obéissent à la loi de Mahomet qui commande de bien accueillir l'étranger, par la double raison qu'ils ne veulent pas s'exposer à des querelles religieuses avec l'autorité de leur pays et qu'ils ne veulent pas donner une excuse aux autres peuplades pour l'oppression de ceux des leurs qui vont en voyage. Mais l'étranger est toujours considéré comme un individu avec lequel il faut avoir le moins de relations possibles dans sa propre maison.

C'est très-probablement cette répulsion tacite pour l'étranger qui a fait naître et a développé chez eux cette coutume originale du *conton* que voici en quelques mots. Quand un Saracolais arrive dans un village habité par ses semblables ou quand deux Saracolais se rencontrent, ils échangent les mots officiels de salutation de la religion musulmane et aussitôt un des deux, celui habituellement qui a quelque chose à demander, dit son nom, son lieu de naissance, le nom, les titres, les particularités de ses ancêtres, de ses parents, en un mot fournit tous les documents nécessaires pour établir son identité de Saracolais.

Cette coutume du *conton*, qui est naturellement entourée dans la pratique d'un certain cérémonial dont nous pouvons faire bon marché et qui veut que ce qui vient d'être dit par l'étranger soit répété tant de fois sur telle ou telle intonnation par le chef de la maison, est une chose très-utile pour celui qui veut étudier les populations sénégambiennes en même temps qu'elle a une grande importance pour les intéressés Saracolais. En effet, c'est par ces contons que Hecquart, M. Bocandé et nombre d'autres ont pu avoir la preuve que telles familles établies dans les environs de Sedhiou ou sur les bords de la Gambie provenaient d'une agglomération de Saracolais, du Kaarta, du Ségou, du Macina, etc., etc.

Un travail très-intéressant auquel devraient s'adonner les jeunes officiers, médecins, administrateurs, négocian ts qui sont appelés à passer un certain temps dans les postes éloignés de nos possessions sénégambiennes, serait de tenir un compte des détails fournis par ces divers contons. On arriverait ainsi à avoir des documents qui, quelque jour, pourraient être réunis dans les mains d'un travailleur entreprenant d'en faire la synthèse, nous renseigneraient très-bien sur mille choses encore inconnues touchant la topographie, l'ethnographie, le climat, etc., etc., du Soudan occidental. Cette idée, très-juste et très-féconde, appartient à Mage ; elle a été formulée aussi par nombre d'autres voyageurs ou savants. Je me fais un devoir de la présenter à mon tour, espérant qu'elle sera réalisée, au grand bénéfice scientifique, industriel et politique du pays.

LÉGENDES.

Pour les Soninkés comme pour les autres peuplades de la Sénégambie nous allons fournir quelques-unes des légendes qui ont cours dans le pays ; et dont la création peut leur être attribuée. Ces légendes nous serviront à montrer la place que cette race d'hommes peut avoir parmi les diverses catégories de noirs dont nous nous occupons.

LÉGENDE DU SERPENT DE BAMBOUK.

Il y a de longues années le Bambouk était habité seulement par des Saracolais. Le pays produisait en abondance, du mil et autres plantes alimentaires qui sont en usage chez les noirs. — Le gibier était facile à chasser, les troupeaux prospéraient et donnaient de grands bénéfices à leurs maîtres ; en un mot tous les biens de la terre se trouvaient à profusion dans la contrée dont les habitants auraient pu se dire spécialement heureux, si par une loi dont on ne pourrait retrouver l'origine ni la raison, ils n'avaient été obligés toutes les années de faire un sacrifice humain qui était la source d'une immense douleur pour la famille atteinte et qui terrifiait la population entière.

En effet on savait dans tout le Bambouk que la prospérité si grande dont on jouissait n'était espérée qu'à la condition expresse que toutes les années, une jeune fille, choisie par le sort parmi les plus jolies et les plus sages, serait amenée en grande pompe à un endroit déterminé près d'un marigot ; elle devenait là, la proie d'un serpent gigantesque qui s'en emparait et l'entraînait au fond de l'eau sans qu'on la revît jamais.

Mille fois les Saracolais Bamboukains avaient essayé de se

soustraire à cet horrible impôt ; ils avaient fait offrir de l'or
en quantité suffisante pour acheter cent captives ; du mil et des
bœufs qui auraient pu nourrir mille guerriers. Le monstre avait
été inexorable ; il voulait une seule jeune fille mais il fallait
qu'elle fût choisie dans les conditions que nous venons d'indiquer et qu'elle fût conduite au sacrifice en présence de la population entière. Chaque case Bamboukaine avait désappris la joie,
malgré la richesse qu'elle récélait ; les enfants ne faisaient aucun
plaisir à leurs mères ; les jeunes gens tremblaient que celle qu'ils
aimaient ne leur fut ravie ; en un mot tout le monde était malheureux.

Seuls, un jeune homme et une jeune fille voisins de case, s'é-
tant élevés ensemble et s'aimant tendrement n'attendant que la
récolte prochaine pour se marier, n'avaient pas le cœur oppressé
par la crainte du serpent. Ils vivaient heureux, trouvaient toujours une excuse pour se rencontrer dans les champs, et chaque
soir quand ils arrivaient au rendez-vous, la jeune fille avait un
mot doux à dire à son fiancé, le jeune Saracolais avait quelque
pièce de gibier magnifique ou quelque dépouille de bête féroce à
montrer comme trophée de sa hardiesse ou de son habileté.

Un soir Coumba, c'était le nom de la jeune fille, arrive en
pleurs au lieu convenu ; le jeune homme qui avait été spécialement favorisé par le sort ce jour-là, allait lui faire admirer les
produits de son adresse quand il s'aperçoit de la douleur de sa
bien-aimée et il la presse de lui en dire la raison. — Après
une explosion de pleurs, elle lui apprend la terrible nouvelle
et pendant quelques instants les deux pauvres jeunes amoureux furent au desespoir. Mais bientôt le chasseur dit à la
jeune fille de rentrer au village et de sécher ses pleurs : — Se-
rais-tu au moment de mourir, lui dit-il, qu'il ne faudrait pas
perdre courage et confiance en moi, car sois tranquille, tu seras
ma femme et non la proie de cet horrible monstre dix fois
maudit.

La pauvre enfant rentra en sanglotant chez ses parents qui étaient au désespoir, comme on le pense bien. — Quant au jeune homme, il alla prendre ce qu'il possédait de plus précieux dans sa case et alla voir successivement tous les Griots, tous les Marabouts, tous les vieillards influents en leur disant de l'aider à faire agréer au serpent une autre proie que sa Coumba bien-aimée.

La crainte de déplaire au monstre était telle, que chacun le repoussa dès le premier mot ; aussi le soleil se levant vit tous les préparatifs de l'horrible fête qui se faisaient avec une grande solennité chaque année. — La population entière vint se ranger à une distance respectueuse de l'endroit où le serpent sortait du Marigot et la pauvre Coumba amenée plus morte que vive au pied d'un arbre y fut attachée comme la coutume le voulait. — Les griots faisaient entendre le tam tam ; les femmes poussaient de temps en temps des cris cadencés comme cela se fait dans les fêtes ; les habitants de tout âge et de tout sexe attendaient avec une douloureuse angoisse le moment du sacrifice annuel qui semblait devoir être prochain, car l'eau du Marigot bouillonnait et la tête du serpent apparaissait déjà près de la plage.

L'horrible monstre sort après mille hésitations et mille feintes qui faisaient trembler les plus énergiques ; il s'approche de Coumba et la considère avec une satisfaction à peine contenue ; il allait la saisir quand le jeune amoureux fend la foule monté sur un cheval fougueux et armé d'un sabre dégaîné.

La population entière poussa un cri d'effroi, car il était certain qu'il y aurait deux victimes au lieu d'une cette année-là et comme tout le monde était persuadé que ce serait le jeune homme, chacun se dit : Le serpent voudra désormais un garçon en même temps que la jeune fille qu'on lui offre chaque année depuis des siècles.

Mais le jeune chasseur ne se laisse pas émouvoir par le bruit et le danger ; plus rapide que la pensée, il court au serpent qui avait déjà saisi la jeune fille pour l'emporter et d'un revers de son arme il le coupe en deux. — Prenant aussitôt Coumba en croupe il mit son cheval au triple galop et disparut sans que les habitants eussent pu le rejoindre, car il était à craindre que pour essayer de faire pardonner le meurtre du serpent souve-rain du pays, les anciens ne sacrifiassent ce couple amoureux.

Dès le lendemain, le pays fut couvert de peuplades ennemies qui vinrent mettre tous les villages qui faisaient mine de résister à feu et à sang. — Des hommes de race différente des habitants primitifs du Bambouk vinrent s'emparer de gré ou de force des meilleures terres, des troupeaux les plus gras et les Saracolais ne formèrent plus que de petits villages au lieu de grandes ag-glomérations ; ils vécurent comme de pauvres paysans sur les portions de pays dédaignées par leurs envahisseurs.

LÉGENDE DE KOLI-BENTAN.

A une époque que la légende ne précise pas et qui remonte à très-loin, disent les conteurs, le pays de Brassou était gouverné par un roi nommé Koli. Ce roi, Mandingue de naissance, puis-sant autant que féroce, ivrogne autant que puissant, était ido-lâtre et avait une aversion marquée pour les musulmans qu'il faisait souffrir en toute occasion et dont il tournait les prières et les cérémonies pieuses en ridicule.

Venant à passer un jour dans le village qui porte aujourd'hui le nom de Kolibentan et qui alors avait une autre dénomination il aperçut une jeune Saracolaise qui sortait à peine de l'enfance et dont la beauté admirable le frappa vivement lui inspirant aus-sitôt de barbares désirs qu'il voulut assouvir brutalement. Mais Koli avait compté sans l'islamisme, le père et la mère de la jeune fille étaient de fervents musulmans qui avaient élevé leur enfant dans la crainte du vrai Dieu et du prophète. Bien plus un marabout du voisinage avait offert son cœur à la belle Saracolaise et attendait l'expiration du rhamadam pour l'épouser, de sorte que le roi Koli trouva une résistance absolue et bien déterminée à ses désirs.

Que faire en pareil cas, son griot le lui suggéra, aussitôt ; faire enterrer vivants le père et la mère qui avaient osé s'opposer à ses royaux désirs. Puis faire amener la jolie Saracolaise et prendre de force le cœur qu'elle ne voulait pas donner de bon gré. La première partie du programme fut exécutée aussitôt, seulement lorsqu'il se trouva seul avec la jeune fille il était tellement ivre que celle-ci put se défendre victorieusement.

Le lendemain Koli raconta à son griot qu'il avait fini par s'endormir sans triompher de sa victime; il en fut gourmandé et se promit bien de ne pas rester en chemin quand la nuit serait venue. Mais lorsque le soleil se coucha il avait bu sans retenue de sorte, qu'il était aussi ivre, sinon plus que la veille. Il fit néanmoins de nouveau des tentatives auprès de la pauvre enfant qui, serrée de trop près à un moment donné, s'échappa de la case et se mit à courir dans les champs poursuivie, par Koli. Une racine exubérante d'un bentanier gigantesque qu'on voit aujourd'hui encore à peu de distance du village la fit tomber elle perdit ainsi l'avance qu'elle avait sur son ravisseur. Elle allait succomber quand elle s'écria : Dieu de Mahomet ne permet pas qu'un Keffir déshonore une sage musulmane. Les griots de Koli n'entendirent plus rien, ils rentrèrent chez eux en attendant le lendemain pour féliciter leur roi ; mais aux premières lueurs de l'aurore grand fut leur étonnement sinon leur terreur. Le corps de Koli se balançait pendu à une des branches du bentanier par le pagne de le belle Saracolaise.

Que s'était-il passé ? — Ici les versions sont différentes; les uns disent que la jeune fille fut enlevée au ciel et que Koli furieux de voir qu'elle lui échappait s'était pendu de colère avec le pagne

qu'il avait déjà saisi. D'autres disent que l'amant de la jolie Saracolaise était précisément arrivé à ce moment et apprenant tout d'un
coup d'œil avait étranglé l'ivrogne ; puis avait jugé prudent aussitôt
de mettre du pays entre sa fiancée et les soldats de Koli. — Les
fervents musulmans préfèrent la première version.

Si les deux légendes que nous venons de rapporter visent le
fait de l'invasion du pays des Saracolais par des peuplades ennemies et sont le récit plus ou moins dénaturé d'un simple fait historique, il faut convenir cependant que les Soninkés touchent dans
quelques—uns de leurs contes à des sujets différents. Ce sont
souvent des fables dont la morale est assez juste et qui montrent
une exacte connaissance du cœur humain chez leur inventeur.

LÉGENDE DE L'AMI INDISCRET.

Il n'y a pas bien longtemps vivait dans le village de Malembelé sur la rive gauche du Sénégal à quelques kilomètres à peine
de la pointe de Bafoulabé c'est-à-dire de l'endroit ou le Bafing et
le Bakou se réunissent pour former le Sénégal, un Saracolais du
nom de Ousman. Cet homme qui appartenait à une pauvre famille des environs avait obéi dès son adolescence à la passion
dominante des Saracolais pour les voyages ; il était parti un beau
matin pour les pays inconnus avec une caravane qui venait du
Kaarta et qui se dirigeait vers Bakel. Arrivé là Ousman s'était
loué comme homme de peine pour gagner quelque peu d'argent
puis s'était remis en marche à la fin de la saison de la traite et
se laissant aller ainsi à la double humeur de voyage et de négoce, il avait parcouru peu à peu toute la basse Sénégambie jusqu'aux rives de la Casamance.

Pendant qu'il était à Sedhiou il fit la connaissance d'un autre
Saracolais qui était, lui, du village de Diorouné dans le pays de

Bako unou, et qui avait séjourné dans son enfance pendant quelques mois dans les environs de Malembelé. Le sujet de leur conversation avait souvent roulé sur leur cher fleuve que Ousman avait toujours présent au cœur et à l'esprit bien qu'il fût éloigné de son pays depuis un temps très-long et que tous deux espéraient revoir un jour quand ils auraient acquis un peu de bien-être pour vivre honnêtement dans leur pays natal.

Grâce à une économie de tous les jours, à un soin constant pour son négoce, Ousman arriva un beau matin à posséder quelques économies ; c'était à peine ce qui aurait suffi à l'existence de tous les jours à sainte Marie Bathurst ou à saint Louis ; mais c'était presque la richesse à Malembelé ; aussi l'économe Saracolais se mit en mesure de regagner son pays natal pour y jouir de ses revenus et passer doucement le restant des jours qu'il avait à vivre.

Des marchands Mandingues venaient d'arriver du haut Kabou amenant des captifs qui leur portaient des dents d'ivoire et qu'ils vendaient jadis aux traitants français ; ne pouvant plus vendre ces esclaves en même temps que leur ivoire ils étaient moins exigeants sur les prix, aussi Ousman put-il, en leur donnant le fond de sa boutique dont il avait déjà vendu les meilleures portions acquérir un captif fort et vigoureux ainsi qu'une jeune fille à peine pubère dont il fit sa ménagère et qu'il se proposait de prendre régulièrement pour femme une fois qu'ils seraient arrivés à Malembelé.

Au moment de partir de Sedhiou, Ousman s'en alla voir Demba, lui rappela que Malembelé était sur la route de Diorouné, et lui dit qu'il serait enchanté de lui offrir l'hospitalité le jour où le hasard l'amènerait de ce côté.

Demba était bien égoïste et bien gourmand, il avait mainte fois donné des preuves de cœur grossier et de nature médiocre ; mais cependant Ousman se dit que sa démarche était commandée par le devoir où nous sommes tous de garder un bon souvenir de ceux avec lesquels nous avons été en relations dans les pays éloignés de la maison paternelle ; aussi fit-il ses offres d'hospitalité de très-bon cœur.

Ousman arriva à Malembelé comme il le désirait, son captif ne s'était pas blessé en route, les Toucoulors ne l'avaient pas rançonné, il s'était débarrassé avantageusement de tout ce qu'il possédait de marchandises, de sorte que le sort lui souriait. Il se mit à construire une case commode, vaste même ; il fit défricher un lougan convenable par son captif, et bien que la jeune fille qu'il avait acheté à Sedhiou, Aïssita, restât trop froide et respectueuse à son gré, il la prit pour femme, l'aimant en attendant qu'elle le payât de retour. Il se mit en devoir de jouir doucement de l'existence avec la tranquilité que possède celui qui a la conscience d'avoir honnêtement fait quelques économies dans le courant de son existence de jeune homme.

Tout était pour le mieux. Ousman avait eu à la dernière saison une abondante récolte de coton et de mil ; au point qu'il avait fait le projet d'aller porter le surplus de sa provision au marché de Médine dans le Khasso. Il allait même partir le lendemain matin ; tout était disposé pour le voyage, lorsque Demba, son ami de Sedhiou, arrive à Malembelé venant lui demander l'hospitalité. Que faire en pareille occurrence ? Après réflexion Ousman dit au voyageur : repose-toi chez moi, ma femme et mon captif seront à tes ordres pendant que je ferai la course que je ne puis plus me dispenser d'entreprendre maintenant ; dans une semaine quand je serai de retour tu me feras l'amitié de rester encore quelques jours en notre compagnie. Nous parlerons du temps où nous étions à Sedhiou et nous passerons de bonnes heures ensemble avant de nous séparer définitivement.

Ce qui fut dit fut fait ; Demba resta maître de la maison d'Ousman et comme il était aussi curieux qu'une vieille femme il se mit à observer tout ce qui se passait autour de lui. Or il faut dire qu'il ne tarda pas à s'apercevoir d'une chose que Ousman n'avait jamais vue : c'est que Aïssita qui était du même pays que le captif avait pour lui un sentiment tendre qu'elle n'avait pas pour son mari.

Le laborieux Saracolais avait bien pu gagner une honnête aisance, il n'avait pas pu acheter une honnête fille, et bien que la chose fût très-bien dissimulée il n'en était pas moins positif qu'il était un mari trompé. Lorsque Ousman revint de Médine après une semaine d'absence, il fit son possible pour être aimable vis-à-vis de Demba ; comme il savait son faible pour la gourmandise il redoubla les recommandations à sa femme ; mais Demba au lieu de jouir en silence de l'hospitalité qu'il recevait, et surtout de ne pas faire de la peine à son ami ne put résister à ses habitudes de bavardage.

Peu d'heures après que son ami était revenu, il profita de ce qu'il lui demandait ce qu'il avait vu de curieux pendant son absence pour lui dévoiler le secret de sa maison dans les détails les plus pénibles pour un mari.

Ousman dont le cœur souffrait beaucoup de cette confidence cherchait une excuse pour atténuer sa douleur ; il se laissait même bercer par un dernier doute ; il disait à Demba: Qui sait? tu te trompes peut-être ; mais celui-ci était trop maladroit pour s'arrêter en chemin dans ses sottises ; croyant qu'il y avait un intérêt capital à convaincre le malheureux mari il voulut, malgré lui, lui donner des preuves. Et en effet il lui montra triomphalement un trou ménagé dans le mur, dissimulé sous des nàttes et des sacs ; plus de doutes à avoir, le captif pénétrait la nuit chez sa femme alors qu'il reposait tranquillement et sans aucune méfiance.

Demba prolongea son séjour à Malembelé dans le malin plaisir de voir comment Ousman prendrait son parti de ses ennuis domestiques ; tous les jours il lui demandait ce qu'il allait faire ; si bien que le pauvre mari trompé, poussé à bout, voulut en finir avec l'importun. A cet effet il appela un jour sa femme et lui dit sans lui laisser rien deviner de ses projets. Vous préparerez

pour demain midi le plus succulent couscous qui a jamais été
servi à un Saracolais vivant de ses rentes ; dès que vous l'au-
rez servi à Demba et à moi vous partirez pour aller rejoindre
notre captif dans le Lougan ; vous ne reviendrez qu'après le coucher du soleil.

Le lendemain à midi au moment où Demba entra à la maison
venant de faire une bonne promenade, il trouva Ousman assis et
réfléchissant profondément ; un demi-sourire triste et résigné
éclairait sa figure, il flaira quelque disposition décisive ; mais
au même instant son odorat fut saisi de l'odeur la plus délicieuse
qui pût frapper un bon Saracolais : Le couscous d'Aïssita faisait
son entrée ; le gourmand n'eut pour le moment plus d'autres
pensées que celle du désir de faire un excellent repas.

A peine eut-elle déposé le plat de couscous devant le chef de
la maison et son ami, Aïssita prit son pagne comme c'était convenu et s'éloigna de la maison. Demba avait hâte de commencer
à manger, aussi, laissa-t-il sans faire aucune observation Ousman sortir de la pièce où ils allaient déjeuner ; au contraire, il
profita de la très-courte absence que faisait le propriétaire de
pour ingurgiter autant de couscous qu'il put.

Que fit Ousman en laissant son ami dévorer tout seul le couscous ? il alla à la cuisine et plaça dans les pots qui avaient servi
à cuire le repas, certains résidus immondes de la digestion humaine qu'il avait eu soin de recueillir en cachette et qui souil-
lèrent désormais de la façon la plus dégoûtante, la vaisselle
dans laquelle le couscous avait été préparé.

Quand Ousman rentra, Demba lui demanda par manière d'acquit d'où il venait, mais surtout il exalta l'excellence du couscous qui était devant lui et qu'il dévorait gloutonnement sans
perdre une minute, comme s'il eût voulu tarir le plat à lui seul.
Le moment de boire arriva enfin et Demba repu au delà de
la limite du possible c'est-à-dire ayant mangé plus de couscous
qu'une maure ne peut en regarder, dit à son ami : Comment

donc a—t-on préparé ce délicieux manger auquel je trouve un goût savoureux que je ne connaissais pas et que je ne croyais pas possible jusqu'ici ! Pourquoi n'en as-tu pas goûté fit-il en jetant un dernier coup d'œil de convoitise impuissante sur ce qui restait au fond du plat.

Ousman lui répondit alors : Ce couscous que tu as trouvé si délicieux est fait avec telle substance qu'il lui nomma, laquelle est convenablement préparée par ma femme et c'est pour cela que tu l'as trouvé si savoureux mais c'est aussi pour cela que je n'en ai pas mangé.

A cette révélation Demba remué jusqu'au fond des entrailles par le dégout se dressa de son haut comme pour échapper par la fuite à l'impression pénible qu'il éprouvait ; il fit un signe d'incrédulité sans rien répondre cherchant ainsi à arrêter la confidence de son hôte dès le début. Mais ce n'était pas le compte d'Ousman qui s'était dressé aussi, qui le suivit dans la cour, et qui, le prenant par le bras le mena jusqu'à la cuisine. Là saisissant un pot chaud encore du couscous qu'il avait contenu, il lui montra quelque chose qui était aux yeux de Demba la preuve matérielle, indiscutable, de l'assertion, qui avait été émise sur l'origine de ce délicieux couscous.

Vaincu par l'évidence des faits, Demba sentit une nausée le prendre à la gorge, il se débattit, mais pas longtemps, sous l'étreinte de la vue d'une pareille horreur, et aussitôt l'aliment qui lui avait paru si savoureux prit convulsivement le chemin opposé à celui que le gourmand venait de lui faire prendre tantôt. Le malheureux mystifié ne pouvait écarter de son esprit le dégoût qui allait en augmentant à mesure qu'il y songeait davantage.

Le moment fut long et douloureux ; les spasmes ne s'arrêtèrent que lorsque depuis longtemps tout le couscous avait quitté l'estomac du héros qui jetant par hasard un coup d'œil sur son ami lui vit au lieu du demi-sourire triste et résigné un autre narquois et satisfait qui lui alla au cœur. Blessé de saisir chez Ousman un pareil sentiment, il lui dit d'un accent de reproche : Ah! pourquoi m'as-tu dégoûté ainsi de ce que j'aimais le plus? pourquoi quand tu voyais que je ne croyais pas à l'horrible chose que tu me racontais, as-tu cruellement tenu à me donner les preuves de ce que tu avançais. Vas; tu es bien coupable, tu m'as dégoûté à jamais du couscous ! — Tu m'as bien dégoûté de ma femme sans prendre pitié du désir que j'avais de ne pas croire à ton assertion, lui répondit Ousman ; eh bien! nous sommes quittes maintenant.

Nous avons besoin de demander pardon au lecteur des détails de l'histoire ; la faute en est aux Saracolais qui ne sont pas trop scrupuleux sur la mise en scène des légendes. Mais pour être nauséabond, le conte n'en renferme pas moins une leçon de philosophie positive que d'autres que les noirs sénégambien sauraient présentée d'une manière différente, sans cependant la rendre plus instructive pour les indiscrets qui ne veulent pas garder pour eux les remarques qu'ils savent devoir être désagréables aux autres.

LÉGENDE DU SAGE QUI NE MENTAIT JAMAIS.

Dans le pays de Bakounou vivait jadis un homme qui avait une grande réputation de savoir et de vertu ; tout ce qu'il disait était marqué au coin de la plus remarquable sagesse comme de la plus exacte vérité et on racontait dans les contrées environnantes, à plus de vingt journées de marche de son habitation qu'il n'était jamais sorti de sa bouche un mensonge quelque petit qu'il fût.

L'Almamy qui en avait entendu parler et qui aimait fort à plaisanter le fait appeler un jour et lui dit : Mamadi, est-il vrai que tu n'aies jamais menti? C'est vrai répondit le sage. — Es-tu

sûr que tu ne mentiras jamais? — J'en suis parfaitement sûr.
Eh bien ! ajouta l'Almamy continue à dire la vérité, mais prends
garde, car souvent, le mensonge, qui est très-subtil, se glisse
dans la bouche plus facilement que la vérité.

A quelques jours de là l'Almamy fait appeler le matin à la
première heure Mamadi. Quand le sage arriva, il trouva une
foule de curieux et de courtisans devant la demeure du souverain qui allait partir pour la chasse. — L'Almamy était auprès
de son cheval, tenant une poignée de crinière à la main, un
pied déjà passé dans l'étrier. — Dès qu'il vit Mamadi il lui cria:
va, je te prie, de suite à ma roundé (maison de campagne) de
tel quartier qu'il désigna ; tu y trouveras ma femme à laquelle
tu annonceras mon arrivée pour aujourd'hui midi. Dis lui que
nous allons forcer une biche et que quand nous arriverons chez
elle, il faut que nous trouvions une plantureuse calebasse de
couscous. Pars de suite et marche sans t'arrêter un seul instant.
Tu attendras là-bas ma venue et tu mangeras avec nous.

Mamady s'inclina, et partit sans plus tarder. — Deux minutes
après on le voyait disparaître derrière les lougans du voisinage
sans qu'il eût une seule fois tourné la tête pour voir dans quelle
direction la chasse paraissait devoir s'effectuer.

A peine est il parti que l'Almamy quittant l'étrier et rentrant
dans sa case en riant dit à ses courtisans ; Amis nous ne chas-
serons pas aujourd'hui nous resterons ici sans aller à la roundé.
Ce que j'ai dit à Mamadi était uniquement dans le but de le faire
mentir; il va annoncer notre arrivée pour midi ; il pressera ma
femme de préparer le couscous, et demain matin nous rirons de
sa confusion quand nous pourrons lui démontrer, preuves en
main, qu'il n'a pas dit vrai.

Mais l'almamy avait compté sans la défiante prudence de
Mamadi ; celui-ci était arrivé en effet d'un pas délibéré à la
roundé et avait dit à la maîtresse du logis : *Vous feriez peut-être
bien de ne rien faire du tout comme peut-être aussi vous feriez*

bien de faire préparer un couscous succulent pour l'Almamy qui peut-être sera ici à midi aujourd'hui.

La femme étonnée d'entendre ces paroles dubitatives pressa Mamadi de questions et celui-ci lui raconta que l'Almamy un pied déjà dans l'étrier de son cheval l'avait chargé de la commission ; mais il laissait à chaque mot percer un doute, si bien que la femme impatientée lui dit : Enfin viendra-t-il? oui ou non. *Ma foi, je n'en sais rien* répondit Mamadi *car je ne sais si après mon départ le pied qui était par terre sera monté sur l'étrier ou si le pied qui était sur l'étrier sera descendu par terre.*

La commission était faite. Mamadi fit son salam, se coucha dans un coin et attendit. Le lendemain matin, l'Almami arriva tout riant et d'aussi loin qu'il vit sa femme il lui cria : Eh bien ! le fameux diseur de vérités a donc dit un mensonge hier. Mais il ne fut pas peu confus quand elle lui répondit : Non je n'ai jamais pu lui tirer rien de précis et il n'a jamais voulu me dire si oui ou non vous viendriez. Les détails de la conversation montrèrent que le sage était resté dans le doute le plus vague. Mamadi triomphait et l'Almamy reconnut comme tout le monde que le sage et prudent compère avait soin de se tenir toujours dans une réserve assez grande pour ne pas se laisser tromper par les apparences.

LÉGENDE DE CELUI QUI SE FAIT SERVIR PAR LE ROI.

Il y avait jadis dans le Kamera un roi qui était puissant et craint par ses voisins, mais qui s'enorgueillissait de sa grande situation et qui disait à chaque instant que tout le monde était à ses ordres tandis que lui n'avait à obéir à personne. Pas un de ses sujets n'aurait osé le contredire de peur de perdre la vie, car il était aussi violent qu'orgueilleux et il triomphait ainsi facilement au milieu de tous ses courtisans empressés à exécuter ses moindres volontés. — Il y avait dans le pays un solitaire du nom de Boubakar, homme simple et religieux, faisant le bien et sachant beaucoup de choses. Un jour que Boubakar était près du roi, celui-ci revenant sur son thème favori, répéta avec ostentation que tout le monde lui obéissait et qu'il ne travaillerait, lui, jamais pour personne. Chacun fit un signe de respectueux assentiment pour flatter le Monarque. Seul Boubakar resta immobile comme s'il n'avait pas entendu ce qui venait d'être dit. Le roi choqué de cette indifférence qu'il sentait être affectée interpella directement le sage et lui demanda ce qu'il en pensait. — Boubakar mis ainsi en demeure de répondre, hocha la tête et dit : Personne au monde ne peut dire qu'il ne travaillera pas pour son prochain à un moment quelconque de sa vie, car ce serait avancer une inexactitude. — Le roi se récria, la conversation s'anima et Boubakar soutenant sans faiblir, le monarque lui dit : Eh ! bien, je parie que tu ne me feras pas travailler pour toi. — J'accepte le pari, dit Boubakar ; tu donneras dix bœufs si d'ici à trois jours je l'ai gagné. Le marché est accepté : — On parle d'autre chose et le roi, mis de bonne humeur parce qu'il était persuadé d'avoir gain de cause, voulut que Boubakar restât avec lui pour déjeûner. Le sage s'en défendait, il avait pris déjà son bâton et l'avait mis sous son bras pour pouvoir toucher la main au roi et aux divers personnages de l'assistance, quand on entend la voix d'un pauvre qui demandait l'aumône à la porte de la maison. Boubakar dit au roi : Permets-moi, ô souverain tout-puissant de porter un peu de couscous à ce malheureux qui a faim. — Oui, répondit le roi, mais reviens donc déjeuner avec moi. — Eh ! bien, répond Boubakar, je ferai comme tu le désires; et il se baisse plongeant ses deux mains dans le plat pour en prendre une bonne portion. En se relevant il parut embarrassé dans ses vêtements ; le bout de son bâton passait sous son coussabe et menaçait de le déchirer ; il était à craindre même qu'il ne gênât les mouvements au point de le faire trébucher, au risque de

faire tomber par terre une partie du couscous destiné au pauvre.
Chacun vit le mouvement, le roi comme les autres, et Boubakar
lui dit sans aucune affectation, mais assez vite pour ne laisser le
temps à aucune réflexion incidente de se produire : Roi, prends
je te prie, mon bâton qui me gêne et dépose-le par terre où
je vais venir le reprendre. Le monarque obéit aussitôt sans
songer à autre chose, et à peine le bâton était-il placé au
lieu indiqué que Boubakar se mit à rire en regardant successivement tous les courtisans ; il dit au roi : — Donne les dix
bœufs aux pauvres, car tu le vois, tu viens de travailler pour moi
à mon commandement. Le roi confus voulut se récrier, mais le
fait était patent et il reconnut qu'il y a quelque chose de plus
fort que la royauté, le pouvoir ou la richesse, c'est l'esprit.

Les jeunes Kassonkés chantent en cœur quand ils partent pour
la guerre ou pour la chasse, une ballade qui ne manque pas
d'une certaine poésie et dont on va juger par le sommaire suivant : Un puissant roi Kassonké qui habitait le Bakounou près
Nioro, avait une fille du nom de Diudi qui avait toutes les
beautés du corps ; elle s'éprit d'un jeune guerrier du nom de
Séga, beau, brave, charmant à tous égards, mais de basse ex-
traction et ne pouvant prétendre à la main d'une princesse.
La guerre vint à se déclarer. Séga voulut partir aux premiers
rangs espérant conquérir par sa bravoure une position militaire
qui lui permettrait de demander la main de Diudi, mais la malheureuse jeune fille était désespérée, elle tomba dans une noire
mélancolie. — L'amour avait porté ses fruits ; peu après le départ de Séga, Diudi devint mère. Le roi son père, furieux
d'une pareille aventure, voulut savoir pour le faire mettre à
mort quel était le téméraire jeune homme qui avait osé élever
ses regards jusqu'à Diudi.

La jeune fille n'eût garde de le révéler ; alors le roi son père la
fit souffrir, l'enferma, la priva de nourriture, de lumière pour la
forcer à des aveux, mais elle fut inébranlable. Quand elle était

interrogée avec trop d'insistance, elle répondait : Mon amant est beau comme le soleil, sage comme un vieillard, brave comme un lion ; mais elle ne disait rien qui pût révéler d'une manière plus positive le nom de son cher Séga.

Le roi ne voulut pas céder, la pauvre Diudi finit par mourir à à la torture et peu de jours après Séga revenait couvert de lauriers, ayant sauvé l'armée, ayant battu les ennemis, ayant conquis un riche butin. — C'est au point que le roi lui dit de demander tout ce qu'il voulait sans crainte d'un refus car il méritait les plus grands honneurs. Séga se hâta de demander la main de Diudi ; mais apprenant sa mort, il s'évanouit et alla mourir de douleur sur la tombe de sa bien-aimée.

N'est-on pas frappé du thème de cette ballade ? Pour ma part j'y vois des sentiments que les noirs les plus supérieurs seuls peuvent comprendre et que les Sérères, les Bambaras, les riverains de la Casamance ne sauraient apprécier par imperfection intellectuelle.

LANGAGE.

Les Soninkés ont une langue-mère, si je puis m'exprimer ainsi, c'est-à-dire une langue commune à toute cette classe d'hommes, langue qui s'altère un peu à mesure que le sang Peul, Mandingue ou Bambara s'est introduit dans une agglomération, mais conservant néanmoins de nombreux liens de parenté avec la langue primitive des Saracolais purs. C'est ainsi que l'on constate dans le Goy, le Kaméra, le Guidiaja, où habitent les Djiaïbés qui sont, on le sait des Ouolofs émigrés, que plusieurs groupes de Kassonkés, Bakiris et Saïbobés, parlent le Ouolof de la basse Sénégambie presque pur. Mais le plus souvent, c'est un mélange des deux langues que l'on entend. Dans d'autres endroits, les Kassonkés se servent de mots Peuls, Bambaras, Mandingues, qu'ils ont ajoutés à leur idiome originel.

Les Djalonkés sont dans le même état ; leur langage se ressent de l'intrusion de tel ou tel élément étranger.

Les Saracolais ont comme les autres nègres la numération quinaire, de sorte qu'il leur est assez difficile de faire des calculs compliqués ; mais cependant ils s'entendent d'une manière parfaite à sauvegarder leurs intérêts dans toutes les discussions du négoce pour lequel ils ont d'ailleurs d'excellentes aptitudes.

VÊTEMENTS.

Les Soninkés n'ont pas un costume spécial différent de celui des peuplades qui les environnent ; les femmes ont bien, avons-nous dit, une coiffure qui les rend reconnaissables auprès des Ouoloves des Mandingues, etc., etc., mais le fond du vêtement proprement dit est le même.

Les hommes ont la tête couverte en général par un bonnet cylindrique en calicot blanc. Les élégants mettent aux jours de fête une calotte de velours quand ils peuvent se la procurer, mais le plus grand nombre d'entre eux va nu-tête sans plus de préparations. Le boubou et le pantalon, façon mauresque, constituent chez lui, comme chez les autres nègres, le vêtement national. Ce boubou est plus ou moins ample suivant la position sociale de l'individu ; il est le plus souvent en calicot blanc. Mais n'oublions pas que le nègre revêt très-volontiers tout ce qui lui paraît joli, et le joli pour lui est tout ce qu'il n'a pas eu jusque-là.

Chez les femmes, le pagne ceignant les reins est le fond du vêtement, le seul même pendant la saison chaude et dans les classes besogneuses. Avec l'aisance, elles ont le boubou qui est plus ou moins richement ornementé. Très-souvent elles le font en gaze comme le voile qui couvre leur tête, de sorte que, malgré le vêtement, les contours de leur corps restent très-visibles, y gagnant même sensiblement en élégance par cette adjonction d'un tissu léger qui rend leurs formes par des lignes assez indécises pour servir d'aliment à l'imagination.

Elles ont un goût très-prononcé pour les bijoux. Nous avons dit qu'elles portent des morceaux d'ambre dans la chevelure en guise de boucles d'oreilles, en collier, en bracelets, et je dois ajouter que j'en ai vu dont les fragments d'ambre sont aussi gros que le poing fermé. A côté de ces morceaux d'ambre, elles mettent tous les ornements d'or, d'argent, de verroteries et même de cuivre qu'elles peuvent se procurer.

Les femmes du Bondou ont des anneaux d'or ou d'argent aux jambes et aux bras. Elles portent des anneaux d'or si pesants aux oreilles qu'elles sont obligées de les soutenir à l'aide d'une petite lanière de cuir ou d'une tresse de cheveux pour ne pas avoir le pavillon déchiré. Celles du Kasso teignent souvent les mains et les ongles en rouge comme les Mauresques, leurs voisines.

Dans le Ségou ou le Maçina, elles passent souvent un anneau métallique dans la cloison du nez, mais elles perdent cette habitude à mesure qu'elles se rapprochent du littoral sénégambien.

En un mot, nous pouvons dire que les Saracolaises sont coquettes autant et plus peut-être que les autres catégories de négresses qui, cependant, aiment la toilette comme les Européennes au point d'en faire presque l'unique occupation de leur existence.

Elles cherchent par tous les moyens à se rendre jolies et séduisantes ; elles y parviennent même parfois; mais paresseuses autant que coquettes, elles se livrent aussi peu qu'elles peuvent aux travaux du ménage, de sorte que leurs cases sont en général dans un état de saleté révoltante. Les aliments qu'elles préparent sont assez peu défendus contre les matière s nauséeuses pour soulever le cœur des Européens par la vue et l'odorat.

Nous venons de dire que les cases saracolaises sont, grâce à la paresse des femmes de cette nation, d'une saleté horrible le plus souvent. Donnons quelques renseignements complémentaires sur ces habitations. Les Saracolais étant surtout des cultivateurs quand ils sont fixés sur un point du sol vivent en petites agglomérations de cent à trois cents âmes, dans le voisinage d'un cours d'eau ou d'un marigot, afin d'avoir autant que possible un peu d'arrosage pendant quelques mois de la saison sèche. Leurs villages sont constitués par des cases en paille, de forme circulaire, surmontées d'une toiture conique ressemblant assez à un gigantesque parasol ; elles sont entourées d'un clayonnage qui forme une cour dans laquelle les animaux domestiques passent la nuit et où se font la plupart des travaux du ménage.

Les villages saracolais sont moins souvent que les autres défendus par cette palissade extérieure que l'on appelle tapade ou tata suivant le pays. Dans les pays qui avoisinent la Casamance et la Gambie, les Mandingues leur ont défendu de faire ces palissades et veillent avec une jalouse attention à ce que leur volonté ne soit pas éludée. Cette mesure a une portée politique. Le Mandingue, envahisseur et moins puissant en nombre, a voulu garder les avantages militaires en palissadant ses habitations et en exigeant que les autres eussent des villages ouverts.

Les Bambaras de la vallée du Niger ont les mêmes exigences en certains points et les Saracolais les supportent d'autant plus paisiblement que dans ces pays ils ont de petits villages, tandis que leurs voisins occupent en général des cités beaucoup plus populeuses. Dans cette vallée du Niger et dans le Fouta Djalon,

les cases en paille sont assez souvent remplacées par des maisons en maçonnerie ; or, disons que les Saracolais sont ceux qui
habitent le moins dans les bâtisses. Leur profession agricole et
peut-être aussi leur instinct national les poussent à préférer les
cases en paille des habitants primitifs de la contrée.

Dans le haut Sénégal ils se sont trouvés mieux des habitations
en torchis, et de plus, ils entourent leurs villages d'un tata le
plus souvent fortifié. La raison en est d'une part dans le mélange
de sang qui leur a enlevé une partie des attributs caractéristiques
du Saracolais ; d'autre part, à l'état politique du pays qui, étant
à chaque instant le théâtre des guerres d'expéditions, de prises
d'armes, exige des précautions défensives inutiles dans d'autres
contrées.

Dans les agglomérations Saracolaises comme dans tous les villages nègres, nous trouvons une estrade placée sous un gros arbre.
C'est le forum où toutes les affaires se traitent, où les oisifs
viennent fumer et causer, où on apprend les nouvelles et où il
est décidé de tout ce qui intéresse la vie de l'agglomération.

RELIGION.

Les Soninkès ne constituent pas une race fanatique ; ils n'a-
vaient primitivement qu'une religion très-imparfaite, très-tolé-
rante surtout, et leur fétichisme n'est jamais allé jusqu'aux excès
qui plaisent tant aux autres peuplades voisines. Lorque l'islamisme est arrivé jusqu'au Soudan occidental et qu'ils ont été au
contact de ces farouches convertisseurs à main armée qui les
mettaient dans l'alternative du Coran ou du sabre, ils n'ont pas
hésité une minute et se sont prononcés en faveur du Coran, mais
on voit en les étudiant de près qu'ils ont fait ce sacrifice pour
conserver leur vie et leur tranquillité. Une invasion puissante leur
eût-elle proposé toute autre religion, qu'ils l'auraient acceptée

de la même manière avec un empressement intéressé, mais sans enthousiasme réel et incapable d'avoir dans l'avenir le moindre fanatisme.

Les Saracolais peuvent donc être considérés d'une manière générale comme de très-modérés musulmans, et la preuve, c'est que lorsqu'ils ne cèdent pas à la pression de voisins intolérants ils se laissent très-volontiers aller à l'oubli des prescriptions du Coran. C'est ainsi que nous voyons les Kassonkés être souvent des mahométans de forme, et encore ne dédaignant pas les liqueurs fermentées, tandis que quelques-uns, comme les Guidimakas qui sont avoisinés par les Maures, sont de fervents sectateurs de Mahomet, parce qu'ils sentent que c'est le seul moyen de diminuer un peu les chances et les excuses de pillage de la part des tribus nomades du désert. Les Saïbobés, qui se livrent à l'agriculture et qui par conséquent sont inoffensifs, se sont aussi réfugiés dans le mahométisme pour ne pas être exposés à l'animadversion des belliqueux coureurs d'aventures. Mais les Bakiris qui sont plus militaires, qui ont même certaines tendances à se servir assez volontiers de leurs armes, ont laissé les pratiques religieuses de côté comme inutiles et ne craignent pas de se livrer à leur goût décidé pour les liqueurs fortes en dépit de toutes les prescriptions du Coran, de ce que commande, soit Mahomet, soit tel autre législateur religieux.

MŒURS.

Les Soninkés sont de mœurs douces ; tout ce que nous avons dit jusqu'ici nous montre qu'ils sont malléables dans une certaine mesure, cherchant à vivre doucement et sans querelles avec les voisins. Dans les conditions où ils se trouvent, c'est-à-dire placés au milieu des peuplades plus batailleuses et plus intolérantes, ils ont cherché à atténuer leurs habitudes pour ne rien heurter. C'est ce qui fait que nous les voyons changer un peu plus leur allure suivant les pays ayant des habitudes qui reflètent celles du milieu dans lequel ils se trouvent, ne voulant cependant tomber dans un excès fâcheux quelconque. Aussi on peut dire d'une manière générale qu'ils ont, suivant la contrée où on les examine, les habitudes du pays, mais ces habitudes réduites à leur simple expression. Ainsi, par exemple, dans les pays comme les bords de la Gambie où le chef du village porte un signe distinct comme un anneau d'argent au bras droit, nous voyons les Saracolais prendre cette habitude pour l'abandonner dans les contrées où les autres peuplades ne présentent pas cette particularité.

Leurs mariages, leurs funérailles, sont soumis aux mêmes lois ; et tandis que chez les Saracolais du pays compris entre la Casamance et la Gambie le mariage se fait sans grandes complications, puisque le jeune homme porte au père de la jeune fille qu'il désire une natte et quelques noix de Gourou, et que si le présent est accepté il va chercher le plus beau bœuf de son troupeau qui sert à faire le repas de noces qu'on assaisonne de nombreux coups de fusil ; dans les contrées du haut Sénégal, nous les voyons se rapprocher des coutumes des Peuls, des Bambaras, des Toucoulors, suivant leur position géographique.

Dans les pays du revers ouest du Fouta Djalon, nous les voyons faire des fêtes, des libations, des repas, à la mort des gens notables. Au contraire, les choses se passent d'une manière plus sobre et plus réservée dans d'autres pays moins plantureux. Bref, nous pouvons dire d'un mot que les hommes qui nous occupent sont assez malléables dans une certaine mesure pour avoir suivi, quoique de loin et d'une manière modérée, les coutumes des gens au milieu desquels ils se trouvent placés.

Les Saracolais aiment la musique ; j'ai entendu plusieurs d'entre eux chanter des airs monotones et doux qui rappellent assez bien les chansons algériennes ; ils sont moins bruyants ;

leurs chants sont moins obscènes que ceux de beaucoup de noirs du Soudan occidental.

Les filles des Saracolais dansent parfois une danse plus modeste que celle des Ouolofs du bas Sénégal. Les hommes se placent en rond, la jeune fille fait des *grâces*, ou bien envoie des pagnes qu'elle agite mollement comme les danseuses algériennes. Tout même prête à l'illusion : le tam-tam, l'air monotone, qui accompagnent la danse, les mouvements de tête de la danseuse, etc.

GOUVERNEMENT.

Le gouvernement des Soninkés varie suivant les pays dans lesquels nous l'observons. Ainsi, dans le haut Sénégal, Guadiaga, Kamera, on élit un chef qui porte le titre de Tunka, qui est un souverain assez absolu de nom, mais dont, en fait, l'autorité est très tempérée par un conseil composé de membres influents des deux classes : Bakiris et Saïbobés ; bien plus, comme la dignité du Tunka se transmet dans ces pays de Guadiaga, Goy, Kamera, par ligne collatérale entre deux familles dans chaque province, il arrive que le Tunka est très-généralement un vieillard sans énergie, de sorte que le conseil et surtout la partie militante du conseil, c'est-à-dire les Bakiris, imposent le plus souvent leur volonté dans les déterminations.

Les gouvernements du Kasso, du Guadimaka, sont une sorte de république fédérative contenant des petits États peu populeux et assez étendus qui sont souvent assez hostiles les uns aux autres pour qu'aucune action d'ensemble, ne puisse être tentée par celui des chefs qui voudrait conquérir de l'influence et de la gloire. Aussi arrive-t-il que ces États ne peuvent jamais opposer une résistance armée bien puissante et qu'ils sont destinés à être subjugués par leurs voisins, si nous n'intervenons pas d'une manière aussi effective que nous l'avons fait à Bakel et à Médine.

Dans le pays de Kaarta, de Ségou, de Maçina, du Bouré, etc., etc., les agglomérations Saracolaises dépendent du gouvernement Mandingue, Bambara, Toucoulor, qui est en puissance, et elles paient sans trop murmurer l'impôt à tous les prétendants qui se présentent en force suffisante pour dominer momentanément le pays.

Dans les régions de la haute Gambie, de la Casamance, chaque village est indépendant et élit un chef auquel on obéit. L'habitation de ce chef est souvent palissadée, ce qui en fait une sorte de citadelle dans laquelle les gens du village se réfugient avec leurs troupeaux en cas d'attaque ; dans ces villages ouverts à tout venant, cette prérogative est bien faite pour faire respecter l'autorité qui est doublement affirmée ainsi.

JUSTICE.

La justice est rendue par les anciens sous la présidence du chef dans les villages Saracolais, quels qu'ils soient, et les sentences sont exécutées séance tenante, quand il est besoin, par un captif du souverain. Ces tribunaux se piquent d'une grande équité et cherchent à rendre la justice d'une manière très-exacte. Ainsi, les Saracolais répètent volontiers que chez eux, lorsqu'un individu est accusé d'un crime entraînant sa vente comme esclave et qu'il parvient à se disculper, c'est son délateur qui est vendu à sa place ; mais dans maintes circonstances la Thémis saracolaise se fourvoie de bonne ou de mauvaise foi dans ses arrêts.

Dans tous les cas, les arrêts ne sont pas rendus sans longues discussions ; le plaignant, l'accusé, ont le droit de parler longuement ; les juges tiennent à honneur de faire entendre un discours

13

étendu destiné à mettre en lumière leurs grandes qualités d'esprit et sa sagacité, de sorte que la moindre affaire est l'excuse d'un palabre interminable.

APTITUDES.

Les Saracolais sont des gens paisibles cherchant dans les temps ordinaires à faire tout pour éviter le guerre, travaillant volontiers et ayant un esprit d'ordre et d'économie que n'ont pas les autres populations du Soudan occidental. A ce titre, ils nous intéressent d'une manière spéciale et peuvent être signalés à la sollicitude du gouvernement, car ils présentent un précieux élément de population destiné à faire prospérer très-grandement nos possessions sénégambiennes, si nous savons les utiliser.

Ils n'ont pas de répulsion vis-à-vis de nous, et la tiédeur de leur mahométisme fait qu'ils viennent sans crainte se ranger sous notre action, d'autant que, sentant au fond que nous sommes les plus forts, ils sont naturellement attirés dans la sphère de notre domination. Plusieurs d'entre leurs jeunes hommes prennent volontiers du service dans les compagnies indigènes de terre ou de mer, et là, quoique moins hardis, moins entreprenants que les Ouolofs, ils constituent d'excellents serviteurs dans la limite que les noirs peuvent atteindre. Ils ne redoutent pas la navigation ; on en connaît sur la côte qui font d'excellents matelots ; je ne sais même si, comme soldats ou matelots, ils ne sont pas préférables à bien d'autres classes de mélaniens que nous employons dans notre colonie du Sénégal.

Le Saracolais est remarquable par deux aptitudes très-marquées chez lui : d'une part, l'amour de l'agriculture ; d'autre part, le goût des voyages lointains et des émigrations temporaires ou permanentes. Ce sont là deux conditions précieuses pour les attirer à nous, car nous dirons que le Saracolais qui émigre s'arrête volontiers dans le pays où il se trouve bien et fixe là son existence laborieuse, de telle sorte que, si nous parvenions à offrir à ces nègres un pays suffisamment tranquille et assez fertile pour donner de bons produits agricoles, nous attirerions en peu d'années à nous une très-grande proportion des agglomérations saracolaises de tout le Soudan occidental.

Dans les contrées très-fertiles des bords de la Gambie, il n'est pas rare de voir des Saracolais venir en grand nombre, à l'époque des semailles, pour y cultiver des arachides qu'ils se hâtent de vendre, à la récolte, afin de retourner dans leur pays jusqu'à la saison des semailles suivantes. Ceux qui ont trouvé une région plus plantureuse encore et qui leur donne une aisance sensiblement plus grande que celle qu'ils avaient restent deux, trois, dix ans dans le même endroit, et finissent même par s'y fixer d'une manière définitive, quand les progrès de l'âge et l'étendue de la famille les ont rendus moins mobiles. Dans tous les cas on comprend que, soit comme population flottante, soit comme gens attachés au sol, ils sont capables, dans des pays comme la Casamance et la Gambie, de fournir d'énormes quantités d'arachides. Ils produisent un peu de coton, des peaux, de la cire, et nous décuplerions facilement la production par quelques mesures de protection qui n'auraient rien de bien difficile ni de bien compliqué.

Les Saracolais ne sont pas volontiers pasteurs, aussi voyons-nous ceux qui sont éparpillés dans les populations Peules des contre-forts ouest du Fouta Djalon se livrer à l'agriculture et confier la conduite de leurs troupeaux à des Peuls qui gardent le lait comme salaire. Dans le Fouta Djalon, nous les voyons se livrer à l'agriculture avec succès et arriver à des résultats qui sont paralysés par le manque de communications, mais qui nous font justement espérer que, lorsque des routes seront tracées dans ces pays restés sauvages jusqu'ici, cette partie de l'Afrique fournira des proportions énormes de produits.

Les jeunes gens saracolais émigrent volontiers, à d'assez grandes distances, pour aller tenter la fortune. Ainsi, Mage (p. 106) parle d'un d'entre eux qu'il rencontra sur les bords du Bakoy. Il était parti pauvre de Guemoukoura, cinq ans avant, portant une petite pacotille de sel qu'il avait échangée contre de l'or dans le Bouré, c'est-à-dire à 350 kilomètres à peu près de son pays ; de là, il était allé à la Sierra Léone, passant par Timbo, c'est-à-dire à plus de 500 kilomètres, et avait cultivé les arachides jusqu'à ce qu'il eût gagné une petite fortune ; il revenait en ce moment, ayant acheté une femme qui lui avait donné un enfant, et possédait cinq captifs avec lesquels il faisait à pied un voyage de plus de 800 kilomètres.

Je pourrais sans peine citer cent exemples de cette nature et tous les Sénégalais le savent aussi bien que moi. Cette aptitude à l'émigration est extrêmement remarquable et mérite de préoccuper ceux qui aiment à penser, touchant la situation actuelle et l'avenir de la Sénégambie. Si nous savions faire, en effet, nous créerions une armée de colporteurs qui inonderait les pays du centre de l'Afrique et qui nous rapporterait et des hommes et des produits en retour de nos avances.

Dans les voyages si longs que font les caravanes, les captifs sont généralement attachés par le cou ; ils forment une sorte de chapelet dont les intervalles sont constitués soit par une corde, longue de deux mètres environ, soit par un bâton. Cette dernière disposition est réellement un supplice cruel pour ces malheureux, car on comprend que dans un pays où les sentiers sont extrêmement accidentés le moindre faux pas de l'un retentit en même temps douloureusement sur les deux voisins. Triste est le sort des malheureux nègres captifs dans toute l'Afrique, et il est bien à désirer que l'esclavage, qui est encore, à l'heure présente, l'institution primordiale et capitale de la société nègre, s'atténue et disparaisse.

Nous avons beaucoup à gagner à la suppression de cet esclavage et déjà, dans un travail bien fait de M. Bocandé, il a été dit une chose qui s'affirme tous les jours, c'est que la suppression de la vente des esclaves aux négriers a doté les pays de la Gambie et de la Casamance d'une population agricole qui faisait défaut précédemment. Nous aurons à revenir là-dessus pour développer l'idée comme elle le mérite, quand nous jetterons un coup d'œil synthétique sur les populations nègres du Soudan occidental, aussi pouvons-nous ne pas insister davantage actuellement.

A mesure que les Saracolais ont pris plus ou moins de sang étranger, leurs aptitudes se sont modifiées, dans certaines proportions ; c'est ainsi, par exemple, que les Kassonkés, tout en se livrant volontiers à l'agriculture, sont devenus plus guerriers que ceux de race pure. Les deux classes, Bakiris et Saybobés, présentent une différence notable sous ce rapport: tandis que les Bakiris, lorsqu'ils sont laissés à leurs inspirations, sont de tristes gredins, paresseux, fourbes et insolents, cultivent à peine ce qu'il faut pour les plus pressants besoins et tâchent d'extorquer aux faibles le plus qu'ils peuvent, les Saybobés sont travailleurs, ils se livrent à l'agriculture avec entrain pendant leur âge mûr et alors qu'ils ont acquis une certaine aisance. La plupart de leurs jeunes gens se font marchands colporteurs, allant d'une extrémité à l'autre de la Sénégambie et sillonnant le pays en tous sens; ils font des voyages énormes pour échanger des marchandises de très-mince valeur et réaliser des bénéfices fort minimes ; mais, l'esprit d'ordre et d'économie dominant essentiellement leurs mouvements, ils finissent toujours par gagner quelque chose. Leurs caravanes se composent de huit à dix adultes emmenant avec eux leurs femmes, leurs enfants en bas âge, et faisant çà et là le trafic des captifs.

CONCLUSIONS.

Nous aurons à parler encore des Soninkés quand nous jetterons un coup d'œil d'ensemble sur les peuplades de la Sénégambie. Aussi nous permettra-t-on d'être très-bref dans le moment actuel, et nous terminerons notre étude sur eux en disant
qu'ils constituent une population tranquille, douce, travailleuse
et capable de nous seconder dans notre œuvre de commerce
comme dans celle de la civilisation. Aussi méritent-ils, à tous
les titres, notre sympathie et notre protection.

CHAPITRE CINQUIÈME.

Les Mandingues.

On appelle Mandingues ou Malinkés une peuplade assez importante de la Sénégambie. Il est assez difficile *a priori* de déterminer
la place qu'elle doit occuper dans l'énumération des diverses peu
plades qui habitent le Soudan occidental, car les uns l'ont considérée comme constituant une race primitive au même titre
que les Peuls, les Ouolofs, etc., etc., les autres au contraire n'ont
vu en eux que des métis résultant du mélange des Peuls avec
certains nègres du pays. Je suis à ce sujet entièrement de l'opinion du général Faidherbe qui croit que les Mandingues sont
une des souches spéciales de la population nègre de Sénégambie,
car on trouve ces hommes avec des caractères identiques soit
dans le haut Sénégal soit dans la vallée du Niger, soit au Fouta-
Djalon, soit dans les bas pays de la Casamane, de la Mellacorée,
de la Gambie, etc., etc., ce qui serait inexplicable si nous admet-
tions l'hypothèse qu'ils constituent une race métisse.

GÉOGRAPHIE.

Les Mandingues paraissent avoir pour centre d'habitation sinon
pour berceau les versants N.-N.-O. et ouest du Fouta-Djalon. Le
pays dans lequel ils constituent la majeure partie de la population
a pour limites à l'est, celui qu'habitent les Bambarras ; au sud, la
crête des montagnes les plus méridionales du grand paté précité ;
au nord, le cours du Sénégal depuis le voisinage de Bakel jus-

qu'aux environs de Bafoulabé ; à l'ouest, les pays de Kabou, de Dentilia ; au N.-O. celui du Bondou. Ils occupent en d'autres termes un espace irrégulier compris entre les 11° et 24° de latitude nord, et du 11° au 14° de longitude ouest.

Ils paraissent avoir été primitivement confinés dans les vallées d'origine du Bakou, du Bafing et de la Falémé qui font, on le sait, par leur réunion le Sénégal et occupaient ainsi les crêtes du pays de Timbo, de Dinguira, de Labé et de Tamgué. Soit qu'ils aient été repoussés par les Peuls et les Bambarras, ce qui est le plus probable ; soit qu'ils aient été poussés par un besoin spontané d'émigration, résultat de leur accroissement de nombre ; mais la première hypothèse est, je le répète, la plus admissible, ils ont fait irruption sur les versants occidentaux du Fouta—Djalon, suivant probablement le cours de mille ruisseaux qui comme la Scarine, la Mellacorée, le Rio-Pongo, le Rio-Nunez, etc., etc., se rendent immédiatement à la mer par le chemin le plus court. Ils ont refoulé vers le bas pays les peuplades comme les Soussous, les Landoumas, les Bagas les Nalous depuis le parallèle de la Mellacorée jusqu'à celui du Rio-Géba. Pour la même raison, ils ont refoulé vers l'ouest les Bagnouns de la Casamance, ils ont poussé vers le nord les Serères qui sont arrivés de proche en proche jusqu'au Cayor et au Oualo, dans le voisinage de nos possessions du cap Vert ; de sorte qu'aujourd'hui, dans la haute Casamance et la haute Gambie, on voit l'élément Mandingue augmenter sensiblement. Ils pénètrent peu à peu dans le pays de Sine et de Saloum où par un hasard dont nous ne connaissons pas l'origine ils fournissent les membres des familles régnantes actuelles. En même temps, ils gagnent de proche en proche dans le haut Sénégal de telle sorte qu'ils ont envahi à peu près tout le Bambouk et s'étendent sur les bords de la Falémé jusqu'au village de Farabana inclusivement.

L'époque de leur migration ne doit pas être bien éloignée de nous, car dans les pays voisins de la Casamance et de la Gambie

la tradition garde encore le vestige de ce souvenir ; mais cependant il doit y avoir au moins deux ou trois siècles sinon davantage
qu'ils ont fait leur apparition dans les pays où nous les voyons
aujourd'hui en force contre les populations plus inférieures qu'ils
ont rejetées du côté de la mer. Chose très-remarquable, les Mandingues subissent actuellement l'invasion à leur tour et sont refoulés par les Peuls comme ils ont dans les temps refoulé des
populations autochthones ou au moins plus anciennes qu'eux dans
le pays ; ils ne font en un mot pas exception à cette très-remarquable loi qui pousse les diverses races nègres à se superposer
les unes aux autres ; les plus intelligentes étant les dernières en
date pour la possession d'une contrée.

PLACE ETHNOGRAPHIQUE.

Les Mandingues sont des nègres proprement dits, ne constituant pas une variété métisse, mais au contraire une race relativement pure ou au moins que nous pouvons considérer comme
telle dans l'état actuel de nos connaissances. Ils occupent un rang
élevé dans l'échelle des agglomérations mélaniennes et comme
nous le verrons, bien que notablement inférieurs aux Peuls, ils
ont des qualités intellectuelles plus développées que plusieurs
autres peuplades qui les avoisinent. Les Mandingues rappellent
au premier coup d'œil au voyageur les nègres des contrées équatoriales; aussi plusieurs ont soutenu qu'ils étaient venus de la partie
de l'Afrique qui avoisine la ligne. Ils ont un air plus dur que les
autres nègres; leur teint est brun-olivâtre, moins brillant que celui du Ouolof, moins bronzé que celui du Toucoulor. On l'a assez
heureusement comparé à la couleur du chocolat ou du tabac en
feuilles. La teinte de leur peau est uniforme, aussi foncée aux
parties couvertes que là où la lumière et le soleil frappent les
téguments.

Leur taille est généralement bien prise, élancée et élevée. J'ai vu parmi eux de très-beaux hommes. Leur système musculaire est bien développé ; les membres supérieurs sont quelquefois très-bien proportionnés, mais les membres inférieurs sont plus grêles que dans la race blanche. Quoique n'ayant pas de gros mollets à proprement parler, leurs jambes ne sont cependant pas en forme de tronc de cône régulier comme chez le Ouolof.

Le visage des Mandingues et d'un ovale régulier mais il n'est pas beau, car il a une expression dure et sévère. Quelques fois même il respire une rudesse qui pour un peu plus porterait le stigmate de la férocité. Leur front est moins saillant que celui des Peuls mais plus large ; il est légèrement fuyant et surmonté de cheveux crépus et laineux, moins contournés que ceux des Ouolofs ; infiniment plus frisés que ceux des Peuls.

Le nez des Mandingues est large, écrasé, surtout à la base et l'extrémité présente les deux orifices des narines béants, formant deux ovales parallèles. La distance du nez à la lèvre supérieure est plus grande chez eux que chez les autres noirs de la Séné- gambie. Leurs mâchoires sont volumineuses ; leurs incisives notablement obliques, ce qui leur constitue un prognatisme très-accentué. Le menton commence à fuir et à s'effacer chez eux.

Les Mandingues se croisant avec les Peuls, les Saracolais, les Ouolofs, ont fourni des métis en grand nombre ; les uns, comme les Djalonkés, tendent à former une peuplade séparée et distincte; les autres au contraire se fondent dans les peuplades qu'ils avoisinent.

HABITATIONS.

Les villages mandingues sont très-variables de grandeur et de dispositions suivant les pays ; quelques-uns peuvent à peine mettre trente guerriers sur pied, d'autres en ont jusqu'à cent et deux cents même. En leur qualité d'envahisseurs à main armée les Mandingues ont soin en général d'entourer leurs villages d'une palissade qui s'appelle tata et qui est plus ou moins solide, plus ou moins compliquée. Dans les pays du bas de la côte, les villages mandingues sont généralement adossés à un bois, disposition qui a pour but de permettre aux femmes et aux enfants de s'échapper pour se mettre en sûreté en cas d'attaque ; le front découvert est défendu par une palissade épaisse, quelquefois double, pour résister davantage aux agressions.

L'intérieur des villages est composé de groupes de cases et de cours entourées de palissades, tout cela sans ordre, de sorte que les rues sont non-seulement tortueuses, mais si étroites qu'il faut avoir une grande habitude de la localité pour s'y reconnaître. Dans le haut pays on a cherché par l'élévation des palissades à remplacer le bois absent et, d'ailleurs, il faut dire aussi que la vie plus tranquille et moins batailleuse rend les précautions défensives moins importantes. La propreté n'a jamais été une vertu nègre, de sorte qu'il faut s'attendre à trouver dans les villages Mandingues comme d'ailleurs dans les autres une sordidité vraiment répugnante.

VÊTEMENTS.

Les Mandingues n'ont pas un vêtement spécial capable de les faire reconnaître d'une manière absolue, ils portent assez généralement dans leur pays, le boubou, le pantalon et le bonnet en coton teint en jaune parce qu'ils savent surtout obtenir cette couleur avec l'arbre appelé Rhat qui croît assez abondamment en Sénégambie. Dans les endroits où ils peuvent se procurer du calicot d'Europe ils ont, au contraire, les vêtements de couleur différente le plus souvent.

LANGAGE.

La langue Mandingue semble appartenir au même groupe que le Ouolof et, comme lui, avoir quelques liens de parenté avec la langue des Diolas du Gabon. Elle a, d'ailleurs, plusieurs dialectes, car les diverses agglomérations vivant assez séparées les unes des autres et au milieu de peuplades qui parlent différemment, il est naturel que suivant le pays il y ait des noms très-différents pour le même objet.

INDUSTRIE, COMMERCE.

Les Mandingues ont l'instinct du commerce d'une manière très-remarquable, se rapprochant sensiblement des Saracolais sous ce rapport. Ce sont eux qui ont le monopole presque absolu des échanges entre les commerçants du Sénégal et ceux du centre de l'Afrique. On peut très-bien les comparer aux Saracolais en disant, si on me permet d'employer un terme de marine, que ces derniers font le cabotage, tandis que les Mandingues font le long cours dans les immenses pays du Soudan occidental. En effet, on voit à Sierra-Leone, à Grand-Bassam, dans tout le golfe de Bénin, des caravanes de Mandingues que l'on rencontre quelques mois après dans le haut Sénégal et qui ont passé à Ségou, à Tombouctou ou dans tel autre pays très-éloigné du bord de la mer.

On comprend que de pareilles habitudes doivent ne pas rester inaperçues par les commerçants et par les chefs de notre colonie du Sénégal, car c'est à l'aide des Saracolais et des Mandingues que nous pourrons un jour établir un courant de commerce entre nos possessions et le centre de l'Afrique. Quelques fractions de Mandingues se livrent volontiers à l'agriculture et se fixent alors dans une contrée qu'ils défrichent avec soin. On peut voir sur les rives de la Casamance et de la Gambie des villages Mandingues donnant sous ce rapport un exemple qui fait plaisir à voir. Il est vrai que, dans ce cas, les habitants perdent de leur instinct guerrier et remuant, font moins souvent usage de leurs armes, se relâchent dans leur ferveur religieuse, et deviennent des ivrognes émérites.

Dans toutes les contrées ou à peu près, surtout dans celles où le sol est fertile, les villages Mandingues sont entourés de champs de coton; d'assez belles récoltes sont faites chaque année avec un soin très-grand et les femmes transforment par le tissage ce coton brut en pièces d'étoffes qui sont vendues aux peuplades moins industrieuses.

Dans le Bambouk et le Bouré les Mandingues recueillent l'or qui se trouve abondamment dans maints endroits ; ils font des tranchées, des puits d'où ils extraient le métal précieux. A ce sujet il est bon de rapporter un détail qui montrera combien les Mandingues comme d'ailleurs toutes les peuplades nègres sont stupides : Par le fait de leur ignorance comme de leur paresse les puits qu'ils creusent pour chercher l'or ne sont pas faits d'une manière bien solide de sorte qu'il n'est pas rare qu'un éboulement vienne envahir les travailleurs. Eh bien ! les camarades ont grand soin de ne pas porter secours aux malheureux enfouis dans ces cas-là, ils se hâtent au contraire de s'éloigner du puits et ne reviennent l'exploiter de nouveau que plusieurs années après. C'est que la superstition qui règne en maîtresse dans le pays a trouvé une raison pour expliquer ces éboulements et justifier l'abandon des victimes. En effet le Mandingue croit que l'or est fabriqué par le Diable qui, ayant besoin de captifs pour ce travail, s'en procure ainsi suivant ses besoins par un éboulement de terre sur les travailleurs. Ajoutons qu'ils se consolent de leurs pertes en disant que si le Diable n'avait pas de captifs, la quantité d'or serait bien moindre, de sorte que s'il n'y avait jamais d'accidents, la source de l'or serait bientôt tarie dans le pays.

Le corps des malheureuses victimes d'un éboulement se décompose lentement et les os résistent plus longtemps que les parties molles à la destruction, rompent l'homogénéité de la terre, ce qui fait, on le comprend, que les parcelles d'or entraînées par les eaux d'infiltration vont se colliger dans les petites cavités laissées entre les diverses parties du squelette. Il s'en suit que lorsque de nouveaux ouvriers viennent après un certain nombre d'années, sept à huit ans en général, pour exploiter de nouveau le puits à mine, ils font habituellement une riche récolte d'or autour des restes mortels de leurs prédécesseurs. Pareil phénomène ne pouvait manquer d'être interprété par la superstition locale, et en effet, tout bon Mandingue croit fermement que l'or trouvé ainsi autour des os d'un camarade est le prix payé par le Diable pour l'achat du captif dont il s'est emparé par l'éboulement du puits.

RELIGION.

Il n'y a pas bien longtemps que les Mandingues sont musulmans; ils furent longtemps idolâtres. Dans le haut pays même on rencontre encore actuellement des centres de population qui ont une religion assez difficilement compréhensible, mais cependant dans laquelle le polythéisme et la croyance aux sorciers jouent un grand rôle. L'islamisme convenait très-bien à la tournure de leur esprit et à leur position géographique, de sorte qu'en l'adoptant ils ont pour ainsi dire une excuse pour devenir conquérants, étant déjà guerriers par occasion. Mais il n'est pas difficile de reconnaître que ces instincts belliqueux sont éphémères dans cette population, car leur armée, au lieu d'être fournie par le corps lui-même de la population comme chez les Maures et les Peuls, est surtout recrutée parmi les gens sans avoir et sans aveu qui sont militaires pour piller et qui se hâtent d'échanger ce métier des armes contre une occupation plus pacifique dès qu'ils possèdent assez de butin pour pouvoir entreprendre une culture ou un petit commerce. Ce qui prouve aussi que leurs intérêts guerriers sont moins inhérents à leur nature que chez bien d'autres nègres, c'est que dans les pays où les Mandingues vivent au milieu des pillards, ils le sont un peu moins que leurs voisins et se livrent plus volontiers à l'agriculture, ils produisent plus d'arachides et de cire que les Peuls tandis que leurs troupeaux sont presque aussi beaux.

En leur qualité de musulmans les Mandingues sont circoncis, l'opération est même faite chez les filles ; cette pratique religieuse est l'occasion et l'excuse de réjouissances privées et publiques dont certains détails paraîtraient bien scandaleux et bien obscènes chez des gens moins grossiers. Les funérailles sont aussi l'excuse de repas et de libations qui, dans les pays où les préjugés religieux ne sont pas très-rigides, se mesurent à la richesse des intéressés.

FAMILLE.

La famille n'est pas très-fortement constituée chez les Mandingues, mais cependant l'homme âgé, est souvent le chef et a une certaine autorité sur ceux qui l'entourent ; la femme n'est pas esclave, la bête de somme de la maison comme dans beaucoup d'autres agglomérations de noirs. Les Mandingues se saluent en se touchant la main qu'ils placent ensuite sur le cœur; les femmes saluent leur mari, et les captifs saluent leur maître en mettant un genou en terre et en plaçant la main sur la tête.

Les filles sont fiancées très-jeunes, souvent même à leur naissance dans beaucoup de pays Mandingues, surtout vers les contrées de la Casamance et de la Gambie. Ces fiançailles ne sont en somme que le paiement par la famille du jeune homme, d'une valeur plus ou moins grande, de sorte que la famille de la fille est engagée désormais, tandis que le fiancé peut ne pas réclamer sa femme ultérieurement. La polygamie existe chez les Mandingues, soit que les individus soient musulmans, ou bien qu'ils soient idolâtres, et d'ailleurs chez des individus comme les nègres, qui sont très-libidineux et peu scrupuleux en général, outre la femme légitime, il y a les captives pour assouvir les plaisirs du maître. Le divorce est en vigueur, il est prononcé par le tribunal des anciens du village qui décide si la dot de la femme sera rendue ou non, si une indemnité sera fournie, etc., etc.

Les parents malades ou pauvres sont assistés assez charitablement, aussi la mendicité est-elle rare chez les Mandingues, et d'ailleurs, ici comme dans tous les pays musulmans, le métier de mendiant ne laisse pas que d'être très-lucratif. L'homme aveugle, impotent ou atteint d'une maladie incurable, est assuré de ne jamais manquer du nécessaire. L'hospitalité est pratiquée sur une assez vaste échelle vis-à-vis des étrangers, quels qu'ils soient, et le cadeau demandé au voyageurs aisé, n'est généralement pas en rapport avec le service rendu. A ce point de vue, les Mandingues sont infiniment plus raisonnables que les autres nègres, et que les Maures, qui dépouilleraient l'étranger très-volontiers, qui l'ont plus d'une fois assassiné pour s'emparer de ce qu'il possède.

GOUVERNEMENT.

Les Mandingues étant disséminés sur une vaste surface de pays, et vivant à l'état de groupes de populations peu denses en général, n'ont pas un gouvernement central mais bien au con-

traire une multitude de petits chefs secondaires. Dans bien des
endroits, chaque village est entièrement indépendant de son voisin,
et par conséquent, en général, l'autorité d'un même pouvoir ne
s'exerce que sur un petit nombre de villages. En outre, il y a
chez les Mandingues, une cause de faiblesse radicale de l'autorité; en effet, dans la moindre petite agglomération de cases, il y
a deux chefs : un civil, l'Alkaty ; l'autre religieux, l'Almany. Or,
il arrive fréquemment que ces deux autorités se font opposition,
de sorte qu'il y a souvent des discussions très-vives, des disputes,
des rixes même de famille à famille, de maison à maison. Il s'en
suit que la contrée n'est pas gouvernée avec l'ensemble et
l'uniformité qu'on rencontre dans les autres agglomérations de
nègres sénégambiens.

Dans tout le pays de Kabou, et d'ailleurs, dans beaucoup
d'agglomérations Mandingues, la noblesse se transmet par les
femmes ; c'est le fils de la fille du roi qui succède à son oncle,
tandis que le fils du roi lui-même n'est qu'un notable du pays
restant à l'état de sujet de son neveu. La légende qui explique
tout dans les pays primitifs prétend que cette disposition bizarre
dans l'ordre de succession se rattache à un épisode de la vie d'un
des premiers rois du Kabou. Ce roi, qui était puissant et respecté,
était marié depuis nombre d'années à une femme qu'il aimait
beaucoup, et qui lui avait donné déjà plusieurs enfants. Il vivait
heureux, sans préoccupation à l'endroit de son bonheur domestique, de sa progéniture et de sa succession, quand il acquit un
jour la preuve que sa femme le trompait, et lui était infidèle
depuis longtemps ; il crut même avoir la preuve que les enfants
qu'il avait tenus jusque-là pour siens n'étaient que le résultat de
relations coupables entre sa femme et son captif de confiance.
Il en fut tellement irrité sur le moment, qu'il fit enterrer vivants
captif, femme et enfants sans plus tarder.

Cette terrible exécution digne d'un roi nègre put bien assouvir
son ressentiment, mais n'était pas de nature à lui donner la tran-

14

quillité d'esprit pour le moment présent, et surtout remettait toute la question de succession en litige ; aussi, le malheureux fut pris d'une grande tristesse, et ne croyant plus à la fidélité des femmes de son pays, ne pouvait se résoudre à contracter une nouvelle alliance ; il donna tous ses captifs, divorça avec ses femmes légitimes et, devenant de plus en plus misanthrope, arriva à ne plus voir personne, à rester perpétuellement enfermé au grand détriment de ses sujets dont les affaires avaient, paraît-il, besoin de la présence fréquente du souverain sur la place des palabres. Un marabout Ouolof, de grande réputation et qui n'en était pas à son premier miracle, passa dans le pays sur ces entrefaites, entendit parler de l'événement arrivé au monarque et entreprit de rendre au roi sa sérénité d'esprit qui devait faire le bonheur des sujets présents, la famille et la descendance qui devaient faire le bonheur des sujets à venir. Il fit force prières, obtint une audience du souverain et arriva à lui faire aimer la société en même temps qu'il le convertit à l'islamisme. Le roi une fois converti, la chose alla toute seule ; le marabout, après l'avoir suffisamment préparé, lui fit apparaître un beau jour d'une manière surnaturelle trois jeunes négresses très-différentes d'aspect, de teint, de langage même, des femmes du pays de Kabon.

Le nouveau musulman ne put résister à une telle séduction de la Providence ; il prit les trois négresses qui, en somme, paraissent avoir été trois Ouoloves, puisque la tradition rapporte que le marabout seul connaissait leur langue, et il eut de chacune d'elles un fils et une fille.

Le bonheur domestique reparut dans la case royale, mais en bon chef de famille, et pour éviter à ses descendants les tristesses dont il connaissait toute la dureté pour les avoir éprouvées, il voulut que la succession au trône fût réglée de manière à ce que le fils de la fille fût roi au lieu d'adopter la descendance directe. Par cette précaution, quelque infidèle que fût une des

négresses de sa lignée, son premier enfant mâle était le légitime
héritier au trône. De plus, ajoute la légende, comme le roi de
Kabou avait trouvé durant sa vie que la charge royale d'un
aussi grand pays était trop lourde pour un homme ordinaire, il
partagea son royaume en trois parties : l'état de Kangaie, de
Pourada, de Paquési, et chaque état fut donné à un de ses fils
qui devait avoir pour successeur le fils aîné de sa sœur. La
tradition dit aussi que les trois Ouoloves apparues surnaturel-
lement au monarque étaient des princesses Guelwares, mais il
est très-possible que ce soit pour justifier leur intrusion dans
la famille royale du Kabou. Il est grandement possible qu'elles
fussent tout simplement les captives, les amies, les complices en
un mot, de l'honnête marabout Ouolof qui trouva une excellente
supercherie pour convertir un roi puissant et un état étendu à
l'islamisme.

Dans les villages Mandingues la justice s'exerce très-simplement. Les chefs et les anciens du village s'assemblent et décident
touchant les délits et les crimes qui leur sont soumis. Un individu
est-il volé, il vient se plaindre à ce tribunal, l'accusé vient s'y
défendre et lorsque la culpabilité est démontrée, les anciens prononcent la punition qui consiste en un certain nombre de coups
de corde donnés séance tenante par des individus de bonne volonté. La peine de mort est prononcée et appliquée de cette
même manière pour les meurtriers. Le débiteur insolvable est
condamné à la captivité sans plus de façon et son nouveau maître
le garde ou le revend désormais à son choix. Ceci nous porte à
dire que chez les Mandingues comme d'ailleurs chez tous les
nègres de l'Afrique, l'esclavage existe sur une large échelle, les
tribunaux prononcent la perte de la liberté contre certains délits.
Le nègre pouvant vendre ses captifs aux marchands de chair humaine, à ses voisins, comme une marchandise ordinaire, et on
voit souvent des individus peu scrupuleux se réunir en bande
tomber sur un village ou sur un pauvre diable isolé pour fournir
le marché d'esclaves.

Quoique voleur émérite dans certains pays, le Mandingue n'aime pas à être volé et il s'attache à garantir sa propriété de toutes les manières. C'est ainsi que non-seulement l'assemblée des anciens est un tribunal qui fait restituer les objets détournés, mais encore dans quelques cas on a fait intervenir des pratiques semi-religieuses pour en imposer davantage sur l'esprit de la masse. C'est ainsi, par exemple, que dans le haut Pakao, ainsi que le racontait mon intrépide camarade le D. Hamon, tous les individus incriminés confient un gris-gris à deux hommes qui tiennent un bâton par les deux bouts et se placent en cercle ; les deux hommes se mettent à courir autour du cercle et celui devant lequel les gris-gris tombent est le coupable. Quand le vol a de l'importance, on fait l'amputation d'un poignet (1), puis de l'autre en cas de récidive, et il paraît qu'on rencontre des malheureux privés de leurs quatre extrémités. M. Hamon a vu un de ces voleurs recueilli par une âme charitable se hâter, pendant la période de cicatrisation de son amputation, de voler son bienfaiteur avant que la guérison ne fût accomplie.

CARACTÈRES INTELLECTUELS.

Nous avons dit que les Mandingues sont sensiblement plus intelligents que beaucoup de noirs proprement dits, et que, quoique moins bien partagés que les Peuls et les Maures, ils ont encore des facultés intellectuelles très-convenables ; aussi, malgré leur faiblesse numérique dans les pays qu'ils envahissent, devaient-ils réussir à rester maîtres du sol et à éloigner les premiers possesseurs.

Les Mandingues aiment passionnément la musique et possèdent des instruments plus complets et plus harmonieux que ceux dont

(1) Disons en passant que ne connaissant pas la ligature des artères, ils plongent le moignon dans la cire bouillante pour arrêter l'hémorrhagie.

les autres peuplades Sénégambiennes font usage. Leur instrument qu'on peut appeler national est le Balophon qui n'est qu'un gigantesque harmonica et qui est formé par un cadre de bois sur lequel sont rangées des lattes de bambou ou de tel autre bois mince ; ces lattes de diverses longueurs et d'épaisseur variable répondent aux différentes notes, et leurs vibrations sont rendues plus sonores par une série de calebasses plus ou moins grosses placées au-dessous. Pour jouer du balophon on met l'instrument par terre, et à l'aide d'un petit marteau de bois, on frappe sur les diverses lattes ; quelquefois cependant le musicien le porte pendu devant lui et joue ainsi en marchant. Le balophon est un instrument harmonieux ; on en peut tirer des sons vraiment mélodieux, et j'ai parfois entendu exécuter sur lui des airs qui auraient fait plaisir aux oreilles les plus délicates, qui auraient été appréciés très-favorablement par les musiciens les plus difficiles.

Outre le Balophon, ils ont une sorte de violon à trois cordes et dont l'archet n'en a qu'une, ils ont plusieurs guitares et tirent de ces instruments grossiers des sons très-harmonieux. Les Mandingues se servent parfois d'une énorme guitare à quinze ou vingt cordes et dont le corps est formé par une grande calebasse coupée en deux, dont la concavité est recouverte d'une mince peau de chevreau.

Enfin ajoutons qu'ils se servent comme les autres nègres du tam-tam et qu'ils ont aussi des cymbales de fer qui n'ont pas un son bien agréable pour nous, au contraire des autres. Les divers instruments dont nous venons de parler servent, ai-je dit, à jouer des airs qui ne manquent pas parfois d'un certain charme ; ces airs sont accompagnés de chants, et même quelques individus dansent au son de ces orchestres, faisant le plus souvent des contorsions obscènes ou ridicules, mais quelquefois des mouvements qui ne manquent pas de certaine grâce.

A côté de caractères généraux qui ne changent pas, les Mandingues ont des qualités et des habitudes assez différentes suivant les pays où on les observe ; et en effet dans le Bambouk, par exemple, où ils sont entourés de peuplades comme les Peuls, les Torodos et même les Maures qui sont belliqueux et énergiques, ils ont toujours le fusil sur l'épaule, ils ne sont pas très-voleurs et pratiquent la religion musulmane avec sévérité, sentant bien que s'ils étaient moins rigides que leurs voisins ils seraient exposés à des rapines et des agressions dont leur tiédeur religieuse serait l'excuse.

Sur les bords de la Falemé et du haut Sénégal, les individus qui habitent les pays découverts c'est-à-dire sans grande défense, sont moins belliqueux parce qu'ils sentent que s'ils voulaient lutter à armes égales avec leurs adversaires ils auraient le dessous ; mais en devenant moins guerriers et plus lâches, ils sont devenus fourbes et voleurs, ce qui leur a permis d'égaliser les chances.

Dans les bas et plantureux pays de la Casamance et de la Gambie, ceux qui vivent au contact des peuplades plus douces et plus tranquilles comme les Bagnouns, les Féloups, les Sérères, sont vantards, querelleurs, paresseux et voleurs ; ils habitent des villages palissadés pour être à l'abri des incursions à main armée, tandis qu'ils obligent les inoffensifs à habiter des villages ouverts pour pouvoir plus facilement les attaquer, les punir, les molester en maintes circonstances.

Dans les pays très-plantureux, comme en leur qualité de nègres ils sont très-paresseux, ils font cultiver à peine quelques arpents de terre par leurs femmes, et tout en récoltant des archides et du miel ; ils préfèrent recueillir de la cire qui leur coûte moins de travail et leur fournit le plaisir de la découverte. Ils s'adonnent très-volontiers à la pêche pour pourvoir à leur nourriture. Ils possèdent aussi des troupeaux qui étaient très-nombreux avant les épizooties, et qui leur donneront de nouveau quelque jour une plus grande aisance dont ils mésuseront assurément, étant fort disposés à l'ivrognerie et à la paresse dans la limite de leur fortune du moment. Dans d'autres contrées comme le haut Pakao, ils ont une habileté remarquable pour dérober le bien d'autrui.

Quand il a fallu déposséder les paisibles possesseurs des riches pays plats qui avoisinent la Gambie, la Casamance, etc., etc., ils n'ont pas hésité, tantôt à s'infiltrer peu à peu dans les populations par groupes très-minimes, par individus isolés même, acceptant un état d'infériorité dans la société en attendant d'être assez forts pour changer entièrement d'allures et prendre très-complétement le rôle de dominateurs de la contrée; tantôt à arriver en force et avec une apparence de dévotion mahométane qui leur a permis de prendre le haut bout de la situation du premier coup, quitte à se relacher très-notablement de leur rigidité religieuse une fois la possession du sol obtenue et parfaitement assurée vis-à-vis des voisins. C'est ainsi que dans certains pays des contrées précitées, ils sont devenus terriblement ivrognes.

On ne saurait nier que les Mandingues ont une tendance à prendre partout où ils peuvent la prépondérance dans le pays qu'ils habitent en agissant par la force ou par la ruse sur leurs voisins. Le fait suivant entre mille va le démontrer de la manière la plus claire. Dans le courant du dix-septième siècle les Kassonkés qui avaient été successivement chassés du Bakhounou près de Diomboko par les Bambaras s'établirent sur la rive gauche du Sénégal dans les environs de Médine, espérant se mettre ainsi à l'abri des incursions des Bambaras; mais il n'en fut rien, leurs ennemis continuaient à prélever sur eux un impôt régulier à titre de souverains, et en outre saisissaient chaque excuse pour piller un village, enlever des bestiaux ou brûler les récoltes.

Depuis plusieurs siècles le pouvoir suprême était exercé chez les Kassonkés par un chef choisi, suivant le moment, soit dans la famille de Diakeilés, soit dans celle des Diallos. Ces deux familles étaient par conséquent dans un état d'antagonisme et de haine séculaires. Le chef des Kassonkés qui appartenait en ce moment à la famille des Diakeités voulut s'affranchir du tribut payé aux Bambaras et même leur livrer bataille pour obtenir un traité qui mettrait désormais son pays à l'abri des mille petites exactions qu'ils lui faisaient souffrir. Il en parla longtemps avec les hommes influents de ses villages et finit par les décider à prendre les armes. Les Bambaras se hâtèrent de les attaquer et les vainquirent si vigoureusement dès les premières rencontres que les malheureux Kassonkés furent bientôt acculés dans une position critique ; il n'y avait plus qu'une bataille à livrer et encore toutes les chances paraissaient être du côté de leurs ennemis.

Le moment était mal choisi pour faire alliance avec d'autres peuplades ; les voisins n'avaient guère envie d'avoir maille à partir avec les Bambaras, aussi l'appel qu'ils firent aux chefs des environs restait-il sans réponse. Tout à coup une petite agglomération Mandingue du Bondou marche à leur secours, ne leur apportant qu'un faible contingent de guerriers, il est vrai, mais ayant à sa tête un homme qui avait une grande réputation de sagesse, de savoir et même de sainteté, l'Almamy Abdoul. On s'attendait à être attaqué à chaque instant ; dans ces graves conjonctures, les guerriers influents s'étaient réunis ; il s'agissait d'une question de vie ou de mort pour la peuplade et tous les avis furent écoutés avec attention. L'Almamy Abdoul arrive au camp en ce moment et annonce que si on veut suivre ses conseils, la victoire est assurée, le joug des Bambaras sera enfin secoué. On juge de l'émotion que produisit une pareille parole, et chacun se hâta de demander quel serait le moyen si désiré d'obtenir le succès.

Abdoul qui était lié d'affection avec la famille des Diallos, disent les uns, qui peut-être préférait cette famille à l'autre dans son propre intérêt, et qui n'était pas fâché sans doute de rendre à la peuplade en même temps qu'au chef un service assez signalé pour lui assurer désormais une reconnaissance favorable à ses projets d'extension et de prépondérance, fait des prières devant toute l'armée, invoque des esprits, consulte certains présages, écrit mains gris-gris, et enfin présente un arc et une flèche enchantés, disant que s'il se trouvait parmi les Kassonkés un homme assez énergique pour lancer cette flèche au milieu des Bambaras, les Kassonkés seraient vainqueurs ; mais il ajouta que l'archer serait tué en même temps. Nombre de guerriers se précipitent vers Abdoul pour solliciter le périlleux honneur de sauver le pays ; mais l'Almamy qui avait son projet, trouve mille incompatibités, à mesure qu'un d'entre eux se présente. Celui-ci doit être écarté pour telle raison, celui-là pour telle autre, bref il fit tant et si bien qu'il n'y eut qu'un seul homme réputé capable de lancer la flèche : c'était le chef de la famille des Diallos.

Celui-ci ne s'était pas avancé vers Abdoul, de sorte que lorsqu'il fut désigné l'armée entière se tourna vers lui pour le supplier du regard de ne pas reculer devant sa mission mortelle. Alors prenant la parole il dit à ses compagnons d'armes : Eh bien ! j'accepte, mais à une condition : c'est que mes descendants seront à tout jamais délivrés de toute molestation de l'autorité ; ils auront les prérogatives royales, (l'impunité à peu près complète pour toutes les rapines et les violences sur les femmes ou les 'les filles et d'autre part le droit de faire mourir ceux qui les ont volés, qui ont séduit une de leurs filles, détourné une de leurs esclaves) etc., etc.

Certes les Diakéités auraient eu envie de se récrier, car cette extension des prérogatives royales ne faisait qu'amoindrir les leurs, mais le moment n'était pas bien choisi pour l'opposition ; aussi tout fut accordé par acclamation au Diallo qui, le lendemain, se mit à la tête de l'armée, lança la flèche, fut tué et délivra les Kassonkés du joug des Bambaras.

Les Diakéités comprirent aussitôt qu'il fallait prendre un parti extrême ; aussi, profitant de ce que le pays était déblayé devant eux, ils réunirent toutes les familles de leurs adhérents, et laissant l'autorité aux Diallos qui régnèrent sur les environs de Médine, ils allèrent habiter la province du Logo au-dessus des cataractes du Félou où ils ont constitué une fraction de Kassonkés séparée de la précédente.

Depuis la délivrance des Kassonkés, le roi Diallo est l'obligé de l'Almany du Bondou, descendant d'Abdoul, et tient le plus grand compte des désirs de son voisin, lui laissant faire maintes rapines, subissant nombre de déprédations sans se plaindre trop vivement. Il porte ainsi un joug qui, pour ne pas être officiel ou apparent, n'en est pas moins lourd parfois, tandis que par ailleurs les Mandingues d'Abdoul ont gagné une prépondérance qui n'est pas en rapport avec leur force numérique et qu'ils n'auraient pas dans le pays si leur chef n'avait eu l'habileté d'intervenir jadis, comme nous venons de le dire.

On le voit, en étudiant un peu de près les Mandingues, on constate qu'ils ne manquent pas d'une certaine malléabilité de caractère ; ils sont un peu, comme les Saracolais, capables de se modifier suivant les besoins du moment, ce qui est assurément un indice d'une supériorité vis-à-vis de certains autres nègres. Plus guerriers et plus habiles en diplomatie peut-être parce qu'ils osent plus à propos se décider à intervenir les armes à la main, ils savent prendre une prépondérance politique très-enviable dans les contrées où ils se trouvent.

Ce que les Mandingues ne peuvent obtenir par les armes, ils finissent souvent par l'avoir autrement, et la légende de Malik-si qui est répétée dans tout le Sénégal comme une histoire plaisante destinée à défrayer les conversations le soir, quand les oisifs sont réunis et divertissent leur esprit par des contes ingénieux, est bien faite, à mon avis, pour donner une bonne idée des tendances et des mœurs des hommes qui habitent certaines régions de la Sénégambie, ainsi qu'on va le voir.

LÉGENDE DE MALIK-SI.

Il y a quelques siècles le pays de Bondou, qui est placé sur la rive gauche du Haut-Sénégal entre le pays de Goy et de Dentilia dans le voisinage de la Falemé, était inhabité. Ses collines étaient couvertes de bois dans lesquels la hâche n'avait jamais passé ; ses plaines produisaient à chaque hivernage une verdure luxuriante qui se desséchait à l'époque des vents d'est sans bénéfice pour personne ; ses marigots regorgeaient de poissons que le filet ni la sagaie n'avaient jamais poursuivis. Bref, Dieu n'avait pas encore donné ce pays en possession effective à ses enfants noirs de la Sénégambie.

Les Saracolais du Goy, du Kaméra, du Natiaga allaient bien établir de temps en temps un lougan sur les bords de la Falemé ou des marigots qui y aboutissent. Il leur suffisait de débarrasser le sol de quelques mauvaises herbes pour recueillir d'énormes quantités d'arachides venues sans culture ; ils n'avaient qu'à jeter un peu de semence sur les parties que l'eau laissait à découvert dès que le fleuve baissait pour avoir une magnifique récolte de mil qui donnait l'abondance pour l'année entière ; mais ils n'occupaient pas le sol d'une manière définitive et permanente. Le Bondou était seulement pour plusieurs d'entre eux le but d'un de ces voyages que les Soninkés aiment tant à faire, ou bien le lieu où ils allaient y passer en villégiature quelques mois de la saison chaude.

Le Tunka (roi) du Goy aimait depuis un temps immémorial à venir habiter pendant quelques mois de l'année dans certains points découverts du pays où la brise d'ouest rafraîchissait mieux l'atmosphère et où les Maringouins étaient en moins grande quantité que sur les bords du Sénégal. Il avait élevé dans un endroit appelé Tuabo une habitation d'été très-bien disposée et il y pas-

sait des moments agréables pour lui, utiles pour ses sujets, au
bonheur desquels il pensait volontiers, enfin profitable aux étrangers parce que ses captifs récoltaient là par un travail facile dans
les lougans improvisés les grains nécessaires pour exercer la
charité d'une manière très-libérale. Grâce à cette aisance le
Tunka du Goy, qui était un homme sage quoiqu'il fût idolâtre,
avait une réputation méritée de bonté et de justice qui s'étendait bien au delà des limites de son autorité.

Cette réputation alla jusqu'aux oreilles d'un célèbre marabout
Mandingue qui avait nom Malik-si et qui avait fait dans tout le
Fouta Dangou, le Gangaran et jusqu'à Ségou même des conver-
sions admirables à l'islamisme, rien que par ses saintes paroles
et sa grande habileté à fabriquer des gris-gris excellents contre
tous les dangers quels qu'ils soient qui peuvent assaillir un
homme. On parlait notamment d'un talisman qu'il avait donné à
un pauvre colporteur Saracolais assez charitable pour avoir partagé un peu d'eau avec lui un jour qu'ils voyageaient ensemble
dans les plaines arides du Kaarta. Ce gri-gri avait une puissance
si merveilleuse qu'il lui sauva la vie d'une manière éclatante un
jour qu'il était tombé dans un parti de Maures ; en effet, un des
pillards voulant tuer le malheureux Saracolais pour qu'il ne pût
se plaindre à personne, lui asséna un grand coup de sabre, mais
la lame ayant rencontré le talisman se rompit en deux sans faire
la moindre entaille à la peau du protégé de Malik-si.

Quand le grand marabout Mandingue avait pris soin de laver
dans l'eau d'un marigot sa planche d'écriture sur laquelle il
avait au préalable inscrit un verset du Coran, ses élèves pouvaient s'y baigner sans crainte des caïmans et des hippopotames,
car ces animaux restaient dévotement dans le fond, ou bien les
regardaient avec respect sans rien tenter contre leur existence.
Bref, dans un grand nombre d'occasions Malik-si avait donné
des preuves de sa puissance surnaturelle de manière à commander le respect pour sa personne et l'amour pour sa religion.

Malik-si qui vivait pour le triomphe de l'islamisme se dit : il est juste qu'un homme aussi sage que le Tunka du Goy ne reste pas Kefir (idolâtre) jusqu'à la mort ; il faut que ses sujets ne végètent pas perpétuellement dans les obscurités et la pratique du fétichisme. Roi et sujets méritent de devenir musulmans s'ils sont aussi charitables que leur réputation le prétend, et il se mit en route vers Tuabo où le Tunka était établi depuis quelques semaines.

Il arriva suivi des nombreux jeunes talibas qui écoutaient ses leçons avec empressement, et pour savoir tout d'abord à quoi s'en tenir au juste touchant la charité du Tunka, il leur commanda d'aller quêter à la porte de la case royale les uns après les autres sans avoir l'air de se connaître. Le premier avait à peine entonné le chant de Bissimillaï Rahmat Illaï, etc., etc., à l'aide desquels les talibas demandent habituellement leur nourriture et celle de leur maître quand ils sont en voyage, qu'on lui donna une calebasse de couscous assez grande pour rassasier quatre Maures, et qu'on remplit la poche de son boubou, qui cependant était grande comme celle d'un Toucouleur, de pistaches grillées. Il fut fait successivement de même à l'égard de tous les talibas sans que les derniers fussent moins bien partagés ; aussi la première impression de Malik-si fut-elle très-favorable. Voilà, se dit-il, un idolâtre qui pratique la charité d'une manière qui ferait rougir bien des croyants. Il vint demander alors l'hospitalité au Tunka qui écouta ses prédications avec le respect dû à la parole sacrée, tandis qu'il ordonnait que le saint marabout et ses élèves fussent traités avec la distinction qu'ils méritaient. Ses captives préparaient chaque jour une abondante ration de couscous. Les volailles, le poisson, la viande de bœuf et de mouton étaient toujours en abondance dans la part qu'elles avaient l'ordre de réserver aux étrangers.

Malik-si fut si content de cette bonne réception, il fut si touché de la bonté, de la justice du Tunka qu'il lui dit un jour qu'il avait longuement causé avec lui de la politique du pays, qu'il était disposé à lui donner telle grâce spirituelle qu'il lui demanderait, qu'il userait de la puissance de sainteté qu'on considérait avec juste raison comme surnaturelle pour satisfaire le vœu qu'il formulait. Le bon Tunka avait beaucoup de vertus et de qualités comme son peuple, mais il n'avait pas le courage militaire et les aptitudes guerrières de plusieurs de ses voisins Toucoulors, Maures, Peuls même. Aussi depuis son enfance, lui comme les siens avait-il souvent tremblé devant des exigeants coureurs d'aventures, avait-il plié sans combattre de peur d'être vaincu et d'avoir à payer davantage après l'action, sans compter les chances de mort et de blessure qu'il aurait eu à redouter. Aussi voyant qu'il pouvait formuler un vœu avec l'assurance d'être satisfait, il se hâta de demander à Malik-si un gri-gri qui le rendrait toujours victorieux dans les luttes à main armée contre ses ennemis. Le gri-gri fut fabriqué aussitôt en conscience, et octroyé. Désormais le Tunka étant rassuré sur l'issue des combats qu'il pouvait avoir à livrer, se considéra comme l'homme le plus heureux du monde.

Malik-si était un trop malin compère pour ne pas s'apercevoir que le Tunka se considérait comme son grand obligé ; aussi résolut-il de tirer un très-bon bénéfice en retour de son gri-gri. C'est pourquoi peu de temps après il dit à son ami qu'il serait très-désireux de posséder en toute propriété un petit coin de terre dans ce pays plantureux ou le baobab et le tamarinier poussaient avec une vigueur qui lui rappelait son pays natal. Le Tunka tout à sa reconnaissance et désireux de montrer au marabout Mandingue qu'il était aussi bienveillant que confiant lui dit : Va coucher ce soir au lieu où tu désires élever ton habitation, et demain matin au lever du soleil, dirige-toi vers mon village, moi, de mon côté, je me dirigerai vers toi, et le point où nous nous rencontrerons sera la limite de tes possessions. Ce qui fut dit fut fait ; Malik-si qui avait exploré le terrain avec soin depuis longtemps ne fut pas long à choisir son emplacement, et le lendemain matin aux premières heures du jour il était en marche de son pas le plus rapide. Le Tunka, au contraire, se leva tard, comme de coutume, passa une partie de la matinée à faire nonchalamment les préparatifs de sa course, il voulut même déjeuner avant de se mettre en route. Bref, il tarda tant que, lorsqu'il se décida à partir, il était près de midi et avait à peine fait cinq cents pas hors de son village qu'il rencontra Malik-si qui arrivait en courant et en faisant des enjambées doubles de ce qu'elles sont habituellement.

Grande fut la surprise de Tunka, et lorsque les explications eurent été données, il comprit qu'il avait eu grand tort de laisser ainsi imprudemment Malik-si faire sa part à sa guise. Mais il avait donné sa parole et il la tint, au prix même de la perte d'une partie riche et étendue de ses états.

Malik-si fit du pays qui lui avait été octroyé par le Tunka un lieu de refuge; aussi en peu de temps eut-il un peuple nombreux formé de gens de tous pays, se trouvant besogneux et souvent sans aveu, ou bien ayant commis des crimes. Les Sarocolais eurent maintes fois à se plaindre de leurs obligés qui ne leur firent jamais la guerre ouvertement, parce que le gri-gri donné par Malik-si aurait donné la victoire aux descendants du Tunka, mais qui usèrent vis-à-vis d'eux de procédés dont le fondateur de leur état leur avait laissé la tradition.

Qu'y a-t-il de vrai dans toute cette légende de Malik-si? je n'essaierai pas de l'indiquer; seulement je ferai remarquer qu'elle montre bien d'une part l'esprit d'envahissement des Mandingues, et d'autre part les habitudes de placidité, l'amour de la paix, la répulsion de la guerre qu'ont les Saracolais quand ils peuvent, au prix d'un sacrifice même assez grand, vivre sans disputes avec les voisins quelque turbulents qu'ils soient.

LÉGENDE DE L'HOMME QUI AVAIT LE SOMMEIL POUR SA PART.

Il y avait jadis dans le pays des Mandingues un homme qui avait une certaine aisance, des troupeaux, des marchandises et même nombre d'objets de prix de cachés dans sa case. Il avait trois fils qui vivaient dans le même pays, mais loin de la maison paternelle, et qui n'avaient pas entre eux l'affection qui existe ordinairement entre frères. Un jour le père tomba malade et bientôt succomba ; ses trois fils se réunirent pour lui donner des soins, puis pour l'inhumer. Lorsque le corps fut mis en terre, ils s'en allèrent chacun de leur côté, ayant convenu de se rencontrer le lendemain à midi, près de la case du défunt, pour partager entre eux la succession paternelle.

Le plus jeune qui aimait assurément le plus son père, était profondément attristé; il passa la nuit en méditations pieuses, regrettant l'homme qui lui avait donné le jour ; il se sentait isolé désormais, car il savait que ses frères ne lui voulaient aucun bien et que, malgré les recommandations incessantes du vieillard, la bonne harmonie n'avait pas régné entre les trois fils.

Il arriva le premier au rendez-vous, non pas qu'il fût plus rapace que les autres, bien au contraire c'était bien certainement un homme généreux à l'occasion et sans mauvais sentiments ; mais ne pouvant penser à autre chose qu'à son père défunt, il avait été attiré dans les environs de la case par attraction du cœur dès le matin.

Un peu avant midi, ne voyant pas venir ses frères, il s'assit à l'ombre d'un arbre qui avoisinait la case ; sa paupière s'alourdit bientôt et, comme il avait veillé pendant toute la nuit précédente, il céda à un profond sommeil.

Ses deux frères arrivèrent peu après ; ils se détestaient profondément, mais ils haïssaient encore davantage le plus jeune pour la raison qu'il avait quelques bonnes qualités et que les mauvaises gens ne peuvent pas souffrir ceux qui ne leur ressemblent pas.

Déjà chacun avait pris des détours oratoires pour proposer à l'autre de faire part à deux au lieu de trois quand ils aperçoivent le frère couché et profondément endormi au pied de l'arbre. Cette posture fut l'excuse des récriminations communes. Voyez, dit l'un, combien il regrette son père, puisqu'il fait sa sieste dans un pareil moment. Bref, la proposition d'un partage injuste est faite, acceptée et mise en pratique incontinent.

Ce partage fut fait rapidement ; chacun des deux intéressés étant moins chicaneur que de coutume à la pensée qu'il avait plus qu'il n'avait espéré et, au moment où le dernier animal partait, où la dernière charge de marchandises était emportée, le dormeur s'éveille. Voyant ses frères devant la case paternelle il se hâte d'aller vers eux. O stupéfaction, la case est vide, tout l'héritage a disparu ; il manifeste son étonnement, mais l'aîné qui était le plus dur et qui l'avait toujours haï particulièrement, lui dit en ricanant : Tu n'as plus rien à demander ; nous avions fait trois parts de la fortune de notre père : première, le sommeil ; deuxième, les troupeaux ; troisième, les marchandises. Sans nous consulter tu as commencé par prendre le sommeil pour toi; nous n'avons plus eu qu'à partager le reste et tout est fini maintenant ; tu n'as plus rien à réclamer.

Nombre de curieux, des désœuvrés, des voisins qui étaient venus peu à peu se grouper dans les environs pour voir ce qui allait se passer à ce partage, car tout le village connaissait la mauvaise foi des deux fils aînés, entendirent ces paroles.

Un murmure de désapprobation avait parcouru la foule tout d'abord ; mais, comme on connaissait les intéressés violents et vindicatifs, chacun s'était dit : Au fond la chose ne me regarde pas; et bien plus en entendant cette cruelle plaisanterie, surtout en voyant que le jeune frère restait comme confondu sans songer à la résistance, un sourire général parcourut l'assemblée : Voilà, disait-on, un curieux partage d'héritage.

15

Le pauvre déshérité, songeant au scandale qui se passait, voyant que la mémoire de son père servait de prétexte à des faits qui allaient devenir le texte de toutes les conversations et de toutes les médisances, fut profondément affligé et parut résigné. Mais au fond de son cœur un sentiment de vengeance venait de naître. Un parti fut arrêté instantanément dans son esprit ; il se tourna vers les voisins et leur dit : Eh bien ! j'accepte, vous êtes tous témoins et garants du marché ; le partage est fait ; à chacun son lot. Mais souvenez-vous que la loi dit que le frère qui cherche à soustraire à son frère une partie de son héritage mérite la mort. Ma part est minime, mais elle me suffit et malheur à celui de vous deux, dit-il, en se tournant vers ses frères, qui essaierait de m'en ravir la moindre parcelle.

Chacun se retira de son côté, et nombre d'habitants révoltés de l'injustice auraient volontiers pris fait et cause pour le dépouillé ; mais comme l'intéressé lui-même paraissait s'être résigné et que les détenteurs de l'héritage étaient puissants autant que mauvais coucheurs, personne ne crut devoir prendre une initiative dans l'affaire.

Pendant plusieurs semaines on vit le dépossédé qui ne marchait plus qu'armé d'un bâton noueux sur lequel il s'appuyait pour demander l'aumône, errer de case en case, obtenant de la charité publique quelques bribes de couscous, et quand on lui parlait de l'injustice de ses frères il répondait : C'est fini, j'ai accepté le partage, mais qu'ils prennent bien garde ; s'ils essayaient de me dépouiller de mon lot, il leur arriverait malheur.

Les deux autres frères devenus plus riches jouissaient de leur aisance sensiblement augmentée ; ils eurent bientôt de plus beaux habits, et n'ayant plus besoin de travailler, ils passaient toute leur journée accroupis au pied des grands arbres plantés sur la place du village, là où se font les palabres et où il y a le cercle des conteurs d'histoires et de nouvelles. Un jour il faisait très-chaud, on était à la fin de l'hivernage, la conversation lan-

guissait ; le frère aîné qui probablement avait copieusement dé-
jeûné se laissa aller au sommeil après avoir pris une position commode et avoir plié avec soin un pagne pour s'en faire un oreiller.

A ce moment le déshérité vient à passer; il voit la situation d'un
coup d'œil et s'approche du dormeur. Avant que personne n'ait
eu le temps de souffler mot il brandit son bâton noueux et lui
fracasse la tête du premier coup. Un cri d'horreur s'échappa de
toutes les poitrines, mais lui, regardant l'assemblée le front
haut, lui dit : Je vous ai pris a témoins pour le partage, je vous
somme de répondre dans ce moment ; mes frères m'ont laissé le
sommeil pour tout bien. Celui que vous voyez-là ne me le volait-
il pas en dormant tout à l'heure ; la loi punit de mort le frère
qui cherche à dérober la part d'héritage de son frère, je l'ai
surpris en flagrant délit de vol. Chacun s'écria sans hésiter : il a
raison, et personne ne songea à l'arrêter ; l'Almamy instruit de
la chose l'approuva et décida qu'il devait, en sa qualité de frère,
hériter de la moitié de ce que possédait le défunt.

L'autre frère comprit alors dans quelle voie il s'était engagé et
ramassant précipitamment tout ce qu'il possédait avant la mort
de son père il s'expatria, laissant à celui qui avait été déshérité
primitivement sa part d'héritage et même sa part de la fortune
de l'aîné. Le déshérité devint ainsi l'unique possesseur de toute
la fortune paternelle, alors que ses frères avaient voulu lui enlever sa part légitime.

Cette légende respire quelque chose de si horriblement cruel
que notre esprit en est révolté profondément. Mais cependant
si nous cherchons à en analyser les sentiments, nous voyons
qu'elle révèle un fond d'énergie sauvage et d'amour de la justice
allant jusqu'à la férocité ou au moins assez accentué pour que
la vie humaine soit peu de chose vis-à-vis du droit. Sans doute,
on ne saurait donner raison au vainqueur, néanmoins on ne peut
lui refuser une vigueur de sentiments ainsi qu'une logique qui
peignent bien le fond du caractère Mandingue.

CONCLUSIONS.

Tout ce que nous avons dit jusqu'ici touchant les Mandingues nous porte à penser que, bien que constituant une population moins douce et par conséquent moins agréable pour le dominateur européen que les Saracolais, ils ont cependant certaines qualités que nous pourrons utiliser pour le développement du commerce et de la culture de la Sénégambie. A ce titre, nous devons les regarder d'un œil de bienveillance et chercher à les attirer à nous, au contraire de ce que nous devons faire vis-à-vis des Maures.

CHAPITRE SIXIÈME.

Les Bambaras.

Les Bambaras constituent une peuplade nombreuse qui habite le vaste pays de Kaarta sur la rive droite du Sénégal ; pays qui est limité : à l'O. et au N. par le désert, les tribus des Douaich, des Ouled-Embareck, des Ouled-Sidi, Mahamoud, etc. ; à l'E., par le Macina et le Ségou ; au S., par le Kasso, le Bambourk et les derniers contre-forts du Fouta-Djalon. Les Bambaras occupent aussi la rive gauche du haut Niger, entre le fleuve et les montagnes qui le séparent du Sénégal, c'est-à-dire les versants N. et N.-E. du Fouta-Djalon.

HISTOIRE.

D'après les renseignements recueillis par Mage et Quintin à Ségou-Sikoro (p. 397), les Bambaras seraient originaires du pays Torone ou de Torong. Ce pays est situé sur le versant nord des montagnes Kong qui sont, on le sait, un des prolongements du grand pâté du Fouta-Djalon. Les montagnes de Kong commencent au cap Sierra-Léone, se dirigent dans l'est jusqu'au fond du golfe du Bénin, où elles laissent passer par une de leurs dépressions, le Niger qu'elles ont alimenté par leur versant septentrional, tandis que par le versant méridional, elles ont fourni les nombreux cours d'eau qui arrosent les pays du grand Bassam, d'Assinie de Widah, du Dahomey ; en un mot, toute la côte d'Or, des Graines, des Palmes, etc.

Le pays de Thorong occupe à peu près l'espace compris entre les 9° et 10° de latitude nord, les 9° et 11° de longitude ouest. Limité au nord par le pays de Ouassoulou, celui de Kientiléné-Dongou ; à l'est celui de Kissi ; au sud par les crêtes des montagnes de Kong, il avoisine le mont Lôma, où se trouvent les sources du Niger d'après Laing. J'ai lieu de penser que ce pays de Thorong n'est que l'extrémité occidentale de la contrée originaire des Bambaras qui proviennent, je crois, des pays placés plus dans l'est ; car dans le moment actuel, c'est plutôt le type Mandingue qui prédomine dans ce pays de Thorong, alors que dans le pays de Kentiléné-Dongou, de Niénée, etc., c'est le type Bambara.

Quoiqu'il en soit, il paraît qu'ils étaient idolâtres, lorsque dans le courant du dix-septième siècle les Mandingues et les Peuls venant du N.-O., dans la direction des crêtes du Fouta-Djalon vers cette région cherchèrent à les convertir par force à l'islamisme. Moins bien armés, moins habiles dans l'art de la guerre et surtout n'ayant pas une organisation sociale basée sur un principe aussi fort et aussi solide que la religion, les Bambaras ne résistèrent pas longtemps à l'ambition des conquérants, et durent émigrer pour ne pas être tués ou réduits en esclavage.

Attaqués par des gens venant de la direction du N.-O. et du haut des montagnes, ils descendirent les pentes de leurs pays qui se dirigent vers le N.-E. et entrèrent d'autant plus facilement dans les pays relativement plus fertiles de l'Ouassoulou, du Yoraba Dougou, du Kanadougou, du Baninko, du Manding. Ils trouvèrent là, des groupes de Saracolais dont l'humeur est infiniment moins belliqueuse et qui s'éparpillaient paisiblement à l'heure de la venue des émigrants ; chose d'autant plus facile que la population était partout et est encore très-peu dense dans tous les pays soudaniens.

Bien plus, les Saracolais se trouvant en leur qualité de gens paisibles, trop souvent exposés à toutes les brutalités des voisins

Peuls, Mandingues, Djalonkés, etc., ne furent pas fachés de voir s'établir sans esprit de conquête dans leur voisinage une population guerrière capable de lutter avec plus d'acharnement qu'eux-mêmes contre des envahissements et des pillards ultérieurs. Car les Bambaras, quoiqu'ils eussent été battus par les Mandingues, n'en étaient pas moins, ce qu'ils sont d'ailleurs aujourd'hui encore, une race forte, guerrière et capable de prendre un rang très-honorable dans les nations militaires par le fait d'une disposition très-heureuse à la discipline et à l'obéissance passive du subordonné au chef, ou bien du pauvre au puissant.

Les Saracolais étaient déjà musulmans, ils étaient donc supérieurs aux idolâtres Bambaras qui cédèrent à l'exemple des peuples qu'ils envahissaient alors qu'ils avaient résisté aux efforts des Mandingues convertisseurs à main armée. Aussi ces Bambaras adoptèrent-ils en moins de cinquante ans la religion du Coran ; ce qui était une grande habileté politique puisqu'elle leur assurait de ne plus avoir à craindre l'esclavage, toutes les fois qu'un ambitieux voisin aurait le désir d'agrandir sa puissance sous prétexte de servir les desseins de Dieu.

A peine les Bambaras furent-ils établis parmi les Saracolais qu'ils prirent à cause de leur esprit plus militaire une grande prépondérance dans le pays. Peu d'années après, toutes les contrées envahies ainsi paisiblement par eux obéissaient à leur commandement. Le chef de la nation appartenant à la famille Koïta habitait Kangaba sur les bords du Niger dans les environs du 12e degré de latitude nord et du 10e de longitude ouest, rayonnant de jour en jour plus au loin dans le bassin du Djoliba supérieur.

Le pays de Ségou avait été jusque-là sous la domination du Saracolais et lorsque le roi Siramaka qui avait sa capitale à Mariadongouba mourut, l'influence des Bambaras y était déjà telle qu'on ne lui donna pas de successeur Saracolais.

Les fils de Kaladian se disputèrent l'autorité et le premier rang resta enfin à celui d'entre eux qui s'appelait Souma et qui fut le père de Bitto ou Tiquitto ; lequel fonda la ville de Ségou et acquit une grande puissance en même temps qu'une grande fortune.

Les disputes des fils et des petits-fils de Kaladian avaient eu pour résultat de former plusieurs partis Bambaras hostiles les uns aux autres, de sorte que lorsque Souma et puis Bitto furent arrivés au pouvoir, les partisans de leurs concurrents furent obligés de s'éloigner, et c'est ainsi qu'un d'entre eux appelé Sey-Bamana s'en alla vers 1750 établir une colonie de Bambara dans le Kaarta où il fit souche.

Les Bambaras qui avaient usurpé l'autorité souveraine aux paisibles Saracolais dans la vallée du haut Niger devaient bientôt avoir à lutter contre des hommes qui ont une ambition insatiable et qui cherchent le pouvoir partout où ils le trouvent. Je veux parler des Peuls et surtout des Toucoulors. Aussi si pendant soixante ou quatre-vingts ans leur autorité régna sans partage dans tout le pays de Ségou, il arriva qu'en 1818 le roi Bambara, Dah ne put étouffer la révolte d'un Peul nommé Amadou Amal-labbo qui lui enleva toute autorité sur le pays de Macina. Puis en 1861, El-Hadj le Toucoulor détrôna Ali, dernier roi Bambara.

El Hadj laissa le commandement du pays de Ségou à Amadou Sekhou son fils qui l'exerce encore dans le moment actuel.

Les Bambaras ont essayé à maintes reprises de se révolter contre les envahisseurs et de reprendre leur ancienne autorité sur le pays de Ségou ; mais jusqu'ici ils n'ont pas obtenu de succès durable.

D'ailleurs les Bambaras sont de trop tièdes musulmans par nature comme par éducation pour pouvoir dominer dans les hauts pays du Ségou et du Niger. Et comme les Peuls et les Toucoulors sont volontiers des mahométans rigides, les ambitieux de ces deux races exercent une influence qui doit leur assurer le pouvoir tant que les nègres dont nous nous occupons actuellement ne prendront pas des habitudes de dévotion plus favorables à la domination chez les sectateurs du Coran.

Les relations intimes qu'ont eu les Bambaras avec les Saracolais d'une part, avec les Mandingues et les Peuls d'autre part, font qu'il en est résulté un grand nombre de métis et que le type primitif ne se rencontre pas chez tous les individus qui portent le nom de la nation; mais cependant ce type se trouve sur un assez grand nombre de sujets pour pouvoir être déterminé d'une manière relativement facile. Ayons soin de dire sans plus tarder, qu'on appelle Massasis des Bambaras de race princière, vivant dans le Kaarta et s'alliant parfois avec les Peuls, ce qui leur a donné quelques traits supérieurs au commun de la peuplade. Ces Massasis qui portent volontiers un gros anneau d'or passé dans le pavillon de l'oreille droite et soutenu par une lanière ou une tresse de cheveux, car son poids est souvent relativement considérable, sont en assez grand nombre dans le Fouta-Djalon et dans les divers pays du Soudan occidental vers la vallée du Niger ; ils ne constituent pas un type pur d'après ce que nous venons de dire ; par conséquent, on aurait tort de les considérer comme les représentants les plus parfaits du peuple Bambara.

Ces Bambaras appartiennent au type nègre proprement dit et paraissent inférieurs aux Mandingues et aux Saracolais dans l'échelle ethnographique ; ils sont très-distincts de leurs voisins tant au point de vue physique que sous le rapport de l'intelligence, des mœurs, etc. Ils ont en effet le front très-fuyant, le nez très-écrasé à la racine, l'ouverture des narines formant deux ovales parallèles et tournés en avant au lieu d'être dirigés en bas. Leurs lèvres sont grosses, noires, renversées en dehors ; le menton fuyant, les incisives plantées obliquement de sorte qu'ils sont très-prognates.

La couleur de leur peau est d'un noir presque aussi foncé que celle des Ouolofs ; moins luisante néanmoins. Leurs cheveux sont très-frisés et lanugineux, mais cependant ils ont ces caractères à un degré moindre que les Ouolofs. Aussi n'est-il pas rare de voir des hommes les laisser pousser de manière à en faire deux tresses qui, épaisses comme le petit doigt, sont souvent assez longues pour aller s'attacher ensemble au-dessous du menton.

Le système pileux est plus développé chez les Bambaras que chez plusieurs autres nègres et notamment chez les Ouolofs ; on trouve chez eux quelques poils sur la poitrine, sur les bras et les jambes, tandis que chez les individus de la basse Sénégambie les parties du corps sont entièrement glabres.

Les Bambaras ont la curieuse coutume de faire sur les côtés de la face de leurs enfants des entailles parallèles droites ou courbes allant depuis la tempe jusqu'aux environs de la commissure des lèvres. Les individus de condition élevée en ont trois, ceux qui appartiennent à la classe des captifs en ont quatre. Les cicatrices indélébiles qui en résultent sont très-profondes parfois et servent à les faire reconnaître à première vue. Nous avons donc là un moyen commode de distinguer les Bambaras des autres peuplades mélaniennes ; mais ayons bien soin de dire que c'est une distinction plus exacte sous le rapport politique que sous celui de l'anthropologie ; car comme les Bambaras achètent leur captifs partout où ils les trouvent à un bon prix et que d'autre part ils font les entailles à tous les enfants qui naissent dans leur maison, il arrive que nombre de Saracolais, de Mandingues, de Toucoulors amenés par la traite dans le pays Bambara ont des enfants de race pure ou de sang mêlé qui portent les attributs cicatriciels du Bambara.

Quand on les questionne sur la cause de cette étrange coutume, ils disent que c'est pour se rendre reconnaissables au premier aspect au milieu des autres peuples, parce qu'ils ne veulent pas qu'on ignore leur origine. Ils semblent mettre un grand amour-propre à faire savoir qu'ils sont du peuple Bambara ; mais on ne sait rien de plus de la raison qui les a fait se stigmatiser de la sorte, et je n'ose formuler aucune opinion là-dessus.

Les Bambaras sont de taille moyenne, rarement très-grands, mais ils sont très-bien pris, larges des épaules ; ils ont des bras vigoureusement musclés et leur force est en général remarquable. Leurs membres inférieurs sont beaucoup plus développés et infiniment mieux proportionnés que ceux des Ouolofs, et même, disons-le, des Peuls ; ainsi, ils ont des mollets saillants, la voûte plantaire bien accusée. S'ils portaient des chaussures, c'est-à-dire s'ils n'avaient pas déformé leurs pieds depuis des siècles, par la marche sans protecteur de la surface plantaire, ils seraient susceptibles d'avoir même de jolis pieds, car le bas de la jambe ne manque pas d'élégance ; la cheville osseuse se détache bien, tandis que le calcanéum se dessine convenablement.

LANGAGE.

Je sais fort peu de chose sur la langue des Bambaras ; aussi quand j'aurai dit qu'elle paraît être analogue au Soninké, qu'elle a divers idiomes assez différents, au moins sous le rapport de la prononciation, je n'insisterai pas davantage sur ce sujet.

RELIGION.

Les Bambaras furent longtemps idolâtres ; ils ne se sont convertis à l'islamisme qu'à une époque très-rapprochée de nous, et encore chez beaucoup d'entre eux, la religion consiste dans un mélange très-grossier de superstitions, d'astrologie et de pratiques musulmanes plus ou moins transformées. Néanmoins leurs prêtres qui prétendent être des marabouts très-orthodoxes ont une influence considérable sur tout , dans l'agglomération bambarienne. Rien n'est tenté, rien n'est entrepris sans qu'on ait consulté par leur intermédiaire les présages : c'est ainsi que les intéressés font des ablutions avec l'eau qui a servi à la macération de certaines plantes. On interroge l'avenir par le sacrifice d'un coq dont les cris et l'attitude au moment de la mort ont une signification déterminée.

Il n'est pas difficile de constater par cela que les Bambaras se rappellent plus que leurs voisins de l'état d'idolâtrie fétichiste dans lequel ils ont vécu pendant de longs siècles. Les musulmans puristes trouveraient bien des monstruosités dans les pratiques que les plus orthodoxes du pays considèrent comme l'expression bien exacte des volontés de Mahomet.

GOUVERNEMENT.

Chez les Bambaras, l'autorité gouvernementale appartient à un roi qui est le maître absolu de tout, et notons cette particularité très-étrange, c'est que le premier ministre, qui a d'ailleurs une autorité presque égale à celle du souverain, est le chef des captifs, et est choisi parmi les esclaves. On comprend par ce détail que non-seulement l'esclavage existe chez les Bambaras, mais encore qu'il est très-fortement organisé dans la société. D'ailleurs les captifs se subdivisent en plusieurs catégories ; les inférieures sont une véritable marchandise ayant une valeur vénale et des fluctuations incessantes de prix ; ces captifs sont employés aux travaux les plus rudes et sont des bêtes de somme. D'autres esclaves utilisés pour le service de l'intérieur ont des relations plus fréquentes avec le maître en même temps qu'un service plus doux. On arrive ainsi à une catégorie de gens qui font partie

intégrante de la maison, de la famille même, qui ont une charge
très-douce en partage et qui n'ont jamais ou à peu près à souffrir
de la perte de leur liberté, car l'esclavage n'a pour eux aucune
obligation bien pénible.

Les Bambaras ont le respect de la propriété et de la personne,
aussi les voit-on rarement commettre des crimes ou même
seulement des délits, soit dans leur pays et lorsqu'ils vivent à
l'état d'agglomération, soit à l'étranger et lorsqu'ils sont isolés.

APTITUDES MILITAIRES.

L'esprit de subordination que présentent les Bambaras, l'organisation puissante de l'esclavage qui fait que chez eux l'obéissance est une chose générale et ordinaire pour le plus grand
nombre, tandis que certains autres individus ont l'habitude du
commandement à divers degrés, devaient donner à cette peuplade des aptitudes militaires très-remarquables. En effet, les
Bambaras pris isolément sont très-braves, se battant avec intré-
pidité et résistant d'une manière très-solide à l'ennemi. Au lieu
de cette turbulence et de cette mobilité d'esprit qui caractérisent
le nègre en général et particulièrement les Ouolofs, ils savent
obéir et passer au milieu des populations, dans les propriétés sans
faire de désordre. Comme conséquence de pareilles qualités
individuelles, les corps de troupes sont bien organisés, bien
disciplinés chez les Bambaras ; aussi arrive-t-il que les chefs
voisins, surtout quand ils sont ambitieux : Toucoulors, Peuls,
Mandingues, cherchent à se procurer des noyaux de soldats de
cette nation, et les chefs Bambaras louent leurs hommes. Cette
peuplade fait donc un peu dans le Soudan occidental ce que les
Suisses ont fait pendant des siècles en Europe ; elle fournit des
mercenaires qui vont à certaines conditions réglées d'avance
faire le métier des armes partout où on a besoin d'eux.

HABITATION.

Les Bambaras habitent dans la vallée du Niger et dans la plupart des provinces qu'ils occupent des maisons construites en une sorte de pisé. Beaucoup plus rarement ils vivent dans des cases en paille, si ce n'est dans les champs quand ils sont isolés. Par conséquent leurs groupes d'habitation ont plus que les autres l'aspect de villes plus ou moins grandes. Ces villes ou villages sont entourés d'un mur d'enceinte et d'ouvrages qui permettent une défense plus facile de la propriété, précaution qui n'est pas inutile dans un pays où la guerre est si fréquente et où les paisibles habitants sont menacés à chaque instant par les incursions des aventuriers ambitieux qui cherchent la fortune et le pouvoir dans le sang et le pillage des faibles.

Les maisons sont généralement spacieuses : elles ont toutes une ou plusieurs cours intérieures avec logement séparé pour le maître, les femmes, les esclaves ; elles sont toutes à peu près munies d'écuries pour les chevaux, les bêtes de somme, les chèvres. Elles possèdent une basse-cour dans laquelle vivent de nombreuses volailles ; de sorte qu'elles sont toujours d'une propreté douteuse et dans des conditions hygiéniques déplorables.

NOURRITURE.

Les Bambaras ne présentent rien de bien spécial sous le rapport de la nourriture. La base de leur alimentation est la farine de mil préparée en couscous comme chez tous les autres nègres de la Sénégambie. Cependant on mange plus peut-être chez eux que partout ailleurs des friandises au couscous préparé d'une manière spéciale. C'est ainsi que sous le nom de Bouraquié ou de Bouraka ils font griller des boules de couscous agglomérées avec du miel et des aromates ; qu'ils font des galettes de couscous frites dans le beurre de Karité et qu'ils appellent Momie. Leur qualité de Musulmans fort modérés leur permet de faire avec du mil et du miel une boisson fermentée qui enivre très-vigoureusement.

CARACTÈRES INTELLECTUELS.

Au point de vue intellectuel les Bambaras sont moins bien partagés que beaucoup de leurs voisins : mais ils rachètent cette infériorité cérébrale par un esprit d'obéissance infiniment plus grand ; par le désir d'être agréable à celui qui leur commande, de sorte qu'en définitive ils sont de meilleure composition pour celui qui, comme l'Européen, est appelé à utiliser leur force et leurs services.

La forte organisation de l'esclavage dans la population Bambarienne ; l'habitude de servir comme militaire, d'obéir à des chefs, de reconnaître l'autorité dans ses divers degrés d'application, font que même lorsqu'ils quittent leur pays pour venir soit à l'état de famille, soit comme simples particuliers isolés dans nos possessions ou au milieu de populations étrangères, les hommes qui nous occupent sont posés, tranquilles, laborieux. Ils aiment bien à causer, ils sont même bruyants, assez vantards, plus gais, plus expressifs que les autres peuplades ; mais cependant ce sont ceux qui obéissent le mieux aux injonctions, qui font le moins de résistance aux prescriptions de l'autorité sous le rapport de la police, de l'état militaire, de la politique, etc.

Le caractère du Bambara est gai et expansif, avons-nous dit : il n'est pas rare de les voir chez eux passer une grande partie de la nuit à danser dans leurs villages autour d'un feu central. Leur calendrier est chargé de nombre de fêtes, car ils aiment à se divertir, ils cherchent, dirait-on, toutes les excuses pour se livrer aux réjouissance. Quand on s'approche d'un groupe de Bambaras on entend un bruit de voix plus grand que dans un groupe analogue d'autres mélaniens. Dans une réunion de nègres, quand on voit un individu parler à haute voix, gesticuler, et se faire écouter par tous les autres, on peut être sûr qu'on a affaire à un Bambara.

Les Bambaras font des trompes avec des dents d'éléphant et en tirent des sons plus assourdissants qu'harmonieux. Ils ont les mêmes instruments que les Saracolais et les Mandingues et se servent de flûtes de bambou terminées par la moitié d'une calebasse en guise de pavillon; mais leur musique est loin d'atteindre la faible hauteur qu'on a pu constater chez les Saracolais et les Mandingues; elle reste presque toujours dans la limite du bruit discordant.

Les jours de grande fête les Bambaras font parfois une ronde très-originale; des griots armés de tamtams et de flûtes se mettent à jouer un air infernal par le tapage et la discordance des sons. Tous les jeunes gens vêtus de leurs plus beaux habits viennent se placer en rond mettant chacun la main droite sur l'épaule droite de celui qui est devant. Ils font en cadence un grand pas d'un côté pendant qu'ils retirent la main qui appuyait sur le voisin et la remplacent par la main gauche qui va se poser sur l'épaule gauche. Chaque pas est donc une sorte de révérence faite tour à tour aux spectateurs qui sont placés en dehors du cercle et aux griots qui sont en dedans.

Certes cette danse est assez monotone, la musique qui l'accompagne est plus assourdissante qu'harmonieuse mais néanmoins l'étranger voit tout cela avec plaisir car le contentement peint sur chaque figure est si franc, si réel qu'il devient bientôt contagieux.

LÉGENDES.

Les Bambaras aiment comme tous les nègres à entendre des
légendes ; aussi dans chaque agglomération d'individus en voit-on
fréquemment un qui tient tous les camarades sous le charme de
son récit dans ces longues heures de soirées d'hivernage où l'on
aime en Sénégambie à jouir d'un peu de fraîcheur relative en se
groupant en plein air au pied d'un arbre. Seulement tandis que
chez le Toucouleur, le Maure et dans les agglomérations Ouoloves
le canevas de l'histoire est presque toujours la glorification de
l'Islam, chez les Bambaras c'est une faiblesse ou une perfection
du cœur humain, ou bien encore une aventure fantastique qui
fait le fond de la légende.

LÉGENDE DE PENDA BALOU.

Près du village de Balou se trouvent, sur le cours de la Falemé,
assez près de l'endroit où cette rivière se jette dans le Sénégal,
des roches qui forment des rapides pendant la saison sèche, et
que l'eau de la rivière couvre presque complétement au moment
de l'hivernage. Ces rochers noirs et arrondis constituent à certaines époques de l'année un véritable danger nautique pour les
pêcheurs dont les barques peuvent être brisées ou endommagées
par un choc imprévu ; aussi ont-ils leur légende qui ne manque
pas d'une certaine poésie, comme on va le voir.

Le village de Balou était, dans les temps, gouverné par un
homme de bien qui n'avait que le défaut d'être faible et de lais—
ser commander sa femme et sa fille plus qu'il ne fallait. Par le
fait de cette faiblesse, sa femme avait pris une influence considérable sur la marche des affaires du pays, et sa fille, la jeune
Penda, admirable créature, plus belle que toutes les négresses des

environs à plus de dix journées de marche, était capricieuse, sans trouver jamais soit chez son père soit chez sa mère un obstacle sérieux à ses volontés.

Grâce à cette indépendance de caractère Penda, qui était une beauté accomplie, avons-nous dit, qui était la seule descendante du chef et qui par conséquent devait conférer à son mari une haute position dès les premiers jours du mariage et même le commandement du village à la mort de ses parents ; Penda, dis-je, sachant que tous, autour d'elle, avaient grand désir de lui voir choisir un époux s'obstinait à rester fille. C'est en vain que tous les jeunes hommes de Balou lui avaient fait des avances, elle les avait dédaignés tous sans exception. Nombre de jeunes gens des environs, beaux, bien faits, guerriers renommés, fils de rois puissants, s'étaient épris d'elle, aucun n'avait obtenu de réponse satisfaisante ; la fière jeune fille éconduisait d'un mot ou d'un regard les plus langoureux prétendants.

Penda jouissait d'une grande liberté dans sa maison, elle allait seule ou avec quelques jeunes amies se promener sur les bords du fleuve, se baigner en eau profonde ; elle faisait en un mot ce qu'elle voulait sans contrôle. Un observateur eût pu remarquer que si le matin elle aimait à jouer avec ses compagnes, quand le soleil baissait elle se dirigeait volontiers seule du côté de la Falemé.

Les pêcheurs la voyaient souvent assise au moment de la nuit tombante sur les rochers dont nous avons parlé ; et bien que plus d'un lui eût dit en passant, à cette heure où la brune commence : Penda ! prends garde à Goloksalah, l'entêtée jeune fille s'obstinait à rester ainsi jusqu'à une heure avancée de la nuit, regardant couler l'eau dans cet endroit où les génies se montrent quelquefois, et où les mortels n'ont rien de bon à gagner.

Que faisait Penda pendant ces longues heures, assise sur les roches de Balou ? Elle écoutait les paroles d'amour d'un admirable jeune homme qui venait tous les soirs invisible pour les autres, visible seulement pour elle, se mettre à ses genoux et lui parler de ses beaux yeux, de son esprit charmant, en un mot, de tout ce dont les amoureux parlent.

Les choses duraient ainsi depuis longtemps lorsque la mère de Penda prit un jour sa fille à part et lui dit : Ton père se fait vieux, il faut un chef plus jeune au village ; par conséquent il serait nécessaire de faire sans tarder un choix parmi les nombreux jeunes gens qui recherchent ta main. La jeune fille essaya d'abord de se dégager par des réponses aléatoires, mais sa mère insistant, elle s'émut peu à peu et finit par avouer enfin que son choix était fait. Seulement au lieu d'un jeune guerrier du pays ou des environs il s'agissait d'un admirable prince plus beau, plus galant, plus noble que personne. Penda lui avait donné son cœur sans savoir son nom, sans connaître sa famille et elle lui avait promis de le suivre dans ses États lointains ; renonçant ainsi de la manière la plus légère à ces projets légitimement caressés par sa famille, par le village entier, de lui voir épouser un homme qui viendrait prendre la succession du roi de Balou.

On juge du désespoir de la mère, de ses supplications, de ses colères ; elle voulut reprendre tout d'un coup une autorité qu'elle avait laissé échapper et signifia à sa fille que dès le lendemain elle serait fiancée à un jeune homme qu'elle lui désigna et qui devait assurément faire un mari accompli.

La nuit venue, Penda désolée court aux roches, et y trouve son adorateur ordinaire ; elle lui raconte tout. Les deux amants sont aux abois, les projets les plus insensés sont discutés et enfin la pauvre Penda, dans sa candeur de pure jeune fille, accepte de suivre son beau jeune homme et d'abandonner ainsi pays, famille, amis, tout enfin, ne craignant pas de désobéir aux ordres les plus sacrés.

Elle se jette à l'eau pour traverser la rivière, car les prétendus États du séducteur étaient de l'autre coté de la Falemé et à peine a-t-elle fait ainsi le premier pas dans la voie de la désobéissance et de la faute qu'elle est saisie sans pouvoir opposer de résistance, entraînée au fond de l'eau et conduite dans un palais sous-marin merveilleux de beauté et de grandiose. Pleine d'effroi, elle se sentait mourir, mais elle est admirablement accueillie par des captives sans nombre, des serviteurs empressés qui exécutaient ses moindres volontés, qui lui obéissaient comme à une souveraine.

A peine revenue de sa surprise, elle entend la voix de son amoureux qui lui disait : Ma Penda adorée ! j'accours près de toi ; tu vas être ma femme et nous vivrons éternellement ensemble d'un bonheur sans mélange. Elle se retourne pour se jeter dans ses bras, et horreur !!! au lieu du beau et admirable jeune homme qu'elle était habituée à voir, elle aperçoit un épouvantable caïman, aux yeux glauques, à la gueule dégoûtante, au dos écailleux, aux pattes crochues, à la queue monstrueuse et au ventre vert.

On devine facilement l'effroi, la répulsion, les regrets de la pauvre enfant ; elle avait imprudemment écouté les suggestions de Goloksalah, le génie redouté qui s'était couvert des apparences d'un beau jeune homme pour la faire succomber mais qui reprenait sa forme hideuse de caïman une fois rentré dans ses États. Penda plus morte que vive résiste à l'horrible animal de toutes ses forces et près de succomber, implore le génie protecteur de sa famille lui demandant la mort plutôt que le déshonneur. Ce génie qui avait une puissance assez grande pour lutter à armes égales contre Goloksalah, mais qui cependant n'était pas assez fort pour l'emporter sans peine, prit acte de la facilité que lui donnait le désir de mourir exprimé par la jeune fille et il la transforma en une grosse pierre noire, la préservant ainsi des atteintes de son monstrueux amoureux.

C'est donc le corps de Penda que l'on voit aux basses eaux. Toutes les nuits Goloksalah vient la supplier de reprendre sa forme primitive, pour satisfaire son amour et ces bruits sinistres que l'on entend parfois dans ces environs sont les supplications, les prières, les colères de Goloksalah, les cris d'effroi et de résistance de Penda. Malheur à qui s'attarde dans les environs, il court grand risque de payer son imprudence de sa vie. Plus d'une fois la colère de Goloksalah a brisé une pirogue qui avait eu la hardiesse de passer trop près du corps de sa bien-aimée pétrifiée.

Certes on conviendra avec moi que pour écrire cette légende il a fallu des frais d'imagination que les nègres ne font pas facilement ; aussi ne serais-je pas étonné qu'elle n'eût pas pris naissance sur les bords de la Falemé mais au contraire qu'elle eût été apportée de la zone tempérée, car elle paraît plus en rapport avec les facultés cérébrales de la race caucasique qu'avec les aptitudes et même, dirons-nous, les mœurs des nègres. Les femmes n'ont pas chez les Mélaniens l'importance que leur prête ce conte et parmi eux, les Penda qui s'attardent dans les environs de leur case la nuit ne font pas de l'amour platonique. Surtout il est douteux que de nos jours une seule négresse préférât la mort aux sollicitations trop pressantes d'un amoureux.

LÉGENDE DE L'HOMME A LA POULE.

Il arrive parfois qu'un loustic de l'assemblée raconte la légende suivante qui ne manque pas, on va le voir, d'une certaine originalité.

Il y avait un homme dans les environs de Kahone dans le Saloum qui pouvait se flatter d'être très-favorisé du Ciel ; en effet, quoique déjà âgé, il avait encore sa mère bien portante et cette vieille femme avait une étrange qualité : elle prenait un peu de sable devant sa case tous les matins et, le mettant dans un plat, elle le transformait en excellent couscous.

Cet homme avait aussi un fils qui, tous les jours au moment

du repas, lançait une flèche en l'air et en rapportait une volaille toute cuite ou bien un morceau de viande tout apprêté.

Il avait aussi un coq qui en grattant la terre lui trouvait tous les jours dix gros d'or qu'il lui portait ; une vache qui lui faisait un veau tous les matins ; une chèvre qui au lieu de lait lui donnait du vin de palme en abondance ; enfin un cotonnier qui avait tous les matins dix pagnes très-beaux en guise de gousses à coton sur ses branches.

Cet homme était heureux ; il était un jour couché dans son lougan et faisait sa sieste après dîner quand il est éveillé par un grand bruit : Un malfaiteur insultait sa mère et cherchait à l'enlever pour aller la vendre comme captive. Son enfant effrayé voulant prévenir son père était tombé dans le puits et était près de se noyer. Un lion s'emparait de sa vache pour la manger. Un chacal qui suivait le lion allait croquer le coq. La chèvre effrayée s'était embarrassée dans sa corde et s'étranglait. Enfin le feu prenait à un tas de paille placé sous le cotonnier et l'aurait bientôt roti. Que devait faire le pauvre homme ? Chaque assistant est tenu de donner son opinion à la grande hilarité de la galerie qui lui dit aussitôt que c'est parce que tel défaut prédomine chez lui.

Les Bambaras comme tous les autres Sénégambiens racontent en outre le plus souvent des légendes édifiées pour la glorification de l'islamisme ; il est inutile d'en rapporter une ici ; nous en citons un assez grand nombre dans les chapitres afférents aux diverses autres classes de nègres pour n'avoir pas besoin de fixer les idées sur leurs tendances et les moyens imaginés pour les besoins de la cause.

LÉGENDE DU BEAU-FRÈRE COUPABLE.

Dans les environs de Porékada il y avait une jeune fille du nom de Houri, qui, appartenant à une famille riche, avait depuis l'enfance écouté les paroles d'amour d'un jeune garçon de ses voisins nommé Bakary ; ils s'aimaient, voulaient se marier ensemble, mais jamais les parents de Houri n'auraient consenti à une pareille union dans l'état de dénûment ou se trouvait Bakary. Que faire en pareil cas ? la situation était embarrassante ; néanmoins l'Almamy étant venu par hasard à annoncer qu'il comptait partir à la tête de ses sujets armés pour le haut Kabou afin de rançonner et convertir les infidèles, Bakary se hâta d'aller s'enrôler, espérant que dans l'expédition il pourrait recueillir quelque butin qui lui permettrait de revenir s'établir dans son pays.

Malheureusement l'année ne fut pas favorable ; d'une part les soldats firent des marches et des contre-marches inutiles ; les guides ne surent pas leur faire surprendre un seul village tant soit peu bien approvisionné ; et enfin au moment où l'armée de l'Almamy aurait pu atteindre une riche peuplade, les blancs du littoral lui firent savoir que s'il voulait recevoir un honnête tribut d'argent et d'objets de traite, on allait le lui apporter à condition qu'il se retirerait aussitôt, tandis que s'il refusait cet arrangement les troupes européennes l'attaqueraient et pendant trois ans ne permettraient plus la circulation des caravanes qui font la richesse de Fouta-Djalon. L'Almamy, en homme prudent, accepta de si belles conditions ; mais comme on pense bien, il ne partagea pas son argent avec les soldats, de sorte que Bakary revint au pays fatigué de marches, de nuits passées sur la dure, de journées écoulées sans nourriture et ne rapportant rien pour sa part, pas même un fusil pour faire la parade dans les jours de fête. Pour comble de malheur, les parents de Houri l'avaient, bon gré, mal gré donnée en mariage à un vieux Marabout Mandingue qui avait gagné quelque argent à écrire des grisgris de médiocre valeur et qui, ennuyeux, plein de prétentions, gonflé d'orgueil parce qu'il savait tracer des caractères plus ou moins incompréhensibles sur du papier blanc, avait voulu se passer la fantaisie de posséder une jeune et belle fille pour sa femme.

Bakary éprouva une grande douleur à la nouvelle du mariage de sa bonne amie ; il voulut lui en faire des reproches sanglants, mais la pauvre Houri lui répondit bien franchement qu'elle ne s'était pas mariée par amour, que si elle pouvait quitter son mari elle ne demanderait pas mieux. Bref, de paroles en paroles, ils en arrivèrent à un *modus vivendi* qui répondait aux désirs des deux jeunes cœurs et aux obligations de l'existence. Houri saisissait tous les prétextes pour aller dans un lieu retiré de la campagne; elle y rencontrait Bakary. Quelques heures délicieuses s'écoulaient ainsi, puis elle revenait à la maison et le vieux Marabout ne savait rien de ce manège amoureux qui pouvait durer ainsi plus ou moins longtemps.

Malheureusement le vieux marabout avait un frère du nom de Mamadi. Ce frère presque aussi vieux, assurément aussi laid et aussi orgueilleux, avait tout juste de quoi à vivre et encore subsistait-il surtout des largesses de son aîné : il n'avait pu faire la dot d'une femme ; il n'avait pas l'argent nécessaire pour acheter une esclave et néanmoins, plein de désirs libidineux, il obsédait Houri de ses sollicitations. La jeune femme avait le cœur trop plein de son cher Bakary ; on juge si elle le repoussait avec horreur. Un jour Mamadi étant parvenu à savoir son secret, lui dit que si elle lui résistait encore elle aurait à s'en repentir. Houri feignit d'en rire, mais elle prévint Bakary de cette particularité. Le mari mis au courant de tout commença à la rendre très-malheureuse. Bien plus Mamadi offrit à son frère de faire tomber Bakary dans un piège afin qu'il pût renvoyer sa femme en réclamant sa dot et avoir ainsi de quoi choisir une autre fille.

Le vieux Mandingue accepta le marché et pour faciliter les événements, alla passer quelques semaines à la campagne, laissant Houri toute seule et par conséquent libre au village.

A la supplication de sa maîtresse, Bakary avait prié un de ses amis intimes du nom d'Alassane de l'accompagner pour faire le guet quand il avait un rendez-vous : mais Alassane, persuadé qu'il n'y avait rien à craindre de Mamadi, dormait au lieu de veiller l'ennemi.

Un jour il est brusquement réveillé par un coup de fusil et des cris de femme ; il se précipite à l'endroit où étaient les amoureux et trouve Bakary baigné dans son sang, la tête fracassée par une balle. Les cris de Houri continuant, il s'approche d'elle et que constate-t-il ? L'ignoble Mamadi couchait la jeune femme en joue et lui disait : si tu ne me cèdes pas, je te tue toi aussi. La pauvre fille plus morte que vive obéit, et, au moment où elle était violée, Alassane intervient, se saisit du fusil qui était à deux canons et dit au misérable que s'il faisait la moindre résistance il allait le tuer sans pitié. Mamadi interrompu dans ses exploits amoureux trembla de tous ses membres et se laissa conduire jusqu'au tribunal sous la menace d'Alassane.

Quelle décision prirent les juges ? Eh bien ! constatant que Mamadi n'avait pas tué Bakary pour venger l'honneur de son frère ce qui eût été une action louable, mais bien au contraire que ce meurtre n'avait été pour lui que le moyen d'assouvir une infâme passion, ils le condamnèrent à avoir le cou coupé, ce qui fut fait séance tenante. De plus comme la conduite de Houri était coupable aussi en ce qu'elle avait trompé son mari et causé la mort de deux hommes, elle eut la tête rasée et fut vendue comme captive. Enfin considérant qu'Alassane avait eu tort de prêter son concours à une expédition amoureuse nuisible à l'honneur d'un habitant de la ville, il fut condamné à recevoir vingt-cinq coups de bâtons. Mais comme par ailleurs il n'avait pas hésité à livrer les coupables à la justice, même en s'exposant à une punition, on lui adjugea le prix de la captive et même on lui permit de donner au bourreau le fusil dont il s'était emparé pour que les vingt-cinq coups de bâtons ne fussent pas assénés d'une façon trop vigoureuse. Quant au vieux Mandingue on lui dit de s'estimer heureux d'en être quitte au prix de la perte de la dot de Houri pour avoir épousé à son âge et avec imperfections corporelles ou intellectuelles une femme jeune et belle qui ne pouvait pas l'aimer.

FAMILLE.

Chez les Bambaras la femme est la captive du mari et elle est dans une dépendance plus complète que dans les autres pays ; la loi autorise la polygamie dans les mêmes limites que chez tous les autres musulmans mais la pratique ne lui reconnaît d'autres limites que les moyens financiers du mari. Néanmoins dans cette peuplade la femme exerce une influence plus grande que dans beaucoup de pays ; elle discute avec les hommes des faits de la politique, de la guerre, etc., et ses avis sont au moins écoutés s'ils ne prévalent pas toujours. Les Mandingues sont même choqués de voir la femme avoir une telle prépondérance dans les questions de tous les jours ou les affaires solennelles des Bambaras.

L'enfant est propriété du père il ne possède sa liberté qu'après la puberté, mais ce n'est que dans des circonstances tout à fait exceptionnelles qu'il sent cette autorité dans une limite bien gênante.

INDUSTRIE.

Les Bambaras sont peu industrieux ; ils le sont moins que beaucoup de leurs voisins qui cependant ne sont pas des modèles sous ce rapport. Leur principale richesse réside dans l'or qu'ils trouvent en abondance dans leur pays et qu'ils vont échanger au loin contre les objets nécessaires à leur existence ou à leurs passions.

Dans les pays Bambaras comme Ségou par exemple la plupart des professions utiles sont exercées par des individus d'origine Saracolaise; ainsi par exemple les pêcheurs du Niger, les *Somonos* sont à peu près tous de cette race, bien qu'ils portent les cicatrices temporales des Bambaras ; leur activité, leur persévérance au travail, leur esprit d'économie et de caste diffèrent essentiellement de la paresse insouciante des autres noirs.

CONCLUSIONS.

En définitive il ressort de tout ce que nous avons dit touchant les Bambaras que nos renseignements sur leur compte sont encore très-incomplets. Il faudra des recherches nouvelles avec une étude plus approfondie pour les mieux connaître. Néanmoins ce que nous savons d'eux déjà nous montre que par ses habitudes d'ordre, la discipline, cette catégorie de noirs nous intéresse sous le rapport de la colonisation de la Sénégambie.

Il y aura, je crois, grand avantage à les attacher à notre cause sous mille rapports, car d'une part nous pouvons rencontrer chez eux une solidité de relations qu'on ne peut obtenir avec d'autres peuplades plus versatiles ; d'autre part en établissant des communications directes entre leur pays et notre colonie, nous pourrons acheter de l'or à un prix extrêmement rémunérateur et par conséquent voir accroître une branche de notre commerce colonial donnant d'énormes bénéfices.

Nous avons dit que le Bambara a des aptitudes militaires ; il est aussi discipliné vis-à-vis du chef que solide en face l'ennemi. Il sera donc utile de le faire entrer pour une large part dans les contingents de soldats noirs, le jour où nous entreprendrons de constituer dans notre colonie du Sénégal une armée locale plus nombreuse que les quelques compagnies de tirailleurs que nous avons employées jusqu'ici.

Le jour surtout où nous prendrons le parti de placer sur les frontières de nos possessions des colons indigènes armés, comme la Russie et l'Autriche l'ont fait dans ce qu'ils appellent leurs confins militaires, nous aurons dans les Bambaras une population parfaitement apte à occuper le pays limitrophe des peuplades encore indépendantes ; de même que nous aurons dans les Saracolais, de laborieux et paisibles habitants pour les contrées protégées contre les incursions étrangères.

CHAPITRE SEPTIÈME

Les Toucouleurs.

Sous le nom de Toucouleur ou Toucoulor qui vient de l'anglais two-colours, on désigne des nègres d'origines très-différentes, et par conséquent d'aspect extérieur très-dissemblable provenant de l'union de deux sangs étrangers. Pour parler exactement il faudrait, d'après cette définition, donner le nom de Toucouleur à de très-nombreuses peuplades et même le leur donner comme appellation complémentaire ; ainsi le croisement du Peul avec le Mandingue a donné un Toucouleur, au même titre que le croisement de ce Peul avec le Ouolof en a produit un autre ; l'union des Peuls, des Ouolofs ou des Mandingues avec les Maures n'a pas donné autre chose que des variétés de Toucouleurs ; et même pour être logique il faudrait appeler de ce nom les mulâtres issus d'européens et de négresses, c'est-à-dire les gens présentant au plus haut degré les attributs du mélange de deux couleurs.

Mais l'habitude a singulièrement restreint la signification du mot, elle l'a réservé aux habitants de la rive gauche du Sénégal qui occupent la contrée appelée le Fouta Sénégalais, en particulier le Fouta Toro, de sorte que le nom de Torodo ou de Toucoulor, est synonyme dans la pratique. Par conséquent, au lieu de parler ici des Kassonkés, qui en somme sont des métis de Peuls et de Saracolais ; des Djalonkés qui résultent du mélange de ces Saracolais avec les Mandingues et les Bambaras ; et de maints autres Toucouleurs, c'est des Torodos du Fouta Sénégalais que nous allons nous occuper. Ils constituent d'ailleurs une population assez nombreuse, assez remuante, assez féconde, pour mériter une place spéciale dans l'étude des habitants de la Sénégambie.

GÉOGRAPHIE.

Les Toucoulors tels que nous les avons définis occupent le pays de la rive gauche du Sénégal qui va du Oualo au pays de Galam et qui comprend les provinces du Dimar, du Toro, du Fouta et du Damga, c'est-à-dire une bande de terrain obliquement placée du 18° au 15° de longitude ouest, du 17° au 15° de latitude nord.

On compte plusieurs sous-divisions parmi les Toucoulors Torodos, à savoir : les Dimar qui occupent le pays depuis Dagana jusqu'au marigot de Doué ; les Seilobés qui occupent de Doué à Aleïbé, les Lâve de Aleïbé à Saldé.

Les Bossyabès, les Irélabès, les Hebyabès, les Vorgos de Saldé à Matam, les Guenar dans le Damga.

ORIGINE ET PLACE ETHNOGRAPHIQUE.

Les Torodos sont, avons-nous dit, des métis de Peuls et de Ouolofs ; il est naturellement entré dans le mélange un peu de sang des peuplades voisines : Saracolais, Maures, Mandingues et, suivant la contrée où on les examine on les voit posséder tels ou tels attributs de préférence ; mais cependant ils ont des caractères assez bien communs. Leur place ethnographique est au-dessous des Peuls et des Maures, mais au-dessus des nègres proprement dits : Ouolofs, Saracolais, Mandingues, etc., etc., et d'ailleurs, il est incontestable qu'ils sont supérieurs aux mélaniens purs, non-seulement quand on jette un coup d'œil sur

leur aspect physique, mais encore quand on étudie la politique
du pays. Les Torodos, en effet, prennent une prépondérance
notable sur les bords du Sénégal et d'autre part maints ambitieux partant de ce pays pour rayonner dans le Soudan occidental arrivent chez les autres peuplades à des positions très-
élevées et par conséquent très-lucratives, au pouvoir royal ou
pontifical dans nombre d'endroits.

HISTOIRE.

L'histoire des Torodos comme celle de toutes les peuplades
Sénégambiennes est fort obscure pour la raison que nous avons
donnée : du manque de documents écrits, de sorte que ce n'est
que par des lambeaux trop souvent tronqués, défigurés même
que nous savons ce qui s'est passé dans les temps antérieurs.
Néanmoins voici quelques détails qui peuvent fixer les idées
jusqu'à ce que de nouveaux renseignements nous aient été
fournis touchant cette classe d'hommes.

Pendant longtemps sans doute les populations nègres autoc-
thones ou au moins les plus anciennes sur les bords du Sénégal
à savoir : les Ouolofs d'une part, les Saracolais d'autre part, vécurent tranquillement sans avoir de grandes occasions de se
mélanger. Le pays étant très-vaste, la population très-peu nombreuse, d'immenses contrées étaient inhabitées; les agglomérations humaines restaient comprises dans les endroits
les plus fertiles sans avoir besoin de mettre à contribution la
terre relativement moins riche. Il se trouvait donc que les uns
étaient dans le bas pays, les autres restaient dans le pays de Galam,
et les grandes plaines du pays intermédiaire, pays moins fertiles
et d'ailleurs trop voisins des Maures n'avaient que de très-rares
habitants, si même elles en avaient. La contrée depuis le cap
Vert jusqu'à Saint-Louis, depuis Saint-Louis jusqu'aux environs

de la Falemé constituait le vaste empire du Djolof dont le souverain, quoique très-puissant, avait en somme plus de terre inoccupée que de lieux cultivés dans ses possessions.

L'arrivée des Peuls, celle des Mandingues et en un mot l'extension que prit l'islamisme à une certaine époque donna une
impulsion particulière au pays. Des mouvements de la population,
des mélanges, des guerres vinrent augmenter les relations des
diverses races primordiales entre elles et bientôt les individus
de sang mêlé surgirent çà et là, d'abord à l'état isolé, puis en se
groupant d'une manière relativement un peu plus dense.

On comprend ce mouvement et ces résultats sans les connaître à fond, aussi nous n'entrerons pas dans plus de détails à
ce sujet, faute de documents suffisants. Nous dirons seulement
qu'il y a cent cinquante à cent quatre-vingts ans, toute la basse
Sénégambie à savoir : le Sine, le Saloum, le Baol, le Cayor, le
Oualo et le Fouta, étaient encore réunis sous la domination d'un
roi du Djolof. Des guerres civiles survenues au commencement
du dix–huitième siècle chassèrent de leur pays les Djaïbés qui
étaient des Ouolofs du bas Sénégal : Ces Djaïbés après avoir
erré d'une contrée à l'autre sur les bords de la rive gauche du
Sénégal, obtinrent des Bakiris (Saracolais) un terrain dans les
environs du point où est construit aujourd'hui le poste de Bakel
et une source de Toucoulors se produisit de ce côté.

D'autre part après avoir pénétré dans le haut pays, quelques
Peuls descendirent la rive gauche du Sénégal et s'étendirent
dans tout le Fouta Sénégalais depuis Galam jusqu'à Dagana ; ils
se fondirent bientôt dans le sang nègre et donnèrent naissance
aux Déliankés qui conservaient beaucoup du caractère de leurs
ascendants paternels et qui, comme les pasteurs devenus cultivateurs, c'est-à-dire les gens besogneux devenus aisés, s'amol-
lirent et oublièrent les traditions de hardiesse, de courage et
d'instinct guerrier qui avaient valu à leurs ancêtres la domination du pays. Enfin en troisième lieu, les relations devenant

plus fréquentes entre les Maures et les nègres sur les deux rives du Sénégal, il en résulta une autre catégorie de Toucouleurs, les Bossyabés et les Irélabés (croisement d'un Maure avec une Delianké).

Les éléments purs : Peul, Maure et Ouolof ne se renouvelant pas dans le pays avec une abondance suffisante, il arriva un jour que les Toucouleurs qui formaient la basse classe : captifs, gens besogneux, etc., etc., furent plus nombreux que les individus de race pure. Ces Toucouleurs étaient naturellement hostiles à leurs supérieurs en fortune et dans la hiérarchie sociale, de sorte qu'ils cherchèrent bientôt le moyen de leur nuire et de prendre la suprématie. Pour cela il y avait une marche bien simple à suivre dans ce pays où la religion de Mahomet avait pénétré mais où elle était pratiquée assez mollement par des gens qui, n'étant pas précisément très-fanatiques, laissaient un peu les consciences libres. Au lieu d'être doux, tranquilles, tolérants, les Toucouleurs se firent des musulmans fervents, ils devinrent intolérants, tracassiers, belliqueux; et bientôt, d'agressions en agressions, ils finirent par chasser de presque tous leurs villages les anciens possesseurs de la contrée qui se réfugièrent dans les environs de Guédé sur le marigot de ce nom (côté sud de l'île à Morphil), où on trouve encore des Déliankés purs à l'état d'une petite population qui perd d'ailleurs ses caractères de jour en jour et finira bientôt par disparaître.

CARACTÈRES PHYSIQUES.

Les caractères physiques des Toucouleurs sont en rapport avec les diverses races qui les ont engendrés, la chose se comprend si bien qu'elle n'a pas besoin d'être indiquée plus longuement et nous n'étonnerons personne en disant que le long du Sénégal ils présentent des différences marquées. Ici, ils ont la ·

17

belle stature des Ouolofs ; là ils ont les formes sèches et vigou-
reuses des Maures ; plus loin l'aspect plus harmonieux des
Peuls, ou bien la teinte approchant du bronzé acajou des Saracolais. Aussi ne décrirons-nous pas en détail les divers caractères physiques; le lecteur, se reportant à ce que nous avons dit
des Peuls, des Maures et des autres catégories primordiales de
population, peut y suppléer très-bien.

CARACTÈRES INTELLECTUELS.

Les caractères intellectuels des Toucouleurs sont intéressants
à étudier pour nous, d'autant que comme c'est une population
qui tend à s'accroître dans de grandes proportions, nous aurons
dans l'avenir souvent affaire avec elle et que de nos relations
dépendra assurément le développement graduel de notre colonie
Sénégalaise.

Tout d'abord il faut signaler que les Toucouleurs exècrent au
fond du cœur tous les autres habitants de la Sénégambie ; ils
haïssent le Peul et le Maure parce qu'il sentent qu'ils leur sont
inférieurs. En revanche ils méprisent le nègre Saracolais, Mandingue, Bambara ou Ouolof parce qu'ils se croient très-supérieurs
à eux. Orgueilleux et insolents, ils n'hésitent pas à se dire le premier peuple du monde et les enfants chéris de Dieu, parce qu'ils
sont plus prompts que les autres à recourir aux armes. Ils considèrent leurs voisins comme des ennemis nés, et ces deux sentiments ne sauraient nous surprendre : ils sont si naturels au
cœur humain d'essence inférieure, que nous les rencontrons sur
notre route à chaque pas : « *Notre ennemi c'est notre maître,* »
dit la fable, qui n'a envisagé là qu'un côté de la question : notre
ennemi, c'est aussi notre inférieur, peut-on ajouter, pour être
complet ; et si au point de vue philosophique, nous devons nous
attrister de voir les hommes obéir à de si tristes sentiments ;

au point de vue de notre prépondérance dans le pays, nous pouvons nous en féliciter, car diviser c'est régner, dit le proverbe ; et des peuples divisés à l'avance d'une manière aussi irréconciliable surtout, sont, par cela même, plus faciles à conduire vers le but que nous voulons leur faire atteindre.

L'esprit du Toucouleur est ombrageux ; ces hommes aiment l'indépendance d'une manière remarquable ; mais il faut reconnaître que ce n'est pas par amour platonique de la liberté individuelle, car lorsqu'ils peuvent dominer les autres, ils trouvent tout naturel un commandement qui les révoltait lorsqu'ils avaient à le subir.

Ils ont un sentiment de fierté exagérée et ne se plient pas volontiers aux règles établies par les autres. On peut dire même que quand ils se courbent devant elles, c'est avec l'impatience du révolté ou avec la résignation de l'ambitieux qui se promet bien de fouler aux pieds, le jour où il sera le plus fort, ces obligations devant lesquelles il est obligé de céder en ce moment. Je n'ai pas besoin d'ajouter que des hommes qui ont une pareille tendance ne sont ni affectueux ni reconnaissants ; on peut leur rendre des services, on peut leur faire du bien, leur gratitude a des limites très-bornées. Nul plus que le Toucouleur ne vérifie d'une manière plus frappante cet adage que l'oubli des services rendus est l'indépendance du cœur.

Le Toucouleur méfiant jusqu'à l'excès vis-à-vis de nous est crédule au delà du possible dans certaines circonstances, surtout lorsque c'est au nom de la religion musulmane qu'on lui parle, et en particulier quand on le sollicite à prendre parti contre les autres races métisses ou noires, contre nous autres même. Aussi ne devons-nous pas nous méprendre à cet égard ; c'est le plus fort qui commandera dans l'avenir entre eux et nous comme par le passé du reste ; et le jour où notre puissance militaire locale diminuerait, leur hostilité contre notre domination croîtrait en relation absolument directe.

APTITUDES.

Le Toucouleur est énergique ; il est capable pour arriver à un but de subir toutes les privations, toutes les douleurs, toutes les injures imaginables, chose d'autant plus remarquable qu'il est vindicatif, violent, orgueilleux, et qu'il jalouse la supériorité. Rien n'égale sa perfidie quand son intérêt est en jeu, la dissimulation ne lui coûte rien, il ne laisse pas voir le but vers lequel il tend, mais il y consacre tout son temps, toute sa force physique et morale.

Le Toucouleur qui est toujours ambitieux n'hésite pas à aller chercher fortune loin de son pays lorsqu'il sent qu'il ne pourra pas réussir au milieu des siens, et en partant il prend la résolution de suivre la direction, d'exercer la profession, d'avoir les allures nécessaires à son succès. C'est ainsi par exemple qu'il ira soit vers les hauts pays du côté des Saracolais, des Mandingues, etc., etc ; soit vers les basses contrées, vers les blancs, Anglais, Français ou Portugais, suivant la nécessité. Toujours sévère observateur du Coran, il vivra en saint homme, s'il le faut, il fera des miracles, écrira des grigris dans la proportion des crédules qu'il rencontrera. Si au contraire c'est dans une de nos possessions qu'il arrive, il sera paysan, domestique, soldat ou marchand, changeant toutes les fois que c'est nécessaire pour réaliser quelques profits.

On le voit, le Toucouleur est un peu comme l'Auvergnat ou le Savoyard, avec cette différence que les enfants des montagnes du centre ou de l'est de la France sont en général de très-honnêtes gens, tandis que le Toucouleur est presque toujours, quand il est intelligent, un fieffé coquin de fait ou au moins d'intention, et qu'il ne résistera généralement pas, l'occasion aidant, à commettre le plus épouvantable méfait pour conquérir la fortune ou le pouvoir.

On n'a pas besoin de chercher beaucoup dans nos comptoirs pour trouver des Toucouleurs qui ont fait fortune dans les professions les plus diverses ; il en est qui ont droit à notre considération, mais d'autres ne la méritent pas.

Pendant que j'étais à Saint-Louis j'en ai vu condamner un par la cour d'assises au moment où il était arrivé à une situation vraiment très-belle. Voici en quelques mots son histoire : descendu de son pays à l'âge de 18 à 20 ans sans savoir un mot de français il était arrivé à Saint-Louis comme manœuvre débarquant des arachides et des pièces de bois. Il servit en qualité d'infirmier à l'hôpital militaire et apprit ainsi quelques mots de notre langue, puis fut marin, garçon de bureau, commerçant, enfin il devint interprète et employé tour à tour dans divers services. Il fut un beau jour nommé interprète du gouverneur, décoré de la légion d'honneur, etc., etc. Il avait conquis position, fortune, considération, mais voulant avoir plus encore, il volait, rançonnait, dépouillait tous les malheureux nègres du voisinage sans compter que probablement aussi il nous espionnait pour le compte du Damel et des autres rois du voisinage. S'il n'avait été arrêté brusquement par la justice, il serait devenu peut-être un chef politique, qui sait ; cet homme rêvait, ont dit bien de ses détracteurs, de faire soulever le pays, d'en chasser les Européens pour être le roi de la contrée.

Quand on est en France et qu'on songe à l'immense différence qu'il y a entre nous et les nègres sous le rapport de la puissance de la richesse, etc., etc., ces projets de domination paraissent insensés, mais cet homme n'avait vu de notre force que ce qu'il y a à Saint-Louis, et il se sentait assez habile pour triompher de l'obstacle que lui opposeraient les troupes de la colonie.

Pour l'observateur, les faits de cette nature sont intéressants; ils donnent la preuve incontestable d'une supériorité d'intelligence qu'on ne saurait nier. Aussi si nous déplorons les malversations trop fréquentes des parvenus, nous sommes obligés de reconnaître en bonne justice qu'ils sont plus habiles que les autres, et lorsqu'ils restent dans le droit chemin, devons-nous applaudir à leurs succès. L'ambition de s'élever pour améliorer sa condition est en définitive un sentiment très—louable tant qu'elle n'est basée que sur le travail et le respect de la personne comme de la propriété du voisin, aussi ne sommes-nous pas étonné qu'on ait de tout temps dans les colonies de la côte occidentale d'Afrique considéré les Toucouleurs comme un élément important et intéressant de la population.

RELIGION.

Nous avons vu précédemment que la religion a été le moyen employé par les Toucouleurs pour se rendre maîtres du pays qu'ils occupent aujourd'hui en souverains et sur lequels il n'étaient qu'à l'état de captifs ou d'individus de la classe inférieure dans le principe. Ils ont si bien compris que c'est leur meilleure arme de domination dans toute la Sénégambie qu'ils se sont faits de fervents musulmans aussi intolérants que soupçonneux vis-à-vis des pauvres diables qui ne pratiquent l'Islamisme que d'une façon très-tiède.

C'est parmi les Toucouleurs que nous voyons le plus grand nombre de Marabouts apparaître. Plusieurs d'entre eux n'ont pas hésité même devant le pèlerinage à la Mecque pour acquérir ce titre si envié et si vénéré du Hadj qui donne le plus grand pouvoir sur les consciences comme sur les affaires temporelles de la contrée.

Le Toucouleur est mobile dans ses projets, mais cependant cette mobilité ne porte que sur les faits de détail, car il a une suite d'idées très-extraordinaire quand il pense soit à l'ambition, soit à la vengeance. Ses goûts sont fastueux quand il peut, toujours disposé à faire plus que son voisin dans la pensée de l'éclipser. Sa conduite est tour à tour humble quand il est le plus faible, altière quand il croit être le plus fort, et je n'ai pas besoin d'insister davantage pour former l'opinion sur son compte.

L'intelligence du Toucouleur est prompte, facile ; il saisit vite et bien les questions de son intérêt de tous les jours. Et si, comme le nègre, il est incapable d'une réflexion bien prolongée, quoique son esprit soit vif, il a un degré de plus d'intelligence, surtout si nous le comparons aux Ouolofs. Pour n'en donner qu'un exemple sur mille, je dirai qu'ils sont supérieurs à ces Ouolofs au point de vue de la musique et des chants ; leurs griots, au lieu de hurler dans les cérémonies des paroles obscènes, aux sons discordants d'un tam-tam sans harmonie, psalmodient sans grâce, mais cependant avec plus de respect pour l'oreille des chants qui ont la prétention d'être des cantiques religieux.

LÉGENDES.

En leur qualité de musulmans exaltés, les Toucouleurs préfèrent les légendes qui ont trait à la glorification de l'Islam aux historiettes roulant sur une qualité ou une imperfection du cœur. Le miracle, l'événement extraordinaire arrive toujours chez eux en faveur de la religion et pour la grande édification des fidèles. On va en juger d'ailleurs par l'échantillon suivant :

LÉGENDE DES FAVEURS ACCORDÉES AUX NOUVEAUX CONVERTIS.

Dans le pays de Bounoun, il y avait jadis, un nommé Aliou qui était idolâtre, buvait des liqueurs fermentées, mangeait du porc, n'observait aucun jeûne et croyait aux gris-gris fétichistes. Il avait pour les musulmans une violente haine ; aussi toutes les fois qu'il rencontrait un marabout isolé, il lui coupait le cou. La vue d'un individu faisant son salam avait la propriété de le rendre furieux, et quand il entendait appeler à la prière, il se mettait à l'affût de telle sorte que bientôt celui qui convoquait les croyants était tué, comme une pièce de gibier, d'un coup de fusil. Ses actes de barbarie étaient si horribles, si nombreux, duraient depuis si longtemps que les musulmans du Toro résolurent un jour de se débarrasser d'un aussi cruel ennemi. L'Almamy Mahamet, à la sollicitation réitérée de ses sujets, se mit à la tête d'une véritable armée pour aller le capturer et le tuer. C'est en vain que la troupe sonda les moindres broussailles des environs, jamais Aliou ne tomba entre les mains des soldats de Mahamet; on disait même qu'il était en relations avec les esprits infernaux qui lui permettaient de se rendre invisible dans les moments critiques. Bref, les vrais croyants étaient décimés à chaque instant quand ils étaient isolés, et malgré les plus actives recherches Aliou restait introuvable.

Une nuit cependant, l'ennemi de la vraie croyance eut une vision; ses yeux se dessillèrent, il comprit qu'il faisait mal en torturant les musulmans et il prit la résolution de se convertir à l'islamisme. Sa décision une fois prise, il se débarrase de ses armes et va d'un pas délibéré au milieu de l'armée de Mahamet. Les sentinelles voyant venir à elles un homme qui paraissait inoffensif lui demandent ce qu'il veut. « Je veux parler à l'Almamy Mahamet » dit-il, et on le conduisit auprès du chef qui dans ce moment était entouré de tous ses lieutenants et qui venait de faire une fervente prière au Tout-Puissant pour la capture d'Aliou, car il y avait trop longtemps que l'armée était ainsi immobilisée par un seul homme ; il avait l'ardent désir de mettre à exécution un projet caressé depuis longtemps : l'invasion du pays de Sénoukouya, repaire de Kiédos, intempérants, idolâtres et brutaux. Mahamet voyant approcher l'étranger lui dit : « Qui estu » ; Celui-ci lui répondit avec assurance : je suis Aliou, l'ennemi des croyants, celui contre lequel ton armée a été impuissante jusqu'ici. A ces mots un frémissement d'horreur et de colère passa dans l'assemblée ; dix lieutenants se levèrent spontanément, portant la main à leur sabre pour venger les trop nombreuses victimes faites par Aliou; mais Mahamet qui était un homme juste sentit que non-seulement ce serait une vengeance stérile, mais qu'il y aurait iniquité à massacrer sans l'entendre un individu, quelque ennemi qu'il fût, quand cet individu venait sans armes pour parler avec lui ; par conséquent il arrêta le mouvement d'un signe, car il était respectueusement obéi dans tous ses commandements. — Que veux-tu, pourquoi es-tu venu jusqu'ici? lui dit-il ; Aliou répondit: j'ai jeté mes armes pour montrer que je viens ici en ami et non en adversaire ; je suis venu par ce que je veux me convertir à l'islamisme. On juge de la stupéfaction de tous. Seul Mahamet ne perdant pas son sang-froid lui dit: sais-tu bien que pour être croyant, il faut se faire raser la tête au lieu de porter la chevelure abondante et tressée comme tu l'as fait jusqu'ici. Aliou répondit: Qu'on me rase la tête. Sais-tu, dit Mahamet, qu'il faut jeter les gris-gris que t'ont donné les griots idolâtres pour ne se parer que de gris-gris musulmans composés d'un verset du coran. Aliou jeta loin de lui tous ses gris-gris sans plus répondre. Sais-tu qu'il ne faudra plus boire de sangara, plus manger de porc, observer le jeûne, faire ton salam tous les jours aux heures commandées par le prophète. Aliou répondit : c'est ma formelle intention. Enfin sais-tu, lui dit Mahamet, qu'il faudra désirer la conversion des tiens restés dans l'idolâtrie et même porter les armes contre ta nation pour l'initier à la loi musulmane. Aliou répondit : je suis prêt à mettre mon père dans l'alternative de croire en Dieu tout-puissant et à Mahomet son prophète ou bien de mourir.

En présence d'une pareille résolution, Aliou fut instruit dans la religion musulmane et accepté comme vrai croyant. Mahamet plein de joie annonça qu'il allait maintenant se mettre en route pour combattre les infidèles.

Toute l'armée accueillit la nouvelle avec des transports de joie et au moment où elle acclamait son Almamy, un sabre tombe du ciel, au milieu du camp, aux pieds du chef et de ses lieutenants, sabre terriblement affilé et capable de faire les plus sanglantes blessures. Un soldat cupide en présence de cette arme magnifique se précipite sur elle pour s'en emparer ; mais ô prodige ! le sabre était si lourd, si lourd qu'il ne pût le soulever ; il lui eût été plus facile d'arracher un baobab séculaire avec une seule main que de faire remuer cette arme enchantée. Toute l'armée essaya tour à tour de s'emparer de l'arme, mais, peine superflue, son poids était tel que pas un ne réussit. Il ne restait plus que deux hommes n'ayant pas porté la main sur le sabre : c'étaient Aliou et Mahamet. Mahamet lui dit : saisis-t'en et tu marcheras ainsi armé contre les infidèles. Une clameur d'incrédulité s'éleva parmi les guerriers. Comment, s'écrièrent-ils tous ? Comment voulez-vous, Almamy, qu'un croyant de quelques minutes de date soit plus habile que nous, musulmans de naissance ? Non, la chose n'est pas possible, et Aliou ne pourra pas plus que nous se saisir de ce sabre. Aliou s'approcha et au moment de tendre la main il dit : ceci est pour la plus grande gloire de Dieu et de Mahomet son prophète ; le souverain maître de toutes choses permettra à son serviteur fidèle de faire des prodiges pour la glorification de son nom. Puis il prit le sabre sans aucune difficulté et le brandit avec l'aisance d'un guerrier consommé.

On comprend l'émotion générale ; l'armée transportée d'admiration s'élança dans la direction des infidèles brûlant de les combattre et les Kiédos idolâtres qui étaient préparés à la résistance les attendirent de pied ferme avec une telle vigueur que bientôt les croyants furent décimés. L'ardeur de l'attaque avait été telle que Mahamet et Aliou avaient été devancés et au moment où ils arrivèrent sur le champ de bataille ils trouvèrent l'armée musulmane entièrement détruite. Les Kiédos triomphaient et les entourèrent pour les faire prisonniers dans le désir de les immoler ensuite. C'est alors que les deux seuls survivants de la troupe musulmane, Mahamet et Aliou, tirèrent leur sabre. Mahamet avait une arme bénie qui lui avait été envoyée de la Mecque et qui tuait dix infidèles à chaque coup ; il se mit donc en mesure de lutter vigoureusement ; mais le sabre d'Aliou abattait cent têtes à chaque tour de bras de sorte qu'en quelques minutes les Kiédos furent exterminés. Mahamet et Aliou rentrèrent triomphants et victorieux au pays, emmenant un grand nombre d'esclaves qui furent convertis à l'islamisme, et pour reconnaître les exploits d'Aliou l'Almamy, qui n'avait qu'une fille, Fathima Benta, la lui donna en mariage, ce qui lui assura la succession du pouvoir. L'almamy Aliou eut un règne plus glorieux que tous les autres et vérifia ainsi le dicton : Que le dernier converti quand il est fer—vent vaut mieux que cent musulmans de naissance qui pratiquent une religion avec tiédeur.

Cette légende rappelle le dicton qui a cours dans la religion chrétienne : *Il y a plus de place au paradis pour un nouveau con-verti que pour dix justes.* A ce titre nous pouvons penser que si les Toucouleurs la racontent volontiers, elle n'a cependant pas pris naissance dans leur cerveau.

LANGAGE.

La langue des Toucouleurs n'est pas une, elle dérive comme les individus d'origines différentes ; c'est ainsi, par exemple, dans le Fouta Toro ils parlent un idiome dérivé du Peul qui leur vient de leurs ancêtres, les Déliankés, et qui n'est lui-même pas pur. A mesure qu'on descend vers les Oualo les mots Ouolofs sont de plus en plus nombreux de sorte que, suivant le pays, cette langue a des variations assez considérables.

GOUVERNEMENT.

Les Toucouleurs obéissent dans le Fouta Sénégalais à un chef politique et religieux appelé l'Almamy qui est élu pour un temps indéterminé souvent très-court par les chefs secondaires des provinces et des villages. Ces chefs sont, eux, nommés par hérédité, de sorte que ce gouvernement est une république théocratico-aristocratique, comme l'a dit M. Carrère.

La justice est rendue par l'Almamy pour les causes importantes, par les chefs secondaires ordinairement. Mais ces chefs secondaires vont jusqu'à infliger la peine de mort à la seule condition de demander la ratification du jugement par l'Almamy qui n'a ordinairement garde de la refuser, de sorte que chaque petit tyranneau secondaire a une autorité illimitée ou à peu près dans son cercle.

ORGANISATION SOCIALE.

L'organisation des Toucouleurs est peu différente de celle de la plupart des nègres soudaniens. Il y a la classe des hommes libres, guerriers, parmi lesquels quelques familles ont par tradition le monopole du commandement à divers degrés. Viennent ensuite de pauvres diables qui constituent le peuple proprement dit, cultivateurs et peu mobiles, vivant du travail de leurs mains, subissant la volonté du chef et trop souvent voyant leurs récoltes brûlées, leur femme séduite de gré ou de force par un guerrier du voisinage ou de passage. Leurs enfants sont trop souvent dérobés en temps de paix et eux-mêmes en temps de guerre courent le risque de la mort ou de l'esclavage. Or, comme les guerres, les incursions, les envahissements sont fréquents dans toute la contrée, l'existence du pauvre est bien précaire et soumise à de terribles hasards.

Les esclaves sont nombreux et ont entre eux une hiérarchie bien accentuée ; les uns fixés à la terre et employés loin des yeux du maître sous les ordres de chefs secondaires sont de véritables bêtes de somme taillables et corvéables à merci par tous et toujours. Les autres employés plus près du maître et lui obéissant dans ses besoins immédiats sont dans une position plus heureuse, très-enviable même dans certains cas. Deux autres éléments très-importants de la population et de l'organisation sociale sont ici comme ailleurs dans tout le Soudan : les prêtres et les griots. Les prêtres sont naturellement des enragés dévots dans un pareil pays. Les griots sont les mêmes coquins que partout. Les griots Torodos ne chantent pas de paroles obscènes comme ceux du Oualo, avons-nous dit ; ce sont surtout les louanges de Mahomet et des versets du Coran qui sont le sujet de leurs cantiques ; on en comprend si bien la raison que nous n'avons pas besoin d'insister davantage. On sert le plat au goût du consommateur, dit le proverbe.

Les griots Déliankés ont conservé la liberté d'improvisation des gens peu religieux et s'accompagnent sans grande harmonie d'une petite guitare et d'un violon à trois cordes. La raison en est que s'ils récitaient des versets du Coran ils paraîtraient ennuyeux à leurs dupes et alors ils ont modifié le thème dans la limite du nécessaire.

Il faut l'insouciance du nègre pour qu'une société organisée de la manière que je viens d'indiquer puisse subsister. Mais comme d'une part le laboureur intelligent quitte le travail de la terre pour devenir plus riche lorsqu'il a de l'ambition ; que le vieux guerrier stupide travaille un peu de terre de ses mains pour avoir de quoi manger ; que le captif peut selon les degrés de son intelligence s'élever de la fonction de bête de somme à celle de valet de chambre, de conseiller, de premier ministre ou de général ; enfin que celui qui ne trouve pas de place à son goût dans son pays va chercher fortune ailleurs, il en résulte que les années se passent sans que les choses se modifient bien sensiblement dans un sens ou dans un autre.

FAMILLE.

Les Torodos n'ont en général qu'une seule femme. Bien qu'ils puissent avoir, d'après le Coran, des esclaves concubines comme tous les Musulmans, ils n'en abusent pas ; on sent même à leurs lois qu'ils sont surtout monogames et que le mariage est solide‑ ment constitué chez eux. En effet l'homme qui a des relations avec une fille ou une veuve est puni d'amende et même peut être mis à mort. La femme adultère est fustigée en public, perd sa dot et même au cas où elle pourrait se remarier ne peut plus se joindre aux femmes réputées honnêtes dans une cérémonie, pendant la prière, etc., etc. D'ailleurs les femmes sortent peu et, dès que le mari a un peu d'aisance, son épouse légitime ne va plus au dehors de l'enceinte de sa case.

ARMÉE.

Le Toucouleur a l'instinct guerrier ; il est brave, aime la guerre, non-seulement pour ce qu'elle rapporte, mais même par goût pour les émotions vives ; aussi sait-il employer mille armes pour surprendre l'ennemi, incendier les villages, détruire les moissons, en un mot commettre toutes les dégradations qui accompagnent les luttes à main armée.

Les Torodos sont tous armés et sont soldats toute leur vie sans qu'ils aient une troupe permanente. Hardis et courageux, ils marchent au feu tous bravement, mais n'ont aucune discipline, aucun esprit de subordination et par cette raison sont incapables d'une action combinée et de longue haleine. On comprend d'ail-

leurs que l'organisation de l'armée est dans un pays en relation
directe avec l'organisation du gouvernement et celle de la société,
de sorte que, tant que les choses en seront là de ce côté, le soldat restera comme il est aujourd'hui.

HABITATIONS.

Les cases des Torodos sont la transition entre les paillottes du
bas Sénégalais et la maison de pisé ou de briques du haut pays.
Leurs villages sont ordinairement entourés d'une palissade recouverte souvent de terre glaise et portant comme ailleurs le
nom de tapade. Il y a quelques grands villages sur les bords du
Sénégal et dans le Fouta Toro, mais il n'y a pas de grandes
villes comme dans le haut pays, le Fouta Djalon et la vallée du
Niger.

CULTURES.

Tout ce que nous avons dit jusqu'ici nous fait connaître assez
bien les Toucouleurs pour que nous ayons une idée de leurs aptitudes. Ceux qui restent dans le pays et qui ne tentent pas autrement la fortune sont de bons agriculteurs et se livrent tous
depuis l'Almamy jusqu'au dernier captif à la culture de la terre;
aussi le Fouta Toro produit en abondance le mil, l'arachide, le
coton, le beref, etc., etc. Les gens du Fouta élèvent de petits
chevaux qui sont loin d'avoir la solidité et la taille des nôtres,
mais qui peuvent rendre localement de bons services et sont un
objet de commerce assez lucratif.
Les Toucouleurs du Dimar et du Fouta Toro ont quelques colonies de cultivateurs sur les bords de la Gambie et ils font dans
ces pays rapporter à la terre des récoltes que les Ouolofs ne savent pas obtenir.

CONCLUSION.

Le lecteur nous accordera d'après tout ce que nous lui avons dit jusqu'ici du Toucouleur Torodo que c'est un métis plus intelligent que le nègre proprement dit; plus énergique, ayant des passions vives violentes même, ils présentent pour l'européen des qualités et des défauts plus accentués que les autres peuplades sénégambiennes. On ne pourrait nier qu'ils constituent un élé-·ment important de population mais ne présentant pas la malléabilité du Saracolais des Ouolofs des Bambaras même, nous aurons plus de peine à les faire entrer dans le courant de notre civilisation.

CHAPITRE HUITIÈME

Les Sérêres.

Les parties les plus méridionales du Cayor, les pays de Baol, de Sine, de Saloum ; en un mot la contrée comprise entre le cap Vert et la Gambie est habitée surtout par les Sérêres qui ressemblent assez aux Ouolofs à première vue, mais qui cependant en sont assez distincts pour mériter une description à part. Ces Sérêres sont, il nous semble, des métis issus de diverses origines que nous allons essayer de déterminer.

ORIGINE.

D'après une très-intéressante notice du colonel Laprade insérée dans l'annuaire du Sénégal, année 1865, et dans les annales maritimes et coloniales, nous savons que les Sérêres occupaient il y a environ quatre siècles le pays de Kabou dans la haute Casamance. Ils appartenaient, selon toute probabilité, au peuple Bagnoun que nous verrons habiter encore le bas et moyen pays de cette région ; ils étaient idolâtres et vivaient sans aucune relation extérieure, sans industrie, se livrant à l'agriculture tout juste pour subsister. Lorsque l'islamisme apparut dans les contrées qui s'étendent sur le versant ouest du Fouta Djalon, il servit d'excuse aux invasions des Peuls et des Mandingues qui sont venus occuper les plantureux pays de la haute Casamance. Les Sérêres, molestés par les convertisseurs à main armée, essayèrent sans doute de résister par les armes ; mais se défendant moins

18

bien que les envahisseurs ne les attaquaient, faute d'armes, d'organisation militaire, d'habitude de la guerre, ils cédèrent la place espérant avoir le repos à ce prix. Ils vinrent de proche en proche, traversant des pays toujours assez semblables à leur contrée d'origine, des pays à peu près inhabités et arrivèrent ainsi jusqu'au Cayor, remontant dans le nord jusqu'au cap Vert où ils furent arrêtés par la population Ouolove assez dense dans cette région pour ne pas permettre l'envahissement de ses terres.

Une fois répandus dans cette vaste contrée, qui va de la Gambie au cap Vert, l'espace ne leur manquait pas, au contraire; les diverses familles purent se grouper séparément dans les endroits les plus plantureux, les plus faciles à cultiver. Elles purent rester assez éloignées les unes des autres, de sorte que, si d'un côté les migrations avaient mis les Sérêres assez en contact soit avec ceux qu'ils cherchaient à fuir, soit avec ceux qu'ils rencontraient à l'état d'individus isolés, soit enfin avec ceux qui étaient désormais leurs voisins du côté du nord, c'est-à-dire, s'ils se trouvaient dans des conditions favorables au métissage de leurs descendants ; d'un autre côté, le manque d'industrie n'entraînant pas des relations suivies avec le dehors, ils se confinèrent assez complétement dans leurs divers cantons respectifs pour que chaque groupe ait conservé des habitudes, des allures spéciales, un degré de mélange de sang particulier. Aussi ne trouve-t-on pas aujourd'hui chez les Sérêres, soit une homogénéité de type, soit une entière ressemblance de mœurs, de coutumes, de croyances. D'un village à un autre, même lorsque quelques kilomètres seulement les séparent, il y a parfois des différences très-marquées.

DIVISIONS.

Les Sérêres se partagent en deux grandes parties : 1° Les Sérêres Nones qui occupent le bassin de la Tamna, 2° les Sérêres Sines qui habitent le bassin du Sine et de Saloum. Les premiers parlent le None et les seconds parlent le Ndjeguem. Le dialecte None se partage en trois sous-dialectes assez voisins les uns des autres. A. le None proprement dit, B. le Faros, C. le Safi.

CARACTÈRES PHYSIQUES.

De couleur presque aussi foncée que les Ouolofs, les Sérêres ont la taille très-élevée. Je ne crois pas me tromper en affirmant que ce sont les nègres les plus grands de toute la Sénégambie ; en effet, les hommes de six pieds de haut sont très-nombreux chez eux ; généralement ils ont une taille fort au-dessus de la moyenne. Forts en proportion de leur taille, les Sérêres sont souvent d'une vigueur athlétique et, sans la gracilité disgracieuse de leurs jambes, ils auraient l'air de véritables colosses.

Les traits de leurs visages sont durs et moins harmonisés que ceux du Ouolof proprement dit, leur nez plus épaté, plus écrasé à la base révèle un degré inférieur dans la série ethnographique; cependant on ne peut disconvenir de l'existence de nombreux points de ressemblance ; on sent que l'élément Ouolof entre pour une grande part dans leur constitution.

RELIGION.

Les Sérêres sont restés jusqu'ici très-réfractaires à l'Islamisme qui a une rigidité peu en rapport avec leurs habitudes et leurs goûts. Leur religion est une idolâtrie qui tient par plusieurs liens de parenté au fétichisme des peuples de la basse Casamance, du pays de Rio-Nunez, etc., etc. Nous devons ajouter qu'à côté de grossières manifestations, cette religion ne manque pas d'une certaine poésie ; c'est, on le sent, l'expression de la crédulité des intelligences restées enfantines et du mysticisme qu'ont les habitants des grandes forêts.

Ils ont deux Dieux ; d'une part Takhar qui préside à la justice ; d'autre part Théourakh qui dispose de tous les biens. Ces deux dieux habitent dans les plus grands arbres des forêts, de sorte que les bois sont pour les Sérêres des lieux sacrés, et les arbres séculaires des sanctuaires vénérés. Le dieu Takhar a pour ministres ou prêtres des vieillards recrutés dans certaines familles, ce sont eux qui jugent les questions de vol et de sorcellerie qui ont une si grande importance, on le sait, chez les peuples sauvages et superstitieux.

Quand un individu a été volé, il va porter sa plainte au prêtre du Dieu Takhar auquel il donne tous les renseignements qu'il peut fournir, indiquant les soupçons qu'il a contre tel ou tel voisin ; le prêtre en instruit le Dieu à l'aide de prières appropriées qui sont en rapport avec l'importance de l'objet volé, disent les fidèles, avec la valeur du cadeau qu'il a reçu, disent les sceptiques, et le coupable ne tarde pas à tomber malade et même à mourir si la chose en vaut la peine.

Les prêtres Sérêres ont maints moyens curieux de retrouver les objets qui leur ont été volés : ainsi, par exemple, celui qui a été la victime d'un rapt, fait annoncer par eux au son du tam-tam qu'il a pris un lézard et qu'il va le porter chez le forgeron. Il est bien rare que le lendemain matin l'objet volé ne soit pas remis en place car chaque Sérêre est persuadé que les coups donnés par le forgeron au lézard retentiraient au centuple sur le voleur et entraîneraient bientôt sa mort. Une des grandes sources de revenu des prêtres Sérêres, est le Bante qui a la propriété de laver les injures et dont voici le détail : Celui qui veut se venger d'un ennemi, vient trouver le Fitaure qui est le ministre religieux en même temps que le chef d'une agglomération et il tâche de le décider, à force de cadeaux, à faire le Bante : terrible opération qui frappe de terreur les plus braves du pays. Au milieu de maints présents, il a mis un canari (gros vase en terre rouge) vide, si le Fitaure agrée ce qui lui est offert, il fait diverses cérémonies qui ont pour but d'enfermer l'âme de l'ennemi dans le canari, et ce vase est déposé sous un baobab ou un fromager (Bentanier, famille des Bombacées) consacré.

Celui dont l'âme est ainsi enfermée dans un canari, meurt peu de temps après et parfois sa famille elle-même succombe, peut-être empoisonnée par le Fitaure qui a intérêt, on le comprend, à ce que la superstition ne s'affaiblisse. On comprend donc que la famille qui sait qu'on a fait un Bante contre elle soit très-émotionnée et que chacun se hâte de faire des concessions pour être délivré du danger qui le menace, ce qui rapporte encore plus d'un profit au Fitaure médiateur naturel du conflit.

Les nègres de la contrée et maints mulâtres de Gorée et de Saint-Louis tremblent à l'idée du Bante ; ils ne reculent pas devant de grands sacrifices, au besoin, pour s'en délivrer.

Les prêtres du dieu Takhar sont aussi chargés de juger les accusations de sorcellerie; ils examinent les individus incriminés, leur préparent un breuvage qui a la propriété de les faire mourir si réellement ils sont sorciers, et qui est simplement rejeté s'ils n'entretiennent aucune relation avec les esprits infernaux. Nous voyons-là le reflet des coutumes qu'ont les peuples de la Casamance, Bagnouns, Féloupes, Balantes, etc., etc., et dont nous parlerons plus longuement dans le chapitre afférent à ces diverses peuplades; seulement, comme à mesure que les Sérêres ont gagné les environs du cap Vert, ils sont arrivés dans un pays plus découvert, moins impénétrable et qu'ils ont eu des relations plus fréquentes avec les peuplades voisines; d'une part, les accusations de sorcellerie ont perdu de leur importance dans leur société ; d'autre part, l'épreuve que ces prêtres font subir aux accusés a été moins terrible. La mort ne s'en suit que tout juste assez pour entretenir le bas peuple dans une salutaire crainte de la divinité.

Le Théourackh est, avons-nous dit, le Dieu qui donne d'abondantes récoltes, fait prospérer les familles, les individus et les troupeaux. On le rend favorable à sa maison en déposant au pied de certains arbres désignés, des cadeaux de plus ou moins grand prix et, chose bizarre, quel que soit le volume de l'objet, la grosseur de la bête offerte au Dieu, l'offrande disparaissait jadis dans la nuit suivante, ce qui laisse à penser que les prêtres tiraient un honnête bénéfice de la crédulité publique. Mais hélas ! les Dieux s'en vont, peut-on dire, au cap Vert comme ailleurs ; aussi, peu à peu les Sérêres sont moins fervents et bien plus, dans nombre d'endroits, ils sont arrivés à ne plus déposer au pied de l'arbre sacré que les cornes, les pieds, les entrailles de la bête immolée en l'honneur du Dieu et mangée par la famille du dévot. Depuis ce temps, ces bas morceaux ne disparaissent plus et s'amoncellent de plus en plus autour de l'arbre séculaire. Triste présage pour l'avenir du clergé Sérêre !

On comprend combien il a fallu d'ignorance et de superstition pour faire durer pendant des siècles une religion pareille qui, bien qu'elle s'atténue dans ses obligations à mesure que les peuplades Sénégambiennes entrent un peu plus dans le courant de la civilisation, coûte actuellement et coûtera pendant des siècles encore des existences en certain nombre, car pour entretenir la croyance, les prêtres jugent trop souvent qu'un exemple terrible doit venir faire trembler ceux qui se relâchent dans leur dévotion.

MOEURS.

Les Sérères sont doux, vivent sur leur sol auquel il sont extrêmement attachés et ont aussi peu l'amour de la migration,
que les Saracolais l'ont beaucoup. Ils passent volontiers leur vie
là où ils sont nés, groupés par familles dans un pli de terrain
qu'ils ont mis en culture et auquel ils font rapporter de belles
récoltes. Cette disposition extrêmement heureuse pour nous de-
vra être utilisée. Je prédis au gouvernement que, si par la création de routes sillonnant le Diander et même tout le pays Sérêre,
il rend les transactions faciles, si par la création de quelques
postes militaires sur la frontière, il garantit la contrée contre
les invasions des pillards à main armée qui prennent la religion
ou la conquête pour excuses de leurs déprédations, il arrivera
dans un temps peu éloigné à posséder là une population de travailleurs paisibles fournissant à notre commerce des produits
d'une sérieuse valeur en quantités très-convenables.

Les Sérêres sont malheureusement abandonnés à l'ivrognerie
d'une manière épouvantable ; le meilleur objet de troque pour
les habitants de ce pays, est le sangara, eau-de-vie incendiaire et
capable d'abrutir tout un peuple. Ils boivent exactement dans la
limite de ce qu'ils possèdent et cela sans distinction d'âge, de
sexe, de position. Le père gorge son petit garçon de sangara
sans modération, la mère en fait boire à son enfant à la mamelle ; ils sont vraiment ivrognes au-delà de tout ce qu'on peut
imaginer.

MARIAGES. — FUNÉRAILLES.

Le Sérêre peut prendre autant de femmes que sa fortune le
lui permet car il achète la jeune fille à ses parents, la femme
sans famille à elle-même, les captives aux marchands qui vien-

nent à passer ou qui sont dans certains marchés tenus à des époques déterminées. L'union avec la captive se fait sans apparat, mais le mariage régulier s'accomplit avec de certaines formalités bizarres comme chez beaucoup de peuplades Sénégalaises. C'est ainsi, par exemple, que le futur, quand il s'est accommodé avec la jeune fille, qui souvent déjà est enceinte si même elle n'a pas plusieurs enfants de lui, va demander sa main à la famille réunie en faisant, à l'assemblée, cadeau d'une barre de fer et d'une calebasse de vin de palme (*la barre est prise par le père et le vin bu par tous*). La réponse étant favorable on se rend hors du village, la jeune fille fait semblant d'être très-occupée aux travaux des champs et ses parents se cachent sous les arbres des environs. Le fiancé arrive à son tour avec les siens et tout à coup un de ses amis se met à crier : La voilà ! La voilà !! en désignant celle qui a l'air d'être une proie. La fille se met à courir simulant une grande frayeur, les parents du garçon la poursuivent, la famille de la fiancée vient pour s'y opposer, lutte simulée plus ou moins grotesque et plus d'une fois tragique par le fait de la maladresse d'un acteur trop zélé. Enfin la victoire reste aux parents du futur mari qui emmènent leur captive dans une case ou elle restera pendant un mois sans que le fiancé puisse la voir. Le mois écoulé, le jeune homme prend sa femme sans bruit et dès le lendemain chacun vient féliciter les époux avec des compliments qui sont toujours au gros sel et capables de faire rougir les moins pudiques d'entre les Européens.

Les funérailles, de leur côté, sont le prétexte de libations excessives, quand le défunt possédait quelque chose ; car, comme toute sa fortune ou à peu près passe à ces réjouissances bachiques, on peut juger de l'aisance de ceux qui meurent au nombre de gens gris et à la durée de leur ivresse.

LÉGENDES.

Les légendes Sérêres ne diffèrent guère de celles que l'on débite dans les autres agglomérations de nègres, mais cependant on sent, à les entendre, que la religion musulmane en fait moins souvent les frais. C'est une aptitude du cœur humain, une aventure grotesque ou fantastique qui sert de thème au conteur, et pour nous, un tel sujet est plus intéressant que les grossières glorifications de l'Islam que l'on entend trop souvent en Sénégambie.

LÉGENDE DE LA COMPARAISON ENTRE L'AMOUR PATERNEL ET L'INGRATITUDE FILIALE.

Dans le pays du Dimar qui est voisin du Cayor, il y avait jadis un Damel du nom d'Amadi Goné qui gouvernait le pays avec justice ; il avait un fils du nom de Biroum Amadi qu'il avait élevé avec bonté et auquel il prodiguait tous ses soins et toutes ses largesses. Biroum Amadi n'était néanmoins pas content de son sort, il avait hâte de régner et était impatient de voir mourir son père pour lui succéder. Les choses n'allant pas assez vite à son gré, il se lia avec des mécontents et des ambitieux qui désiraient comme lui la chute du pouvoir d'Amadi Goné, et un beau jour ils prirent les armes résolument. Il fallut en venir aux mains ; le père plein de tristesse avait voulu dix fois arrêter l'émeute sans effusion de sang, il était désireux même de s'éloigner pour laisser à son indigne fils le vain plaisir de régner, mais les principaux chefs secondaires lui avaient forcé la main et, plus pour se rendre à leur désir que pour le sien propre, il se mit en devoir de combattre les insurgés.

La rencontre fut vive ; les troupes du père rompues à la discipline et aux combats eurent raison des insurgés qui furent dis-

persés ; le fils même fut fait prisonnier et le conseil de guerre
décida à l'unanimité qu'il devait mourir, étant convaincu de
rébellion à main armée. Le père ne voulut pas entendre parler
de mort ; il fit amener son fils dans sa case et commanda qu'on
les laissât seuls. Là il lui reprocha amèrement son ingratitude,
lui donna de l'or, puis le fit évader pendant la nuit, car il craignait
que la raison d'État, paraissant plus puissante aux chefs secondaires qu'à son cœur de père, ses lieutenants ne l'obligeassent à
sévir contre le chef des insurgés,.

Biroum Amadi, muni d'une somme très-ronde, se hâta de gagner les États limitrophes où l'autorité de son père ne s'étendait
pas ; mais dans son voyage, il tomba entre les mains d'un parti
de pillards ; il fut très-heureux de s'en tirer au prix du trésor
que son père lui avait donné et de sa liberté, de sorte qu'il fut
obligé de travailler de ses mains et de mener l'existence des
captifs. Son maître l'avait mis à cultiver un lougan aride ; il
souffrait de la faim, il était maltraité à chaque instant et il regret-
tait naturellement les beaux jours de sa jeunesse. Un Peul, qui
l'avait connu aux temps de sa splendeur, vint à passer conduisant
des bœufs qu'il allait vendre dans le pays d'Amadi Goné ; connaissant sa malheureuse condition, il se hâta d'apprendre au père
que son fils était réduit en esclavage.

Amadi Goné en fut au désespoir ; il ramasse à la hâte tout
l'argent de son trésor et part incognito pour délivrer son fils. Il
le rachète en effet à son maître ; puis une fois qu'il fut en possession de sa liberté, il la lui rendit, lui donna beaucoup d'argent en
à lui disant : Vis heureux et fais demander ton pardon de manière
ce que l'on discute la question d'une manière officielle dans l'assemblée des chefs. Je me hâterai de prononcer ta grâce, de telle
sorte, que tu pourras rentrer sans crainte au pays et reprendre
ta position auprès de moi.

Mais cela ne faisait pas l'affaire du fils dénaturé ; il laissa partir
son père et se hâta d'aller voir un marabout qui connaissait l'a—

venir, lui demandant s'il avait quelques chances de monter bientôt sur le trône qu'il enviait. Le marabout consulta maints présages et lui dit : Si tu peux avoir une armée de Bambaras, tu
remporteras la victoire.

Biroum Amadi se mit en route pour le pays des Bambaras ; il
vit le roi de ces hommes et fit marché avec lui pour avoir de
bonnes troupes. L'argent que lui avait donné son père servit à
payer les premières dépenses et aussitôt il marcha à fortes journées vers son pays. Cette fois la victoire lui fut favorable ; tous
les chefs de son père furent tués ; Amadi Goné lui—même fut
obligé de fuir vers le Baol et le Saloum même. Comme il avait
toujours été bon et juste, les habitants de cette contrée le laissè-
rent s'établir dans un village où il comptait vivre en paix, loin du
bruit, avec quelques serviteurs, du produit de son travail d'a-
griculture ; mais le fils dénaturé envoya contre lui des hommes
de confiance qui s'emparèrent du vieillard inoffensif, lui coupè-
rent le cou et en rapportèrent la tête qu'il se plut à bien examiner pour être sûr que désormais il n'aurait plus à craindre de
voir son père réclamer son droit au gouvernement de la contrée.
Tout cela prouve que le père aime son fils jusqu'à la faiblesse
tandis que le fils déteste son père jusqu'au crime.

CONCLUSIONS.

Les quelques détails que nous avons fournis sur les Sérêres
fixent nos idées sur leur compte. D'abord, sous le rapport ethnographique, ils constituent une race métisse dans laquelle les Ouolofs, les Mandingues et les Bagnouns entrent pour une certaine
portion. Beaucoup moins remuants que les Ouolofs, ils ont les
goûts de stabilité et l'amour de la culture des Bagnouns dont ils
ont conservé une grande partie des coutumes. Sous ce rapport,
ils présentent l'atténuation des pratiques absurdes et sauvages de

la population de la basse Casamance. C'est la transition entre cette population et la population Ouolove.

Attachés fortement à leur sol, ils font une excellente population agricole dans laquelle nous trouverons des tributaires très-désirables pour notre commerce si nous parvenons, par une série de mesures prises de longue main, à diminuer leur tendance à l'ivrognerie et à les protéger contre les incursions des voisins qui, sous prétexte de les convertir à l'islamisme, dévastent de temps en temps leur pays.

CHAPITRE NEUVIÈME

Les populations de la Casamance.

La Casamance est une des nombreuses rivières de la côte occidentale d'Afrique qui prennent leur source sur le versant ouest du grand pâté des montagnes du Fouta–Djalon. Née dans le pays de Kabou, vers le 13° degré de latitude nord et le 17° degré de longitude ouest, elle court directement vers l'ouest et se trouve placée à une vingtaine de lieues au sud de la Gambie, à une dizaine de lieues au nord du rio Cachéo, formant avec ces deux cours d'eau, trois lignes assez exactement parallèles, quoique sinueuses.

La côte d'Afrique présente, dans le pays qui nous occupe, deux parties bien distinctes et très différentes sous tous les rapports : Une, montagneuse, relativement peu boisée et ravinée par des torrents impétueux au moment de l'hivernage ; l'autre plane, couverte d'épaisses et luxuriantes forêts, sillonnée de canaux naturels, si peu élevés au-dessus du niveau de la mer, que le flux de la marée s'y fait sentir presque partout. Les trois quarts du cours de la Casamance sont dans ce pays plat ; l'autre quart, beaucoup moins connu, parce que les explorations ne se font guère qu'en barque dans les pays tropicaux de la côte d'Afrique, occupe les derniers contre-forts ouest du Fouta-Djalon.

La Casamance reçoit quelques affluents dont le Sougrogou est le plus considérable ; ces affluents forment, sur les deux rives de la rivière, dans les environs de son embouchure, un réseau de canaux véritablement inextricable, et faisant peut-être communiquer : au nord, la Casamance avec la Gambie ; au sud, cette Casamance avec le rio Cachéo. Les Portugais ont un établissement appelée Ziguinchor sur le fleuve qui nous occupe. Nous y possédons le poste de Carabane, à l'embouchure, et le poste de Sédhiou, à 35 lieues en amont de Carabane.

La Casamance baigne nombre de contrées qui sont, en allant de la source vers l'embouchure. Sur la rive droite : les pays de Firdou, La kao, Boudié, Jassi, Vaca, des Djougoutes, des Yolas.

Sur la rive gauche sont les contrées de Brassou, Balmadou, Souna appelées aussi pays des Balantes, le pays des Bayotes et enfin le pays des Ayamats.

Des peuplades noires, assez différentes les unes des autres habitent ces divers pays sur les rives de la Casamance, et le voyageur fait assez facilement des distinctions entre elles au premier coup d'œil ; mais lorsqu'il veut établir une classification un peu précise de ces peuplades, la chose paraît plus difficile qu'on ne le penserait de prime abord. Cela tient à ce que des races différentes tendent à s'infiltrer dans le pays qui nous occupe et se sont subtituées, en certain endroits, à la population qui y habitait jusque-là ; se sont mêlées à elle dans d'autres.

Il m'a semblé que, pour nous rendre un compte suffisant des diverses races noires que l'on rencontre sur les bords de la Casamance dans le moment actuel, on pouvait les partager en trois catégories.

A. Peuplades primitives (Feloupes, Bagnouns) :

B. Peuplades envahissantes (Balantes, Mandingues, Peuls) ;

C. Peuplades adventives (Ouolofs, Saracolais, Toucouleurs, Mandiagos, Machouins, Taumas, Vachelous).

Cette classification, toute imparfaite et toute sujette à la critique qu'elle soit, m'a jusqu'ici paru être le moyen le plus facile de comprendre dans la même étude, tout en les différenciant, les éléments très-divers de cette population. Dans la première catégorie sont les hommes qui paraissent avoir habité le pays de—

puis assez longtemps pour pouvoir être considérés comme à peu près primitifs.

Dans la seconde se trouvent placées des races remuantes et guerrières qui sont venues là, refoulant par la force les peuples qu'elles ont rencontrés dans leur migration.

Dans la troisième enfin, nous rangeons au contraire les hommes qui sont venus, isolés ou par petits groupes inoffensifs, s'infiltrer dans la population du pays pour y travailler la terre ou y exercer une industrie, comme nous voyons en Europe certains individus, les Auvergnats, les Savoyards, venir faire souche plus ou moins loin de leur pays natal.

Le lecteur nous demandera sans doute ce que nous entendons par le mot de populations primitives; si nous pensons que ce sont des populations autochthones à proprement parler? Nous devons répondre franchement aussitôt que nous n'avons que des présomptions, mais aucune idée entièrement arrêtée à ce sujet. D'ailleurs à notre avis ce serait là une discussion inutile dans le moment présent. Si cependant on ne veut pas aller plus loin avant d'avoir étudié cette partie de la question, nous dirons que les Féloupes et les Bagnouns sont eux-mêmes assez différents entre eux pour qu'il soit facile d'admettre que les Feloupes sont les plus inférieurs. Il en résulterait, si nous songeons à ce mouvement de migration successive des diverses catégories de nègres de l'Afrique occidentale vers la mer que les Feloupes furent des occupants des pays antérieurs aux Bagnouns, et alors c'est tout au plus ces Feloupes qu'on serait autorisé à considérer comme autochthones des bords de la Casamance.

Mais aussitôt alors on est en droit de se demander si ces Feloupes ne se sont pas substitués jadis à d'autres nègres plus inférieurs encore. Or, comme nous n'avons aucune preuve matérielle ni pour ni contre cette opinion, on comprend que nous arriverions en continuant la discussion dans cet ordre d'idées à ne nous baser que sur des hypothèses, c'est-à-dire que nous se-

rions trop exposés à nous tromper. Donc nous nous arrêterons
dès le premier pas.

La chose est d'autant plus rationnelle qu'autochthones ou envahisseurs les Feloupes et les Bagnouns paraissent occuper leur
pays depuis assez longtemps pour que toute tradition, toute no-
tion d'une migration antérieure ait été perdue ; et alors nous
pouvons sans crainte les appeler les peuplades primitives jusqu'à
ce que nous découvrions des hommes qui les ont précédés, si
même nous en découvrons jamais.

Pour cette étude des populations de la Casamance, nous ferons
de fréquents emprunts aux rapports de M. Bocandé, ancien rési-
dent français à Carabane (Journal du Sénégal, 1857) ; au travail
du commandant Vallon, de la marine (Revue maritime et coloniale, 1862) et à la très-remarquable étude qu'un de mes jeunes
camarades, le docteur Hamon, a faite en 1872 à mon instiga-
tion (Archives des hôpitaux du Sénégal).

A. — PEUPLADES PRIMITIVES.

Ce sont, avons-nous dit, les Feloupes qui habitent tout à fait
le bas fleuve dans les environs de son embouchure, et les Bagnouns qui vivent dans le pays qui est immédiatement au-dessus,
en cheminant vers la source.

1° FELOUPES.

Les Feloupes, qu'on a appelés aussi Yolas ou Ayamats, nom
qu'il faut réserver à deux de leurs tribus, sont les peuplades de
la basse Casamance. Ils habitent les îlots marécageux de l'embouchure du fleuve, s'étendant au nord, c'est-à-dire sur la rive
droite, jusqu'aux pays de Combo et de Fogny, qui sont baignés

par la Gambie ; au sud, c'est-à-dire sur la rive gauche, jusqu'au rio Cachéo.

Ils se divisent en neuf groupes principaux et distincts qui sont sur la rive droite en allant de l'est à l'ouest : A. les Vacas ; B. les Kaïamantés ; C. les Jigouches ; D. les Karônes ou Kabils ;

Sur la rive gauche et allant aussi de l'est à l'ouest : E. les Bayotes ; F. les Foulouns ; G. les Bangiârs ; H. les Ayamats.

Sur les deux rives, tout à fait au bord de la mer, à l'embouchure même de la Casamance : I. les Yolas.

Le Songrogou sépare très-exactement les Feloupes des Bagnouns sur la rive droite. Le marigot de Santo-Domingo ou Jejé trace moins exactement, avec le côté est des possessions portugaises du préside de Ziguinchor, cette démarcation sur la rive gauche.

Les Feloupes sont encore très-sauvages et dans un état social précaire ; leurs villages sont indépendants l'un de l'autre et souvent en guerre. La famille n'y existe pas à proprement parler, car la plus hideuse promiscuité est la chose ordinaire ; la vente des enfants y est une coutume enracinée et l'ivrognerie y est poussée à un point excessif.

Leur peau est d'un noir très-accentué, leur figure est plate, leur nez épaté et large, leur système pileux est peu développé, aussi les hommes se rasent-ils volontiers la tête et la barbe, opération qu'ils pratiquent très-habilement à l'aide de tessons de bouteille au lieu de rasoir métallique. Ils se taillent les dents comme la plurart des peuplades du golfe de Benin et des environs de Sierra Léone et peut-être peut-on voir un caractère distinctif dans l'habitude qu'ils ont de tailler celles de la mâchoire supérieure jusqu'au fond de la bouche au lieu de se contenter comme beaucoup d'autres d'en tailler quelques-unes seulement.

Les Feloupes ne sont pas grands en général ; d'ailleurs les peuplades autochtones de la Casamance sont toutes de petite taille ; ils sont bien pris, ont une certaine vigueur musculaire qui n'est cependant comparable ni à celle des Ouolofs ni à celle des Sérêres surtout.

Le Feloupe a un caractère expansif, il a une excellente opinion de lui-même et se croit beau. Quand il traverse un village étranger ou qu'il se trouve en présence de noirs d'autres nationalités, il tient la tête haute, regarde avec assurance, surveille sa pose et ses mouvements, en un mot se complaît à faire admirer les avantages physiques qu'il croit posséder.

Les Feloupes vont à peu près nus en temps ordinaire; ils sont armés quelquefois de mauvais fusils que leur vendent les traitants, n'ayant en fait d'armes fabriquées par eux-mêmes que des arcs, des flèches, des sagaies. Ils se servent volontiers d'un bouclier fait en cuir d'hippopotame.

Comme les peuplades les plus sauvages et les plus abruties, ils sont naturellement cruels, perfides et voleurs; aussi a-t-il fallu, à diverses reprises, leur imposer de très-rudes leçons pour les empêcher de piller et de tuer les traitants, pour leur faire respecter ou à peu près les villages qui sont placés sous notre protection. Ils se livraient volontiers jadis à la piraterie sur les marigots qui les avoisinent; mais la supériorité de nos moyens de répression les en a corrigés, et ils commencent à se livrer un peu plus au travail pour acquérir les objets qu'ils désirent : indice qui peut faire espérer une amélioration de leurs mœurs.

Leurs cases sont en bois, recouvertes d'un enduit d'argile très-solide ; elles ne manquent pas d'une certaine élégance, mais à l'intérieur elles sont de la plus sordide saleté. Rien n'est plus puant et plus repoussant à l'œil comme à l'odorat que ces cases de Feloupes.

Le sol marécageux de leur pays leur a suggéré l'idée de la culture du riz qui leur sert de nourriture et d'objet de commerce. Ils mangent souvent du poisson qu'ils pêchent à l'aide de labyrinthes en roseaux établis sur les bords peu profonds du fleuve. Ils n'usent guère de la viande de bœuf que dans les fêtes d'ailleurs assez rares, chose d'autant plus remarquable qu'ils possèdent de nombreux troupeaux. Enfin disons qu'ils sont très-friands de certaines espèces de chiens domestiques qu'ils élèvent pour la cuisine.

Les Feloupes échangent avec les Européens du riz, quelques peaux et des amandes de palme contre de la poudre, des armes et quelques étoffes. Ils vendent ce riz à leurs voisins contre des bœufs vivants et du coton brut qui viennent du Fouta Djalon. La culture des arachides tend à s'introduire chez eux et il est probable qu'ils s'adonneront aussi plus résolument à la culture du coton.

La religion des Feloupes est le fétichisme le plus grossier, avec croyance aux sorciers et aux revenants. Disons en passant que lorsqu'un Feloupe est accusé de sorcellerie, il est tenu de subir l'épreuve du *Mançone* dont je parlerai tantôt : s'il résiste à l'action du breuvage, son accusateur est saisi et vendu comme esclave ; mais trop souvent le mançone entraîne la mort de celui qui tente l'épreuve.

Hecquart raconte un détail des croyances religieuses des Feloupes qui rappelle involontairement le miracle de saint Janvier, et quelques coutumes des paysans de nos contrées. « Depuis quelque temps, dit-il, la pluie avait cessé ; le riz jaunissait sur pied et tout le monde s'inquiétait pour la récolte. Les femmes se rassemblèrent, prirent des branches d'arbres dans leurs mains, puis, séparées en deux bandes qui se croisaient en dansant, elles parcoururent l'île de Carabane, chantant et priant leur bon génie de leur envoyer de la pluie. Ces chants continuèrent deux jours entiers, mais le temps ne changea pas. De la prière elles passèrent alors aux menaces ; les fétiches furent renversés et traînés dans les champs au milieu des cris et des injures qui ne cessèrent qu'avec la pluie. Alors seulement les malheureux Dieux retrouvèrent leur considération accoutumée. »

Nous avons dit que l'état social des Feloupes est extrêmement arriéré ; ils peuvent avoir plusieurs femmes légitimes et en outre le concubinage est la chose du monde la plus commune. Quand un homme veut épouser légitimement une fille, il sollicite la faveur de l'habiller et donne un grand repas dans lequel le vin de palme fait les frais principaux. Les Bayotes donnent une génisse en dot à la fille qu'ils épousent, mais c'est là une libéralité que les autres Feloupes ne mettent pas en pratique.

Les femmes ont la curieuse habitude d'aller accoucher loin de leur village et de rester quinze jours dans les bois après la parturition. Celle qui accoucherait par hasard dans son habitation serait dépouillée de ses biens, dit-on, et verrait sa case incendiée.

Les Feloupes n'ont en général pas d'esclaves, il serait trop difficile de les garder dans un pays couvert et sillonné de marigots ; aussi, tant que la traite a été en vigueur, ils se hâtaient de vendre leurs prisonniers de guerre, auxquels ils adjoignaient les enfants qui les gênaient. Aujourd'hui que les négriers sont pourchassés sur mer et que l'Amérique achète moins volontiers les esclaves, ils vendent leurs captifs et leurs enfants aux gens de l'intérieur du pays et particulièrement aux Mandingues du Fouta-Djalon.

Quand un Feloupe notable dans son pays vient à mourir, ses parents le revêtent de ses plus beaux habits et exposent son cadavre assis dans sa case pendant deux ou trois jours. Après ce temps on le couche sur un lit, dans un caveau voisin de la maison et communiquant avec elle par une galerie souterraine qui est prudemment comblée pour éviter les exhalaisons putrides.

Quand on peut craindre que la mort ne soit pas due à une maladie naturelle, et dans ce pays le poison se manie souvent, deux individus du village, qui ont le privilège de communiquer avec les esprits, chargent le corps sur leurs épaules et l'emportent en courant. Ils ne s'arrêtent que lorsque le cadavre leur a dévoilé s'il est mort de maladie naturelle ou s'il a succombé à des sortilèges.

Nul ne songe naturellement à contredire ces experts sacrés, et tel qui est accusé par eux est dès lors soupçonné de sorcellerie, ne pouvant s'en laver que par l'épreuve du mançone. Quelquefois même il est dépouillé au préalable de ses biens. Heureux, s'il n'est pas vendu ou mis à mort, chose qui arrive fréquemment quand la famille du décédé est puissante ou que la vindicte des experts est implacable.

Nous avons dit que les Feloupes sont très voleurs; ils dérobent volontiers tout ce qui est à leur portée ; le vol est cependant puni quelquefois, puisque le voleur pris en flagrant délit peut être vendu comme esclave. Mais heureusement il y a maintes manières de s'arranger, et une des plus volontiers employées est le mariage du voleur ou de son fils avec une fille de la famille volée. De cette manière il y a du vin de palme à discrétion pour tout le village à un moment donné et chacun est content.

Le meurtre est vengé par la famille de la victime ; aussi le meurtrier est-il obligé de fuir avec ses femmes et ses enfants sous peine de danger de mort. Ce n'est que cinq ans après qu'il peut revenir sans craindre des représailles, en ayant soin de payer un bœuf d'indemnité à la famille du mort.

On a accusé les Feloupes d'anthropophagie ; il est possible qu'il y ait eu quelque chose de vrai dans les temps sous ce rapport ; mais aujourd'hui on n'a pas de preuve bien irrécusable de leurs actes de cannibalisme.

2° BAGNOUNS.

En remontant le cours de la Casamance on trouve, après les Feloupes, les Bagnouns, qui, comme les précédents, occupent les deux côtés du cours d'eau. Ils sont partagés en villages indépendants, souvent hostiles entre eux, et appartiennent à six ca-

tégories qui sont, en allant de l'ouest à l'est ; sur la rive droite :
A. les Bagnouns de Jassi ; B. du Boudhié ; C. du Pakao; — Sur
la rive gauche : D. les Cassas ; E. les Canjas ; F. les Bagnouns
de Souna ; G. de Balmadou.

Dans les environs du Songrogou, sur la rive droite, et du
préside de Ziguinchor sur la rive gauche, le pays est entièrement
occupé par les Bagnouns, mais à mesure qu'on remonte la Casamance, on voit apparaître les peuplades que nous avons appelés
envahissantes, d'abord à l'état disséminé et peu puissantes, ayant
même en certains endroits comme une sorte d'infériorité relativement à la population autochtone, mais bientôt présentant la
force et la puissance qui leur ont valu leur qualification.

Il semble résulter de la tradition que les Bagnouns ont été
pendant longtemps les plus puissants sur la Casamance. Leur
roi Mansa avait sa capitale dans le grand village de Brikane, à
peu près en face du point où le Songrogou se jette dans le
fleuve, près de la pointe appelée las Piedras.

Ce Mansa était le chef des Cassas et Hecquart pense (*Voyage
en Afrique*, page 114) que le mot de Casamance viendrait de
Cassa-Mansa : fleuve du roi et des Cassas. Que cette étymologie
soit vraie ou non, toujours est-il que le village de Brikane a
subsisté pendant longtemps et qu'il était encore très—important
vers 1830, peu avant d'avoir été détruit par les Balantes. Le
souvenir de la puissance des rois des Cassas est encore vivant
dans l'esprit des populations locales et elles montrent encore au
point appelé Piedras les pierres sacrées sur lesquelles on mettait
le trône du roi de la Casamance, tandis qu'à Diagnou, grand village qui se trouve sur un petit affluent de la rive gauche, entre
le village d'Aldéane à l'ouest et de Couboni à l'est, on montre
encore le sceptre d'or des anciens rois (Vallon).

Cette tradition de la puissance éclipsée des Bagnouns justifie
la classification des peuplades de la Casamance en autochtones
et envahissantes. Nous trouverions au besoin mille autres indices

pour faire admettre que, jusqu'à un temps assez rapproché de nous, les Bagnouns étaient les paisibles possesseurs du pays, ayant acquis par cela seul une puissance et une richesse qui a cédé devant l'intelligence et surtout l'énergie des peuplades envahissantes descendues du Fouta-Djalon.

Les Bagnouns vivent en villages indépendants et assez populeux Chaque village est sous l'autorité d'un chef qui a une plus ou moins grande influence sur ses concitoyens suivant les contrées. Chez les uns, le roi est en même temps le grand prêtre et jouit à un double titre des plus grands privilèges et des plus grands profits, tant que les choses marchent bien, car on croit que c'est lui qui accorde la prospérité en prévenant les malheurs et en exerçant une influence favorable sur les récoltes. Mais si, malgré des cadeaux et des prières qu'on lui adresse, le pays est malheureux, la récolte manque, le roi est accablé d'injures et n'a aucune autorité.

Chez d'autres agglomérations de Bagnouns l'autorité du roi est tempérée par une assemblée de notables qui a seule le droit de faire la guerre. La vie s'écoule alors chez eux en palabres interminables, car rien n'est prolixe comme l'avocat Bagnoun, et chacun tient à honneur de parler longuement dans les discussions.

Les Bagnouns sont d'un naturel plus doux que les Feloupes et les Balantes ; aussi sont-ils très-fréquemment attaqués et pillés par ces voisins turbulents, contre lesquels il faudrait les protéger à chaque instant si nous voulions occuper effectivement le pays. La crainte des attaques et la difficulté de garantir leurs biens ont fait qu'ils n'ont pas de captifs. Ils se hâtent de vendre leurs prisonniers aux voisins qui pourraient les leur ravir quelque jour, s'ils essayaient de les conserver.

Les Bagnouns sont très-attachés à leur pays et à leurs terres, qui d'ailleurs sont très fertiles. Ile cultivent le riz, l'arachide, recueillent de la cire et fournissent aux traitants quelques peaux de bœuf. Ils demandent en échange du sel et de la poudre ou des

fusils. Comme les gens sérieux et qui ne sont pas privés du nécessaire, ils ne sont pas voleurs ; leurs cases ne sont pas fermées
leurs provisions sont même à la portée de tous. C'est peut-être
le seul peuple qui rende aux étrangers les objets qu'on a oubliés
ou perdus dans ses villages, chose encore plus extraordinaire ici
qu'ailleurs, car la rapacité est le défaut général des peuplades de
l'Afrique tropicale.

Les Bagnouns avaient, il y a quelques années encore, de
grands troupeaux de bœufs que les épizooties ont singulièrement
détruits, mais qui se reconstitueront probablement dans un
temps prochain. Le pays est giboyeux, ce qui permet aux habitants de faire entrer les produits de la chasse comme un élément
principal de leur alimentation. Ils mangent du mil bouilli simplement, au lieu de le préparer en *couscous*. Ce mil n'est pas
ici la base de la nourriture comme cela se voit pour les autres
peuplades de la Sénégambie.

Comme leurs voisins, ils sont affreusement adonnés à l'ivrognerie et ils ont, sous l'influence de la boisson, des rixes qui
entraînent souvent la mort d'un combattant ; inconvénient léger
dans le pays, car le meurtrier prend la fuite, laissant à sa famille le soin d'arranger la chose. Après quelques négociations,
les intéressés donnent un repas dans lequel on boit largement
et au milieu duquel l'exilé vient implorer une grâce qui lui est
toujours accordée.

Les Bagnouns quoique de taille peu élevée sont cependant
plus grands que les Feloupes ; leur tête paraît relativement volu-
mineuse leur bouche est grande, leur nez très-épaté. Le système
pileux est plus développé chez les Bagnouns; aussi les hommes
portent-ils plus souvent la barbe chez eux que chez les Feloupes, ils tressent leurs cheveux un peu comme les Mandingues
et les Bambaras auxquels il est bien possible qu'ils aient emprunté
la coutume.

Les Bagnouns percent leurs oreilles de plusieurs trous dans

lesquels ils introduisent des morceaux de bambous progressivement plus volumineux si bien qu'ils arrivent à porter deux ou trois morceaux de bois gros comme le pouce passés dans le pavillon qui s'est développé outre mesure par une distension prolongée. Les morceaux de bambous passés dans les oreilles sont agrémentés d'un fil de cuivre aux extrémités mais n'ont cependant rien de bien gracieux si ce n'est pour les jeunes Bagnounes qui admirent volontiers cette coquetterie de leurs amoureux.

Le costume des Bagnouns est extrêmement simple, les hommes et les femmes ont pour tout vêtement un pagne souvent fort court qui leur ceint les reins, les femmes et les individus sans prétention vont la tête nue, les élégants se coiffent volontiers d'un bonnet de calicot qui a pour ornement quelques boutons de nacre et qui trop souvent est d'une saleté vraiment repoussante. Les chefs mettent à l'extrémité inférieure de leur pagne de petits anneaux de cuivre, d'ailleurs disons que le Bagnoun a un véritable faible pour ce métal ; il en met partout ou il peut en porter des bracelets aux avant-bras, aux jambes, en applique sur son fusil et sur tous les objets qu'il veut enjoliver. Il est à remarquer que ce goût est commun à une infinité de peuplades du littoral de l'Afrique occidentale ; je suis porté à penser que c'est un or à bon marché qu'il croit se procurer de cette manière, et qu'il imite ainsi le luxe des populations de l'intérieur : Bambaras, Peuls et Mandingues qui portent volontiers des bijoux en or véritable.

Les Bagnouns ont la curieuse coutume de se tailler les dents en pointe, coutume qu'on trouve sur toute la côte depuis la Casamance jusqu'au delà du Bénin. Ils font cette opération à coups de ciseau, au lieu de se servir de la lime, de sorte qu'il est assez fréquent qu'ils se cassent les dents au lieu de les façonner à leur gré.

Les femmes ont une position sociale plus élevée chez les Bagnouns que chez les Feloupes ; leur opinion politique est très

écoutée et souvent prépondérante. Un homme peut avoir autant
de femmes légitimes qu'il veut, la dot qu'il doit leur constituer
ne consistant qu'en une génisse et nombre de calebasses de vin
de palme. Les filles sont fiancées dès l'âge de six ou huit ans,
mais ne cohabitent avec leur mari qu'après l'âge de puberté. Le
divorce est des plus facile, la seule condition imposée à la femme
étant de ne plus se remarier dans le village où elle a eu un premier époux. On comprend que dans de pareilles conditions, bien
que l'adultère soit puni de mort ou d'une grosse amende, souvent de la perte de la liberté, les occasions d'application de la
peine sont extrêmement rares.

Les femmes Bagnounes accouchent dans leur case au lieu
d'être obligées, comme celles des peuplades voisines, Feloupes
et Balantes, d'aller mettre au monde leurs enfants dans les bois
et de ne retourner dans leur village que plusieurs semaines
après la parturition.

La circoncision se pratique d'une manière générale chez
l'homme comme chez la femme.

Les Bagnouns enterrent leurs morts dans un caveau, comme
les Feloupes, et la cérémonie de l'inhumation, comme toutes les
cérémonies du reste, se fait avec force libations, de copieux
repas et des coups de fusil. L'importance du mort se mesure au
bruit qui est fait et trop souvent des rixes naissent dans ces fêtes
publiques, de telle sorte que tel qui croyait avoir encore de longs
jours à vivre y trouve un coup mortel.

Le Bagnoun est pacifique, tranquille, quoique très-criard et
prolixe en paroles, ne cherche pas à porter la guerre chez ses
voisins ; mais il est énergique, très-brave et se bat avec une
ardeur qui rend la conquête de son pays fort difficile aux Mandingues et aux Peuls qui cherchent à l'envahir sous prétexte de
propagande religieuse.

Les Bagnouns sont fétichistes, avons-nous dit ; ils croient à
deux puissances surnaturelles : l'une présidant au bien, l'autre

au mal. Ils pensent se les rendre favorables en leur faisant offrande de riz et de volaille. Ils achètent aussi des gris-gris aux marabouts, et même des croix et des médailles aux prêtres portugais, pensant se soustraire ainsi à toutes les chances néfastes.

Ils croient aux sorciers, comme les Feloupes et les Balantes, et, plus facilement encore que les premiers, ils imposent l'épreuve du poison à ceux qui sont accusés d'entretenir des relations avec les esprits infernaux. L'accusation se fait d'une manière assez étrange pour que nous la rapportions d'après les indications que nous fournit le docteur Hamon : par une nuit obscure, un individu qui reste inconnu et que le vulgaire considère comme un être fantastique du nom de Mamma-Diombo, apparaît masqué et couvert de feuilles qui empêchent de le reconnaître. Il désigne à haute voix ceux qui sont inculpés de sorcellerie, et les individus dont le nom a été prononcé sont obligés d'aller se laver de l'accusation par l'épreuve du mançone. Nous dirons tantôt, en nous occupant des Balantes, en quoi consiste cette épreuve.

B. — PEUPLADES ENVAHISSANTES.

Nous avons dit que ces peuplades sont les Balantes, les Mandingues et les Peuls. Nous ne parlerons pas de ces deux dernières, les ayant déjà analysées en détail dans des chapitres précédents. Occupons-nous donc seulement dans le moment présent des premières.

BALANTES.

Les Balantes sont des noirs venus des hauts pays qu'arrosent le rio Geba et le rio Cachéo, ayant refoulé devant eux peu à peu les Bagnouns et étant arrivés déjà aujourd'hui sur la rive gauche de la Casamance, dans les environs de Séd'hiou. Peuplade remuante et vicieuse, il est nécessaire que nous arrêtions ses progrès, car elle vaut pour nous infiniment moins que les Bagnouns qu'elle opprime.

Le commandant Vallon, de la marine, qui a étudié le pays et les populations de la Casamance, compare très-heureusement les Balantes aux Maures de la rive droite du Sénégal et les appelle les Maures de la Casamance. Ils sont pillards et voleurs, ne vivant que de rapines pour ainsi dire, et considérant le rapt comme la plus noble occupation de l'homme. Ils n'aiment cependant pas à être volés eux-mêmes, car ils infligent une forte amende et tuent même celui d'un village voisin pris en flagrant délit. L'habitant d'un village qui déroberait un objet de quelque valeur à un de ses voisins courrait grand risque de sa vie.

Hecquart raconte que les plus habiles voleurs sont les plus estimés chez les Balantes ; on les paye pour élever des enfants, qui sont considérés comme passés maîtres le jour où ils peuvent voler un chien de garde à leur professeur sans qu'il s'en soit aperçu. C'est le plus hardi voleur qui est choisi pour commander dans les expéditions qui ont le pillage pour mobile, et il a intérêt à la réussite de l'aventure, car il est conspué et vendu même comme esclave quelquefois, si par sa faute on a éprouvé un échec.

Ils n'aiment guère la culture; c'est à peine s'ils cultivent un peu de riz et quelques arachides ; ils aiment plutôt la chasse, ne craignant pas d'attaquer la bête fauve, très-abondante dans les immenses forêts qui avoisinent leur pays. Dans leurs explorations sylvestres ils recueillent de la cire, de l'ivoire mort et viennent ensuite troquer ces objets contre de la poudre et de l'eau-de-vie.

Pendant les nuits noires et surtout au moment où une tornade éclate, ils se jettent volontiers sur les villages Mandingues ou Bagnouns voisins pour les piller. Leurs femmes les excitent de loin au meurtre et à la dévastation.

Les Balantes ont le type nègre bien caractérisé ; ils sont géné-ralement d'un beau noir, leur taille est moyenne et il y a souvent des hommes grands parmi eux ; ils sont relativement vigoureux pour des nègres, mais leurs membres sont un peu grêles relati-vement à leur tronc et surtout à leur taille, de sorte qu'ils n'ont pas l'aspect athlétique des Ouolofs par exemple.

Leur figure respire l'audace et la fourberie, ils ont la tête très-allongée, leur front est fuyant et leur nez est assez bien fait, semblant moins large et moins épaté que chez beaucoup d'autres nègres.

Leurs yeux placés à fleur tête sont petits et brillants, leur con-jonctive occulaire habituellement injectée leur donne un air sanguinaire qui est parfois même effrayant. Les Balantes ne re-gardent pas volontiers les gens en face, ils baissent toujours les yeux et jettent des coups d'œil circulaires à chaque instant, leur démarche est légère, comme incertaine ou craintive.

Les Balantes portent une espèce de pantalon en étoffe de coton tissée dans le pays et de couleurs variées dans lesquelles le noir domine. Les femmes se couvrent d'un pagne comme la plupart des négresses. Elles se font des incisions sur la poitrine comme les hommes Bambaras s'en font sur les joues.

Ils constituent un peuple nombreux ; mais, vivant dans des villages tout à fait indépendants les uns des autres et souvent hostiles, ils ne peuvent guère entreprendre une action d'ensemble si ce n'est dans un but de pillage. Chaque village obéit à un chef qui, du reste, n'a pas grand pouvoir sur ses sujets, qui sont en général ses enfants, ses neveux ou ses cousins.

Les villages, qui ne sont composés que de sept ou huit cases, sont entourés de palissades quelquefois enduites de terre délayée et sont sales comme tous les villages nègres. Il est vrai qu'ici au moins les immondices ont une utilité ; en effet, de temps en temps, les cases sont déplacées et le sol qu'elles occupaient est livré à la culture.

De loin ces villages ont un aspect assez riant, entourés qu'ils sont de palissades sur lesquelles grimpent des lianes à fleurs et du coton ; ils renferment toujours un espace assez vaste pour recevoir le troupeau pendant la nuit, car on comprend que des gens qui aiment tant à voler les voisins ne laissent pas leurs bœufs parqués dans la campagne comme font les autres ; les Mandingues par exemple.

Ils ont de grands troupeaux, mais ils ne mangent leur bœufs qu'assez exceptionnellement et particulièrement dans les fêtes. Leur nourriture de tous les jours se compose surtout de gibier et de riz ou de mil entier cuit à l'eau et assaisonné de lait aigre ou d'oseille bouillie.

Les troupeaux que cherchent à posséder les Balantes sont destinés à leur faire honneur à leurs funérailles ; en effet, tandis que les pauvres diables sont jetés sans autre cérémonie dans un trou, les riches Balantes sont au moment de leur mort l'occasion de grandes fêtes, de bombances et de libations. Dès que le décès est survenu, on creuse un trou dans la case du défunt et on y descend le mort dans l'attitude d'un homme assis, portant dans sa main droite l'instrument qui sert à récolter le vin de palme, tandis que dans sa main gauche il tient une queue de bœuf pour chasser les mouches. Tous les bestiaux du mort sont alors mangés par les gens du même village ; le vin de palme et l'eau-de-vie ne font pas défaut, de sorte que, lorsque le défunt était un homme considérable, on danse, on chante et on s'enivre dans son pays pendant plusieurs jours.

Les Balantes ont la croyance en une vie future ; ils pensent qu'après la mort nous jouissons perpétuellement de tous les biens que nous avons acquis pendant la vie. La case des décédés est fermée, et bien qu'elle contienne mille choses de prix, il est sans exemple qu'un larcin ait été commis sur elle dans ce pays de voleur émérites. .

Les Balantes se taillent les dents comme les Bagnouns et

comme la plupart des nègres de la côte d'Afrique, depuis la Casamance jusqu'au Gabon.

La condition des femmes est pénible chez le peuple qui nous occupe ; non–seulement elles préparent la nourriture et font les travaux de la maison, mais encore elles se livrent aux travaux des champs, tandis que les maris ne s'occupent guère que d'aller récolter le vin de palme, dont ils abusent d'ailleurs largement.

Les filles sont demandées en mariage de bonne heure, mais ne cohabitent avec leur mari qu'à la puberté. Les fiançailles, comme le mariage, ne s'accomplissent qu'à l'aide de cadeaux et de libations ; tout étant pour les noirs, quels qu'ils soient, matière à profit et excuse à intempérances.

En prenant sa femme, le Balante lui donne un pagne et le mariage durera tant qu'il ne sera pas usé. On comprend que, si la femme est heureuse, ce pagne est soigneusement serré en temps ordinaire et ne sert que dans de rares et solennelles occasions. Si, au contraire, la femme veut recouvrer la liberté, elle se hâte de l'user, le lavant tous les jours, le pilant dans un mortier comme on pile le couscous, sous prétexte de lui enlever les tâches, l'étendant sans précaution sur des buissons épineux ; bref, cherchant par tous les moyens à le mettre hors de service, pour avoir le droit de faire assembler sa famille et de recouvrer sa liberté en lui faisant constater l'état d'usure de son vêtement. La femme retourne alors chez son père et ne pourra se remarier que deux ans après.

Malgré cette latitude de divorcer à leur gré, les malheureuses sont encore grandement à plaindre et plusieurs trouvent leur condition trop dure, car souvent elles s'échappent de leur pays pour traverser le fleuve et venir vivre plus tranquilles chez les Bagnouns. N'oublions pas de dire que, comme chez les Feloupes, la femme est obligée chez les Balantes d'aller accoucher dans les bois, ne pouvant entrer dans sa case qu'après un certain temps écoulé.

La religion est chez eux un fétichisme grossier et stupide, ils ont une grande frayeur des sorciers ; aussi se munissent-ils de tous les gris-gris qu'ils peuvent se procurer jusque et y compris les médailles et les croix des Portugais, espérant ainsi annuler l'influence du mauvais esprit. Ils ont même des individus appelés *Diambago*, qui ont le pouvoir de chasser les mauvais génies et qui passent en revue les guerriers au moment de partir en expédition. Ceux qu'ils désignent comme devant être tués se hâtent de quitter leurs armes et n'iraient se battre désormais à aucun prix.

La peur des sorciers est telle chez les Balantes, dit Hecquart qu'ils laisseraient la nuit brûler leurs voisins et même leurs enfants sans sortir de leur case pour leur porter secours. Il ne faut rien moins que le désir de piller pour les pousser à attaquer nuitamment les villages Mandingues.

L'accusation de sorcellerie est extrêmement fréquente parmi eux ; il suffit que la branche d'un certain arbre, qu'un bouquet de fleurs soit disposé pendant la nuit auprès d'un individu, pour qu'il soit obligé d'aller se laver du soupçon d'entretenir des relations avec les mauvais génies par l'épreuve du mançone. Il est vrai que le rôle d'accusateur ne manque pas de danger : celui qui est pris en flagrant délit de dénonciation est obligé d'aller lui-même subir l'épreuve, ou bien il est vendu comme esclave au profit de celui qu'il accusait.

Cette épreuve du mançone est assez horriblement étrange pour que nous en disions quelques mots ; elle est décrite avec grand soin par le docteur Hamon dans le travail auquel nous faisons de nombreux emprunts (*Archives des hopitaux du Sénégal*):

Tout individu, homme ou femme qui est accusé de sorcellerie, est obligé de partir à certain jour fixé sous la conduite des notables chargés de constater la réalité et le résultat de l'épreuve. S'il refusait d'accomplir cette obligation ou s'il cherchait à s'y soustraire, il serait brûlé vif.

Arrivés dans l'endroit où les patients doivent boire le man-çone, un individu qui a le triste privilége de préparer le breu-vage et qui reçoit d'ailleurs un pagne de chaque client comme tribut, lui présente la capacité d'un demi-verre de liquide appelé *ago-broumediou* et qui est le résultat de la pistation dans un mor-tier de l'écorce d'un arbre appelé *mançone* ou *bourdane*.

L'ingestion se fait devant les notables sous peine de nullité de l'épreuve. Aussitôt après, le patient court en toute hâte vers une source voisine où il boit une grande quantité d'eau, tandis qu'on l'asperge sans relâche par tout le corps avec l'eau de la source. Le malheureux a les yeux et la bouche démesurément ouverts; il est terriblement anxieux et sa peau se couvre d'une sueur profuse. S'il doit guérir, des vomissements se déclarent et il en est quitte pour quelques jours d'indisposition. Si au contraire il ne vomit pas, il est pris de convulsions et vingt ou vingt-cinq minutes après l'ingestion du mançone il tombe comme fou-droyé.

Le docteur Hamon pense que le quart des buveurs succombe en temps ordinaire. Un traitant de Ziguinchor lui a affirmé avoir vu une fois quarante-huit personnes tenter l'épreuve et vingt-huit rester sur le carreau.

Il n'est pas nécessaire de dire qu'ici, plus que partout, il y a des accommodements avec le ciel et que la dose du breuvage, pour être la même en quantité pour tous les individus diffère étrangement de composition, suivant que des cadeaux ont été faits ou non à celui qui prépare le mançone.

Le docteur Hamon qui s'est occupé avec soin de cette étrange coutume du mançone me disait que, quelques jours avant la cé-rémonie la vieille femme qui est chargée de distribuer la liqueur d'épreuve vient dans les villages où sont les malheureux soumis à l'étrange épreuve, elle reçoit des cadeaux qui lui sont faits par tout le monde et surtout par les intéressés avec lesquels elle a des rapports plus ou moins suivis. Elle donne, en retour des cadeaux, des conseils qui ne sortent en général pas de la banalité lorsqu'on ne lui a offert que quelque chose d'insignifiant ; mais quand on a su lui inspirer un peu de bienveillance à l'aide de dons bien accueillis, elle gratifie ses protégés de substances destinées à combattre l'action de la liqueur d'épreuve. C'est très-probablement un vomitif énergique qui permet à l'estomac de se débarrasser aussitôt du poison, car la guérison ne survient après l'absorption du mançone que lorsque d'abondantes réjections stomacales ont eu lieu.

Celui qui succombe à l'épreuve était évidemment un sorcier et ses biens, s'il en possédait, sont partagés entre les notables de son village. On comprend ainsi combien dans maintes circonstances l'envie a fait porter des accusations de sorcellerie.

Les Balantes ont des captifs ; ils vont souvent réduire les Bagnouns voisins en esclavage pour leur offrir ensuite de se racheter.

La circoncision se pratique chez l'homme seulement, mais la femme a dans son jeune âge, le ventre et la poitrine sillonnés de brûlures et d'incisions faites dans un but de coquetterie que nous ne saurions apprécier, mais qui, dans le pays, font souvent bien des envieuses.

Ils sont grands amateurs de musique et fabriquent des instruments grossiers dont ils tirent parfois des airs harmonieux, mais d'un rhythme uniforme et sans grandes variations.

C. — PEUPLADES ADVENTIVES.

Nous avons dans cette catégorie nombre d'espèces distinctes d'individus, à savoir : 1° les Ouolofs ; 2° les Saracolais ; 3° les Toucoulors ; 4° les Mandiagos ; 5° les Machouins ; 6° les Taumas ; 7° les Vachelous. Les uns sont venus appelés par nous.

Les autres sont arrivés à la suite des envahisseurs Peuls et Mandingues. Enfin une troisième catégorie est venue de proche en
proche du sud et du sud-est (pays de Kabou, de Tchiapesi,
Payoukou, etc., etc.).

Dans tous les cas le caractère distinctif de ces peuplades
adventives est d'être inoffensives tant par leur nombre que
par leur caractère. Ces individus sont comparables en tous
points à ces émigrants des Alpes ou de l'Auvergne qui viennent
dans les pays de plaines, en France, former de modestes établissements, donnant l'exemple du travail, de l'ordre et de l'é-
conomie dans les endroits où ils séjournent.

1° OUOLOFS.

Ils ont été amenés par les traitants du Sénégal et ne s'occupent pas de la culture des terres en Casamance. Ils sont
hommes de peine dans les magasins, laptots ou pêcheurs, ne
passent qu'un temps limité dans ce pays, où ils sont presque
aussi malades que nous, et retournent à Saint-Louis ou à Gorée
dès qu'ils ont quelques économies.

2° SARACOLAIS.

A la suite des Mandingues et des Peuls, sont venus en Casamance comme en Sénégambie des Saracolais, appelés aussi Soninkés. Nous nous sommes occupés précédemment de ces noirs
en détail. Pour le moment présent, bornons-nous à dire qu'ils
sont mahométans, très-intéressants pour nous par leurs coutumes laborieuses, et il est grandement à désirer que nous pré-
sentions à ces familles de cultivateurs d'un caractère très-doux,
une protection suffisante autour de nos postes, afin de les y
attirer et de former ainsi des noyaux d'excellentes populations
dans nos possessions effectives.

3° TOUCOULEURS.

Même chose à dire pour l'origine, les mœurs et les tendances de ces Toucouleurs, assez peu différentes en Casamance de ce que nous les avons vues être en Sénégambie proprement dite.

4° MANDIAGOS.

Les Mandiagos sont une fraction de la grande peuplade des Papels qui occupent les pays plats et le littoral étendus de la Casamance au rio Géba, rio Cassini, etc., etc., c'est-à-dire cette contrée basse, marécageuse et malsaine. Ils viennent en Casamance comme les Ouolofs, pour servir les traitants en qualité d'hommes de peine, de laptots, gagnant un petit pécule qu'ils emportent dans leur pays natal.

Plus économes que les Ouolofs, ils se mettent parfois à travailler la terre et forment de petits villages sur les bords de la Casamance, obéissant alors à un chef élu par le roi de leur pays. Ils sont polygames, mais moins dépravés que les peuples autochthones ou les Balantes, quoiqu'ils soient abominablement ivrognes et qu'ils aient un fétichisme plus absurde encore que leurs voisins. Ils se taillent les dents, pratiquent la circoncision chez les hommes, tatouent le ventre et la poitrine de leurs filles de nombreuses cicatrices, enterrent leurs morts avec les cérémonies et les libations que nous avons vues chez les autres.

Les Mandiagos cultivent les arachides avec succès et ont d'immenses troupeaux de bœufs ; ils font le commerce des peaux, de la cire, du riz, des noix de Kola (gourou). Ils sont vêtus d'un simple gemba en temps ordinaire : c'est-à-dire d'une pièce de toile qui les couvre à peu près autant que le ferait un caleçon de bain. Mais les jours de fête ils se parent des plus riches comme des plus ridicules vêtements européens qu'ils puissent trouver.

Quand les Mandiagos se sont enrichis, ils rentrent chez eux et on les voit aux jours de fête, dit le docteur Hamon, porter au côté droit de leur poitrine, sur leur veste, le pavillon de la nation chez laquelle ils ont servi.

5° MACHOUINS OU MASSOUENKAS.

Les Machouins occupent le pays compris entre le Brassou et le Cachéo au sud de la Casamance ; ils sont fétichistes, croient aux sorciers, subissent l'épreuve du mançone, se taillent les dents. Les hommes sont circoncis ; les femmes ont de grosses cicatrices sur le corps. Polygames, intempérants, ils ont de grands troupeaux, cultivent un peu de riz, nous apportent surtout de la cire, des peaux, de l'ivoire et des noix de Kola. Plusieurs familles de Machouins sont venus s'établir dans les environs de Séd'hiou, pour y cultiver des arachides. Elles constituent une bonne population qui s'accroîtra dans la limite de la protection que nous leur accorderons.

6° TAUMAS.

Il vient aussi de s'établir près de Sed'hiou, sous notre protection, quelques Taumas ou Ayamas, dont le pays est situé dans les environs du Rio-Nûnez, aux derniers contre-forts du Fouta Djalon. Le docteur Hamon nous dit qu'ils ressemblent beaucoup aux Machouins.

7° VACHELOUS.

Enfin, ajoutons à cette énumération les Vachelous, très-analogues aux Taumas, et qui, comme eux, ont plus de relations avec le pays de Sierra-Leone qu'avec la Casamance.

CONCLUSIONS.

Nous voici arrivés à la fin de l'énumération des populations que le voyageur rencontre sur le parcours de la Casamance, et l'esprit, faisant aussitôt abstraction de ce que nous avons appelé les peuplades adventives, qui ne présentent en effet qu'une importance secondaire au point de vue du nombre ou de la prépondérance, se fixe plus spécialement sur les deux premières catégories : celle que nous avons appelée les peuplades primitives, et celle qui a reçu le nom de peuplades envahissantes.

A vrai dire, si cette division en deux catégories nous a permis de présenter plus clairement l'énumération des diverses agglomérations humaines dont nous venons de nous entretenir, on doit convenir que peut-être, et, probablement même, il faut regarder tous les noirs comme étrangers au pays, et venus comme des couches de stratification se superposant avec le temps les unes aux autres.

Quand on réfléchit à ces mutations dans l'importance respective de chaque peuplade du littoral africain et qu'on voit les agissements actuels de certaines races, comme les Peuls, les Mandingues, les Balantes, on se prend à penser que pour la Casamance en particulier, les Feloupes, seuls peut-être, ont été primitivement les uniques habitants du pays. Nés sur les lieux ou bien arrivés dans la contrée à une époque où elle était inhabitée, ou bien succédant à des peuples dont les vestiges ont disparu, ils se sont étendus peu à peu, vivant dans un état sauvage et primitif qui empêchait toute amélioration intellectuelle.

A une époque ultérieure que nous ne pouvons préciser, les Bagnouns seraient descendus du haut pays attirés par la richesse de la contrée, et auraient peu à peu refoulé les Feloupes jusque dans les pays très-marécageux de l'embouchure du fleuve. Ces

Feloupes ont trouvé là, par le fait même du boisement de la contrée et des nombreux marigots, une protection suffisante contre les envahisseurs.

Les Bagnouns, quoique possédant une civilisation plus avancée que celle des Feloupes, sont encore très-sauvages, fétichistes, crédules et stupides, amollis par le bien-être relatif de leur existence. Ils se sont trouvés constituer une proie toute désignée à la cupidité de nouvelles couches humaines qui, descendues à leur tour du haut pays, sont venues sous le nom de Balantes les atteindre et se substituer à eux dans les endroits les plus riches du pays, les refoulant vers l'embouchure, comme ils l'avaient fait eux-mêmes jadis pour les Feloupes. Et, chose curieuse, nous voyons les Mandingues et les Peuls préparer déjà sur les derrières des Balantes cette invasion qui aboutira à un changement ultérieur des propriétaires du sol sur les bords de la Casamance.

Ce mouvement de progression constante des populations du Fouta Djalon vers les bords de la mer est très-général dans la Sénégambie, à la côte d'Or jusqu'au Bénin et même jusqu'au Gabon. Il est bien fait pour frapper l'esprit des observateurs et il y a là maints problèmes très-intéressants à étudier pour arriver à une vue d'ensemble que l'esprit entrevoit volontiers, mais que nous ne pourrons bien apprécier dans son entier que lorsque nous aurons plus de renseignements sur la direction, l'importance et la succession des diverses émigrations.

CHAPITRE DIXIÈME.

Populations du Rio Nûnez.

Jusqu'à ces derniers temps, je n'ai eu que fort peu de renseignements sur les populations riveraines du Rio Nûnez. Ce fleuve, comme la plupart des cours d'eau du bas de la côte, n'avait été visité en général que par des gens qui avaient exclusivement pour horizon de leur esprit le commerce du moment, dont la seule préoccupation était de rapporter de leur expédition la vie sauve et les plus gros bénéfices possibles. Lambert qui a fait en 1859 son si intéressant voyage dans le Fouta Djalon, était à peu près le seul à ma connaissance qui ait écrit quelques mots sur ces peuplades. Aussi me disais-je : il faudrait que les travailleurs, officiers, médecins que les obligations du service envoient annuellement dans notre poste de Boké nous donnassent des renseignements qui seraient d'autant plus intéressants qu'ils nous feraient connaître ces pays sur lesquels nous n'avons encore que des renseignements très-incomplets.

Un des médecins les plus distingués de la marine, le docteur Corre qui a passé un an au poste de Boké en 1875-1876, et qui s'est livré avec son ardeur et son succès habituels à l'étude des hommes et des choses de ce pays, a bien voulu depuis me donner sur les populations du Rio Nûnez une note d'une importance telle que j'ai cru devoir l'insérer sans changements dans ce travail afin de ne rien diminuer de son intérêt. On la trouvera à la suite des détails que j'avais pu recueillir de mon côté pendant mon séjour au Sénégal.

Le Rio Nûnez n'est, à proprement parler, qu'un estuaire de la côte où la mer arrive jusqu'à une trentaine de milles marins dans l'intérieur des terres, car le Tiquilenta et les autres ruisseaux qui se jettent dans cet endroit ne sauraient même au moment des plus hautes eaux, produire une pareille nappe liquide.

Les bords de cette sorte de port sont tout ce qu'on peut imaginer de beau sous le rapport des sites et de la végétation ; c'est un pays dont le second plan est formé par des collines généralement boisées en grande partie, et dans lesquelles il y a çà et là de fortes clairières tandis que les bas terrains voisins du niveau de l'eau sont couverts d'admirables forêts.

Les pays que traverse le Rio Nûnez sont occupés par les Nalous, les Bagas et les Landoumans. Les premiers occupent la rive droite, c'est-à-dire le nord du fleuve depuis l'embouchure jusqu'au comptoir de Ropas environ. Les Bagas sont sur la rive gauche, c'est-à-dire le sud depuis la mer jusqu'au comptoir de Khayakobouty. Enfin les Landoumans habitent les deux bords du cours d'eau et c'est dans leur pays que nous avons le poste de Boké.

LANDOUMANS.

Les Landoumans ou Ladoumas sont des nègres qui habitent le haut Rio Nûnez ainsi que les pays arrosés par le Tiquilenta ; ils sont limitrophes à l'est avec les peuplades Peules et Mandingues des derniers contre-forts occidentaux du Fouta Djalon ; ils sont séparés de la mer par les Bagas sur la rive gauche, par les Nalous sur la rive droite.

HISTOIRE.

Si nous nous en rapportons à la tradition, il paraît que jadis les Landoumans formaient une peuplade étendue et puissante occupant une grande partie du pays depuis les environs de Boké jusqu'au Fouta Djalon ; ils avaient des souverains riches, puissants, vivaient tranquillement, sachant d'ailleurs imposer au besoin leurs volontés aux peuplades du bas pays moins énergiques et moins bien armées qu'eux. Mais à mesure que l'islamisme a pris racine dans les hauts plateaux du Fouta Djalon leur qualité de fétichistes devait leur nuire ; aussi furent-ils battus en brêche par les Mandingues, les Peuls et autres Djalonkès. Ils furent soumis à de lourds impôts, eurent à souffrir maintes extorsions de territoire par ces convertisseurs à main armée qui sous prétexte de les faire bénéficier des grâces ineffables que donne le Coran aux fidèles musulmans, les tiennent en coupe réglée sous tous les rapports ; leur enlèvent des hommes, des femmes et des enfants en grand nombre pour approvisionner les marchés de captifs ; exigent des redevances excessives et encore les méprisent sans pitié, les appelant chiens d'infidèles, là comme dans tous les pays qui avoisinent les peuplades musulmanes.

On comprend que dans des conditions pareilles ils n'ont pas dû prospérer ; aussi aujourd'hui leur puissance est infiniment amoindrie. La volonté de leur chef ne s'étend pas au delà de quelques misérables villages et une action d'ensemble contre les voisins ne peut plus être entreprise par eux. L'Almamy du Fouta Djalon est leur souverain nominal. Il envoie de temps en temps un corps de troupe les rançonner plus ou moins, et, suivant que ce corps de troupe est plus ou moins solide, suivant que les Landoumans sont plus ou moins riches dans le moment, sont d'humeur plus ou moins conciliante, l'impôt frappé est plus ou moins lourd.

RELIGION.

Les Landoumans sont fétichistes et par conséquent idolâtres ; leur religion n'est même, autant qu'on peut s'en rendre compte, qu'une collection de pratiques superstitieuses, souvent

ridicules, mais quelquefois barbares et atroces. Une de leurs divi-
nités, du nom de Limo ou Simo, hante les grands bois où elle
apparaît à quelques privilégiés; dans les circonstances solennelles
elle prédit l'avenir, donne des ordres qui sont exécutés aveuglé-
ment et prononce des arrêts contre lesquels non-seulement il
n'y a pas d'appel mais encore dont personne ne songe à contester
la justice.

Les prêtres qui ont des relations intimes avec le chef du pays,
sont naturellement ceux qui sont en relations avec le Simo et son
ses mandataires, ils annoncent les volontés de la divinité avec un
sérieux qui serait profondément ridicule s'il n'entraînait pas le
plus souvent la mort de quelques malheureux, car à mesure que
l'on étudie des gens plus sauvages et plus arriérés dans les peuplades africaines, on constate que la vie humaine a un prix de
moins en moins élevé.

La langue des Landoumans a beaucoup de ressemblance avec
celle des Djalonkés qui ont dans le pays la réputation d'avoir
une puissance militaire sans limites et qui étant plus civilisés
relativement sont, qu'on me passe le mot, très à la mode. Nombre
de ces Djalonkés, Mandingues, Peuls ou métis de ces deux races
commencent à venir s'établir dans le pays à l'état d'hommes
seuls ou de familles isolées, et les pratiques musulmanes qu'ils
apportent sont regardées avec curiosité par le bas peuple qui
accepte la supériorité des nouveau-venus. Il se passe dans le
pays qui nous occupe, ce qui s'est produit déjà dans les environs
de la Casamance : les musulmans du haut pays l'envahissent peu
à peu, il est vrai, mais en plus grande force de jour en jour. On
comprend donc que les Landoumans sont une pâture destinée à
être absorbée par les envahisseurs des montagnes voisines et,
disons-le à l'avance, c'est une pâture qui sera facile à conquérir.

NALOUS.

En descendant vers le bas pays on trouve sur la rive droite du bas pays du Rio Nûnez les Nalous, peuplade qui occupe une assez vaste contrée s'étendant depuis le Rio Nûnez au sud jusqu'au Rio Grande où habitent les Biafares ; contrée traversée par le Rio Cassini et quelques autres cours d'eau plus ou moins profonds.

Les Nalous sont, dans une assez grande proportion, mahométans ; on rencontre çà et là dans leur pays des marabouts ayant plus ou moins de réputation, plus ou moins d'influence sur ceux qui les entourent. Cependant, il faut convenir que les rigides sectateurs de Mahomet y sont en nombre très-réduit, car le goût des boissons fermentées est resté assez général et assez excessif dans la peuplade. D'ailleurs le pays produit tant de vin de palme, à défaut d'eau-de-vie ; cette liqueur est si séduisante pour le nègre que, tant que les Nalous comme bien d'autres ne seront pas dominés par des musulmans puissants en même temps qu'intolérants, ils se laisseront aller aux sollicitations de l'ivrognerie.

Le voyageur qui va d'un pays dans un autre sur la côte d'Afrique, l'observateur qui étudie la carte de cette partie du monde, sont assez étonnés de prime a bord de constater que les Nalous limitrophes au nord et au sud avec des idolâtres, ayant derrière eux dans l'est, au moins dans quelques points de leurs pays, ces idolâtres à l'état de peuplades nombreuses, soient musulmans dans une certaine proportion.

La raison en est dans cette particularité que les communications entre la mer et le Fouta Djalon sont relativement assez faciles et assez directes à travers le pays des Nalous, et que cette condition a fait que dans les siècles passés, jusqu'à ces derniers temps, le pays qui nous occupe a été une source assez abondante pour l'approvisionnement des négriers. Or, comme c'est surtout les pays de l'intérieur qui fournissent les captifs, il s'en suivait que les Nalous étaient en relations très-suivies avec les Djalonkés, les Mandingues et les Peuls, tous enragés mahométans. Aussi le Coran y a fait quelques prosélytes plus ou moins fervents et quelques marabouts mus par l'ambition ou le fanatisme sont venus s'établir là, plus naturellement qu'ils n'auraient songé à le faire pour un pays avec lequel le Fouta Djalon a moins de relations. Depuis que la traite des nègres a sensiblement diminué, les caravanes entre l'intérieur et la côte sont moins fréquentes et moins nombreuses, les Nalous sont de nouveau assez isolés des contrées de l'intérieur ; ils se sont adonnés à la culture des arachides pour suppléer à leur métier de courtier d'esclaves qui n'est plus suffisamment lucratif, de sorte qu'en même temps qu'ils deviendront plus exclusivement cultivateurs, la religion musulmane sera représentée chez eux par un nombre moins grand de sectateurs.

BAGAS.

Les Bagas ou Bagos habitent le bas pays du Rio Nûnez sur la rive gauche du cours d'eau s'étendant jusqu'au Rio Pongo où les Sousous qui s'étendent au nord jusqu'au pays des Landoumans arrivent jusqu'au littoral, de sorte que ces Bagas sont un peu comme des gens qui poussés de proche en proche vers la mer seraient arrivés à leur dernière étape.

Les Bagas sont d'une infériorité intellectuelle très-grande ; ce sont les nègres les moins civilisés, les plus mal partagés même de tous ceux dont il est question dans cette étude des populations Soudaniennes. Ils vivent dans les rares clairières que l'on rencontre dans ce plantureux pays, à l'état de petites agglomérations n'ayant pour habitations que de misérables hangards incomplétement couverts, non fermés et dans lesquels ils ont la plus hideuse promiscuité. C'est une existence tout à fait bestiale, peut-on dire. Lambert qui a visité leur pays, nous apprend que rien ne peut donner une idée de la saleté, de la puanteur de ces réduits immondes.

Peu industrieux, quoique n'étant pas paresseux, ils ne savent pas fabriquer ou se procurer maints objets utiles à l'existence. Ainsi se bornent-ils à cultiver du riz et à élever des troupeaux, sans savoir en tirer parti de manière à se procurer quelque confortable relatif. En outre ils sont extrêmement timides, ne sont pas belliqueux, de sorte qu'ils sont, on peut dire, une proie désignée et habituelle pour leurs voisins qui dans les temps et aujourd'hui encore, les chassent presque comme des bêtes pour les réduire en captivité.

Les Bagas sont idolâtres; leur religion est celle de gens superstitieux, pusillanimes et faibles ; elle ne présente pas un corps bien déterminé, mais elle est suffisamment puissante dans la pratique pour contribuer à les tenir dans un état de dépendance et d'infériorité extrêmement fâcheux.

Lambert nous donne sur les mœurs des Bagas un si curieux détail que je ne veux pas omettre de le citer textuellement : « Leur penchant au travail est entretenu par un des plus singuliers sentiments que puisse inspirer la vanité ou l'amour de la propriété. Lorsque l'un d'eux vient à mourir, il faut que la famille puisse faire étalage sous les yeux du public de tous les biens qu'il a pu amasser pendant sa vie ; il faut que les parents et les amis puissent dire au défunt : Pourquoi nous as-tu quittés ? Tu jouissais de l'affection des tiens et de l'amitié de tous ceux qui te connaissent ; tu ne manquais ni de riz, ni de bœufs, ni de pagnes, etc., etc.; pourquoi nous as-tu quittés?

Puis, ces paroles débitées et d'autres semblables, on livre aux flammes toutes les richesses du décédé, sans épargner le moindre grain de riz. On ne laisse aux enfants que les vertus écono-

miques de leur père. C'est à eux de s'efforcer à son exemple
d'arriver à l'heure suprême avec des coffres bien garnis. Les
négociants de Rio Nûnez sachant l'usage que les Bagas font de
leur trésors, ne se font nul scrupule de troquer leur riz, leurs
bœufs et leur huile contre les plus chétives épaves de nos fri-
peries européennes et d'échanger par exemple contre une valeur de 100 francs, une statuette de plâtre valant bien 50 centimes.

Nous n'avons encore que les renseignements les plus incomplets sur cette peuplade inférieure, et, on le voit, nous ignorons
les choses principales à leur sujet. Cependant, nous pouvons
sans crainte de nous tromper, dire que ce sont les derniers représentants de ces petites agglomérations d'hommes qui habitaient primitivement les bas pays de la Sénégambie et de presque
toute la côte d'Afrique. Gens inférieurs s'il en fut, et qui ont été
refoulés peu à peu vers la mer, mis en coupe réglée pour l'esclavage soit à destination de l'Afrique, soit à destination de
l'Amérique par les peuplades relativement plus intelligentes qui
sont venues comme des souches de stratification se superposer
dans le pays.

NOTE DU DOCTEUR CORRE SUR LES PEUPLADES DE RIO NUNEZ.

Divers peuples habitent la région baignée par le Rio Nûnez ;
ce sont en dehors des Ouolofs et des Européens plus ou moins
clair semés dans le pays où ils ne séjournent d'ordinaire que
temporairement :

1° Les Foulahs ou Peuls du Fouta Djalon ;
2° Les Mandingues connus sous le nom de Toubacayes ;
3° Les Sousous ;
4° Les Nalous ;
5° Les Landoumans ;

6° Les Bagas ;

7° Les Yolas ;

8° Un petit peuple de réfugiés connus sous le nom de Mo-kinforés ou Mokeforés (gens du dehors).

1° PEULS OU FOULAHS DU FOUTA DJALON.

Ce peuple doit emprunter à sa situation géographique une importance très-grande. Maître de la ligne de faîte qui commande aux grands cours d'eau d'une partie de l'Afrique occidentale, il domine à la fois les hauts bassins du Sénégal et de la Falémé, de la Gambie, du Rio Grande, du Rio Nûnez et un des affluents du Niger. Les Foulahs du Fouta Djalon, en même temps qu'ils s'efforcent de pousser vers la côte, conservent donc sans peine des relations avec l'Afrique centrale, notamment avec le pays de Ségou et le Haoussa, l'un de leurs principaux centres de rayonnement ; ils peuvent enfin, à un moment donné, tendre la main à leurs frères du nord.

Il suffit donc de jeter les yeux sur une carte pour comprendre l'importance d'une occupation du Rio Nûnez, l'une des voies principales de l'envahissement Foulah vers les pays littoraux ; regretter l'insuffisance de cette occupation dont les Anglais sentent tout le prix, et s'étonner qu'on ait songé à substituer à l'élément Sérère et Ouolof dans la formation du corps de troupe indigène au Sénégal, l'élément Foulah, notre plus redoutable obstacle à la côte occidentale de l'Afrique.

Les Foulahs du Fouta Djalon relèvent du roi de Timbo, mais plus en apparence que de fait. Dans ces dernières années plus d'un grand vassal paraît s'être élevé en puissance rivale du roi légitime, le chef du Labé notamment. Leur organisation sociale ne diffère point d'ailleurs de celle des Foulahs du nord.

Le type physique est le même dans les deux groupes. Pourtant j'ai rencontré plus de teints clairs, presque d'un blanc bistré particulièrement chez les femmes parmi les Foulahs du Rio Nûnez que parmi ceux qu'il m'a été donné d'observer à Saint-Louis.

Une différence s'accuse entre les deux groupes dans le soin relatif que les Foulahs du sud prennent en général de leur personne. Rarement j'ai rencontré chez eux, même parmi les individus en caravane, la malpropreté sordide des Peuls Sénégalais.

Les hommes portent leurs cheveux tressés en petites cadenettes retombant sur le cou ; leur tête est recouverte d'une petite calotte à fond rond, en coton blanc uni ou piqué en dessins très-réguliers et très-originaux. Sur cette calotte, et ceignant le front, les chefs ont, comme marque distinctive, une bandelette de cuir avec un ornement de forme quadrilatère, en peau de serpent, en cuir, quelquefois en argent. Le vêtement principal consiste en un boubou blanc ou en une sorte de tunique blanche ou bleue ; sous ce vêtement ils portent tantôt un pagne tenant lieu de caleçon, tantôt un caleçon plus ou moins ample. Quelques riches portent des gilets et des caleçons de fabrique européenne. Les pieds sont nus ou chaussés de sandales à semelles de bois ou de cuir.

Les Foulahs m'ont toujours paru très-simples de mise, peu chercheurs d'ornementation ; je n'ai guère souvenir d'avoir rencontré des hommes parés de bijoux. En revanche, le plus humble Foulah ne saurait marcher sans son sabre, qu'il porte suspendu sur l'épaule gauche, par le moyen d'un gros cordonnet de coton rouge ou jaune ; la lame en est large, pointue à son extrémité et légèrement courbée ; elle est fournie aux Foulahs par les traitants européens ; la poignée est en bois recouvert de cuir et sans garde ; le fourreau est en bois recouvert de cuir avec ornements peints de diverses couleurs. Ce fourreau est fabriqué dans le pays et accuse un grand art dans la manière de préparer le cuir.

La coquetterie des femmes contraste avec la simplicité des hommes ; elles portent le boubou avec un pagne-jupon, ou ce dernier avec un autre pagne recouvrant le haut du corps. Beaucoup, lorsqu'elles sortent, jettent sur leur tête et leurs épaules une pièce d'étoffe blanche ou de couleur qui n'est pas sans quelque analogie avec la mantille. Plus souvent que les hommes, elles dédaignent l'usage de toute chaussure. Elles aiment à se couvrir d'ornements métalliques ; leur plus grand bonheur est de pouvoir suspendre à leurs oreilles une ou plusieurs pièces de cinq francs. Au reste, ni colliers ni bracelets ne leur manquent. Elles prennent un soin tout particulier de leur coiffure, qui est vraiment remarquable : cette chevelure est disposée en crêpé, de façon à constituer une sorte de cimier, flanqué de deux masses latérales plus petites ; en arrière, les cheveux qui n'ont point concouru à la construction de l'édifice principal, retombent sur le cou en fines cadenettes.

Bien qu'en apparence très-isolé dans sa race, le Foulah des deux sexes n'est rien moins que très-accessible aux plus grands relâchements. J'ai entendu le fils du chef de Labé déclarer au poste qu'un Foulah ne pouvait voir qu'une femme à cheveux frisés ou crépus. Voulait-il par là faire entendre que le Foulah fuyait l'union avec la race Maure ? Je n'en sais rien ; mais ce que j'ai pu constater, c'est la facilité avec laquelle le Foulah prenait femme ou concubine parmi les négresses, et d'autre part la facilité avec laquelle les femmes Foulahs recevaient les avances, de quelque part qu'elles vinssent. Les hommes n'ont aucun scrupule de s'adresser souvent à des filles tellement jeunes, qu'elles ne sont encore en réalité que de vraies enfants.

Si le Foulah est enclin aux excès génésiques, il faut lui reconnaître une grande sobriété. Je n'ignore pas que sous un islamisme hypocrite, bien des noirs sont adonnés à l'ivrognerie. Le Foulah, du moins le Foulah du Fouta-Djalon, ne boit jamais d'eau-de-vie ; il se contente d'eau pure, qu'il aime à édulcorer

avec le sucre ou le sirop, quand on veut bien lui en faire cadeau.
Jamais je n'ai rencontré ni même entendu parler d'un Foulah
ivre. L'ivrognerie est d'ailleurs très-sévèrement punie parmi
eux.

Ce n'est pas seulement sous le rapport de la sobriété que les
Foulahs se montrent exacts observateurs du Coran ; ils suivent
assez rigoureusement les préceptes du livre relatifs à l'esclavage.
Chez eux, l'esclave semble bien faire partie de la famille, il jouit
de certaines prérogatives et même d'une liberté relative très-
remarquable.

Les esclaves ont droit à une journée de travail pour leur
propre compte ; ils peuvent amasser un pécule qui est d'ordinaire
respecté par le maître. Quand ils ont réuni une quantité suffisante de produits d'échange, ils obtiennent de se former en
caravane et d'aller vendre ces produits souvent à des distances
considérables. Leur temps d'absence n'est point limité, et l'on
en a vu revenir chez leur maître, après un éloignement d'un
an et plus, sans être molestés. Une petite part du produit de la
vente revient au maître, le reste est la propriété indiscutée de
l'esclave.

Il y a des caravanes formées d'esclaves sous la conduite
d'hommes libres ; si le traitant fait un cadeau à la caravane sans
désignation d'individus, le cadeau revient au chef ; mais si quelque
cadeau est fait avec désignation de personnes, à tel ou tel esclave,
jamais le chef ne dépouille celui-ci. Ce n'est pas tout encore.
A l'époque des caravanes, dans l'intervalle de la vente au retour,
quand le gain a été minime, quand les ressources menacent de
s'épuiser, des troupes entières se louent à des traitants ou à des
cultivateurs riches ; parmi les travailleurs, il y a parfois des
chefs, même des princes : chacun a sa tâche. Jamais chef ne
cherchera à reporter la sienne sur l'esclave. Il doit bien exister
des exceptions à la règle, mais tels j'ai vu les rapports du Foulah
avec ses esclaves au Rio-Nunez.

Ce n'est pas à dire pour cela que l'esclavage soit une position très-douce dans le Fouta–Djalon. Là comme ailleurs, bien des maîtres doivent être portés à abuser d'hommes qui ne sont en réalité que leur chose. Un fait tendrait même à le prouver, c'est la formation du petit peuple des Mokinforès dont je parlerai plus loin.

Les Foulahs avouent, du reste, qu'ils sont sévères avec l'esclave fautif. Les vols seraient punis de l'amputation de l'un ou de deux poignets.

Le Foulah du Fouta–Djalon est loin de présenter le type d'ignorance sous lequel M. Thaly a dépeint les Peuls Sénégalais. Il y a des écoles à Timbo, et elles sont très-fréquentées. Les grands personnages de la nation Nalou y envoient leurs enfants. Les maîtres sont arabes ; ils enseignent la lecture, l'écriture, un peu de calcul des plus élémentaires et surtout le Coran. J'ai vu à Caniope, un chef célèbre élevé chez les Foulahs, exiger que tous les enfants de sa tribu vinssent chaque jour à l'école. Lui-même s'était fait leur instituteur. Chaque enfant arrivait à une heure donnée, avec un fagot de bois petit ou gros à son choix, sur l'épaule ; le maître faisait former cercle, déposer les fagots chacun devant son possesseur ; il ordonnait de les allumer et à partir de ce moment les enfants devaient apprendre leur leçon. Le fagot brûlé, celui qui ne pouvait réciter convenablement ses versets, recevait une correction ! Bel exemple d'instruction obligatoire !...

Les Foulahs se servent naturellement des caractères arabes et écrivent de droite à gauche ; mais j'ai conservé le souvenir de caractères particuliers, tracés sous mes yeux par un jeune homme fort intelligent ; caractères tracés en verticale, autrement dit de haut en bas, bien distincts des caractères arabes. Comme il s'agissait d'un refrain de chanson, que je cherchais à obtenir par écrit, je ne saurais dire s'il y avait là ou trace d'écriture spéciale, ou trace d'un essai de notation musicale.

Cette race m'a paru sérieuse, présenter même la taciturnité des peuples inspirés par le fanatisme religieux. Le Foulah du Fouta-Djalon conserve en effet toute l'ardeur du prosélytisme guerrier des mahométans d'autrefois. Chez lui d'ailleurs la foi religieuse sert l'ambition politique ; à l'ombre de la première il continue l'œuvre de conquête, qui, si l'européen n'y met obstacle, le conduira à la possession d'une bonne partie du versant occidental de la chaîne du Fouta-Djalon. Au Rio-Nûnez notre poste seul l'arrête et empêche la conquête des territoires Landouman et Nalou. Encore des Foulahs ont-ils la plus grande influence parmi les Nalous, moins rebelles au Coran que les Landoumans.

Chose triste à dire ! Landoumans et Nalous n'aiment guère le Foulah, surtout parce qu'ils voient dans sa domination un empêchement à satisfaire leur ivrognerie. Ils nous tolèrent parce que nous les laissons s'abrutir dans ce vice. Peut-être aussi redoutent-ils une conquête Foulah parcequ'elle les réduirait au rôle d'esclaves. Les Foulahs en effet convertissent en esclaves les peuples non croyants, n'acceptent comme sujets et tributaires que les peuples déjà soumis à l'islamisme.

Beaucoup d'orgueil, même sous les haillons : Le Foulah ne se louera guère à un propriétaire ou à un traitant noir ; mais il n'a aucune honte cependant à se louer comme domestique à un Européen, reconnaissant ainsi comme malgré lui la supériorité de notre race.

Très-adroit dans ses rapports avec l'européen : J'ai souvenir d'un jeune chef, que nous croyions avoir bien trompé un jour au poste de Boké, et qui se trouva nous avoir admirablement joués.

Heureusement d'une bravoure douteuse : c'est un bon soldat contre le noir, mais des plus piètres vis-à-vis des blancs. Toutefois ce n'est pas un adversaire à dédaigner ; il est intelligent, et remplace souvent par là ce qui lui manque en courage. Initié par les Arabes à certaines règles d'attaque et de défense, il peut en nombre devenir un adversaire redoutable pour un petit poste isolé ou une petite troupe en rase campagne. Il ne craint pas l'arme blanche autant que l'arme à feu ; le canon est sa terreur. Le pays n'a pas encore perdu le souvenir d'une volée de coups de canon envoyés par l'un des premiers commandants de Boké, à un chef Foulah qui venait réclamer de nous un boisseau de pièces d'or comme tribut.

Ici, je placerai, de peur de l'oublier, un petit fait bien caractéristique : Le nom de M. Faidherbe est resté si grand parmi ces races, cependant éloignées du théâtre principal de cet homme remarquable, qu'il est pour eux synonyme de gouverneur. Lorsque j'étais à Boké, bien des Foulahs ne désignaient le Gouverneur que sous le nom de Faidherbe. — Chose singulière : un chef connaissait le nom de Napoléon Ier.

Tout en restant guerriers comme prédicants et prédicants comme ambitieux militaires, les Foulahs ne négligent ni l'agriculture ni le commerce ; ils élèvent beaucoup de bestiaux ; leurs cultures principales sont le riz et le mil.

A certaine époque de l'année, de janvier à avril, ils descendent des hauts plateaux par caravanes de 10, 20, 50 et 100 hommes, souvent ; ils sont accompagnés de femmes et d'enfants. Ces caravanes n'ont rien qui ressemble à celles du Sénégal ; comme le pays est très-montagneux et très-accidenté comme il ne possède ni chameaux, ni mulets, ni chevaux, les caravanes sont uniquement formées de piétons. Il est à noter d'ailleurs que le Foulah est un marcheur remarquable.

Ils marchent à la file les uns des autres, les uns portant sur la tête, dans une espèce de long panier ou plutôt de longue bourriche, les produits destinés à la vente. Les autres simplement armés d'un fusil, quelquefois d'arc et de flèches. Les femmes et les enfants suivent par derrière portant les bagages et les ustensiles de cuisine de la petite troupe. Souvent un artiste improvisé donne le pas à la caravane par un chant monotone ou un air de flûte ; chant ou air se résument en une ou deux mesures toujours les mêmes et toujours répétées.

Aussi loin qu'apparaît une caravane, des hommes, appartenant aux diverses maisons de commerce et appelés ici comme au Sénégal *maîtres de langues*, se disposent à l'accaparer au profit de leur maison. Ont-ils décidé le chef en leur faveur, ils conduisent aussitôt la troupe aux traitants et de part et d'autre on commence à jouer l'éternelle comédie du commerce, à qui dupera le mieux l'autre !..

Les produits apportés par les Foulahs consistent en riz, en caoutchouc, en pelleteries, en ivoire, en café, etc. Ces produits sont échangés contre des gourdes (pièces de 5 fr. en argent), des lames de sabre, des fusils, de la poudre, etc. Le sel qui est l'objet d'un commerce considérable ne se vend point ordinairement, c'est un cadeau, en quelque sorte obligatoire, fait par le traitant à la caravane, après une vente conclue.

Les objets ainsi obtenus par voie d'échange, principalement le sel, sont ensuite écoulés par les Foulahs vers le centre de l'Afrique.

J'ai dit que le Foulah m'avait paru sérieux; il prend cependant goût à quelques distractions. Il connaît quelques instruments de musique, il en possède même deux qui me semblent particuliers à ce peuple.

Une sorte de flageolet en bambou qu'on appelle flûte, je ne sais trop pourquoi? Un instrument également en bambou qui est comme la réduction du *Valéa* ou *Vahéa* des Malgaches : c'est une tige de bambou de la largeur de deux doigts, sur laquelle on a découpé 2 ou 4 lanières d'écorce, soulevées aux extrémités par des cailloux, et formant ainsi des cordes que l'on fait vibrer avec le doigt et un petit bâtonnet.

J'ai eu l'occasion d'assister à un ballet Foulah des plus curieux. C'était une sorte de ballet pantomime avec intermèdes de tours de force ou d'adresse. Il y avait quatre danseurs ayant pour tout costume un bonnet conique, très-élevé, en feuilles de bananier, une jupe en feuilles de lophira, des bracelets de feuillage à mi-jambe : Ils étaient armés de sabres et de bâtons. A la cadence marquée par des tam-tams et des battements de main, ces danseurs exécutaient des pas bizarres, se saluaient, se menaçaient, entrechoquaient leurs armes, venaient saluer les musiciens et leur adressaient la parole en chantant ; le tout au grand plaisir des assistants. C'était fort monotone et, la part faite à la curiosité, peu susceptible de distraire un européen.

Les Foulahs connaissent le jeu appelé jeu de Houri, qui se joue avec les graines de Guilandina. Je dois faire observer que j'ai retrouvé ce jeu joué avec les mêmes graines chez les Malgaches de Madagascar.

Pour la langue, je renvoie à mon étude sur les idiomes du Rio Nûnez où il est noté et quelques dissemblances vis-à-vis de l'idiome du nord tel que l'a fait connaître M. *Faidherbe*.

2° LES MANDINGUES.

Les Mandingues vivent avec les Foulahs sans cependant se confondre avec eux. Ils sont presque exclusivement adonnés à la culture. Avec l'autorisation des chefs Foulahs du Fouta-Djalon, ce qui marque bien une suprématie conquise par une race sur l'autre, ils descendent vers le bas pays où ils cultivent en riz, en mil, ou en arachides, les terrains dont ils obtiennent la concession temporaire du roi des Landoumans et du roi des Nalous. On les connaît sous le nom de Toubacayes. Ils sont de mœurs très-douces, presque patriarchales, mais apportent dans leurs relations la plus grande duplicité.

3° LES SOUSOUS.

Cette race imprime, autant et plus que la race Foulah, sa domination caractéristique, à toute la région du Rio-Nûnez. Ils n'atteignent pas au fleuve cependant. Peut-être ont-ils possédé la rive gauche jadis et ont-ils été refoulés ensuite vers le sud par les Bagas, les Landoumans, puis par les Nalous. Mais ils ont laissé à ces peuples l'empreinte de leurs mœurs et jusqu'à leur langue, ainsi que je l'ai fait remarquer dans mes *idiomes du Rio-Nûnez.*

Le Sousou est la langue commune du Rio-Nûnez. Les Sousous sont d'ailleurs largement mélangés aux Landoumans et au Nalous.

Ce peuple vit par villages plus ou moins considérables, sous la direction de chefs à peu près indépendants vis-à-vis les uns des autres. Il n'a pas d'unité sérieuse si ce n'est dans sa haine contre le Foulah. C'est assez dire qu'il a peu de tendance à embrasser l'islamisme, et que, comme toutes les races noires opposées à cette religion, il n'a aucune croyance religieuse bien arrêtée ; il s'adonne à l'alcool.

Fort belle race ; sujets moins grands que les Ouolofs mais trapus, bien découplés, généralement vigoureux. Type nègre franc, avec des extrémités parfois assez fines.

Je ne puis rien dire des Sousous proprement dits compris entre le Rio Nûnez et la Mellacorée. On les prétend très-sauvages et même féroces. On m'a cité le fait d'un chef qui, ayant surpris sa femme en adultère, l'aurait condamnée à être dévorée vivante par ces atroces fourmis appelées magnans devant lesquelles rien ne résiste. Quant à ceux qui sont voisins des comptoirs européens, ils vivent à la manière des Landoumans et des Nalous. Beaucoup de ceux qui viennent du sud ont adopté, sous l'influence anglaise, jusqu'au costume quasi-européen.

Je placerai ici la description des cases et villages du Rio Nùnez, parce que leur architecture passse pour être d'origine Sousou. Tout simple qu'elle puisse paraître, elle est aux cases et aux villages Ouolofs et Sérêres, ce que sont les maisons d'une belle ville aux masures d'une pauvre campagne d'Europe. Les cases sont groupées en pâtés irréguliers ou de chaque côté d'une voie principale. Rarement leur nombre atteint une centaine dans un même groupement. Elles sont grandes, spacieuses, presque toujours divisées en deux, fréquemment en un plus grand nombre de pièces. Dans ce cas elles ont la forme quadrilatère, c'est-à-dire sont constituées par quatre pans de muraille surmontés d'un toit également à quatre pans. Sont-elles indivises, elles ont ordinairement une forme ronde et sont surmontées d'un toit conique. Quelle que soit leur forme, le toit déborde la muraille, de manière à tomber à 1 mètre ou 1 mètre et 1[2 au-dessus du sol, et cette portion ainsi prolongée au delà des murs, soutenue par des piliers de bois, forme galerie tout à l'entour de la case : Cette galerie est extérieurement limitée au niveau du sol par un remblai en terre ou en maçonnerie dans lequel s'enfoncent les piles qui soutiennent la périphérie de la toiture. Celle-ci est en paille très-artistement imbriquée. Toujours très-élevée elle laisse circuler, par les intervalles ménagés au niveau de l'appui de sa charpente sur la muraille, une grande quantité d'air, tout en protégeant d'une manière efficace contre l'excès de chaleur ou de lumière, en même temps que contre la pluie. Dans les cases riches, un léger plafond en bambou ou des nattes séparent la toiture des pièces au niveau du faîte des murs.

Les murs sont épais d'un pied à un pied et demi, construits avec de l'argile mélangée avec de l'eau et le suc d'une malvacée du genre hibiscus, souvent aussi pétrie avec de la paille fine et hachée menu. Leur revêtement intérieur est enduit d'une couche d'argile pétrie avec de la bouse de vache, ce qui lui donne l'aspect lisse et régulier d'un badigeon à la chaux légèrement *ocreuse*, et a pour but d'empêcher les fendillements.

Rarement il existe d'autre ouverture extérieure que la porte qui conduit dans chaque pièce, et s'ouvre sur la galerie. Les portes sont mobiles sur gonds en fer, elles sont assez régulièrement taillées à la hache, elles ferment par le moyen d'un simple loquet en bois ou d'une chaînette à cadenas.

4° LES NALOUS.

C'est par erreur que la carte du Soudan occidental, dressée par Mage, porte le pays des Nalous tout entier au nord du bas cours du Rio Nûnez. Sans doute ce peuple a occupé primitivement tout le territoire compris entre le bas Rio Nûnez et le bas Rio Grande ; mais actuellement il occupe une certaine étendue de pays au sud du Rio Nunez. Cette occupation est probablement le résultat d'une pointe poussée contre une fraction de race Baga, maîtresse de la rive gauche du fleuve du Bové à la côte. Elle a eu pour conséquence l'isolement des deux sous-fractions de race Baga ainsi séparées : les Bagas du littoral et les Landoumans que je crois bien réellement être aussi de race Baga.

Aujourd'hui même, la puissance Nalou est concentrée sur le Rio Nûnez : la capitale du roi Sougoubouly (Kasa-Kobouly) est sur la rive gauche. Un peu plus haut, sur la rive droite, Caniope est sous la domination d'un chef presque indépendant. Au delà, l'autorité royale n'est plus guère qu'un fantôme.

Les Nalous vivent sous l'autorité de chefs de villages nommés par le roi, mais ordinairement imposés à celui-ci par la volonté plus ou moins déguisée des coteries. J'ai pu voir de mes propres yeux ce que valait l'autorité royale, en 1875. Youva, qui après tout n'était lui-même qu'un usupateur, ayant refusé d'obtempérer à la demande de possession de Caniope, qui lui avait été maintes fois adressée par un chef très-populaire et de race royale, fut assiégé dans toutes les règles par ce chef et réduit à se défendre avec quinze à vingt hommes et un canon sans affût, dans son palais de Sougoubouly, contre un adversaire à la tête de quatre à cinq cents hommes bien armés et même quelque peu disciplinés. L'arrivée subite du lieutenant du poste français M. Pouchot, qui joua courageusement sa vie en cette circonstance, dissipa l'armée rebelle, et sauva Youva à la grande satisfaction des commerçants.

L'autorité royale n'est donc pas précisément celle des rois despotiques. Sans doute quand le roi peut s'appuyer sur un parti auquel il promet tous les excès, pour acquérir le droit de se livrer lui-même à tous les abus, il jouit d'un semblant de puissance ; mais quand il manque d'un pareil appui, il demeure le roi le plus constitutionnel du monde, bien entendu en admettant pour constitution la volonté très-capricieuse des masses et de leurs meneurs. Le roi a droit de justice ; mais cette justice il ne la rend qu'avec l'assentiment d'un conseil. Le roi a le pouvoir exécutif, le droit de déclarer la paix ou la guerre, mais toujours avec l'assentiment d'un conseil.

Dans les grandes occasions, ce conseil est composé de la nation tout entière, au moins de tous les Nalous qui peuvent se rendre au chef-lieu. Ces réunions sont ruineuses pour le roi, qui a force intérêt à ne les point provoquer. Chacun arrive en armes au palais du roi, on se réunit dans sa vaste cour ou palabre : Quand vient la fatigue vient aussi l'appétit : on tue grand nombre de bœufs, on vide grand nombre de bouteilles d'eau-de-vie. Puis le lendemain l'on recommence à palabrer et à faire chère vie. Au bout de quelques jours, il ne reste plus rien à manger ni à boire ; le pauvre roi à bout de ressources, car c'est lui qui doit fournir à de telles largesses, n'a plus qu'à congédier ses sujets au plus vite, qu'il ait ou non obtenu d'eux ce qu'il désirait.

En temps ordinaire tout marche assez bien. Le roi ferme les yeux sur bien des méfaits, et, grâce à cette bienveillance pru-

dente, jouit d'une tranquillité relative, si le poste ne lui donne
pas quelque souci précisément à cause de cette prudence vis-à-
vis de ses grands vassaux !

Le roi Youva était âgé d'une soixantaine d'années. Il était très-
alerte, très-vif, très-amateur de certaines choses européennes,
notamment de nos vins, de nos liqueurs, de nos aliments de conserve, de nos vêtements, de nos armes, etc. Il portait avec une
grande aisance le costume européen, mais lui préférait un costume de lieutenant d'infanterie de marine, que lui avait donné
quelque commandant du poste. — Avec les 5,000 francs de tribut que lui payait la France, et les revenus assez considérables
qu'il tirait de ses cultures d'arachides, c'eût été l'homme le plus
à l'aise du monde sans son attirail de griots, de musiciens et de
femmes !..

Celles-ci étaient au nombre de 40, jeunes pour la plupart ;
elles contribuent à vider pour la plus large part la caisse de leur
royal mari, tout en donnant l'exemple de la fidélité conjugale la
moins lourde possible. Le roi d'ailleurs était peu jaloux et offrait
souvent ses femmes à qui paraissait les désirer.

Les griots chantaient les louanges les plus outrées du roi, les
musiciens l'accompagnaient partout : C'étaient un joueur de
tambourin, un joueur de balafon, un joueur d'iorogni, sorte de
grand instrument à cordes, tenant de notre violoncelle et de la
harpe.

Un jour, chez l'un des fils du roi, j'ai vu représenter comme
une pièce d'opérette : c'était un chant d'hommes et de femmes
accompagné de gestes et alternant avec un orchestre. Chose curieuse, si le rhythme laissait à désirer par la précipitation exagérée
de la mesure, le tout frappait juste à l'oreille et ne laissait pas
que de produire un sentiment agréable.

J'ai souvent fait cette remarque, que peu accessible aux arts
qui exigent le concours du sens intellectuel par excellence, la vue,
dessin, sculpture, architecture, le noir ne manquait pas d'une

certaine intuition, pour les arts exigeant le concours du sens
instinctif et passionné de l'ouïe : musique, facilité à saisir et à
retenir les sons des langues, de même qu'il possédait, développés
à un très-haut degré, les sens purement intuitifs, comme l'odorat.

Les mœurs du roi Youva étaient en grand ce qu'elles étaient
en diminutif chez chacun de ses sujets : avoir le plus de femmes
et boire le plus possible, tel est l'objectif de la plupart des
Nalous. Et cependant ce peuple écoute assez volontiers les Foulahs. Le roi Youva avait même une mosquée dans l'intérieur de
son palais. Mais si l'on écoute le Foulah un peu par peur du
Fouta-Djalon on s'empresse de ne suivre aucun de ses préceptes,
sûr que l'on est de la protection du poste français. Les Nalous
trouvent ainsi moyen de vivre entre deux ennemis ; car je ne
crois pas qu'ils aient une bien forte sympathie pour nous, tiraill-
lés qu'ils sont par les agissements anglais, qui partent du cœur
de la colonie de Sierra-Léone. Travailleurs, ils détestent les Foulahs, qui, devenus leurs maîtres, leur imposeraient une sobriété
trop regrettable et peut-être feraient d'eux des esclaves.

Race de type nègre franc ; — sujets très-rapprochés physiquement des Sousous, mais peut-être plus laids de visage, à
traits plus grossiers, moins réguliers, à extrémités plus massives.
A part les individus de classe riche, qui portent le costume européen en totalité ou en partie, plus fréquemment le costume
des traitants Ouolofs.

Les hommes et les femmes se distinguent par les particularités suivantes : Les hommes ont les cheveux tressés en cadenettes tombantes ; ils ont la tête nue ou recouverte d'une calotte
tantôt semblable à celle des Foulahs et des Ouolofs, tantôt semblable à celle des Sérêres, c'est-à-dire portant de chaque côté
une pointe qui retombe sur l'oreille. Ils portent le boubou,
quand ils sont à l'aise, ou simplement un pagne noir, même
une bandelette d'étoffe autour des reins. Les pieds nus plus souvent que chaussés de sandales.

Le costume des femmes ne diffère guère de celui des femmes Ouoloves, que par les exigences que comporte la position de fortune du mari. Les femmes de la basse classe n'ont pas d'autre vêtement que le pagne-jupon ; elles portent la chevelure comme les hommes. Peu ou point de moralité dans l'un et l'autre sexe. Beaucoup de paresse. Culture presque entièrement abandonnée aux esclaves qui sont misérablement traités. Industrie nulle : Les Nalous sont cependant très-habiles constructeurs de pirogues. Race certainement inférieure aux Ouolofs, mais dont il serait possible de faire de bons soldats, soumis et disciplinés, plus sûrs que les Foulahs, moins dangereux en cas de désertion, et tout aussi braves que les sujets de races diverses dont se compose le bataillon sénégalais.

5° LES LANDOUMANS.

Les Landoumans habitent les deux rives du Rio Nûnez, depuis les hauteurs du Bôvé, qui leur sont disputées par les Foulahs, jusqu'à Dibelia. Ils sont resserrés entre le pays des Tchiaperis au Nord et le pays des Sousous au Sud.

Je considère ce peuple comme une faction des Bagas, séparée de ceux du littoral par une petite invasion Nalou, et j'appuie mon opinion sur ce double fait : que les Landoumans ont un idiome presque identique à celui des Bagas; que les Landoumans, bien que modifiés à leur avantage par un contact plus fréquent avec les Européens et les Foulahs, sont au point de vue physique et intellectuel à peu près sur la même ligne que les Bagas.

Peuple sous l'autorité toute nominale d'un roi qui siège à Vacaria. Très-turbulent, non dépourvu d'une certaine bravoure, ennemi déclaré du Foulah, souvent même son provocateur. Sans l'existence d'un poste à Boké, depuis longtemps la question serait jugée entre Foulahs et Landoumans : ceux-ci succomberaient mais non sans lutte acharnée.

Type nègre franc, voisin du type Nalou, mais à traits moins grossiers; quelques femmes sont mêmes presque jolies. Hommes et femmes de constitution, vigoureuse. Peu ou point de mœurs. Beaucoup de paresse et d'ivrognerie. Beaucoup de misère. Le roi est certainement un des plus misérables de la nation : ses revenus particuliers sont limités, presque insuffisants pour ses quelques femmes et ses enfants ; son plus certain est la rente de 1,200 francs, payée en marchandises que les commerçants lui paient sous le nom de coutumes, chaque année, quand il a été sage.

Culture du riz, du mil, de l'arachide. En général, peu soigneux : Industrie nulle.

Rien de particulier quant au costume qui est comme chez les Nalous. Un petit trait de mœurs : Le roi Duka surprend un jour sa favorite en adultère avec un esclave ; il saisit celui-ci, lui coupe l'oreille gauche avec son couteau, fixe l'oreille à un arbre à l'entrée du village royal, et se montre ainsi satisfait : Il n'inquiète pas autrement les coupables. Je cite ce fait provenant certainement d'une sauvagerie bien caractéristique, pour prouver combien a été exagérée la cruauté de ce roi, comme celle de sa race. On a été jusqu'à prétendre qu'au débarcadère de Vacaria, l'on condamnait les coupables d'un certain crime à être abandonnés, pâture vivante, aux caïmans, sous les yeux du roi et du peuple.

Race dont on ferait comme des Nalous d'excellents soldats, sous la conduite de chefs Européens.

6° LES BAGAS.

Ici mes souvenirs sont un peu confus. Race physiquement très-vigoureuse mais à peu près complétement dépourvue de tout développement intellectuel. Ils vivent presque nus, hommes et femmes, par villages isolés et indépendants. Les hommes passent leur temps à se promener, lance en main, quand ils ne l'emploient pas à boire. Les femmes vont se louer comme chargeuses et déchargeuses aux traitants ; elles sont, dit-on, bonnes canotières ; à elles encore revient le soin des cultures. Ces Bagas occupent la zone littorale au sud du Rio Nûnez.

7° LES YOLAS OU DIOBAS.

Un certain nombre d'individus de cette race, mais assez restreint, est mélangé aux Landoumans et aux Nalous depuis la conquête du Kabou par les Foulahs. J'ai observé très-superficiellement cette race, et dans des conditions qui ne me permettent point de rien spécifier à son sujet. C'était sur le convoi de malheureux captifs appartenant aux Foulahs. J'ai été fort surpris de rencontrer des sujets à nez presque aquilin et à lèvres relativement fines.

J'ai tenu à vérifier un fait depuis longtemps affirmé de cette race : Se livre-t-elle à l'anthropophagie ? Non. Cependant au dire d'un chef noir très-intelligent et qui avait beaucoup voyagé, une tribu rapprochée des sources de la Casamance se livrerait à cette monstrueuse habitude.

8° LES MOKINFORÈS OU MOKIFORÈS.

Ce nom veut dire : gens du dehors, on peut les définir d'un mot : ce sont des Spartacus de l'empire Foulah.

Sous ce nom de Mokinforès on désigne un tout petit peuple d'origine récente, qui habite un pays perdu, couvert de bois et de marécages, voisin de Quibola, sur les confins des territoires Landoumans, Nalous, Sousous et Bagas, dans le bas Rio Nûnez.

Comme leur nom l'indique, les Mokinforès sont des étrangers pour les autres peuples du Rio Nûnez. Ce sont des captifs échappés du Fouta Djalon, et qui, pour fuir leurs anciens maîtres, n'ont pas même accepté la protection, d'ailleurs problématique, des nations soumises à la surveillance Française. Seul, un pays abandonné de tous comme trop pauvre et trop malsain, leur a semblé accorder un abri suffisant pour leur liberté. Ces malheureux vivent isolés les uns des autres, au milieu de leurs marais : Ils craignent de se réunir en villages qui attireraient peut-être sur eux des convoitises, et une nouvelle servitude. Ils cultivent le riz nécessaire à leur nourriture, quelques arachides qu'ils échangent entre des armes et des objets de première nécessité.

Entre eux et les Foulahs, c'est une haine farouche et irrémédiable. Tout Foulah qui tombe entre les mains des Mokinforès est immédiatement mis à mort, et réciproquement.

Une seule fois, le chef qu'ils ont choisi comme roi, est sorti du territoire des Mokinforès après une promesse formelle de protection donnée par le poste français de Boké. C'était un noir âgé d'environ quarante-cinq ans, grand, assez vigoureux, très-simple, très-craintif; il portait une sorte de boubou bleu, un vieux pantalon, un vieux chapeau de feutre; autour des reins un mouchoir soutenait un pistolet d'arçon. L'impression que nous fit cet homme représentant si simplement un noyau de malheureux fugitifs, ne demandant qu'un pauvre asile pour y vivre libres, fut celle d'une pitié profonde.

Si ce petit peuple ne retombe pas à l'état sauvage, et s'il subit doucement l'influence civilisatrice, sans tomber dans le vice d'ivrognerie des races qui l'entourent, peut-être fera-t-il parler de lui un jour.

CROYANCES, HABITUDES ET MŒURS COMMUNES AUX DIVERS PEUPLES
DE RACE NOIRE DU RIO NUNEZ.

Les Nalous affectent un certain vernis d'islamisme. Les Landoumans ne cachent pas leur dédain pour une religion que
s'efforcent de leur apporter les Foulahs. Les Bagas demeurent
indifférents. Tous en réalité, ne croient à rien, si ce n'est aux
fétiches.

La superstition de ces peuples est très-grande, elle apparaît à
propos de choses futiles. Entre-t-on dans une case de Landouman, on aperçoit au-dessus de la porte, sur les murailles, au
toit, partout des objets bizarres, des morceaux de papier couverts
de caractères variés, des morceaux de bois taillés d'une certaine
façon, des fragments d'assiette, des verroteries, des cornes de
bœuf ou de mouton, etc... Ce sont des fétiches, des gris-gris qui
ont chacun leur vertu spéciale : l'un qui protégera contre les
mauvais esprits ; un autre contre les voleurs ; tel autre contre le
feu ou la maladie, etc.

Chez les chefs Nalous, qui font le plus parade d'islamisme, si
l'on ne découvre au-dessus de la porte de la case que des ins-
criptions en arabe, représentant quelques versets ou prières du
Coran, il ne faut pas beaucoup fouiller l'intérieur des chambres
pour découvrir mille objets qui trahissent les croyances intimes
du propriétaire. Sur leurs personnes, même profusion de gris-
gris apparents ou cachés.

Très-fervents croyants au surnaturel, ils ne comprennent pas
notre peu de foi en la vertu des fétiches : ou plutôt, ils s'ima-
ginent que nous aussi, nous faisons usage de fétiches auxquels
nous devons notre supériorité et notre force. Un jour le roi des
Landoumans, fort ennuyé de partir en guerre à la tête d'une
troupe réduite à quelques hommes non moins ennuyés que
lui, vint au poste demander au commandant un gris-gris blanc

pour le préserver des balles. Qui lui eût répondu que le gris-gris blanc contre les balles était l'audace et l'insouciance du danger, l'eût bien étonné ; mais il valait mieux ne point faire cette réponse au demandeur de peur qu'il n'essayât d'en vérifier l'exactitude contre nous.

La circoncision se pratique chez les garçons et chez les filles, tant dans la nation Landouman que dans la nation Nalou ; il en est de même dans la nation Sousou. J'ignore si les Bagas du littoral ont cet usage. La circoncision ne se pratique pas seulement chez les jeunes enfants vers l'époque de la puberté : elle se pratique même sur des sujets d'âge assez avancé. Elle donne lieu à une véritable fête pour les familles : S'il s'agit d'un garçon, on lui rase la tête avant de lui faire subir l'opération qui est pratiquée par un ancien ; s'il s'agit d'une fille, l'opération est pratiquée par une matrone dans le secret des bois.

Rien de curieux comme l'aspect d'une troupe de circoncis. Le hasard m'a offert ce spectacle dans les environs de Roppas. Je tombai au milieu d'une bande de jeunes garçons que je pris tout d'abord pour des gens masqués : ils étaient bien une vingtaine, la tête coiffée d'une énorme mitre aplatie d'avant en arrière, revêtus d'une longue robe serrée à la taille par un mouchoir ; demi-courbés et appuyés sur un long bâton, très-alertes cependant et très-empressés à tendre la main : Ils étaient sous la surveillance d'un vieillard chargé de les garder et de les soigner jusqu'à guérison.

A quelques pas de la bande, j'observai deux femmes qui avaient également subi la circoncision : elles étaient fort calmes, accroupies sur le devant d'une case ; elles étaient coiffées d'un long bonnet d'où pendait un voile blanc qui les enveloppait presque entièrement, costume qui me rappela ceux du quinzième siècle.

Les mariages se concluent au Rio Nûnez, très-simplement : le mari achète sa femme. Les deux familles se réunissent, mangent beaucoup, boivent plus encore : on tire des coups de fusil et l'on recommence ainsi jusqu'à ce que toute provision étant épuisée, on se décide à abandonner les conjoints à eux-mêmes.

Mêmes réjouissances à la naissance d'un enfant. Quand une femme est enceinte, et, après l'accouchement, jusqu'à l'époque du sevrage, son mari cesse de l'approcher : la femme lui procure et lui choisit elle-même une concubine qui lui fait prendre le temps en patience.

SECTE DES SIMONS.

La croyance aux esprits a donné naissance au *Simonisme*. Ce Simonisme est-il une religion ? Non. Une religion suppose des prières, des sacrifices. Or, rien de cela n'existe dans le Simonisme. Il se résume en ceci : des gens plus adroits et moins scrupuleux que d'autres persuadent les masses qu'ils sont en rapport avec les puissances du bien et du mal. Les masses les prennent comme intermédiaires entre elles et ces puissances : simple commission payée d'un prix variable selon le service à obtenir. Mais le Simonisme s'est agrandi : il ne pouvait vivre qu'à la condition de réunir de nombreux adhérents, d'avoir en tous lieux des bouches et des oreilles, puisque ses prêtres devaient faire preuve de divination. Aussi est-il devenu une sorte de secte, de franc-maçonnerie reliant entre eux tous les individus d'une même nation, d'une même race, même plusieurs races bien distinctes de l'Afrique occidentale.

Je crois qu'il ne faut pas attribuer au Simonisme une importance plus grande qu'il n'a en réalité. C'est là une franc-maçonnerie, mais tout entière employée au profit de quelques gredins. L'idée religieuse, si mince qu'elle ait pu exister au début, me semble vouloir disparaître. Quant à une idée patriotique, elle n'y a jamais paru ; mais peut-être pourrait-elle y germer sous l'influence d'hommes supérieurs, comme on l'a vu dans le haut

Sénégal, où quelques-uns furent dignes de lutter contre le général Faidherbe. Là serait le danger du Simonisme.

Au Rio Nûnez il y aurait plusieurs sectes, trois, autant qu'il m'en souvient. Chacune d'elles est caractérisée par des cérémonies d'institution spéciale. L'une de ces sectes aurait comme cérémonie d'institution des épreuves immondes, que je ne voudrais point spécifier sans l'aide de notes plus précises.

Il ne faudrait pas croire que les initiés se recrutent seulement parmi les noirs. J'ai connu un mulâtre de Saint-Louis, fort intelligent, qui s'était fait initier et avait été reçu dans la secte.

Donc, actuellement du moins, le Simonisme ne vise en rien l'Européen. Je ne dirais pas qu'il ne vise point le Foulah, et n'oserais affirmer qu'il ne soit pas une barrière à l'envahissement de l'islamisme dans nos possessions du sud.

Il doit exister plusieurs degrés d'initiation ; car les jeunes garçons et les jeunes filles sont affiliés de très-bonne heure, et il n'est pas possible qu'on les fasse assister à tout ce qu'on peut laisser voir et entendre à des adultes.

Les cérémonies de l'initiation se passent dans les bois, à l'abri des regards profanes ; une curiosité indiscrète entraînerait la mort. Elles ne seraient pas toujours des plus morales. Pour les enfants, elles suivent une éducation spéciale qui dure une année. Pendant cette année les enfants vivent à l'état de nature, dans les bois, sous les yeux des Simons ; ils doivent apprendre à se suffire à eux-mêmes, et sans doute aussi bien d'autres choses !.. Cette espèce de noviciat achevé, les enfants reçoivent communication de la formule par laquelle se reconnaissent les adeptes, et sont renvoyés vers leurs parents. Garçons et filles sortent du bois parfaitement nus, une ceinture noire ornée de grelots autour des reins, des grelots au cou, des grelots aux cuisses, aux bras, aux jambes ; ils courent par les rues du village, et, sur leur passage, averti par le bruit des grelots, chacun doit se retourner. Les nouveaux adeptes ont alors le droit d'entrer dans les cases, d'y boire et d'y manger à leur volonté, et même d'en emporter ce qu'ils peuvent enlever, à leur guise. Cela dure tout un jour.

A partir de ce moment ce sont tout autant d'yeux et d'oreilles pour recueillir des renseignements à l'usage de leurs instructeurs. Aussi vit-on au Rio Nûnez, enveloppé d'une armée d'espions. Nous n'avons pas eu au poste un seul domestique qui ne fût initié au Simonisme. Jamais, pour ma part, je n'ai eu à me plaindre d'eux, nouvelle preuve que ces gens-là ne sont pas bien redoutables pour l'Européen qui est toujours redouté, et toujours considéré comme un être supérieur pour le noir.

Mais, pour conserver leur prestige, les chefs de la secte, les prêtres, à défaut d'autre désignation, ont besoin d'entretenir les masses dans la croyance en leur pouvoir surnaturel. Voici comment il y parviennent, ou croient y parvenir. D'abord ils ont su imposer aux masses, même aux Ouolofs non affiliés, une terreur inouïe de leurs mystères ; quiconque oserait chercher à les pénétrer tomberait mort à l'instant. J'ai vu une nuit un Ouolof, tirailleur d'un grand courage, tourner le dos à la campagne, étant de garde sur l'un des petits bastions du poste, pour ne point être exposé à apercevoir une procession de Simons passant au voisinage. S'il les eût aperçus, me disait-il, il serait mort avec certaines parties du corps grosses comme la tête ! je me suis demandé ce que deviendrait un poste attaqué par des Simons et défendu par des noirs aussi superstitieux !

Quand ils sortent du bois, ces prêtres vont demi-nus, ou couverts de paille, une clochette à la main pour avertir de leur passage : chacun s'écarte de leur voisinage après avoir déposé des aliments ou une autre offrande sur le seuil de sa porte.

Ces adroits coquins, il est vrai, ne sont pas toujours aussi solennels. J'en ai rencontré des bandes battant leurs petits tambours et leurs triangles, sautillant et chantant sans la moindre préoccupation d'être regardés, très-heureux même de l'être. Ceux-là n'*officiaient* pas mais étaient en quête de dupes qui les eussent consultés à propos d'un vol ou de toute autre chose et les eussent mis en mesure d'*officier* la nuit, pour bonne rémunération.

Un noir a été victime d'un vol, il va trouver un Simon, qui invariablement s'engage à retrouver le voleur et les objets volés. Cela demande un certain nombre de jours ou plutôt de nuits. Dès que le soleil est couché, ce ne sont plus que hurlements et cris, bruits de tam-tam et de triangles autour de la maison du volé, qui se cache tremblant dans le coin le plus profond. Puis ce sont des danses, des processions ; enfin le temps s'écoule. Les adeptes disséminés partout ont pu apporter des renseignements et le voleur est désigné. Quand les renseignements manquent ou sont erronés, le Simon n'est pas embarrassé pour produire comme coupable un pauvre diable ou un ennemi, et sa parole est toujours écoutée religieusement : Quant à l'objet volé, rarement on le retrouve, mais il est rarement perdu pour le Simon !

Tout à coup, le jour ou la nuit, on entend le son d'une corne d'appel ; le son se répète de distance en distance, à intervalles égaux ; il se rapproche rapidement du lieu où l'on écoute. Chaque nègre croit en effet que les sons de trompe ne sont pas une succession de sons émis par des individus différents, mais bien au contraire ils sont persuadés qu'ils proviennent d'un seul et même individu, qui a le pouvoir de se transporter en quelques minutes, du point le plus éloigné en un lieu donné.

Quelques cérémonies paraissent s'accommoder avec la présence des profanes. Par exemple, j'ai vu opérer sous mes yeux un effronté garçon, qui se disait grand chef Simon, et qui s'était vanté de retrouver une chose perdue : il prononçait force imprécations, parmi lesquelles j'ai relevé et retenu le mot Molojo, le J aspiré comme le djota, presque Moloch.

APPRÉCIATION DE LA NOTE DU DOCTEUR CORRE.

On le voit, la note de mon savant camarade, M. Corre, a un intérêt très-grand, et pour ma part, après l'avoir remercié de la gracieuseté avec laquelle il a bien voulu me la communiquer, j'ajouterai que j'appelle de tous mes vœux la publication du travail plus étendu dont il a recueilli les éléments et qui renfermera, j'en suis sûr, des détails extrêmement curieux.

CHAPITRE ONZIÈME.

Coup d'œil d'ensemble sur les peuplades de la Sénégambie.

Après avoir étudié en détail les diverses peuplades que l'on rencontre en Sénégambie, nous devons jeter, sur elles toutes réunies, un coup d'œil général pour les envisager sommairement d'une manière synthétique.

ORIGINES.

Tout d'abord, pour bien fixer les idées, nous fournirons un tableau schématique dont on comprendra sans peine la disposition et qui nous renseignera sur la nature respective, si je puis m'exprimer ainsi, des peuplades dont nous venons de parler.

Les noms placés dans un triple trait sont ceux des races que nous croyons pouvoir considérer comme primitives dans le pays. Ceux qui sont dans des carrés à double lignes appartiennent aux races génératrices envahissantes. Enfin les métis ont trouvé place dans les intervalles entourés d'un simple trait.

On comprend du premier coup d'œil en examinant ce schéma les relations d'origine qui existent entre les différentes peuplades de la Sénégambie. En effet, on peut admettre comme probable que, dans le principe, les Ouolofs, les Saracolais, les Bagnouns ou les Feloupes seuls occupaient la contrée, cantonnés chacun dans la région respective. Ils n'avaient pas de fréquentes relations de voisinage parce qu'ils étaient peu nombreux dans ce vaste pays et qu'instinctivement chaque peuplade avait laissé autour d'elle un vaste espace inhabité. Aussi vécurent–ils longtemps sans se mélanger et par conséquent, conservant partout le type primitif de chacun.

Un jour les Maures, les Peuls, les Mandingues, les Bambaras arrivèrent successivement dans le pays avec des habitudes de migrations et au besoin de locomotion que les premiers habitants

SCHÉMA DES PEUPLADES SÉNÉGAMBIENNES.

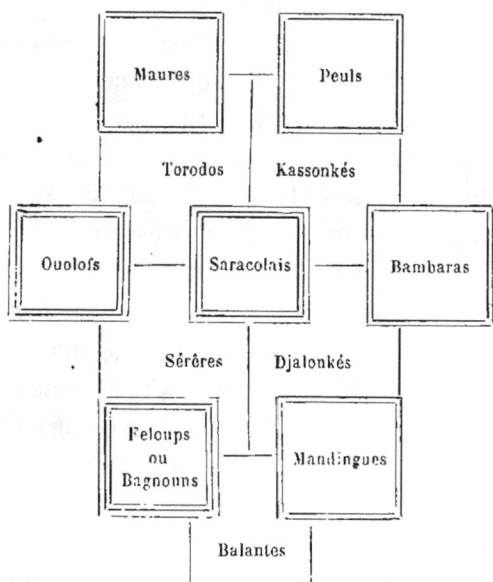

ne possédaient pas. Ils éparpillèrent lentement les Saracolais un peu partout, ils refoulèrent les Ouolofs vers le bas pays du Sénégal ; et du frottement de ces diverses peuplades, sortirent des métis en nombre et en variétés considérables. Ici ce sont les Torodos qui ont pris plus spécialement le nom de Toucoulours, nous avons vu pourquoi (Tow colour). Là ce sont les Kassonkés, les Djalonkés ; plus loin sont les Sérêres. Enfin nous rapprochons aussi les Balantes de cette création.

A vrai dire, tout ceci n'est qu'une hypothèse ; nous avons bien la tradition, le dire des anciens du pays, la comparaison des caractères physiques pour l'appuyer ; mais cependant, nous devons convenir que la preuve absolue fait défaut, de sorte que d'un jour à l'autre, l'opinion peut se modifier sur les relations qui existent entre ces diverses peuplades. Néanmoins, le groupement que nous venons de présenter a d'abord le mérite de la simplicité ; d'autre part il est certainement exact dans quelques-unes de ses parties. Aussi, jusqu'à nouvelle combinaison, nous pouvons l'accepter pour fixer notre pensée.

Le schéma que nous venons de fournir a quelques imperfections ; ainsi il semble que les Djalonkés ne soient qu'un mélange de Bambaras, de Mandingues et de Saracolaïs alors que l'élément Peul y entre pour une assez large part. Mais en étant prévenu de cette particularité, l'imperfection de la figure est amoindrie.

— D'autre part nous devons reconnaître aussi que nous ne pouvons pas avoir la prétention de connaître toutes les variétés des métis. C'est ainsi par exemple que le contact des Peuls, des Bambaras et des Mandingues a produit dans le sud-est de la Sénégambie, le nombreux peuple des Sissilbés. Mais nous ne parlerons pas de ces Sissilbés pour la double raison qu'on ne les voit pas dans nos possessions sénégambiennes ; et d'autre part que notre opinion n'est pas suffisamment arrêtée sur leur compte pour pouvoir en parler d'une manière quelque peu assurée.

En jetant les yeux sur le schéma précité nous voyons que les deux peuplades les plus septentrionales sont les Maures et les Peuls ; ce sont-elles qui établissent la transition entre les nègres proprement dits et les blancs de sorte que nous avons la matière à établir une première et grande coupure.

A. — Peuplades pseudo-blanches;

B. — Peuplades noires proprement dites.

Dans cette étude nous voulons nous occuper surtout du nègre sénégambien avec lequel notre colonie du Sénégal a le plus de relations ; aussi ne dirons-nous que quelques mots très-brefs des peuplades pseudo-blanches, renvoyant, pour plus amples renseignements, le lecteur à ce que nous avons dit déjà des Maures et des Peuls.

MAURES.

La description que nous avons faite des Maures dans le chapitre deuxième a bien montré, j'espère, que les tribus de la rive droite du Sénégal diffèrent essentiellement et sous tous les rapports, des habitants de la rive gauche et du restant de la Sénégambie. C'est au point qu'on ne peut envisager dans un même coup d'œil d'ensemble, les Maures et les Nègres à moins de faire à chaque instant les plus grandes restrictions.

C'est avec les Touaregs et avec les Marocains qu'on pourrait les comparer seulement. Aussi s'ils n'avaient pas une importance assez grande dans notre colonie tant pour la gomme qu'ils nous fournissent que pour les expéditions qu'ils ont nécessité avec leur caractère remuant, leurs habitudes de pillage et leur mauvaise foi incorrigible, les aurions-nous laissés de côté dans le travail actuel.

Comparés aux Touaregs, les Maures de la rive droite du Sénégal présentent des points nombreux de ressemblance ; mais aussi de nombreuses différences. Ces Touaregs sont des métis absolument comme les Maures qui avoisinent nos possessions; seulement les races génératrices étant différentes, il s'en est suivi certaines dissemblances dans l'aspect physique, et une divergence d'habitudes assez marquée. — Le Maure Sénégambien mérite sous le rapport du travail qu'il fait pour vivre, d'être placé au-dessus du Targui. On juge par là si les Touaregs sont des coquins ! Le Maure Sénégalais se trouvant en effet dans un pays un peu plus fécond d'une part et surtout assez reculé du grand courant commercial du centre de l'Afrique, a été obligé pour ne pas mourir de faim d'élever d'assez nombreux troupeaux et de se livrer à la récolte de la gomme. — Certes le travail qu'il fait là est bien minime puisqu'il recueille seulement le produit des arbres sans planter les forêts, les émonder des broussailles, remplacer les sujets morts de vétusté ou fatigués par une exploitation maladroite. — Mais néanmoins, quelque faible qu'il soit, ce travail de récolte est un labeur, entraînant à ce titre une somme de moralisation de l'individu, et aussi quelque intérêt de bienveillance de notre part vis-à-vis de la nation. Le Targui au contraire se trouvant sur le grand chemin qui sépare le Soudan du monde civilisé a trouvé plus commode de se faire voleur et comme dans ces pays chacun a une arme à la main pour défendre le peu de bien qu'il possède, le Targui est devenu assassin en même temps qu'il prenait l'habitude de voler. — Certes après ce que nous avons dit dans le chapitre deuxième de ce qu'il fallait faire avec les Maures, on voit que notre appréciation touchant les Touaregs doit être extrêmement sévère. — Il faut en effet que nous les considérions comme de bien tristes coquins pour admettre que les Maures de la Sénégambie leur sont supérieurs en moralité.

Les récits des divers voyageurs depuis Réné-Caillé jusqu'à Mage, c'est-à-dire les observations de Bourrel, d'Alioun-Sal, de Pascal, de Lambert, nous apprennent que les Maures Sénégalais ont de grandes affinités avec les tribus marocaines du sud. Il y a identité de pays ou à peu près, identité de métissage, ou au moins peu de différence sous ce rapport ; de sorte qu'on trouve aux environs de Mogador, du cap Bojador ou du cap Blanc les mêmes hommes, les mêmes mœurs, les mêmes aptitudes que sur les bords du Sénégal. Si jamais les caravanes prenaient l'habitude de passer en plus grand nombre dans ces contrées, on verrait bientôt ces Maures du littoral adopter les habitudes de rapine et de piraterie du Touareg. Mais heureusement il est à penser que la facilité des communications maritimes ne produira jamais l'éventualité d'un commerce quelque peu suivi par terre et par conséquent les peuplades sont destinées à végéter misérablement sans devenir encore plus mauvaises dans l'avenir.

PEULS.

Si les Maures sont très-différents des Nègres sous le rapport physique comme sous celui des aptitudes, des mœurs et de la manière d'être, les Peuls s'en rapprochent davantage. A ce titre, ils rentrent plus facilement dans une description synthétique des peuplades mélaniennes de la Sénégambie. Ce que nous avons dit de ces Peuls est assez présent, j'espère, à l'esprit du lecteur pour que nous puissions être très-bref sur leur compte actuellement. Dans le travail que nous faisons ici, nous ne voulons parler que des Peuls de la Sénégambie, car nous savons, d'après les travaux de maints voyageurs, qu'ils s'étendent actuellement sur un espace considérable de l'Afrique centrale.

Les Peuls ont depuis deux siècles environ un mouvement de progression extrêmement remarquable de l'ouest vers l'est, et c'est au point qu'à partir du Massina, c'est-à-dire du haut Niger, près des versants orientaux du Fouta Djalon, ils ont envahi successivement les pays de Gando, de Sokoto, du Haoussa, menacent aujourd'hui le Bornou, le Bagherini, arrivent sur le lac de Tchad, et se trouveront bientôt en lutte avec les pays d'Ouaday. S'ils envahissent cette contrée, ils se trouveront alors en plein Darfour et ne seront plus bien éloignés de l'Afrique orientale, ayant atteint ainsi les régions où le Nil prend naissance.

En s'étendant de l'ouest à l'est, les Peuls se mélangent naturellement avec des peuples très-divers, et faisant dans l'Afrique centrale ce qu'ils ont fait précédemment dans l'Afrique occidentale, ils arrivent à se modifier profondément, de sorte que si on voulait comparer ceux qui vivent dans le Hadoussa, le Bornou, par exemple, avec ceux qui sont dans les plaines du Massina ou le Fouta Djalon, on trouverait de nombreux points de divergence à côté des caractères communs.

Ce serait un travail assurément intéressant que de faire une étude synthétique sur les Peuls en les envisageant dans les divers pays où ils ont étendu leur domination. Il y aurait aussi à faire de très-curieuses études sur les Toucoulours qu'ils produisent en se mélangeant aux diverses races Mélaniennes qu'ils rencontrent. Mais c'est là, on le comprend, un sujet que nous ne pouvons aborder ici ; d'autant que non-seulement il serait trop vaste, mais encore nous éloignerait entièrement de l'objectif que nous avons en vue en faisant le présent travail sur les populations de la Sénégambie.

NÈGRES.

Nous avons dit précédemment que l'islamisme a présidé a toutes les migrations que nous connaissons du Soudan occidental. Soit qu'il ait été la cause de ce mouvement d'envahissement, soit qu'il n'en ait été que l'excuse, toujours est-il qu'il a fait accomplir le mélange dans des proportions qui n'auraient pas existé sans lui. Dans ces conditions les Saracolais se sont désagrégés pour ainsi dire, de telle sorte qu'on les voit un peu partout actuellement. Les Mandingues de leur côté marchent d'une manière constante vers la mer, s'infiltrant peu à peu, çà et là dans les peuplades primitives des bas pays; ils arrivent d'abord à l'état d'individus isolés et inoffensifs, puis sous la forme de petites agglomérations rivales. Bientôt l'hostilité se dessine de leur part et la domination ne tarde pas à se manifester. C'est ainsi que ces Mandingues ont refoulé déjà une partie de ces Bagnouns jusqu'au Saloum et les Sérêres jusqu'au Diander. On sent sur les bords de la Casamance, du Rio Nûnez, de tous les fleuves depuis le Sénégal jusqu'à Sierra-Léone et même plus bas, que le mouvement des Mandingues, des Peuls est incessant ; il paraît devoir continuer jusqu'à l'occupation entière du pays avec disparition ou asservissement des peuplades primitives de diverses contrées.

Ces nombreuses migrations, l'habitude de réduire en esclavage les faibles dans les pays envahis ou vaincus était on le comprend un puissant moyen de mélange des races. C'est assurément à ces conditions que nous devons l'origine des Torodos, des Kassonkés, des Djalonkès et des Sérêres. C'est au point même qu'on peut se demander s'il n'arrivera pas un moment où ce mélange poussé à sa dernière limite fera que les caractères spéciaux de chaque classe finiront par disparaître. C'est peu probable, nous voyons par exemple les Saracolais rester assez éloignés au fond du cœur des autres. Leurs métis, les Kassonkés, certaines agglomérations Djalonkaises ont plus d'affinité pour les Saracolais que pour les autres nègres de sorte que tout naturellement il y a là une sélection capable d'assurer la perpétuation de cette catégorie de nègres.

D'un autre côté nous voyons les Toucouleurs du Fouta Sénégalais avoir une tendance analogue avec leur esprit de conquête et de domination. Par ailleurs, les Bambaras avec leur coutume de se taillader les joues ont un moyen pratique de se reconnaître en cas de recherches. Les Bagnouns et Feloupes ont le même moyen par la taille des dents ; de sorte en définitive qu'il est à penser que malgré les mouvements religieux, les mouvements politiques qui sont une cause si puissante de mélange des sangs, il se produit incessamment une séparation silencieuse des diverses catégories. Les nègres de la côte occidentale d'Afrique sont un peu comme l'eau de leurs grands fleuves qui est troublée à chaque orage et qui laisse précipiter peu à peu, aussitôt qu'elle est au repos, les particules qui tendaient à altérer sa limpidité.

Cependant il faut reconnaître une chose : c'est que ces mé—

langes incessants ont produit des habitudes, des allures, des caractères, qui sont communs à tous les habitants de la contrée. C'est ainsi, par exemple, que l'on voit le gouvernement être toujours exercé plus ou moins de la même manière. Un certain nombre de familles fournissent des électeurs qui choisissent un chef parmi plusieurs compétiteurs; celui qui est le plus habile ou le plus heureux obtient un pouvoir qui est absolu et sans limites, jusqu'au moment où il le perd par la force de ses ennemis ou par sa faiblesse, au bénéfice d'un plus habile.

En religion, nous voyons une uniformité non moins grande ; c'est l'islamisme ayant la prétention sans cesse renaissante d'être très-pur et s'entachant toujours à la longue de certaines coutumes, de certaines superstitions locales.

La famille tend à se constituer de la même manière : suprématie du père, effacement de la femme, dépendance des enfants et des neveux. La société elle-même qui n'est en somme que le reflet de la famille, est basée sur un principe analogue : l'autorité des chefs qui sont en général des vieillards, la dépendance des faibles se traduisant par l'esclavage établi sur une vaste échelle mais avec des degrés entièrement inconnus dans les pays à esclaves d'Amérique ou d'Asie.

Les habitations, les vêtements, la nourriture sont dans le même cas. On voit partout un reflet d'uniformité qui fait que les Maures ont chargé leurs tribus de griots ; que les Ouolofs ont leur caste de forgerons ; en un mot on sent que des relations incessantes ont établi un *consensus* très-remarquable entre toutes les catégories de gens que nous étudions ici.

INTELLIGENCE DES NÈGRES.

Commençons par dire quelques mots de l'intelligence des nègres ; nous comprendrons ainsi plus facilement bien des choses qui paraîtraient par trop extraordinaires si nous ne faisions pas remarquer au lecteur que le nègre a une capacité intellectuelle enfantine (qu'on me passe le mot) c'est-à-dire notablement moins développée que celle des variétés les moins bien partagées de le race caucasique.

Quoi qu'en aient dit les négrophiles, le mélanien est inférieur d'une manière considérable sous le rapport de l'intelligence. Ceux qui soutiennent que le noir n'est dans cet état d'abaissement que parce qu'il vit dans de misérables conditions, éditent, sans y faire attention, un non-sens ou une pétition de principes. En effet l'état imparfait de leur société n'est-il pas la conséquence de l'imperfection de leur esprit ? L'organisation demi-sauvage de leur société n'est-elle pas le résultat de l'infériorité de leur capacité de compréhension ? On peut le constater au Sénégal, d'une manière plus facile peut-être que partout ailleurs car les Maures, les Peuls ont une organisation, des libertés, une indépendance que n'ont pas les Ouolofs, les Saracolais, par exemple. A mesure que nous descendons plus bas chez les Bagnouns, les Feloupes, les Nalous, les Bagas, nous voyons en même temps qu'une intelligence extrêmement restreinte chez la moyenne des individus, un gouvernement, des habitudes qui nous font plaindre les malheureux voués trop souvent à la souffrance et au malheur.

Plus pour les nègres peut-être que pour les autres races on peut dire avec raison qu'un peuple n'a en fait d'organisation sociale, de gouvernement, de liberté, de richesse que ce qu'il mérite réellement.

Quand on lit sur les lieux mêmes, c'est-à-dire en plein pays mélanien, ces longues tirades que les négrophiles de toutes les nations débitent avec une assurance émouvant si vivement le cœur des individus qui n'ont jamais quitté la métropole, on na peut s'empêcher de trouver qu'il y a exagération. On se prend à se demander pourquoi les gouvernements, à bout de patience, n'ont pas employé vis-à-vis de ces philanthropes une arme très-rationnelle qui eût été souvent une sévère mais juste punition de l'illusion de ces Rhêteurs : En effet pourquoi ne pas envoyer comme gouverneurs, magistrats, médecins, professeurs, etc., etc., dans les colonies où les nègres sont en majorité, ces hommes qui du fond de leur cabinet dans une grande ville d'Europe, parlent de *nos frères noirs* avec des larmes dans la voix. Ils auraient ainsi une superbe occasion, ces philanthropes, de mettre en pratique leurs théories et ils épargneraient sans doute à ces bons frères noirs, bien des douleurs et bien des tristesses.

La vérité c'est qu'au bout d'un mois d'exercice, les négrophiles deviendraient des négrophobes enragés ; ils demanderaient à grands cris d'être délivrés de la dure obligation d'avoir affaire à ces êtres réellement inférieurs, proposant de les tuer tous au besoin pour n'avoir plus affaire à aucun d'eux. Mais ce moyen que je propose ne sortira pas du domaine de l'imagination et pendant longtemps encore on aura en Europe des idées très erronnées sur les nègres, ce qu'ils méritent et ce qu'il faut apporter d'amélioration à leur état social.

Tout ce que nous avons dit jusqu'ici nous a montré qu'il doit y avoir nombre des degrés spéciaux d'intelligence dans la population mélanienne. Il y a des races plus ou moins favorisées, bien plus, il y a dans chaque race des sujets plus ou moins bien partagés. Enfin il faut convenir même que suivant l'âge il y a plus ou moins de différence entre eux et les blancs. Ainsi, par exemple, on a dit que les jeunes nègres sont relativement très-intelligents. Je crois en effet qu'ils le sont comparativement plus que les adultes, toutes choses égales d'ailleurs. Mais on a beau les instruire dans notre langue, leur enseigner tout ce qu'on nous apprend au collège, ils ne tardent pas a retomber, à mesure que la vie avance, dans un degré d'infériorité très-précaire ; de sorte que, malgré les espérances qu'ont pu fonder les partisans de l'élévation graduelle de la capacité intellectuelle du mélanien, il est bien démontré par l'expérience aujourd'hui qu'il est un point très-voisin de l'état demi-sauvage que le nègre ne peut dépasser, soit qu'on le laisse vaguer soit qu'on cultive avec soin son esprit.

Il y a d'ailleurs des dispositions anatomiques qui expliquent jusqu'à un certain point et qui rendent assez bien compte de la différence qui existe entre les races humaines ; mais nous n'avons besoin que de signaler ce fait ici, ne devant pas entrer dans des considérations plus détaillées en même temps que plus spéciallement techniques.

Les nègres sont extrêmement paresseux de corps, on le sait. Eh bien! ils le sont encore plus de l'esprit. Ils ne réfléchissent guère, ils sont incapables même d'une attention soutenue. Dès qu'on leur dit quelque chose d'un peu compliqué, ils ne comprennent plus ; ils se laissent alors aller à leur apathie naturelle et les soins les plus attentionnés du maître sont le plus souvent impuissants.

Le nègre ne manque cependant pas d'imagination ; il deviendrait beaucoup plus facilement poëte que calculateur; son discours s'enjolive volontiers d'images et de peintures saisissantes ; il prend vite feu dans la conversation et arrive à une excitation, à une volubilité très-remarquables, mais là s'arrête sa capacité. Aussi après avoir fait un brillant palabre les affaires ne sont souvent guère plus avancées par lui.

Une des principales causes de l'infériorité intellectuelle du nègre, c'est qu'il n'a pas l'esprit de comparaison ; il voit les choses mais ne peut les classer avec soin au delà d'une certaine limite. Je n'en donnerai pour preuve qu'une particularité entre mille: Pendant que j'étais à Gorée j'ai connu une négresse fort à l'aise ; elle avait vécu longtemps avec un traitant blanc dont elle avait eu plusieurs enfants et jouissait d'une aisance très-enviable. Un jour elle me montra ses bijoux; je ne fus pas peu étonné de voir à côté de bracelets en or ornés de pierres fines, de bagues d'un grand prix, d'une montre excellente, des objets de cuivre qui n'avaient pas 50 centimes de valeur. Cette négresse me présentait tout avec le même orgueil, et j'eus l'occasion de vérifier d'une manière très positive que bien que ces objets de cuivre ne lui rappelâssent rien de spécial, un événement de sa vie, par exemple, qui eût justifié un prix d'affection, elle était également orgueilleuse de tout ce que renfermait son écrin.

Le nègre ne réfléchit pas ou au moins réfléchit peu; aussi n'est-il capable de raisonner avec justesse que sur les choses élémentaires aux quelles il songe chaque jour. C'est parce qu'on les juge sur des faits de cette nature qu'on les a trouvés parfois très-logiques et très-sensés, mais au contraire, si on leur parle de choses nouvelles pour eux et à plus forte raison de choses abstraites, leur esprit est absolument pris au dépourvu. Veut-on un exemple frappant de ce manque de reflexion? Toutes les années les Sérêres du Diander et du Saloum apportent leurs arachides aux traitants pour en obtenir les mille objets dont ils ont besoin; leur convoitise, leur intempérance leur fait vendre à ce moment jusqu'à leur dernière graine. Puis quatre mois après quand il faut travailler les terres, ils reviennent chez les traitants pour acheter la semence nécessaire à la récolte prochaine. Ce qui s'est vendu 20 centimes se rachète quelquefois 1 franc, mais la leçon ne profite pas, car l'année d'après c'est à recommencer exactement de la même manière.

Pendant mon séjour à Gorée j'ai maintes fois ri de bon cœur du manque de réflexion de ces pauvres noirs; et en effet un Ouolof ou un Sérêre arrivait de la grande terre ayant dix ou douze paires de volailles pendues à un long bâton qu'il portait horizontalement sur son épaule; il se présentait à notre porte et nous choisissions six ou huit volailles suivant les besoins de la cuisine. Il fallait alors débattre le prix. Combien? Un, trente sous, nous répondait-il: ce qui faisait neuf ou douze francs en bon compte. Sortant une pièce de cinq francs d'argent nous la lui offrions pour prix de ses poules; et son premier mouvement était le refus, mais fasciné par la pièce il ne s'en allait plus; il discutait, débattait le prix, entrait dans d'interminables discussions et en fin de compte laissait sa marchandise, tandis que lorsque du premier coup nous lui avions offert sept francs au lieu de neuf, ou bien dix au lieu de douze qu'il demandait, mais sans avoir le soin de lui montrer la pièce d'argent brillante, il reprenait ses volailles et s'en allait sans vouloir entendre aucune autre raison.

Rien n'est amusant comme d'observer le nègre chez le traitant. A Saint-Louis, à Rufisque, à Sedhiou ou dans les escales du fleuve, par exemple, on voit à chaque instant la scène que je vais décrire et que j'ai prise mille fois sur nature. Un groupe de nègres arrive chez le traitant apportant des produits en plus ou moins grande quantité; le marché est presque conclu après maintes paroles perdues, il reste cependant quelques points à débattre encore et tout peut être remis en question. Le traitant s'est aperçu que son client a envie d'un fusil et il a eu le soin de faire entrer l'arme dans le maigre lot des marchandises qui doit être échangé contre les produits du pays. Les nègres hésitent, font même mine de s'en aller, mais au moment psychologique, le traitant prend une poire à poudre, charge le fusil méthodiquement et sans avoir l'air de faire attention aux hésitations des autres, l'arme est amorcée. Chacun s'est rapproché du blanc avec un curieux intérêt. Le traitant sort sur sa porte et fait partir le coup de fusil à bras tendu. Aussitôt on voit les nègres s'entre regarder en murmurant : Ce fusil tire réellement ; absolument comme les enfants qui voient les jouets aux environs du premier de l'an, chacun répète avec une véritable componction : ce fusil tire réellement. Le traitant ne fait désormais plus aucun frais d'empressement, il est sûr que le marché est conclu. Le nègre donnerait deux fois plus de marchandises, s'il les avait en réserve, il veut à tout prix le fusil qu'il a vu tirer.

Le nègre a le sentiment de la reconnaissance poussé assez loin quelquefois ; mais cependant il ne faut pas gratter bien fort pour trouver l'oubli ou l'ingratitude. J'enlevai un jour à Gorée chez un vieux nègre portugais un œil atteint de cancroïde. A partir de ce moment ce vieux brave homme se mettait à genoux toutes les fois qu'il me rencontrait, se découvrait, faisait le signe de la croix et disait à haute voix une prière pour la conservation de ma santé.

Une négresse que j'avais accouchée alors qu'elle avait été abandonnée par les matrones m'offrait un jour son enfant en me disant : Sans toi, il serait mort et moi aussi. Il te doit donc la vie et par conséquent il est juste qu'il soit ton captif. Enfin j'ajouterai qu'après avoir quitté Gorée depuis un an, j'y séjournai pendant une semaine au moment de mon retour en Europe et je ne pouvais passer dans une rue, paraître à ma fenêtre sans entendre un concert de louanges de pauvres diables et de femmes dont je ne me souvenais plus et qui avaient gardé une reconnaissance vivace pour quelques soins, quelques conseils donnés le matin à l'issue de ma visite de l'hôpital. Mais à côté de cela je dois citer un autre fait bien capable de montrer combien le moindre espoir de gagner un peu d'argent ou de posséder quelque chose fait vite oublier les bienfaits à ces individus : Un soir d'hivernage à Gorée nous dînions en famille dans un appartement dont toutes les issues étaient largement ouvertes pour permettre l'accès de l'air, quand nous entendons du bruit sous la véranda qui avoisinait l'escalier extérieur ; c'était un père, une mère et un mari qui n'avaient rien trouvé de mieux que de m'apporter une pauvre jeune femme qui ne pouvait pas accoucher. La compassion aidant, je fais placer la malheureuse dans une chambre de domestique ; j'envoie quérir deux de mes jeunes camarades de la médecine navale pour m'aider et après des manœuvres longues et difficiles je parviens à pratiquer l'accouchement. Me voilà béni par tous les intéressés à grand renfort de paroles flatteuses. La femme était trop faible pour être transportée dans sa case, je dis qu'elle resterait chez moi jusqu'à sa guérison ; le lendemain matin les

parents apportèrent leur marmite, leur mortier à couscous, deux
nattes et un paquet de pagnes qui constituaient tout leur avoir
en ce monde et les voilà installés dans la cour, insouciants comme
de coutume.

Un ou deux jours après une tornade avait éclaté dans la nuit et
le cuisinier vient du marché en nous déclarant que, les pirogues
n'ayant pu arriver de la grande terre, il n'y avait ce jour-là ni
poissons, ni volailles, ni légumes sur la place. Nous étions menacés
de faire maigre chère quand je vois assis sur une fenêtre qui
donnait vers la mer le père et le mari de l'accouchée occupés à
pêcher; leur ligne était tombée au milieu d'un banc de fort beaux
poissons et c'était plaisir que de voir leur capture augmenter à
vue d'œil. Chaque poisson pesait bien cinq cents grammes; il
avait une valeur de dix centimes dans le pays. Je fais signe au
pêcheur qui nous apporte aussitôt un de ses poissons et quand
on lui demande combien il voulait me le vendre, il répond sans
sourciller : cinquante centimes quelque chose comme cinq fois
la valeur ordinaire de l'objet. Voilà le nègre peint sur nature ; il
aurait consenti à crier par dessus les toits qu'il avait la plus infinie reconnaissance pour moi, mais m'aurait fait payer dix fois
la valeur de l'objet s'il avait pu.

Tous ceux qui ont vécu au contact du nègre et même nous
pourrions ajouter des métis de nègres et de blancs, peut-être même
de tous les métis, sont d'accord pour reconnaître qu'ils ont quatre
vices qui semblent inhérents à leur nature ; c'est l'orgueil, la
gourmandise, la paresse, la luxure. Le dernier résulte, dit-on, de
la promiscuité dans laquelle ils aiment à vivre, il est en rapport
avec leur état social ; les autres sont, on le sait, les défauts des
enfants.

L'orgueil. — Rien n'est risible comme le naïf orgueil du nègre ;
on le voit se couvrir des plus ridicules oripeaux avec un sérieux
inouï. Il est enchanté de lui-même, alors au delà de toute expression ; il se regarde avec une complaisance bouffonne. Ce qu'on

peut tirer d'un nègre en flattant son orgueil est infini. Pas un de ceux qui ont habité les pays tropicaux ne me contredira, j'en suis sûr. C'est un des mobiles sur lesquels nous pouvons appuyer notre action dominatrice pour arriver à tirer de cette race les résultats que nous pouvons en désirer.

La gourmandise. — La gourmandise du noir est considérable ; mais il faut s'entendre sur les mots ; c'est plus de la gloutonnerie que de la gourmandise proprement dite ; et nous devons considérer que cette gloutonnerie est en très-grande partie le résultat de l'état social inférieur de cette race. Exposés souvent à la disette dans un pays où cependant la vie est bien facile, ils prennent l'habitude de ne laisser échapper aucune des bonnes aubaines que le hasard leur fournit. Peut-être que si le noir prend un jour place dans une société bien organisée, il arrivera par une régularisation de son existence à perdre en partie cette habitude d'intempérance qui d'ailleurs n'atteint que lui et ne porte en aucune façon atteinte aux autres.

La paresse. — La paresse est grande aussi, mais pour elle comme pour la gourmandise il faut faire des distinctions. Personne au monde n'aime le travail ; à l'état primitif et même on peut dire dans tous les cas, c'est un moyen que l'on emploie pour obtenir quelque chose et non un besoin naturel et irréfléchi. Or, dans la société africaine en dehors de notre cercle, nous voyons le travailleur si souvent et si complétement dépouillé soit par l'autorité régulière soit par l'habileté d'un trompeur, que l'appât du gain, le sentiment de la possession ne sont pas le stimulant au labeur honnête. Il n'est pas étonnant donc que le noir ne soit pas travailleur. Mais il serait inexact de dire que le noir ne travaille pas, quand il y est forcé par maintes conditions. Il fait et est capable de faire en cela comme les enfants avec lesquels il a tant de ressemblance. Je suis profondément convaincu par l'examen des faits et l'observation des hommes dans les divers pays que j'ai visités dans ma carrière de voyageur qu'à mesure que la sociéte se constituera plus complétement et d'une manière plus précise, en Sénégambie ; on verra les noirs devenir plus travailleurs en même temps que plus économes. Ils seront alors capables d'une persévérance et d'une conduite régulière et prévoyante dont plus d'un voyageur leur nie formellement l'aptitude aujourd'hui encore.

Terminons en disant que les défauts des noirs, quoique grands, sont cependant de nature à être considérablement amoindris par les bienfaits d'une civilisation que nous avons l'obligation en même temps qu'intérêt à leur infuser.

Parlons un peu de ses qualités qui ne sont pas contestables, on le verra. Ainsi nous noterons qu'à l'actif des qualités du nègre, on place une manière assez unanime : Une douceur naturelle de caractère très-grande. Le respect et l'obéissance au chef, quel qu'il soit. Les européens qui sont venus au Sénégal savent combien il est facile de mener les populations noires, avec un peu d'adresse pour dissimuler la fermeté du commandement sous une apparence de bienveillance et de douceur. Les nègres acceptent vite et volontiers la prépondérance des blancs ; on peut dire que ce n'est que par notre faute le plus souvent que nous n'obtenons pas d'eux ce que nous voulons.

Comme les enfants et même tous les hommes ils sont capables, dans un moment donné, de se porter à des excès fâcheux de cruauté, quand ils sont poussés par de mauvaises passions par les les suggestions de ceux qui sont à leur tête ou par l'injustice d'un oppresseur. Mais néanmoins, comme les enfants aussi, il est facile de les apaiser et il y a dans leurs défauts comme dans leurs qualités des éléments précieux pour notre suprématie sur eux.

On le voit, les noirs sont des instruments que nous pouvons rendre précieux à l'aide d'un peu de soins et d'attention ; et le jour où nous leur aurons appris ce qu'ils doivent savoir pour se rendre utiles, la société y aura gagné considérablement.

C'est, au point de vue humanitaire, une grande œuvre que les

Européens et particulièrement les Français ont à accomplir là. Dans la suite des temps l'histoire fera honneur à ceux qui y auront concouru d'une manière efficace.

Mais en revanche, qu'on ne vienne plus nous parler des nègres sur le ton qu'ont eu trop longtemps de prétendus philanthropes de cabinet : — Il faut diminuer leur charge de douleurs autant que nous pourrons, sans oublier que ce sont des hommes destinés à rester pendant leur vie entière avec les illusions, les passions et les irréflexions égoïstes de l'enfance. Croire le contraire serait s'abuser d'une manière absolue.

ORGANISATION SOCIALE.

Un détail sur lequel on s'est beaucoup appesanti toutes les fois qu'on s'est occupé des nègres, mais qu'on n'a pas envisagé peut-être dans toute l'étendue de son exactitude, ou au moins dont on n'a pas tiré toutes les conséquences qui devraient en découler, c'est que ces hommes, quel que soit le pays où on les étudie, ont une organisation sociale basée uniquement sur l'esclavage. Et quel esclavage, mon Dieu ! Les horreurs souvent imaginaires qu'on nous raconte des planteurs américains, ne sont que des jeux d'enfants à côté de ce qui se passe chez les nègres. Il me suffira, entre mille exemples, de rappeler un fait que les habitants de la Sénégambie savent bien, pour fixer les idées : Toutes les fois que le Toucouleur Hadj Omar, celui qui a assiégé notre poste de Médine en 1855, celui qui a conquis Ségou Sikoro et vers lequel Mage et Quintin allaient en députation dans leur voyage au Soudan que tout le monde connaît en France ; toutes les fois dis-je que cet Hadj Omar voyait dans les airs des vautours décrire leurs grands cercles, comme cela s'observe dans la plupart des pays d'Afrique et d'Asie, il avait l'habitude de dire : tiens, voilà les poules de mon père qui demandent à

manger ; donnez-leur quelque chose. Aussitôt un homme de
confiance allait prendre deux esclaves, les menait à cinquante pas
du souverain et leur tranchait la tête pour que le maître pût jouir
du spectacle des vautours se repaissant de chair humaine.

Toutes les fois qu'un étranger de distinction arrive chez un
nègre dans les pays un peu éloignés de nos villes, une jeune fille
est choisie pour servir à ses distractions et, qu'elle en soit contente ou non, elle n'a le droit de rien dire ; bien plus, la moindre
résistance serait un scandale, le maître en serait furieux comme
dans nos pays on serait ennuyé de voir un domestique manquer
grossièrement de convenance à notre hôte.

L'esclavage est l'institution capitale de la société nègre
dans tout le Soudan et, on le voit, ce n'est pas un esclavage
comme celui des Antilles ou des Etats-Unis où il existait un code
réglant les devoirs des captifs et la limite des droits du maître ;
c'est l'asservissement de l'homme passé à l'état de bête vile dans
toute l'acception du mot.

Suivant les peuplades, l'esclavage est plus ou moins dur, et en
ceci on peut dire que plus le maître est violent, farouche, plus le
captif est malheureux. C'est ainsi que chez les Maures, le captif
est une bête de somme battue, privée de nourriture et tuée
même pour la moindre excuse. Chez les Toucouleurs la condition
n'est guère meilleure quoique un peu moins dure. Le Saracolais
au contraire, sachant le prix des choses, économe par instinct,
ménage la santé et la force de son captif pour obtenir la plus
grande somme possible de travail. Chez le Ouolof on voit mieux
que chez beaucoup d'autres et chez le Bambara mieux encore ;
qu'il y a une distinction très-accentuée entre les divers esclaves.
Ces malheureux sont rangés en deux catégories; la première à la
quelle appartient l'esclave des champs est considérée comme
composée de bêtes de somme là comme ailleurs. La seconde est
constituée par l'esclave de case qui est un domestique, un ami,
un familier. C'est presque un membre de la famille ; c'est l'em-

ployé du chef, son mandataire, son intendant et il arrive jusqu'aux fonctions les plus élevées de confident et de premier ministre du chef de l'État. Certes, quand il atteint cette position, le
captif n'est plus guère à plaindre. Mais pour un captif de case
il y en a dix de champ ; pour un chef des captifs ayant rang
de premier ministre il y a plusieurs millions de malheureux qui
meurent de faim, de fatigue ou de misère, souffrant tout ce que
l'imagination peut entrevoir de plus horrible.

Dans tous les pays et presque jusqu'à la portée de nos canons
il y a des esclaves dans la Sénégambie. Nous faisons bien notre
possible pour lutter contre cet abus ignoble de la force, mais il ne
faut pas oublier qu'un chef nègre auquel on dirait de li-
bérer les esclaves dans ses États serait aussi étonné que celui
d'entre nous auquel on proposerait de se couper le nez sans aucune raison. Dans les deux cas celui qui ferait la proposition
courrait grand risque de passer pour un insensé. C'est cependant
l'esclavage qui est la plaie la plus hideuse de la société nègre, à
mon avis, et c'est, je crois, le premier progrès à réaliser en Sénégambie. Tant qu'il ne sera pas aboli, on ne pourra compter sur
aucune amélioration, sur aucune civilisation, bien plus sur aucune relation durable avec les chefs du pays.

Certes ! voilà une affirmation qui me vaudra, j'espère, un bon
point aux yeux des négrophiles ; j'aurai besoin de le réclamer
dans plus d'une circonstance, car je crains de les scandaliser
maintes fois encore en parlant des nègres et quand je dirai notamment que les théories négrophiles sont aussi absurdes à
mes yeux que l'esclavage me paraît ignoble.

Le but occulte ou avoué de tous les chefs qui veulent agrandir
leur pouvoir est de faire des esclaves ; le Maure ne prend pas la
peine de chercher une excuse, il se saisit d'un noir quand il peut
et frappe à coups de bâton, de sabre au besoin, au lieu de raisonner. Le Saracolais dit que c'est pour mettre ses terres en valeur,
le Toucouleur prétend qu'il rend un immense service au mal-

heureux qui sans lui ne connaîtrait jamais dans ce monde ni dans l'autre les joies ineffables de l'Islamisme; le Ouolof vous assure sans rire que le captif est tiré de la misère puisque désormais son maître a l'obligation de le nourrir.

Il y a sur les marchés des esclaves comme des chevaux, du mil et toutes les substances qui se vendent. Un honnête Saracolais qui a gagné quelque sous par un long travail y vient pour choisir une fille dont il fera sa femme. Le chef libineux Bambara ou Toucouleur y achète des concubines. Un Mandingue qui médite d'entreprendre un voyage à pied de cinq cents lieues, y choisit l'homme qui portera ses ballots. Le Ouolof qui veut vendre des arachides à la saison prochaine, y cherche le cultivateur de ses terres. On le voit, la malheureuse chair humaine est destinée à servir à ceci ou à cela au hasard du moment.

Comme le captif est agile lorsqu'il a l'occasion de se sauver, le marchand a pris le soin de l'entraver. Et quelles entraves, mon Dieu? Un collier de fer chez les uns, une anse de grosse corde chez les autres; deux bâtons, solidement fixés parallèlement pour quelques individus, sont le point d'appui placé sur le cou et d'où part une corde que l'on fixera à un pieu solide. Lorsque les captifs sont en caravane, les maîtres les attachent l'un à l'autre par le cou, les chargent de leurs ballots plus où moins lourds et surveillent la file plus ou moins longue qui, pendant la marche, sent retentir douloureusement dans le cou tous les faux pas ou la fatigue de celui qui trébuche.

La proscription des négriers et la surveillance très-sévère que nous exerçons depuis nombre d'années dans nos possessions ont rapporté déjà des fruits très-heureux. Ainsi, par exemple, en Casamance les Mandingues et les Saracolais avaient l'habitude de venir apporter de l'ivoire, des peaux, de la cire, etc., etc., et comme ils vendaient le porteur avec le ballot, les comptoirs étaient de lucratifs débouchés d'esclaves. Maintenant que le nègre ne peut plus nous vendre son captif, il calcule le prix que lui coûtera

son retour et assez souvent il lui rend sa liberté non par bienveillance mais par calcul. Or, ce captif libéré sachant bien qu'il
serait repris et vendu de nouveau s'il s'en allait, reste aux environs
de nos postes ; il devient ainsi un paisible laboureur libre
sur lequel notre action est facile autant que complète.

Le jour où un Gouverneur de la colonie aurait l'idée de créer
des points de refuge où le captif trouverait la liberté dès qu'il
y arrive, il créerait en peu d'années des centres de population
qui nous seraient entièrement soumis et qui travailleraient le sol
au grand bénéfice de notre commerce.

Je sais bien que cette mesure aurait pour résultat immédiat
une déclaration de guerre des principautés voisines, mais quelques coups de fusil, l'établissement de quelques postes aux
points stratégiques auraient bientôt raison de toutes ces colères.
La légende de Malik-si nous dit que pour peupler bien vite le
Bondou le marabout en question en fit un lieu de refuge. Le
moyen employé par le nègre aurait pour nous les mêmes bons
résultats.

GOUVERNEMENT.

Chez les nègres soudaniens le gouvernement diffère suivant les
diverses peuplades dans certaines limites, mais cependant au fond
c'est toujours le même principe qui semble avoir présidé à son
établissement. Dans les grandes agglomérations une classe de
guerriers fournit soit à l'élection faite à chaque décès, soit à
l'élection conférant le pouvoir à la descendance directe ou
collatérale, fournit, dis-je, un chef, dont le pouvoir varie suivant sa volonté, sa fermeté et les circonstances. Ce chef qui a
un pouvoir religieux en même temps que civil et militaire, con-
voque, quand il en sent le besoin, une assemblée d'hommes
influents dont les conseils sont plus ou moins exactement suivis.

Dans les petites agglomérations le conseil des anciens ou des notables prend une plus grande importance et mène les affaires dans les conditions ordinaires, déléguant l'autorité à un chef élu pour plus ou moins de temps dans les moments dangereux. C'est, en somme, une sorte de république oligarchique qui existe chez les nègres, république mettant à sa tête un dictateur pour exercer le pouvoir exécutif.

Voilà, en un mot, pour la théorie ; mais quelle différence de là à la pratique ; et en effet dans chaque pays il y a à toutes les époques un ambitieux qui a soif du pouvoir ; il commence par flatter les passions de quelques hommes influents, fait telle promesse qui porte toujours sur le pillage de quelques faibles voisins et quand il se sent assez solide pour saisir le pouvoir il tente l'aventure. A l'occasion il cherche par le fusil, l'arme blanche ou le poison, à supprimer le gouvernement qui le gêne. Tantôt c'est le prêtre, tantôt le griot, tantôt la femme de la victime qui sera son complice; au besoin il se chargera lui-même de fomenter une émeute et il marchera ouvertement contre son souverain. Bref, tous les moyens sont bons et souvent pour faire place nette faut-il massacrer de pauvres innocents, enfants, parents, etc., etc. ; car dans ces pays, le vaincu n'a que cette alternative : fuir ou mourir.

Enfin l'ambitieux a saisi les rênes du gouvernement ; il lui faut exercer mille exactions pour assouvir l'appétit de ceux qui viennent lui demander le salaire de la trahison qui l'a fait Roi, Damel, Almany, etc., etc. Il pressure les faibles dans la limite du possible, au delà même, pour jouir de la vie. Trop souvent il commence, le jour du succès, une ivresse alcoolique qui ne finira qu'à sa mort ; et voilà un autre prétendant qui entreprend dès le jour même de son avénement, de faire jouer les fils d'une conspiration destinée à produire une vacance dont il espère profiter.

On le voit, c'est une succession de complots, d'émeutes, de soulèvements, de crimes, de sorte que le pays est dans un état d'instabilité politique déplorable. Dieu sait le nombre d'ambitieux que

24

fournit chaque village, chaque fraction, chaque contrée. On comprend que chez des gens aussi grossiers et aussi barbares on est peu scrupuleux sur les moyens ; les excuses ne font pas défaut et dans ce perpétuel conflit de compétitions et de passions brutales, les pauvres diables perdent à chaque instant leur vie ou, qui pis est, leur liberté. Quand un cultivateur n'a perdu que sa récolte, ses bestiaux ou sa maison, il ne songe presque pas à se plaindre ; le rapt de sa femme ou de ses enfants est à peine considéré comme un malheur de peu d'importance. Il est naturel qu'en présence d'un état social ainsi organisé les gouvernements nègres ne présentent pas une bien grande stabilité ; et on devine que tout progrès sérieux est impossible dans ce pays. Quoi qu'il en soit, cet état de choses nous indique d'une manière très-claire la marche que nous devons suivre pour assurer la propérité du pays, marche qui peut se résumer en quatre points bien déterminés :

A. Refouler énergiquement les Maures sur la rive droite, sans leur laisser aucun pouvoir sur les bords du fleuve ;

B. Inspirer aux nègres une crainte salutaire de notre force ;

C. Passer sans difficultés comme sans pensée de grande durée, des traités avec le gouvernement du moment à la condition expresse que notre commerce sera favorisé ;

D. Offrir sous notre canon, des terres, un refuge assuré autant que tranquille aux individus isolés et inoffensifs qui voudront travailler et vivre sous notre action gouvernementale directe. Telles sont en quelques propositions les conditions de prospérité de notre colonie.

RELIGION.

La Sénégambie tout entière est partagée en deux catégories d'hommes sous le rapport religieux. D'une part, les peuplades les plus primitives, les plus sauvages, les plus inférieures, sont idolâtres. D'autre part, les peuplades relativement supérieures sont mahométanes et cela d'une manière d'autant plus rigide, d'autant plus intolérante même, qu'elles ont la prétention d'être plus civilisées. La religion de Mahomet a été la cause ou au moins l'excuse de toutes les invasions dont le Soudan a été le théâtre ; et en effet, les Maures, les Peuls, les Mandingues n'ont pas eu d'autre prétention que celle de convertir les idolâtres qu'ils venaient pourchasser et déposséder. Les Bambaras eux-mêmes, quoique idolâtres, ont fait irruption dans la contrée, poussés qu'ils étaient par derrière par les musulmans; et comprenant comme les Peuls, que l'islamisme était le moyen d'être forts relativement aux autres, ils se sont convertis peu à peu.

Si nous descendons des peuplades aux individus en particulier, nous voyons toujours la même chose ; la religion musulmane est l'excuse de tous les ambitieux nègres qui sont d'autant plus ascétiques et intolérants qu'ils ont davantage soif de domination. C'est le marche-pied le plus assuré du pouvoir; mais le nègre est trop mobile, trop enclin à la paresse pour persévérer longtemps dans une voie quelconque de sorte que dès qu'il est arrivé à son but de domination il se relâche de sa dévotion et laisse peu à peu prendre racine à des abus que les mahométans purs et rigides réprouvent. Il y a là, on le comprend, une porte naturellement ouverte aux ambitieux de la couche suivante et ainsi de suite.

Soit qu'on les observe dans les peuplades idolâtres, soit qu'on les étudie chez les mahométans, les ministres du culte, prêtres et dévots ont une position très-élevée ; toujours ils sont les confidents, les seconds, les aides puissants et souvent redoutés du chef militaire ; ils partagent avec lui, et les honneurs et surtout les profits.

Tout individu suffisamment intelligent pour ne pas vouloir accepter une condition d'infériorité que sa naissance ou sa fortune lui vaudraient dans son pays, a tout naturellement un moyen de vivre heureux en Sénégambie, c'est de se faire dévot ; il passe bientôt pour un saint homme, il a toutes les libertés, toutes les privautés, toutes les immunités possibles et peut dire sans plaisanter que le paradis existe sur la terre. Il mène une vie pleine de satisfactions et de bien-être, obtenant la somme de commandant et d'influence politique que son intelligence lui permet de rêver.

Le sol de la Sénégambie est sillonné ainsi de gens qui en marmottant quelques versets du Coran vivent grassement de l'autel ; c'est qu'en effet, il n'y a pas au monde de gens qui soient plus crédules que les bons nègres. Hecquart parle d'un juif qui se faisait passer pour un grand marabout ; j'ai vu pour ma part un Israëlite natif d'Oran qui était venu par terre, à travers le Maroc, vendant des chapelets et des grigris sacrés à des prix assez rémunérateurs pour pouvoir prendre à Dakar le paquebot qui le ramena dans la zone tempérée, avec d'enviables bénéfices.

FAMILLE.

La famille est loin d'être constituée solidement en Sénégambie ; elle existe, elle joue son rôle mais on aurait tort de penser qu'elle a comme du temps de la féodalité en Europe, une importance considérable. D'abord il y a une condition pour son affaiblissement, c'est l'existence des concubines légales et des enfants naturels qui en résultent, enfants qui n'héritent que de certaines prérogatives et de certaines portions de la richesse paternelle et à ce titre sont assez souvent l'ennemi du fils légitime pour être en hostilité avec lui. D'autre part le relâchement des mœurs jette dans chaque agglomération des enfants dont on connaît bien la mère mais qui ne pourraient dire quel homme doit porter le nom de leur père, car tout voyageur, tout passage de caravane, de troupe, tout caprice d'étranger, peut entraîner

une naissance dont le produit ne sera pas, on le comprend solidement agrégé à la famille.

Par ailleurs il faut reconnaître que la nature demi-sauvage du
nègre fait qu'à vingt ans tout garçon s'est procuré les moyens
d'existence à sa guise et souvent fort loin de son lieu de naissance; chaque fille est devenue mère si même elle ne s'est pas
associée à deux ou trois reprises différentes déjà avec tel et tel
jeune homme qui lui ont plu un instant. Par conséquent si dans
les classes élevées, les familles princières, on voit une certaine
cohésion de plusieurs membres, dans l'immense majorité des
cas, la famille consiste en une association qui dure tant que les
conjoints aiment à vivre ensemble et tant que les enfants ne
peuvent pas se nourrir par eux-mêmes.

FEMMES.

Les femmes vivent beaucoup entre elles, chez les nègres; leurs
relations avec le mari sont assez courtes, assez éventuelles, pour
qu'elles aiment plus leur case, leur village que leur conjoint.
Elles se sont élevées ensemble dans un village, elles s'entre-
aident dans la maladie, dans la misère; elles partagent volontiers
les cadeaux qu'une d'entre elles reçoit, de sorte qu'elles forment
une agrégation plus compacte, plus intime que celle qui existe
entre voisines dans nos pays. Le sentiment de la pudeur est très-
minime chez elles; celui de la vertu fait le plus souvent défaut
en ce qui regarde leurs relations avec les hommes. Les amoureux,
un enfant, ne changent rien à leur manière d'être considérées
de leurs campagnes. Aussi comprend-on que la société nègre soit
constituée d'une manière fort précaire. Le mariage est toujours
assez peu solidement établi chez les gens qui nous occupent et
même dans les agglomérations où il semble le plus en vigueur
le divorce est un correctif très-fréquemment employé. Chez les

Maures les femmes rappellent avec orgueil le nombre de fois où elles ont divorcé ; bien des négresses ne le savent pas au juste.

ENFANTS.

L'enfant est surtout la chose de la mère ; le père s'en enorgueillit quelquefois dans un moment passager, mais ne s'en occupe pas autrement, de sorte que l'amour du fils pour l'auteur de ses jours est plus que limité. Ces enfants s'élèvent un peu comme ils peuvent, abandonnés pendant des heures entières au soleil sur le sable, devant la case ; puis dès qu'ils peuvent marcher, ils vont courir et gaminer en groupes du même âge ne connaissant leur maison que parce que c'est là qu'ils trouvent à manger quand ils n'ont rien trouvé à dévorer dans les environs. Aussi comprend-on que dès qu'ils sont assez forts pour pourvoir à leur nourriture ils se fassent une existence à leur gré, s'occupant fort peu de leurs parents.

VIEILLARDS.

Les pays nègres sont le paradis des vieillards, a-t-on dit ; c'est vrai jusqu'à un certain point. En effet les mélaniens respectent beaucoup les cheveux blancs et, soit par sentiment de charité religieux soit par habitude, toujours est-il que les vieilles gens sont honorés et ne souffrent de rien. Un vieillard homme ou femme vit dans une case, on ne sait trop pourquoi, quand il ne peut plus gagner leur existence ; on lui fournit du tabac, de l'eau-de-vie ou du vin de palme quand on le boit ; bref, on prend soin des vieilles gens chez les nègres autant que la chose est possible dans un état de société aussi élémentaire.

GRIOTS.

Nous avons parlé à diverses reprises des Griots qui jouent dans la société nègre un rôle important. Bouffons, musiciens, espions, charlatans, ils vivent aux dépens de l'agglomération dans laquelle ils se trouvent, trompant tout le monde et tirant profit de tout. Nous n'avons pas à revenir longuement sur leur compte ici, car nous n'ajouterions rien aux renseignements que nous avons donnés soit en parlant des Maures, soit en nous occupant des Ouolofs. Seulement nous devons reconnaître que cette caste exerce une influence considérable sur la population Sénégambienne ; c'est elle qui aide ou qui combat avec le plus d'efficacité, quoique d'une manière qui semble occulte, l'action que les étrangers cherchent à exercer dans une localité ou sur une peuplade. Chaque aggloméra- tion des bords du Sénégal a ses Griots, les Maures comme les Peuls, les Mandingues comme les Toucouleurs ; mais à mesure qu'on descend vers le sud, on voit l'institution se modifier, le Griot devient peu à peu Féticheur, c'est lui qui est en relations avec les esprits et qui sert à reconnaître et à punir les sorciers. Son action sur ses compatriotes n'a d'ailleurs pas perdu à cette modification, au contraire même. Le féticheur a plus de profits et fait mourir plus facilement ceux qui lui déplaisent dans les peuplades ido- lâtres que le Griot dans les agglomérations musulmanes de la Sé- négambie.

Le Griot existe non-seulement dans les contrées que baigne le Sénégal mais dans toute l'Afrique centrale, à vrai dire. — On le trouve dans le golfe du Bénin comme au Fouta Djalon ; dans le Soudan comme dans le Bornou, dans le Ouadaï et le Darfour, sur les bords de l'Atlantique comme sur les plages du lac de Tchad et sur les rivages de la mer Rouge, de Zanzibar, etc., etc. — Bien plus, certains d'entre eux partent avec les caravanes et parcourent des espaces de terrain vraiment énormes récoltant

dans leurs voyages des légendes, des airs de musique, des chants
qui font l'admiration des naïfs qu'ils rencontrent sur leur chemin.

LÉGENDES.

. Au nombre des légendes que nous avons rapportées précédemment on voit que les nègres aiment beaucoup à faire des récits dans les quels le merveilleux joue un grand rôle. Comment
en serait-il autrement chez des peuples où l'intelligence enfantine aime les choses extraordinaires et a un goût décidé pour
le surnaturel. Parmi ces légendes les unes sont la réédition de
ces récits fabuleux qui ont cours dans tous les pays mahométans
et où l'on voit en fin de compte un miracle s'exécuter en faveur
d'un fervent sectateur de Mahomet ; nous n'avons pas besoin de
nous arrêter sur leur compte, car si pour les besoins de la cause,
on a parlé des bords du Sénégal au lieu des bords du Nil, de l'Eu-
phrate ou des pays d'Algérie, si on a fait intervenir un Toucouleur,
un Mandingue ou un Peul au lieu d'un Algérien, ou d'un Égyptien,
ou d'un Persan, il n'en est pas moins vrai que l'origine comme
le but de la légende n'ont pas varié.

Ces légendes musulmanes qu'on peut donc appeler adventives,
sont infiniment moins intéressantes pour nous, mais les autres
au contraire, celles qui ont trait à des sentiments éprouvés : La
légende des deux amis Peuls, celle de l'ami indiscret, de Diudi,
de Malik-si, celle de Penda balou, du fils ingrat, de l'homme
au sommeil, etc., etc., nous montrent davantage les allures de
l'esprit des diverses peuplades mélaniennes. Dans le pays où
le fils ou bien le chef secondaire complotent perpétuellement
contre l'autorité du père ou du chef comme chez les Ouolofs et
les Sérêres, il est naturel que le moraliste ait pris ce sujet pour
texte. Des gens comme les Bambarras qui ont conservé un fond
d'idolatrie qui convenait mieux à leur esprit que l'islamisme et

qui sont rêveurs, poètes, musiciens en même temps qu'obéissants aux lois, devaient être très-intéressés par la légende de Penda Balou.

Le Mandingue comprend très-bien la légende du frère qui avait le sommeil pour sa part et le Peul trouve dans la conduite des deux amis de sa légende une élévation d'âme que le Ouolof ne comprend pas. Certes, il y aurait de longues pages à écrire sur ce sujet, mais il aura suffi de montrer l'horizon dans un travail de la nature de celui-ci. A une étude plus spéciale et plus précise le soin d'entrer dans des détails qui seraient inutiles actuellement.

Il y aurait des pages bien intéressantes à écrire sur les légendes qu'on entend raconter par les nègres ; les mêmes se retrouvent dans les bouches les plus différentes, sont écoutées avec la même attention sur les bords de la mer Rouge, dans les environs du lac de Tchad, sur les rives de l'Ogoué ou du Zambèse absolument comme dans le Fouta-Djalon et dans la basse Sénégambie : C'est qu'elles sont en général le bagage qu'emporte avec lui tel loustic ou tel ambitieux qui voyage par esprit de mobilité ou par désir de domination et comme le nègre parcourt facilement des distances considérables dans ses pérégrinations, il s'ensuit qu'il y a en somme des relations fréquentes et suivies entre toutes les contrées de l'Afrique centrale. Le jour où nous connaîtrons mieux le mystérieux continent nous serons, j'en suis persuadé, très-étonnés d'apprendre que pendant que nous ignorions d'une manière absolue l'existence de cent peuplades, des faits de notre histoire, des contes de notre littérature, défigurés de mille manières, il est vrai, et transformés au point d'être étrangement déviés de leur véritable signification défrayaient les veillées de maintes agglomérations mélaniennes, amusaient les enfants ou bien effrayaient les bonnes femmes des pays soudaniens.

CROYANCE AUX SORCIERS.

Qu'il soit musulman ou idolâtre, le nègre croit volontiers aux sorciers ; on pourrait donner cette particularité comme une des preuves les plus convaincantes de l'état enfantin de son intelligence. Dans tous les pays du Soudan et même, disons-le, de l'Afrique, on entend raconter des histoires qui font frissonner les esprits forts de la contrée, tant il est vrai que ces peuplades primitives comme tant d'autres aiment à faire intervenir des puissances surnaturelles pour expliquer les choses qu'elles ne comprennent pas.

C'est ainsi, par exemple, que les nègres de l'intérieur croient fermement que les divers objets de traite que nous leur apportons ont été fabriqués par le diable et nous ont été vendus par des démons. Voici même comment ils pensent que les choses se passent. Quand un navire nous revient en Europe avec les produits du Sénégal, il aborde à une île déserte et dépose son chargement sur le sable de la plage. Dans la nuit qui suit, les démons viennent voir ce qui leur a été apporté et il mettent à la place les diverses marchandises de traite dont nous nous emparons pour venir les vendre au Sénégal. Ils ajoutent même que les échanges sont débattus d'une manière spéciale car les Européens et les démons ne se voient pas ; celui qui est mécontent du marché laisse les marchandises en place et la nuit suivante le vendeur y ajoute quelque chose de plus ; de cette manière la transaction commerciale s'effectue dans une sorte de discussion muette.

Les nègres ne comprenant pas pourquoi nous demandons avec tant d'insistance des arachides dans les comptoirs, se sont payés de l'explication fantastique suivante : Pendant la traversée de retour nos navires sont assaillis par d'énormes poissons dix fois plus gros que des baleines par exemple : goujons gigantesques qui voudraientdévorer les équipages. Pour échapper à ce danger nous embarquons des arachides qui nous servent à faire de l'huile. —Lorsqu'un monstre s'approche de notre navire, le capitaine fait jeter à la mer une certaine quantité de cette huile et pendant que le poisson est occupé à la boire on fait force de voiles pour s'échapper. Nous avons vu précédemment que les Maures attribuent un usage non moins fantastique à la gomme que nous leur demandons avec tant d'insistance et cette fois encore nous pourrions faire remarquer que les explications s'éloignent d'autant plus des choses surnaturelles qu'elles germent dans des cerveaux plus intelligents.

Nous avons demandé pendant si longtemps et avec une si grande insistance des captifs à acheter aux chefs nègres qu'il a fallu qu'ils se fissent une opinion sur l'usage auquel nous les employions. Eh bien ! au lieu de penser tout simplement que c'était pour mettre nos terres coloniales en produit, les gens de toute la Sénégambie ont cru pendant longtemps et ceux du Fouta-Djalon croient encore aujourd'hui que nous recherchions les captifs pour les manger dans notre pays. Quand on essaie de les désabuser ils vous répondent d'un air sceptique : « Lorsqu'un nègre est vendu à un autre nègre ou à un Maure, il s'évade quelquefois et on le voit revenir au pays ; au contraire jamais on n'a revu un captif vendu aux blancs, ce qui prouve bien qu'il est mort peu après, car malgré la garde la plus vigilante, il serait bien arrivé une fois au moins en cent ans qu'un captif vous eût échappé. »

Cette idée de notre anthropophagie est profondément enracinée dans tout le Fouta-Djalon. Hecquart raconte que dans maints villages qu'il a traversés sous la protection de l'Almany il entendait les femmes dire entre elles en le voyant : Voilà un blanc qui ne paraît pas bien féroce et cependant c'est un de ceux qui mangent si volontiers les nègres qu'ils achètent. Faire croire le contraire à ces commères eût été peine absolument perdue. D'ailleurs, ne nous y trompons pas, les nègres qui vivent loin de nos villes principales c'est-à-dire qui ne sont pas au contact direct et fréquent de notre civilisation, sont disposés à penser qu'il y a quelque chose de surnaturel avec nous ou en notre faveur. Hecquart, Mage et Quintin, tous ceux qui ont voyagé dans l'intérieur de la Sénégambie savent bien que certaines parties de nos vêtements, nos cheveux, divers objets à notre usage sont réputés gris-gris de première efficacité. Un nègre qui parvien à les posséder croit avoir désormais sa fortune assurée. La croyance aux sorciers, aux malefices, à l'intervention du diable, a pleine vigueur même chez les signarres de Saint-Louis et de Gorée ; l'abbé Boilat auteur des *Esquisses Sénégalaises* nous l'apprend. Je dirai plus ; on sent dans le livre de l'abbé Boilat que lui-même, enfant du pays, nègre complet, croyait à pas mal de choses surnaturelles et diaboliques absolument comme les vieilles commères qu'il confessait.

LANGAGE.

On ne peut guère faire un long voyage dans les pays Soudaniens sans trouver une certaine difficulté à se faire comprendre, car d'une part le Maure ne ressemble en rien au Ouolof, la langue Mandingue est très-différente de celle des Bambaras.

Les Maures parlent le Zenaga qui a été bien étudié par le général Faidherbe (1877, Ernest Leroux éditeur) et qui est un arabe mogharbin à peine modifié. Les Ouolofs, les Peuls, les Mandingues, les Bambaras, les Sérères, les Balantes ont autant d'idiomes très-différents.

Je n'essaierai pas d'entrer dans des détails à ce sujet ; mon ignorance trop grande me le défend absolument d'autant que je n'apporterais aucun fait nouveau sur cette question et que même je rendrais un compte inexact de nos connaissances là-dessus.

HABITATIONS.

Il y a des différences assez grandes sous le rapport des habitations entre les diverses peuplades Soudaniennes. Les Maures
avec leurs habitudes de migration devaient loger sous des tentes,
mais le nègre infiniment moins mobile a des demeures fixées au
sol et variant depuis le simple hangar jusqu'à la maison en
pierre.

Sur le littoral les cases sont exclusivement faites en paille ; à
mesure qu'on avance dans l'intérieur, on enduit les murailles
faites avec des bambous et des branchages, d'argile délayée; c'est
la tapade. Plus loin on commence à bâtir des maisons avec des
briques cuites au soleil. Enfin on trouve des constructions solides,
couvertes par une terrasse, bâties avec des murs très-épais et
présentant un aspect de parenté indéniable avec les constructions
Algériennes et Égyptiennes de l'antiquité, des temps qui nous
ont précédés ou d'aujourd'hui.

On pourrait naturellement classer les habitants d'après leur
manière d'édifier leur habitation, car nous voyons les Bagas n'a-
voir qu'un hangar des plus imparfaits. Les Feloupes ont à peine
des cases habitables et nous savons que ce sont les nègres les
plus inférieurs de la contrée. Mais nous nous exposerions en
adoptant ces idées exclusivement, à ce qu'on nous fît une objection
irréfutable ; c'est que les Ouolofs sont relativement très-intelligents et cependant ils n'ont que des cases en paille, quand les
nègres de l'intérieur habitent sous des maisons. Aussi est-il plus
exact de dire : 1° Toutes choses égales d'ailleurs l'habitation est
plus imparfaite chez les peuplades les moins avancées. 2° Les
habitations ont des murailles d'autant plus épaisses qu'on avance
davantage dans les pays où le vent d'Est souffle avec plus de
durée et d'intensité. Voilà, je crois, la raison capitale de ces gros

murs, de ces épaisses terrasses du Fouta-Djalon et de la vallée du Niger.

Les nègres présentent de grandes variétés sous le rapport de leurs centres d'habitation. Dans les pays plantureux et tranquilles on rencontre des cases isolées mais c'est l'exception ; ils sont obligés de se grouper en villages pour avoir une certaine force de résistance contre les invasions de toutes les origines et de tous les instants. Ces villages sont tantôt ouverts dans les pays tranquilles ou chez les peuples dominés, comme cela se voit par exemple en Casamance, tantôt ils sont fermés par des tapades qui sont perfectionnées de plus en plus ; enfin ils arrivent à la proportion de véritables remparts là où le besoin se fait sentir et où la richesse de l'agglomération réclame une défense énergique.

Sur le littoral il n'y a guère que de petits villages ; ainsi par exemple, les Ouolofs n'ont pas de grands centres d'habitation. Les Saracolais n'aiment pas non plus les grandes agglomérations ; mais à mesure qu'on approche du Fouta-Djalon ou de la plaine du Niger, on rencontre des villes plus ou moins populeuses ; c'est ainsi, par exemple, que la ville de Faucoumba dans le Fouta Djalon a trois mille habitants, que celle de Labbé en a peut-être près de dix mille. Les villes de Timbo, de Sasandig, de Ségou-Sikoro passeraient en somme pour de grandes agglomérations dans n'importe quelle contrée du monde.

VÊTEMENTS.

Les vêtements ne varient guère dans toute l'Afrique Sénégambienne ; le malheureux cherche à couvrir sa ceinture par un morceau d'étoffe dont le Gemba est la plus simple expression. Le pantalon large et sans coupe bien compliquée, le boubou ou coussabe, sorte de chemise sans manches : voilà en somme le vêtement des hommes. Le calicot blanc ou le bleu dit toile de Guinée : voilà les étoffes les plus fréquemment employées. Les tissus de drap, de soie plus ou moins brodés sont les derniers termes du plus grand luxe.

Nous avons déjà dit que le nègre aime les couleurs voyantes; donc ce qui est extraordinaire dans cette direction est le plus recherché. Le rouge écarlate, le jaune serin, le bleu de ciel, le vert perroquet font des boubous capables de faire mourir de jalousie celui qui ne peut se les procurer.

Les Maures hommes et femmes se vêtissent presque exclusivement avec la guinée bleue qui déteignant sur un corps que l'eau ne lave jamais donne aux individus une couleur indigo tout à fait adventive.

Le vêtement de toutes les femmes est le pagne qui n'est en définitive qu'un morceau de pièce d'étoffe carrée entourant les reins et se fixant par l'enroulement des deux chefs supérieurs l'un sur l'autre ; ce qui fait qu'à chaque instant il faut revenir à l'arrangement sous peine de tout voir tomber. En temps d'hivernage et chez les pauvres gens il n'y a pas d'autre vêtement ; pendant la saison fraîche et sur les élégantes, en tout temps on voit des boubous variant de la gaze à la soie, du blanc au rouge cerise en passant par toutes les couleurs du prisme.

La chaussure fondamentale est le pied nu chez l'homme comme chez la femme, peut-on dire. Les sandales de diverses formes dont ils se servent pour garantir les pieds des aspérités du sol ou pour faire montre d'élégance n'ont qu'une mince utilité. Chez les riches nègres la botte molle de forme arabe et de couleur voyante est le suprême de la coquetterie. Nos bottes à tiges bleu de ciel, rouges ou jaunes trouvent en Sénégambie un débit très-favorable.

Le Maure va tête nue ; une forêt de cheveux incultes lui sert de protection contre les rayons du soleil et ce n'est que très-rarement, plutôt pour faire l'élégant que par suite d'un besoin réel qu'il se couvre d'un chapeau. La coiffure du nègre est un bonnet de calicot, un chapeau de paille pour les hommes, un turban pour les grands chefs qui veulent avoir un air musulman distingué. Les femmes sont coiffées avec leurs cheveux seulement dans beaucoup de pays de l'intérieur, mais toutes les fois qu'elles peuvent se couvrir d'un madras plus ou moins chiffonné, elles ne manquent pas. Quelques coiffures Saracolaises, Mandingues et Bambariennes ne manquent pas, avons-nous eu l'occasion de le dire, d'un certain agrément.

Les femmes du Bondou ont en général trois gros grains d'ambre placés un de chaque côté de la tempe et un au sommet de la tête. Les gens du Bondou et du Bambouk portent assez souvent une énorme boucle d'oreille en or massif qui est soutenue par une mêche de cheveux pour ne pas déchirer le pavillon.

Dans certains pays du haut Niger les habitants Saracolais, Bambaras, portent souvent un anneau métallique passé dans un trou pratiqué dans la cloison du nez mais cette coutume se perd à mesure qu'on approche de la côte et même du haut Sénégal ; elle se perd aussi à mesure qu'on examine les habitants de l'Afrique centrale, car les voyageurs qui ont visité le Bournou, le Ouadaï, les bords du lac de Tchad, etc., etc., n'ont pas retrouvé cette étrange mode qui rappelle un peu ces pratiques du percement de la lèvre chez plusieurs peuplades de l'Afrique méridionale.

NOURRITURE.

La base de la nourriture des nègres de toute la Sénégambie, du Fouta-Djalon et du bassin du Niger est le couscous : farine de millet réduite en poudre par la pistation et cuite à la vapeur, puis trempée au moment d'être mangée dans un bouillon qui varie suivant le cas, la saison ou les ressources. C'est ainsi que tantôt ce bouillon est obtenu par l'ébullition de poisson frais, sec ou salé, de viande fraîche ou séchée, de volaille, gibier, etc., etc.

Le bouillon du couscous est plus ou moins relevé par du piment graissé de beurre, d'huile, additionné de légumes frais.

La préparation du couscous est la chose importante par dessus tout dans une case nègre ; c'est à peu près la seule occupation des femmes qui ne lavent guère souvent leur linge ; qui ne cousent que très-rarement, la plupart de leurs vêtements consistant simplement dans des carrés de calicot coupés sans autre préparation ou à peine retenus par quelques points de couture à des endroits très-limités. Aussi quand on est près d'une agglomération de nègres et même à Saint-Louis et à Gorée on entend le soir jusqu'à une heure très-avancé jusqu'au milieu de la nuit un bruit sourd cadencé et monotone fait pour empêcher l'Européen de dormir. Ce bruit est occasionné par la pistation du couscous. Dans chaque ménage aisé il y a un tronc d'arbre en bois dur grossièrement creusé, de manière à former un énorme mortier de 80 centimètres de hauteur sur 20 à 40 centimètres de diamètre dans lequel les graines de millet sont déposées à un moment donné et soumises à la pistation à l'aide de pilons formés d'un morceau de bois dur long de plus de 1 mètre 50, de 6 à 10 centimètres de diamètre et un peu aminci dans sa partie moyenne pour pouvoir être facilement saisi avec la main.

Pour piler le couscous, les femmes se mettent assez souvent deux ensemble ; armées chacune d'un pilon ; elles frappent successivement d'une manière cadencée la graine à réduire en farine. Pour manier le pilon elles le soulèvent avec les deux mains et le laissent retomber par son propre poids. —De temps en temps la pileuse frappe les deux mains l'une contre l'autre pendant que le pilon retombe et elle le ressaisit aussitôt après.—Sa voisine fait le même manège à son tour et elles ajoutent ainsi une autre musique au bruit sourd et monotone de la pistation. — Souvent ce bruit et les battements de main sont l'accompagnement d'une chanson ; ce qui n'est pas fait on le comprend pour faciliter le

25

sommeil des voisins, lorsque le mil est pilé entre deux et trois heures du matin.

La nourrice qui a besoin de piler son mil ne quitte pas son enfant placé dans un pagne et mis à cheval sur ses reins. On la voit faire sa besogne en portant son nourrisson comme une véritable giberne et il faut ajouter que ses mouvements ne troublent pas le sommeil du petit négrillon.

Quand le millet est réduit en farine, on le vanne à l'aide de petits ronds en paille tressée et la farine bien débarrassée du son est granulée dans un grand plat en bois dur appelé Bagane, dans le Oualo et le Cayor, puis séchée au soleil en attendant d'être mise au feu.

Disons en passant que la viande et le poisson qui servent au bouillon du couscous sont le plus souvent avancés d'une manière révoltante pour nous; que le corps gras est toujours rance, et surtout que la propreté la plus sommaire est absolument bannie des préparations culinaires, de sorte qu'on comprend facilement tout ce que le couscous des nègres a de repoussant soit qu'on mange la farine de mil seulement ou qu'on y ajoute la viande qui a servi à faire le bouillon.

Les riches nègres, les mulâtres font parfois un couscous très renommé dans quelques localités; le bouillon se rapproche dans ce cas du jus de daube ou du macaroni que nous faisons en Europe. J'avoue pour ma part que je trouve ce mets également détestable bien que moins répugnant ayant été fait plus proprement et avec de la viande fraîche.

Au lieu du couscous, les nègres font bouillir quelques rares fois du riz, du maïs, des haricots dans les pays ou ils récoltent ces objets en abondance, mais il est bien entendu que le couscous est le plat de fondation et de luxe, les autres ne sont qu'accessoires. Il y a, suivant les pays, de légères variantes du couscous, ainsi, par exemple : le lac-lallo, dont les Bambaras sont si friands est de la farine bouillie en pâte très-épaisse assaisonnée à

un espèce de coulis fait avec des feuilles pilées de baobab (aloo)
et servant de sauce à la viande ou au poisson séché. Mais en
somme le plat est toujours reconnaissable. Le maïs est mangé
quelquefois grillé sur les charbons ardents, les arachides le sont
de même. Ce sont là, pour ainsi dire, des friandises dont les nègres sont très-gourmands et dont ils font un usage très-fréquent
dans l'intervalle des repas mais qui n'entrent que comme accessoires dans l'alimentation.

Le poisson entre pour une assez large part dans l'alimentation du nègre; il sert à améliorer le couscous ou bien est préparé avec des aromates, d'autres graines farineuses que le mil,
des tomates, des ignames, des concombres des aubergines, etc.,
etc. Le poisson est mangé frais ou séché au soleil. Un certain
degré de fermentation putride et même un commencement de
décomposition passent entièrement inapperçus.

La vente du poisson séché au soleil est une des principales
branches du commerce des gens du littoral qui en expédient des
quantités vraiment considérables dans l'intérieur. Tous les cours
d'eau, tous les marigots étant très-poissonneux la pêche produit
un des principaux éléments de la nourriture. Les habitants du
haut pays savent empoissonner l'eau pour faire des pêches plus
abondantes et plus faciles.

Les volailles, le gibier, le bœuf et le mouton sont en si grande
abondance dans la région que nous ne serons pas étonnés d'apprendre qu'on en fait un grand usage dans toute la Sénégambie.
Les nègres du haut Sénégal mangent volontiers la chair du
caïman et de l'hippopotame.

Les nègres font deux repas principaux par jour, un vers onze
heures ou midi l'autre à la chute du jour. La plupart des nègres
ont la coutume de faire leur repas sans boire; ils disent même
que boire en mangeant coupe l'appétit, ils se gavent donc autant
qu'ils peuvent et en sortant de table ils boivent d'un trait un
demi-litre ou trois quarts d'eau qui achèvent de bonder leur es-

tomac. Le nègre mangent beaucoup, suppléant par la quantité à la pauvreté relative de l'aliment farineux qui fait le fond de sa nourriture, ses habitudes réagissent sur la capacité de son tube digestif qui est je crois plus volumineux que le nôtre car on voit chez lui après le repas l'abdomen et l'épigastre sensiblement plus développés que chez le blanc.

Les nègres du haut pays mâchent presque tous la noix de kola ou de Gourou qui est apportée par les caravanes des rivières du sud et constitue une très-importante branche de commerce sur tous les marchés de la Sénégambie surtout ceux de l'intérieur. Les nègres attribuent nombre de qualités à la noix de kola, entre autres celle d'être aphrodisiaque. Ils disent surtout que quand on la mâche, l'eau la plus mauvaise paraît bonne et c'est une propriété de premier ordre dans un pays comme la Sénégambie où le plus souvent l'eau de l'alimentation est saumâtre ou corrompue. On comprend que ce seul résultat était capable de faire la fortune de la noix du kola.

Suivant les pays on voit certaines habitudes spéciales touchant la nourriture. C'est ainsi par exemple que tel poisson, tel gibier, telle plante servent plus ou moins à la nourriture du nègre dans les diverses contrées de la Sénégambie : les arachides chez ceux-ci, le sésame ou les haricots chez d'autres. Les habitants de la Casamance et de la Gambie recueillent des graines de Nénuphar, les Bagnouns et Feloupes se servent beaucoup du riz. Dans telle autre contrée, c'est la banane qui entre pour un gros appoint dans la nourriture. L'igname, la patate douce, et maintes autres substances végétales sont utilisées dans certaines contrées.

Dans le Fouta-Djalon on mange des libellules grillées, plat qui est assez recherché et qui doit être apprécié dans beaucoup de pays de l'Afrique centrale, car Barth, t. Ier, p. 325, dit en avoir vu à Tessaoua, tandis que Hecquart l'a vu faire les délices de quelques individus dans les environs de Timbo.

Dans la vallée du Niger et dans plusieurs pays de l'Afrique

centrale les pauvres gens vont à la chasse des fourmis peu après la récolte et ramassent dans la fourmilière des quantités souvent assez notables de graines, (millet, sésame riz, suivant les pays) pour s'en nourrir pendant quelques semaines. On juge par là de l'importance de ces fourmilières dont on n'a aucune idée en Europe.

BOISSON.

La boisson fondamentale du nègre est l'eau. Nous devons ajouter qu'il n'est pas scrupuleux sur sa propreté, que le goût désagréable ne le repousse guère, et qu'il boit un peu à tous les marigots, même à ceux dont l'eau est saumâtre, sans se plaindre de l'impureté de la boisson.

En revanche il a la propension la plus grande pour les boissons fermentées et il sait, suivant les pays, recourir au Sangara (eau-de-vie de traite) dont certaines peuplades font une effrayante consommation.

L'islamisme défend l'usage des boissons fermentées et les marabouts affectent une sobriété rigoureuse, excessive même vis-à-vis de ces boissons ; mais cependant les liquides enivrants ont un tel attrait pour les Mélaniens, qu'ils cherchent tous les moyens possibles pour allier les prescriptions du Coran avec les désirs de leur intempérance.

Dans certains pays du Fouta Djalon on prépare diverses variétés de bière très-alcoolisée avec du miel, de la farine ou d'autres substances fermentescibles. Sur le littoral, depuis le Cayor jusqu'aux pays les plus éloignés de l'Afrique méridionale, le vin de palme est la boisson favorite de ceux qui aiment à s'enivrer et qui ne peuvent se procurer de l'eau-de-vie chez nos traitants.

Le vin de palme est la sève de plusieurs arbres de la famille des palmiers. Dans certains pays c'est le cocotier qui le fournit ; dans d'autres ce sont d'autres variétés ; le goût en est à peine différent, si ce n'est pour les connaisseurs. Celui qui comme moi n'en a goûté que pour pouvoir en parler, le compare assez volontiers à du cidre ou du poiré. Voici comment le vin de palme est retiré en général en Sénégambie : Le nègre armé de la nervure d'une branche de palmier amincie et travaillée de manière à pouvoir se plier en forme d'ovale, d'ellipse ou de cercle à volonté, s'approche de l'arbre sur lequel il veut monter ; il embrasse le tronc avec cette branche de palmier qui passe aussi autour de la ceinture et lorsque les deux extrémités ont été attachées, l'homme et l'arbre sont les deux foyers d'une ellipse circonscrite par la lanière. — Prenant alors cette nervure avec les mains le nègre l'élève aussi haut que possible sur le tronc du palmier et s'arc-boutant alors de manière à prendre son point d'appui sur la portion qui correspond à sa ceinture, il peut faire ainsi deux ou trois petits pas le long du tronc, ainsi de suite. Les nègres montent de cette manière au plus haut de l'arbre de la manière la plus rapide et la plus facile ; — on les voit exécuter cette manœuvre avec une telle simplicité qu'elle paraît tout à fait naturelle. — En cela ils sont beaucoup plus ingénieux que nombre d'indiens qui grimpent le long des palmiers en s'attachant les deux pieds ensemble et en faisant ainsi un demi-collier à l'arbre.

Arrivé au niveau du bouquet de feuilles qui termine le végétal, le nègre enfonce une tarière à la base d'un régime floral et introduit dans le trou un cornet formé avec une foliole de palmier Ce cornet fait l'office d'un tuyau qui permet l'écoulement du vin dans des calebasses suspendues à portée.

Au moment où il est tiré le vin de palme est limpide et sucré, mais peu d'heures après il prend un goût légèrement alcoolique, puis devient acide et bientôt ne pourrait plus être bu. — Cette liqueur est éminemment enivrante et provoque une expansion d'hilarité et de joie, une ivresse loquace qui donne un cachet

spécial aux nègres soumis à son action. Trop souvent cette lo-
quacité entraîne des disputes et plus d'une fois la scène se termine tragiquement.

COMMERCE.

Le commerce est loin d'être bien développé dans les pays
soudaniens mais cependant il tient une grande place dans la vie
de certaines peuplades. Les Saracolais, les Ouolofs, les Mandingues, les Peuls vivent souvent du produit de leur négoce. Ils
viennent acheter, par exemple, chez nos traitants maints objets
qu'ils paient à un prix très-élevé déjà et le transportent soit par
eau le long des fleuves soit à dos de bêtes ou d'hommes dans
les pays de l'intérieur à des distances vraiment extraordinaires.
Aussi ne sommes nous pas étonnés d'apprendre que par exemple
le sel a presque dans le Bambouk le prix de l'or lui-même ; et
en effet on comprend que lorsqu'il a fallu transporter un sac de
chlorure de sodium à dos de captif pendant un trajet de trois ou
quatre cents lieues la marchandise a terriblement augmenté de
valeur vénale.

On ne se fait pas la moindre idée en Europe de la longueur
des voyages des Saracolais ou des Mandingues qui partent du
fond du pays de Kaarta, par exemple, passant à Ségou-Sikoro, à
Timbo dans le Fouta Djalon et descendent jusqu'à Sierra Leone
ou même jusqu'au grand Bassam c'est-à-dire parcourant à pied
plus de cinq cents lieues pour aller et autant pour revenir. Ici ils
achètent de l'or, de l'ivoire ; là ils se procurent les noix de
kola ; plus loin des substances odorantes ou du sel et ils rapportent dans leur pays du fer, des étoffes, des captifs qu'ils échan-
geront encore : ainsi de suite pendant nombre d'années, jusqu'à
ce qu'ils aient acquis une modeste aisance en dépit des détrous-
seurs de caravane, des chefs de villages, de contrées, des acci-

dents de feu ou d'eau, ou bien jusqu'à ce qu'ils soient tombés
victimes d'une balle égarée dans quelque bagarre avec les écumeurs de grand chemin.

INDUSTRIE.

L'industrie est dans l'enfance la plus primitive et la plus grossière en Sénégambie. Le nègre est d'ailleurs si paresseux que la
main-d'œuvre absorberait bientôt tous les bénéfices si on voulait
fabriquer les moindres objets dans le pays. Les femmes et quelques hommes tissent des pagnes. Ils ne peuvent soutenir la concurrence que dans les pays les plus éloignés de nos traitants et
je n'ai jamais compris comment certains tisserands pouvaient
gagner leur vie à Saint-Louis ou à Gorée. Il est probable que la
mode seule leur permet d'obtenir des prix rémunérateurs et ces
prix sont assez faibles pour que la branche d'industrie soit dans
un état précaire qui ne permet guère de la voir s'améliorer dans
l'avenir.

Il n'y a en dehors de ces tisserands que deux autres corps
d'état : les forgerons et les laobés ou fabricants de mortiers et
de pilons pour le couscous. Les forgerons constituent une caste
spéciale vivant à part du restant de la population, bien qu'ils
appartiennent à toutes les races. C'est ainsi qu'il y a des forgerons Maures, Peuls, Bambaras, Ouolofs et, cependant, dans
chaque pays un habitant ordinaire ne songerait jamais à épouser
la fille d'un forgeron et *vice versa*. Dans beaucoup d'endroits le
forgeron est l'ami du chef au même titre que le griot. La chose
se comprend assez bien, car, comme c'est le forgeron qui répare
les fusils, on comprend qu'il joue un rôle important, dans un milieu où le fusil est souvent mis en œuvre.

Le forgeron est orfèvre en même temps que serrurier et
arquebusier, mais en somme ses produits manquent de finesse

autant que d'originalité. Chaque ouvrier sait faire un modèle mais pas plus. Les voyageurs ont vu des forgerons extraire le fer du minerai dans le Fouta Djalon, mais c'est l'extrême exception.

Quant aux Laobés, nous en avons parlé en nous occupant des Peuls ; nous n'y reviendrons pas ici. On les rencontre dans divers pays menant une vie nomade et ayant des mœurs qui les font considérer comme des êtres extraordinaires par ceux qui les voient passer dans leur contrée.

CULTURES.

Nous avons besoin de dire un mot sommaire des cultures de la Sénégambie, car les produits de la terre de ce pays fournissent une importante branche à notre commerce et à notre industrie.

Les Maures ne font que ramasser la gomme ; ils ne cultivent pas le gommier à proprement parler. Les Trarza ont bien essayé çà et là de planter quelques dattiers, mais ces efforts isolés d'un seul homme n'ont produit que des résultats insignifiants. Pas un d'eux n'a songé jamais à multiplier les pins maritimes que l'on rencontre dans la plaine d'Afthoutk, plaine qui va du Sénégal à Portendik, et cependant combien pareilles plantations seraient utiles dans ces régions ainsi qu'à l'embouchure du Sénégal où le pays serait bientôt très-heureusement modifié sous le rapport de l'aridité comme dans celui de la chaleur.

Les arachides, le mil, un peu de coton, le beraf, espèce de pastèque qui fournit une graine oléagineuse, sont à peu près les seules cultures des paysans du Oualo, du Cayor et même des pays du bas de la côte. Un peu de riz est produit dans les endroits marécageux de la basse Casamance.

Nous aurons à parler tantôt de nouveau de ces cultures ainsi que des troupeaux qu'élèvent les nègres, quand nous parlerons de l'utilisation des peuplades de la Sénégambie par la civilisation ;

aussi pouvons-nous arrêter ici notre énumération sur ce sujet.

Plusieurs voyageurs qui ont visité l'Inde et la côte occidentale d'Afrique, ont été frappés de maintes ressemblances entre les peuplades de ces deux pays. M. Louis Jacolliot, dans ses voyages aux rives du Niger, a appelé l'attention sur cette question et un de nos savants camarades de la médecine navale, M. le docteur Corre, qui a successivement servi au Sénégal et dans les îles de la mer des Indes, me disait avoir constaté des analogies telles qu'il n'est pas éloigné de penser à une communauté d'origine.

Pour ma part, je ne fais que signaler ces particularités, ne pouvant y apporter l'appoint de mon expérience personnelle. Aussi je me borne à montrer cet horizon aux travailleurs de notre marine qui dans leurs voyages sont appelés à visiter de nombreux pays et qui sont ainsi mieux à même que personne de saisir les analogies, les divergences et les similitudes que présentent des peuplades paraissant plus ou moins voisines ou plus ou moins différentes de prime abord.

CHAPITRE DOUZIÈME

De l'utilisation des peuplades de la Sénégambie par la France.

Nous terminerons notre étude des peuplades de la Sénégambie en recherchant dans quelle limite on pourra les utiliser tant pour le bien-être de notre colonie du Sénégal que pour l'accroissement de la richesse nationale de la France. Cette partie est, on le comprend, l'objectif pratique de notre travail et comme il intéresse directement le bien-être de notre chère patrie, je fais des vœux ardents pour être bien inspiré à ce moment.

Dès qu'on s'occupe de la colonie du Sénégal, il faut discuter un point important, capital de la question, car faute d'être bien entendus sur lui nos prédécesseurs se sont exposés à de terribles mécomptes ; je crois fermement même que c'est parce qu'on n'a pas été suffisamment fixé sur ce point qu'on a vu à diverses époques des tentatives énergiques, dans lesquelles plus ou moins des forces vives de la métropole avaient été engagées, avorter très-fâcheusement entraînant après elles la ruine ou le découragement, souvent la mort des intéressés. Nous nous demanderons donc tout d'abord si les Français peuvent espérer de vivre assez longtemps dans ces contrées dont il a été question jusqu'ici. Eh bien non. — Ne nous y trompons pas, l'Européen ne saurait passer plus de deux années consécutives dans la Sénégambie sans ressentir très-sérieusement une atteinte pénible de ce climat agressif contre son existence — et trop souvent même un pareil séjour entraîne sinon la perte de la santé au moins l'obligation de compter désormais avec certaines incommodités. — Il faut après deux ans qu'il vienne se retremper dans la mère patrie pendant une année au moins et il peut alors recommencer un nouveau séjour de la même durée quand il ne craint pas de courir des dangers. Mais dans tous les cas s'il tient quelque peu à sa santé ou bien s'il a été un peu éprouvé ne serait-ce que légèrement pendant son premier ou son second séjour, il ne doit à aucun prix retourner vers ces parages meurtriers pour les individus de notre race.

Sans doute on peut citer quelques rares exceptions ; des individus ont pu séjourner plus longtemps en Sénégambie ; mais la règle n'en est pas infirmée, car pour un, qui peut se vanter de mériter un prix de santé, mille ont succombé à la tentative de prolongation de leur séjour dans les régions soudaniennes.

Je dirai plus pour bien fixer les idées. Non-seulement les Européens ne peuvent pas vivre longtemps en Sénégambie, mais même les mulâtres qui sont issus de leurs relations avec les négresses ne peuvent pas y vivre non plus pendant bien longtemps.

Mais dès le premier mot de cette question j'ai besoin de faire une déclaration au lecteur ; il me faut bien lui rappeler que dans ce travail où je m'occupe exclusivement de la question à un point de vue scientifique ou philosophique, je serais désolé que la passion, que l'amour-propre des intéressés pût entrer en jeu à un titre quelconque. En effet, si je formule une loi physiologique applicable à toute une catégorie d'humains, pourrait-on y voir un parti pris de dénigrement contre quelques personnes ? Non, mille fois, et je me hâte de proclamer bien haut que je serais vraiment désolé que mon étude reçût une interprétation que je ne veux pas lui donner.

En effet, je me plais à affirmer que j'ai connu nombre de mulâtres qui valaient assurément mieux que des blancs ou des noirs. — Les uns avaient en beauté corporelle, en esprit, en savoir, en rectitude de jugement, un lot que bien d'entre nous pourraient envier. Les autres ont fourni une carrière honorable, pleine de dévouement, de bravoure, de probité, de manière à pouvoir se comparer aux individus les plus favorisés de n'importe quelle origine et de tous les pays du monde.

Loin de moi donc, je le répète, la pensée de jeter la défaveur ou la déconsidération sur les individus en particulier, d'autant que je compte parmi mes amis bien des mulâtres pour lesquels j'ai affection et estime. Je le répète, j'étudie la question au point de vue de l'anthropologie au-dessus de toute passion personnelle, et j'espère que bien nettement établie ainsi personne ne songera à la faire sortir du champ scientifique dans lequel je me renferme de la manière la plus formelle.

Ceci étant dit de manière à rendre impossible tout fâcheux malentendu, je puis continuer mon étude et j'ajouterai : que les mulâtres même alors qu'ils ont les attributs d'une santé florissante, d'une constitution plantureuse et la corpulence athlétique, deviennent inféconds en général, quelquefois à la seconde, le plus souvent, à la troisième, certainement à la quatrième génération au plus tard. Sans compter que leurs produits au lieu d'avoir la somme des éléments de résistance du blanc et du nègre n'ont au contraire que la somme de leurs imperfections physiques et morales.

Résultat d'une erreur de la nature ou plutôt d'une tromperie vis-à-vis de cette nature, les mulâtres issus du commerce des blancs avec les négresse sont des des métis trop mal compensés pour acquérir droit d'existence et de perpétuation de leur lignée à la côte d'Afrique ; je pourais dire aussi aux Antilles, et c'est en vain qu'on fonderait quelques espérances sur la création d'une population de cette sorte ; — leur durée est trop éphémère pour constituer rien de sérieux. Ils sont en équilibre instable et on sent que la nature désireuse, d'en finir au plus vite avec de pareils produits, leur a donné des imperfections en assez grand nombre pour condamner la race à une prochaine extinction.

Ce que je dis là paraîtra excessif aux uns, inexact aux autres, et cependant je suis persuadé que c'est l'expression de la parfaite réalité. Et d'ailleurs, j'ai deux ordres de preuves pour entraîner la conviction du lecteur sur ce point.

Première Preuve de l'instabilité de race des mulâtres Sénégalais.

On sait que notre colonie du Sénégal est fondée, en somme, depuis l'an 1364. Il est naturel de penser que dès cette année-là ou au moins dès les années qui suivirent les matelots, les commerçants qui débarquèrent au Sénégal, firent les premiers mulâtres en usant des négresses libres ou captives qui étaient à leur portée. Or, remarquons que le mulâtre se trouvant avoir quelque ressemblance avec le père, étant montré avec une certaine satisfaction par la mère à ce moment comme aujourd'hui, étant élevé dans la maison ou dans les environs au moins de l'habitation du commerçant Européen, s'est trouvé dès le premier jour en bonne position pour acquérir de l'aisance et de la fortune même. Parlant la langue des nègres et celle des blancs, — connaissant le pays qui était le sien, — vu d'un œil bienveillant, souvent tendre, par le père et par la mère, il ne pouvait que prospérer.

Si on veut me permettre la comparaison, je dirai qu'il représente en Sénégambie la bourgeoisie. — La noblesse étant constituée par les Européens qui, en arrivant d'Europe avec les objets les plus recherchés, sont évidemment les nobles. — Le peuple étant représenté par les nègres, véritables prolétaires voués au travail le plus pénible et placés sous tous les rapports au bas de l'échelle. Eh bien! dans ce pays comme partout et peut-être mieux qu'ailleurs, la bourgeoisie était en état de prospérer, ayant plus de santé que la noblesse, plus de bien-être que la plèbe et si les mulâtres auraient été indéfiniment féconds, nous aurions vu se former en plus de quatre siècles une population extrêmement dense dans la Sénégambie. C'est le contraire qui a eu lieu, car si nous consultons l'histoire de la colonie nous voyons que la population mulâtre y a été toujours en relation exacte, bien plus, en rapport très-étroit avec le chiffre de la population blanche dans un moment donné. La colonie prospérait-elle, le nombre des blancs s'élevait-il à deux ou trois milliers, de suite on voyait la population mulâtre se développer ; vingt ans après elle était très-augmentée. Mais tel événement venait-il à diminuer le nombre des Européens, vingt ans après le chiffre de la population mulâtre retombait au plus bas. Certes, quand une expérience est faite ainsi pendant plus de quatre siècles, elle prend une importance qu'on ne saurait contester et pour ma part je la trouve entièrement concluante.

Deuxième Preuve de l'instabilité de la race mulâtre du Sénégal.

Il est peut-être inutile d'aller chercher d'autres preuves après celle que je viens de fournir ; mais cependant je vais en donner une autre également probante. Pendant mon séjour au Sénégal, je causais souvent des mille choses qui se rattachent à son étude, avec le chef de la justice de la colonie : M. le président Pierre, vieil habitant du pays, qui y ayant passé un temps très-long avait pu y acquérir une expérience des hommes et des choses d'autant plus grande qu'il avait à son service une intelligence aussi vive qu'une instruction solide. — Or M. Pierre a bien voulu rechercher dans les actes de l'état-civil les descendances des divers Européens qui ont fait souche au Sénégal, et entre autres celle d'un certain Estoupan de Saint—Jean. Actes en main, il me montra qu'à la seconde génération le chiffre des filles dépasse très—considérablement celui des garçons pour les naissances. — Ces filles ont une aptitude extraordinaire à l'avortement et leurs enfants qui sont encore plus souvent des filles que des garçons sont très-généralement absolument inféconds.

Donc je crois qu'on peut m'accorder ces deux points comme parfaitement établis et hors de discussion : 1° les Européens ne doivent passer qu'un temps très-limité en Sénégambie — deux ans par exemple ; 2° les mulâtres issus d'Européens et de négresses

ne pourront pas arriver à constituer une population à proprement
parler. — Nous pourrons trouver parmi eux quelques rares
individualités mais pas une mine d'hommes capable de fournir
un certain nombre de sujets pour une action où la quantité même
très-minime est nécessaire.

Ne sera-t-il jamais possible de trouver des métis assez blancs
pour pouvoir être très-supérieurs aux mélaniens, assez robustes
pour constituer une race solide et persistante ? — Je crois, j'espère au moins que oui — et si par exemple nous prenions des
dispositions pour attirer vers la Sénégambie des Arabes du sud
de nos possessions Algériennes, il y a de grandes chances pour
que nous arrivassions à créer dans le pays une catégorie d'hommes
très-analogues aux Maures actuels de la rive droite du Sénégal.
On comprend facilement *a priori* que lorsqu'on veut mélanger
deux races différentes le produit sera en général d'autant plus
facile à obtenir, sera d'autant plus solide et persistant que ces deux
races seront plus voisines ; et d'ailleurs, n'avons-nous pas les
Maures de la rive droite du Sénégal pour exemple ? Par conséquent, sans que j'aie besoin d'insister longuement sur ce point un
peu étranger à ma question actuelle, je dirai que si jamais on
réussit à créer en Sénégambie une population mulâtre, ce sera
en allant chercher l'élément blanc dans nos possessions d'Algérie
où il est assez mitigé déjà pour être aussi voisin que possible de
l'élément mélanien local.

Quoiqu'il en soit, dans les conditions actuelles, les blancs et
même les mulâtres ne peuvent pas faire une souche persistante
au Sénégal ; on comprend par conséquent qu'il ne faut pas un seul
instant songer à coloniser le pays dans le sens que bien des gens
comprennent. Il faut que la Sénégambie ne réclame pas des bras
mais seulement des intelligences européennes. Je crois que notre
rôle doit se borner absolument à ceci : — Utiliser la force des
nègres de la contrée pour leur faire travailler la terre, produire
ces mille objets dont nous trouvons avantageusement l'emploi

dans notre industrie. Dans la Sénégambie, qu'on me passe l'expression, les blancs doivent être la classe élevée, dominante et clair-semée ; la noblesse en un mot. Les noirs doivent constituer le gros du bas peuple. Tout essai différent serait aussitôt frappé de stérilité. Le problème de l'avenir de notre colonie est donc bien nettement posé sous ce rapport.

Par ailleurs, quel est le but que nous nous sommes proposé en fondant la colonie du Sénégal ? — Accroître notre richesse nationale par un commerce d'échanges avec la Sénégambie. Par conséquent notre objectif doit être la mise en rapport de la plus grande étendue possible du pays, et pour cela nous avons deux choses à faire, nul ne saurait le contester c'est : A. Augmenter dans le moment présent nos transactions avec les populations qui nous avoisinent ; B. Pousser avec ardeur vers le centre du continent africain pour arriver à commercer avec ces pays de la vallée du Niger, du Fouta-Djalon, du pays de Kaarta, etc., etc., restés trop en dehors de la civilisation jusqu'ici.

A. *Augmenter nos transactions commerciales avec les populations sénégambiennes qui nous avoisinent.*

Pour augmenter nos transactions avec les peuplades sénégambiennes qui avoisinent nos comptoirs, il faut commencer par pousser ces peuplades à produire plus de récoltes, à défricher plus de terres, à élever plus de troupeaux. Il faut en un mot accroître leur richesse territoriale, et c'est jusqu'ici un problème assez difficile à résoudre.

Avant d'aller plus loin nous devons nous demander comment il se fait que le vaste pays de la Sénégambie et même du Soudan occidental soit aussi peu peuplé de nègres qu'il l'est. Il paraît en effet étonnant de prime abord qu'une contrée où le sol est fécond, où la femme fait facilement et en grand nombre des enfants, reste toujours dans un état de pénurie très-grande de population ; car pour quelques rares villages souvent très-espacés les uns des autres, il y a des étendues considérables de terre incultes et inhabitées.

Cette question qui peut paraître oiseuse ou bien qui peut être considérée comme une digression inutile, a cependant une importance considérable dans notre étude actuelle. — Ne nous y trompons pas, elle va nous révéler une des plus grandes causes d'insuccès des efforts de nos prédécesseurs. — Il y a dans l'enseignement qu'elle peut nous donner le secret du succès ultérieur de nos tentatives de développement de la richesse sénégambienne.

Le lecteur a déjà deviné la raison, je pense, de cette dépopulation relative du pays, il a compris en lisant ce qui est afférent aux diverses peuplades de la Sénégambie, que c'est à l'inepte sauvagerie de mille tyranneaux et au peu de respect que les forts ont pour la propriété et la vie des faibles que cet état si précaire et si fâcheux se perpétue. — Je n'ai pas besoin de rappeler nombre de faits qui sont encore dans la mémoire et je renvoie au besoin à n'importe quel chapitre précédent pour fixer les idées à ce sujet. Il me suffira de dire en ce moment que le jour où la tranquillité matérielle existe dans un endroit, on y voit aussitôt la population nègre prospérer de la manière la plus satisfaisante.

Il découle de là que notre premier objectif dans la vie de tous les jours de la colonie doit être d'assurer cette tranquillité matérielle aux familles qui habitent sur les terres où nous pouvons avoir une action directe, et nous devons nous attacher avec grand soin à diminuer, disons plus, à faire disparaître même, tous ces chefs plus ou moins secondaires qui existent dans la société nègre.

Qu'il s'appelle Bràk, Damel, Almamy, Chef de district, et même seulement Tiedo, on est sûr que c'est toujours une brute stupide, vaniteuse, sans conscience, — capable de vol et de meurtre même ; n'ayant qu'un but : extorquer le plus possible aux inoffensifs. — Par conséquent partout où nous pourrons l'obtenir, n'ayons que des nègres cultivateurs groupés par petits villages ; élisant année par année, ou pour une période de deux à trois ans au plus, un d'entre eux qui aura une autorité analogue à celle d'un maire ou d'un adjoint spécial de bourg de notre pays. Entre eux et l'européen chef d'un cercle, district ou canton, ne tolérons aucune autorité nègre intermédiaire car nous sommes sûrs d'avance que les intermédiaires n'auraient qu'un résultat : dépouiller le faible et provoquer le malaise du pays en commettant des injustices sinon des forfaits à chaque instant.

Dans un pays comme le Soudan, et même peut-on dire comme toute l'Afrique où la voix des armes intervient à chaque instant dans les relations humaines, la première condition de tout établissement solide est l'organisation d'un corps de soldats. C'est si vrai que toutes les fois qu'on a voulu augmenter notre action dans la contrée, étendre notre commerce avec un nouveau comptoir il a fallu augmenter la garnison ou faire une expédition de guerre. — L'existence d'un corps de troupe est donc la chose capitale au Sénégal et comme les Européens sont trop vivement et trop souvent attaqués par l'insalubrité du pays, on a songé à créer des troupes indigènes, comme on l'avait fait déjà en Algérie, comme les Anglais, les Russes l'ont fait dans maintes de leurs possessions.

Il faudrait tout d'abord que ces troupes indigènes fussent plus nombreuses, que dans l'état actuel de notre colonie, car comme on va le voir tantôt elles sont nécessaires dans notre projet d'utilisation des diverses races nègres et l'accroissement des richesses territoriales de la colonie. — Les engagements volontaires d'une part, l'achat des captifs dans le haut Sénégal et la Casamance d'autre part, pourraient fournir un nombre suffisant de sujets. Ces captifs recouvrant leur liberté au prix d'un certain nombre d'années de service militaire seraient dans d'infiniment meilleures conditions que dans le moment présent.

On grouperait les nationalités c'est-à-dire que tels individus seraient dans telle compagnie, les Bambaras avec les Bambaras, les Saracolais avec les Saracolais, de manière à augmenter la cohésion de chaque portion de troupe. Soit après un certain nombre d'années de service, soit comme récompense, ces soldats indigènes passeraient dans un moment donné dans une autre catégorie de troupe, une sorte d'armée territoriale, quelque chose d'assez analogue à ce que les Autrichiens et les Russes, à l'instar des anciens Romains ont fait pour les confins militaires.

Spécifions pour bien faire comprendre notre pensée : après dix ans de service dans l'armée active du Sénégal, par exemple, ou aussitôt après qu'il aurait accompli une action d'éclat, qu'il se serait distingué en un mot, le soldat nègre serait dirigé vers tel point de notre possession où il prendrait femme, recevrait la ration alimentaire et se livrerait à l'agriculture sous la protection d'un poste placé au point stratégique, petite citadelle comme nous en faisons à chaque instant, et où en cas d'attaque on peut se réfugier et se défendre.

Nous aurions ainsi entre les diverses peuplades indépendantes et nous, un cordon de soldats agriculteurs prenant la charrue ou le fusil, selon les besoins du moment, et assurant la tranquillité du pays placé derrière eux, puisque les bandes armées auraient à leur passer sur le corps avant d'arriver dans les districts habités par les individus inoffensifs. Les chefs militaires de ces soldats agriculteurs seraient naturellement les chefs des villages qui se créeraient, et, chose importante il n'y aurait qu'une seule autorité intermédiaire entre le dernier des prolétaires et le commandant du cercle qui serait un Européen. Car il ne faut pas l'oublier un seul instant, la tendance perpétuelle du principicule nègre est l'exaction, de sorte que plus on laisserait subsister de dégrés d'autorité entre l'administré et l'autorité, plus lourde la charge serait à porter par les pauvres diables.

L'on m'a bien compris, il faudrait qu'il y ait à la periphérie de nos possessions un cordon de terre exploité par des hommes tenant encore suffisamment à l'armée locale pour défendre le pays contre les premières, ou minimes tentatives d'invasion, contre les incursions des petites bandes de pillards. Sans compter que ces hommes rompus à la discipline exécuteraient les ordres venus d'en haut, et plus facilement, et plus régulièrement que les individus qui n'ont jamais été soldats.

Une fois nos possessions ainsi délimitées d'une manière bien précise, l'intérieur du pays accueillerait tout nègre isolé, ou pour mieux dire inoffensif qui se présenterait. Un captif arriverait-il chez nous, une famille fuyant les maraudeurs viendrait-elle nous demander à vivre sous notre protection, il faudrait les accueillir les bras ouverts, les aider, les soutenir même dans les premiers temps et ne leur rien réclamer comme impôt au début. — Bien plus, je crois qu'il serait utile de ne jamais chercher à tirer d'eux une redevance, car en établissant un droit sur les produits du pays, à la sortie on aurait une source de profits facile à réaliser et s'augmentant naturellement et sans peine à mesure que le pays serait cultivé sur une plus vaste surface.

La seule chose à exiger des nègres établis sur le sol sénégambien devait être à mon avis d'entretenir ou de créer des routes afin d'avoir un réseau de chemins faciles à parcourir et permettant des communications directes autant que commodes entre les divers lieux de production, et nos postes ou le fleuve. De cette manière, on favoriserait, la circulation des hommes et des objets de commerce.

Le premier but à atteindre est donc, on le comprend, si on a suivi ce que je viens de dire avec quelque attention, de grouper autour de chacun de nos postes, de nos établissements, un certain nombre de familles nègres que nous soustrairons à la stupide domination des principicules qui les oppriment et auxquelles nous offrirons la tranquillité matérielle ; n'exigeant qu'une chose d'eux, la création et l'entretien de routes que nous aurons tracées et qui nous permettront, d'une part d'exercer une surveillance de police suffisante à l'aide de quelques rares militaires organisés à peu près dans l'esprit de la gendarmerie, tandis que d'autre part ces routes faciliteront le transport des produits de la terre vers nos comptoirs.

Ces groupes de nègres inoffensifs et devenus paisiblement laboureurs auront à leur périphérie un cordon d'habitants mi-partie militaires, mi-partie civils ; ces vieux soldats congédiés se livrant ainsi à l'agriculture tout en se servant assez volontiers de leurs armes pour savoir arrêter les vagabonds qui à un titre quelconque tenteraient de venir faire sur nos possessions ce qu'ils font perpétuellement dans les autres provinces: dépouiller, maltraiter et trop souvent tuer ou réduire le faible en esclavage.

A la seconde génération ces nègres des confins militaires ne se trouveraient plus en première ligne à la frontière ; un autre groupe de congédiés serait venu se placer en avant ainsi de suite et chacune de nos agglomérations nègres irait ainsi s'étendant de proche en proche, de manière à occuper en peu d'années un espace de terrain très-étendu.

Certes en offrant ainsi la tranquillité matérielle on aurait bientôt mille émigrants pour un. Ici ce seraient les Pourougnes c'est-à-dire les captifs du Maure qui se hâteraient de traverser le fleuve pour se soustraire à l'horrible domination des maîtres sans pitié. Là ce seraient des familles entières de Saracolais, de Bambaras qui aimant à vivre sans émotion de guerre nous demanderaient à cultiver la terre de nos possessions. Tous les captifs du Cayor, du Fouta, du Saloum, du Damga, de partout enfin chercheraient une occasion de fuir quand ils sauraient qu'il leur suffit d'arriver sur notre territoire pour y trouver une existence supportable au lieu des mille douleurs qui sont leur lot de tous les jours. Et que le lecteur le remarque, par ce moyen qui n'a rien de bien compliqué, rien de bien difficile à mettre en œuvre nous décuplerions en peu d'années l'étendue des terres cultivées par les nègres Sénégambiens c'est-à-dire que nous aurions dix fois plus d'échanges à faire avec eux, ce qui serait certes un immense bienfait pour notre commerce national.

Il ne m'appartient pas, on le comprend, d'entrer dans des détails très-étendus ou très-techniques au sujet de cette question de l'augmentation du commerce sénégalais dans un travail de la nature de celui-ci. Mon rôle est de montrer les horizons ; à d'autres de compléter l'idée et d'en étudier tous les détails pratiques.

Les produits que nous tirons de la Sénégambie sont peu variés. Les Maures de la rive droite nous apportent de la gomme. Dans tous les pays de la rive gauche du Sénégal, dans le Cayor, le Saloum, la Casamance et le Rio-Nûnez, les arachides sont l'objet principal. Quelques autres graines oléagineuses, quelques cuirs ; un peu de cire constituent le commerce. — Je ne parle ni des plumes d'autruche, ni de la poudre d'or, ni de l'huile de palme qui appartiennent plutôt au commerce d'autres contrées, et qui n'entrent que pour un très-mince appoint dans les transactions actuelles du Sénégal.

Je ne puis dans cette étude parler de tous ces objets de commerce en particulier, mais il en est deux dont je dois dire un mot : 1º la gomme ; 2º les graines oléagineuses ; car m'occupant de ces marchandises j'aurai l'occasion de parler de notre conduite à tenir vis-à-vis des Maures et des gens du Cayor, du Baol et du Saloum qui nous avoisinent. Ce sont tous d'assez mauvais coucheurs pour qu'il nous soit souvent nécessaire de prendre les armes pour les repousser ou les châtier.

1º *Gomme.* La gomme est un des principaux produits de la Sénégambie, c'est même en très grande partie l'objet du commerce du fleuve du côté de la rive droite. — C'est une marchandise sur laquelle nous avons peu d'action, apportée qu'elle est, par des Maures qui nous sont foncièrement hostiles et qui cherchent à gêner nos agissements le plus qu'ils peuvent ; tandis que d'un autre côté ils sont tellement paresseux que nous ne pourrons jamais, je crois, leur faire augmenter la quantité de gomme d'un seul toulon, quelque besoin que nous eussions de cette substance.

En présence de cette situation, que faire ? Pour ma part je crois fermement que le mieux serait de travailler pour faire produire de la gomme en dehors des Maures car on obtiendrait deux résultats pour un dans ce cas ; augmentant la richesse de la colonie d'une part et pouvant refouler aussi loin que nous voudrions sur la rive droite ces pasteurs de mauvaise foi sans rien perdre de nos sources de produit.

Une grande partie du Oualo — tout le Dimar, le Damga et même le Fouta Sénégalais sur la rive gauche du Sénégal pourraient produire de la gomme. L'Accacia Verck, le Seyal, etc., etc., y poussent absolument aussi bien que sur la rive droite. — La raison qui fait que jusqu'ici nous n'ayons pas vu de grandes forêts de gommiers s'élever de ce côté, c'est que les Maures ont eu soin de brûler les arbres et d'assassiner les cultivateurs de temps en temps quand ils craignaient la concurrence. Notre rôle est bien simplement tracé, j'espère : — fournir aux cultivateurs nègres de la gomme sur la rive gauche une sécurité qui leur a manqué jusqu'ici.

On m'objectera que le nègre est tellement stupide qu'il est impossible de le décider à planter un gommier en lui disant que dans dix ou quinze ans il en retirera bénéfice ; c'est absolument vrai. — Mais l'objectif est si important cette fois que l'on pourrait, je crois, intervenir très-directement. Si la colonie faisait planter dans les environs de Saint-Louis par exemple des gommiers, entre la mer et le lac Panié-Foul, c'est-à-dire assez loin pour que les Maures pussent être écartés sans aucune peine, on créerait une ou plusieurs forêts de la forme, de la disposition que l'on voudrait ; sans compter que les arbres pourraient être débarrassés des branches rampantes qui décuplent la difficulté de la récolte chez les Maures. — On m'objectera aussi que la gomme produite ainsi coûterait le double de ce qu'elle coûte à l'escale. Pauvre argument, car si avec une dépense de dix, vingt, cent mille francs même pour dire un chiffre énorme, on arrivait à faire tomber assez les prix Maures pour pouvoir être les maîtres sur le marché au point de vue commercial dans les escales, le bénéfice que nous en retirerions serait bientôt dix fois plus grand que la dépense faite.

— Je dirai plus, il faudrait être assez hardi pour faire les plantations de gommiers d'une manière qui paraîtrait para-doxale vis-à-vis de l'économie; c'est-à-dire faire planter les gom-miers, faire créer les forêts et une fois la gomme produite laisser les premiers venus la ramasser et venir la vendre sans leur ré-clamer aucun argent, ni droit de location, ni impôt de récolte ; rien en un mot. Le droit mis sur la sortie des marchandises à l'embarquement et perçu chez le négociant Européen devant être le seul bénéfice tiré par l'État dans le pays.

L'on agirait ainsi en ayant soin de placer quelques postes militaires sur le fleuve ; les Maures sachant qu'à la première ten-tative d'incursion sur la rive gauche ils seraient vertement châ-tiés, ne viendraient pas molester les pauvres diables de cultiva-teurs. En outre il suffirait d'établir bien ostensiblement que tout esclave qui met le pied sur nos possessions est libre sans que dans la pratique tel ou tel de nos chefs secondaires se crût auto-risé à le rendre à son maître dans le but d'éviter une complica-tion politique locale pour que bientôt les captifs des Maures vinssent en grand nombre récupérer la liberté tout en nous four-nissant des bras pour ramasser la gomme.

Lorsque nous aurions une population de récolteurs de gomme

suffisante on commencerait à leur imposer annuellement la plan-
tation de tant de pieds d'acacia par tête et nous aurions je crois
en peu d'années décuplé la production du pays.

Voilà donc qu'à propos de la gomme j'ai été conduit à proposer
ce que l'amiral Bouet-Willaumez disait en 1842 déjà : Refouler
dans le désert les Maures de la rive doite en ne leur permettant
aucune action isolée ou d'ensemble sur la rive gauche du Sénégal.

Peut-être pourra-t-on plus tard essayer par une série de
mesures de modifier la manière d'être des Maures. Pour aujour-
d'hui et pendant longtemps il est seulement nécessaire de les
rejeter isolément aussi loin que possible de nous.

2° *Graines oléagineuses.* Les graines oléagineuses jouent un rôle
considérable dans le commerce du Sénégal. L'arachide, le bérafs,
le ricin fournissent au chargement de nombreux navires chaque
année. On peut dire que cette colonie, et même toute la côte
d'Afrique est la contrée par excellence pour ces graines oléagineuses dont les quantités produites vont chaque année en augmentant d'une manière extraordinaire.

L'arachide a surtout une grande prééminence sur les autres.
Nous voudrions non pas qu'on renonçât à sa culture, au contraire il faut la favoriser le plus possible mais il faudrait, à mon
avis, chercher aussi à développer la production d'une autre
graine celle du moringa (moringées, légumineuses) ; car non-
seulement elle peut fournir une huile très-estimée mais encore
elle pourrait servir très-heureusement à l'établissement de notre
autorité sur des espaces de pays où nous avons à chaque instant
à disputer pied à pied la terre contre des déprédateurs ou des
aggresseurs à main armée. — Je vais essayer de faire comprendre ma pensée. — Dans le moment actuel on voit un grand
nombre de nègres dans le Cayor, le Baol, le Saloum et même
le long du Sénégal se livrer avec ardeur à la culture de l'arachide au commencement de l'hivernage. — Le mois de septem-

bre arrivé ils font leur récolte qui est vendue au plus tard pendant le mois de décembre ou de janvier et pendant six mois,
rien ne les retient plus. Ils ont de l'argent c'est-à-dire de la poudre des armes et de l'eau-de-vie, — Ils n'ont rien à perdre en
somme et ils savent parfaitement qu'à la rigueur ils pourraient
se battre jusqu'au mois de juin sans rien compromettre de la
récolte prochaine. — Il est incontestable que, si au lieu d'être
un végétal herbacé la plante qui sert au commerce des nègres
était un arbuste, ou un arbre réclamant plusieurs années pour
acquérir son entier développement, le propriétaire du sol aurait
toujours en espérance un certain fonds qu'il aurait intérêt à
ménager; car s'il s'insurgeait on pourrait lui couper les arbres
au pied et par conséquent le priver de ses récoltes pendant une,
deux ou même plusieurs années.

On voit ainsi du premier coup d'œil tout l'horizon : le jour ou
le nègre pourrait craindre de perdre quelque chose en faisant
parler la poudre de janvier à juin, il resterait tranquille et nous
verrions aussitôt maintes petites rébellions des principicules lo-
caux, cesser de se reproduire à époques fixes.

Bien plus, je prie le lecteur de remarquer que par l'introduction de ces végétaux arborescents la manière de vivre des nègres
de plusieurs contrées serait très modifiée. Il est hors de doute
que le relâchement des liens de la famille est extrême chez les
nègres et que si nous parvenions à resserrer chez eux ces liens,
nous leur aurions fait faire un grand pas vers la civilisation en
même temps que nous les aurions rendus beaucoup plus utiles à
nos projets.

Eh bien ! nous avons avec le moringa un moyen de constituer
la famille d'une manière infiniment plus forte qu'elle ne l'est
actuellement. Nous constituerons d'abord la propriété. Cette propriété du sol qui n'est absolument pas recherchée actuellement
par des hommes qui trouvant partout une terre également féconde n'ont qu'à chercher un peu plus loin l'emplacement du

lougan qu'ils veulent créer, si un voisin les a devancés, naîtrait naturellement dès que des plantations d'arbres seraient faites. Le sol acquerrait ainsi une valeur qu'il ne saurait avoir dans le moment présent. — Une fois la propriété foncière créée, le possesseur aurait le désir de laisser le coin de terre qu'il possède à quelqu'un ; à son fils naturellement ; et, on le voit, la famille se resserrerait de la façon la plus heureuse.

Voici comment on pourrait procéder il me semble : on ferait complanter dans les environs de Dakar ou de Rufisque un espace assez étendu en Moringas ou bien encore on forcerait les habitants de ces petits villages, qui existent dans les environs du cap Vert, de planter une cinquantaine de ces Moringas par tête d'adulte. L'ordre serait exécuté sans savoir quel but nous voulons atteindre, et trois ou quatre ans après, ces villages posséderaient une quantité de graines assez grande pour les vendre au commerçant.

Les premiers bénéfices allècheraient bientôt les voisins et sous très-peu de temps, nous verrions tous les villages du Diander entourés de leur bois de Moringas, ceux du Cayor, du Baol les imiteraient bientôt. Or, dès ce moment, on le comprend, la chaîne serait rivée. Le nègre aussi désireux que le blanc de jouir de la propriété se rangerait, perdrait de ses habitudes de vagabondage et bientôt nous verrions le cadastre prendre une importance absolument inconnue jusqu'ici en Sénégambie.

Par ces lignes écrites à la hâte et sans creuser la question, le lecteur voit j'espère assez clairement le but que nous devrions poursuivre en Sénégambie. Tandis que les frontières seraient défendues par les cultivateurs demi militaires encore, tout l'intérieur de nos possessions jouirait d'une tranquillité matérielle assurée. En outre par la création des forêts de gommiers d'un côté, des forêts de Moringas de l'autre, la propriété et bientôt la famille se trouveraient constituées sur des bases qu'on n'a jamais eu jusqu'ici dans les pays qui nous occupent.

Les divers villages reliés par des routes qui sillonneraient le pays dans tous les sens et que nous obligerions les habitants de chaque district à entretenir en excellent état de viabilité, permettraient à quelques gendarmes indigènes à cheval ou à pied, de faire respecter la liberté de chacun et certes la prospérité de la contrée atteindrait bientôt des proportions enviables.

On conviendra qu'à la rigueur cet horizon est déjà favorable pour l'avenir de notre colonie Sénégalaise, et comme la centième partie du pays est à peine mise en rapport dans ce moment, on pourrait compter sur une augmentation considérable de notre commerce d'échanges dans un avenir prochain. Mais remarquons que nous n'avons parlé encore jusqu'ici que de la moitié des améliorations qu'on peut espérer ; nous allons voir en parlant des relations qu'il nous faudrait nouer avec le centre de l'Afrique une autre mine féconde pour la richesse de la colonie et de la métropole.

B. Avancer vers l'intérieur de l'Afrique pour nouer des relations commerciales avec les pays restés jusqu'ici hors de notre action.

Il y a bien longtemps que cette pensée a été formulée. Le général Faidherbe a fait déjà beaucoup pendant son séjour au Sénégal dans cet ordre d'idées, seulement les efforts n'ayant pas été poursuivis n'ont abouti qu'à un résultat insignifiant. Il faudrait reprendre la question avec persistance et pour réussir, je crois qu'il faudrait créer une route facile partant de nos postes du fleuve de la Casamance et du rio Nûnez pour s'en aller le plus loin possible.

Je n'ai pas besoin d'entrer dans de longs détails pour prouver l'extrême importance de la création de ces relations avec le centre de l'Afrique. Tout le monde m'accordera que des Anglais, des Portugais et de nous, la nation qui arrivera la première à établir un courant commercial de la côte dans l'intérieur du pays en retirera d'immenses bénéfices.

Comment faire pour entamer des relations avec le centre de l'Afrique ? Sans doute les traités passés avec des souverains indépendants, celui du Kaarta — du Massina — du Ségou — du Fouta Djalon par exemple, seraient d'une grande utilité et il faudrait comme l'a essayé M. Faidherbe après bien des Gouverneurs du Sénégal, s'occuper activement de cette question. — Mais nous voudrions en outre voir employer un autre moyen, très-modeste il est vrai, mais néanmoins capable, je crois, de rendre de grands services.

— Voici ma pensée : — La garnison du Sénégal étant constituée par une troupe indigène suffisamment nombreuse pour avoir sous la main la quantité d'hommes nécessaire, les grades de sous-officiers et d'officiers subalternes étant occupés surtout par des Algériens qui résisteraient relativement mieux que les Européens contre les atteintes du climat Sénégambien ; je voudrais que partant des environs de Podor ou mieux de l'extrémité du point où les navires peuvent remonter le Sénégal en toute saison, ainsi que de Bakel, on forçât les habitants qui avoisinent notre poste à faire une route dans la direction que suivent les caravanes, c'est-à-dire vers telle agglomération nègre qui se trouve sur le chemin de Ségou dans l'Est, — sur celui du Fouta-Djalon dans le Sud. — Cette route s'étendrait à une étape tout d'abord et à cette étape un poste fortifié serait élevé, armé de quelques hommes, d'une ou deux pièces d'artillerie ayant un certain nombre de cavaliers destinés à accompagner les individus chargés arrivant de l'intérieur vers nous ou allant de chez nous vers l'intérieur.

Ce qui s'oppose le plus aux transactions commerciales dans tout le Soudan, c'est assurément les chances que les marchands et les caravanes ont d'être dévalisés à chaque instant soit par des maraudeurs soit par des principicules, chefs de villages, de districts etc., etc. — Eh bien ! on peut être certain que si on faisait une route de quatre, cinq, dix étapes par exemple entre un de nos postes et une ville de l'intérieur. Cette route étant disposée de telle sorte que chaque soir les caravanes trouvassent sur leur chemin un campement où elles ne craindraient pas d'être attaquées la nuit, chaque matin pouvant profiter du départ de deux ou de quatre cavaliers bien armés et capables de les défendre contre une aggression perfide ; on verrait affluer de suite un nombre relativement grand de nègres qui établiraient en peu de temps un commerce d'échange entre cette ville et nos possessions.

Bien certainement avec un peu d'habileté diplomatique on obtiendrait des chefs indépendants qui nous environnent au Sénégal, des traités nous permettant d'établir ainsi des routes sur lesquelles les inoffensifs trouveraient sécurité pour la vie, et n'auraient pas à craindre les exactions des écumeurs de caravane ; et en persévérant on arriverait en peu d'années à communiquer d'une manière assurée et facile avec les grands centres comme Nioro, Ségou, Sasandig, Timbo, Labé, etc., etc.

Il n'est pas nécessaire d'entrer plus avant dans l'étude de cette question. Il nous aura suffi, je le répète, de montrer l'horizon ; seulement je crois devoir appeler l'attention sur le fait suivant : Qu'on n'oublie pas surtout le jour où on voudra établir ainsi une route vers l'intérieur que la première et capitale condition de succès, c'est qu'on y dépense de l'argent et qu'on n'en tire aucun bénéfice direct dans les premières années et même pendant longtemps. Car pour quelques minces économies que l'on pourrait faire tout d'abord on arrêterait la source des profits dans son origine même. En somme, il suffit de percevoir au départ du Sénégal une somme représentant le tant pour $^0/_0$ de la marchandise embarquée sur les navires long courriers, pour que le trésor ne soit pas frustré et que la perception de cet impôt ne coûte pas grand chose. Sans compter qu'on aura au moins enlevé cette excuse de vexation à mille individus qui sans cela molesteraient les caravanes de manière à dégoûter les premières tentatives de transaction.

CONCLUSION.

Je suis arrivé à la fin de mon étude sur les peuplades de la Sénégambie. J'ai cherché à les dépeindre aussi exactement que possible faisant tous mes efforts pour me défendre de toute exagération, m'attachant à rester strictement dans la vérité. Je fais des vœux pour que le lecteur y ait trouvé quelque intérêt.

J'ai essayé de démontrer après bien d'autres, il est vrai, mais en m'entourant de toutes les preuves que j'ai pu trouver, que les nègres sont de grands enfants sur lesquels il ne faut pas fonder beaucoup d'espérance. Nous nous abuserions étrangement je crois si nous pensions arriver jamais à les modifier d'une manière bien profonde et bien radicale. Néanmoins, à cause de leurs qualités comme à cause de leurs défauts, ces peuplades nègres peuvent—être utilisées par nous et la France tirerait de grands profits à s'occuper d'exploiter le pays avec plus de soins d'ensemble et d'esprit de suite qu'elle ne l'a fait jusqu'ici.

Le continent africain est d'une richesse immense; la Sénégambie est incontestablement une des contrées destinées à servir d'escale à l'écoulement de ses produits, et le gouvernement qui saura le mieux organiser son commerce sur la côte occidentale d'Afrique est celui qui dans un avenir prochain tirera les plus grands bénéfices. Il y a longtemps que cette affirmation a été formulée, je crois qu'elle mérite d'être gravée dans notre esprit, car la France a dans les pays dont nous venons d'étudier la grande population, une chance d'acquérir de grandes richesses comme l'occasion de faire faire un pas immense à la civilisation du monde.

FIN.

TABLE DES MATIÈRES

FIN DE LA TABLE.